供给经济学与美国二战后减税政策评析

王 莹 著

中国财经出版传媒集团
中国财政经济出版社

图书在版编目（CIP）数据

供给经济学与美国二战后减税政策评析／王莹著
．－－北京：中国财政经济出版社，2020.11
ISBN 978 - 7 - 5223 - 0134 - 1

Ⅰ.①供… Ⅱ.①王… Ⅲ.①国家税收-税收政策-研究-美国 Ⅳ.①F817.123.2

中国版本图书馆 CIP 数据核字（2020）第 208345 号

责任编辑：李筱文　　　　　　责任校对：徐艳丽
封面设计：陈宇琰

中国财政经济出版社 出版

URL：http://www.cfeph.cn
E-mail：cfeph@cfeph.cn
（版权所有　翻印必究）
社址：北京市海淀区阜成路甲28号　邮政编码：100142
营销中心电话：010-88191522
天猫网店：中国财政经济出版社旗舰店
网址：https://zgczjjcbs.tmall.com
北京财经印刷厂印刷　各地新华书店经销
成品尺寸：185mm×260mm　16开　22.25印张　465 000字
2020年11月第1版　2020年11月北京第1次印刷
定价：92.00元
ISBN 978 - 7 - 5223 - 0134 - 1
（图书出现印装问题，本社负责调换，电话：010-88190548）
本社质量投诉电话：010-88190744
打击盗版举报热线：010-88191661　　QQ：2242791300

目　录

第一章　供给经济学的历史沿革及其减税理论……………………（ 1 ）
　　第一节　供给经济学的缘起与萨伊定律……………………………（ 1 ）
　　第二节　供给学派的崛起与减税主张………………………………（ 9 ）
　　第三节　供给经济学的复兴与减税理论拓展………………………（ 19 ）
　　第四节　本章小结……………………………………………………（ 25 ）

第二章　美国经济增长的周期性视角与减税政策……………………（ 26 ）
　　第一节　美国的商业周期与减税政策………………………………（ 26 ）
　　第二节　美国的金融周期与减税政策………………………………（ 40 ）
　　第三节　美国的朱格拉周期与减税政策……………………………（ 49 ）
　　第四节　本章小结……………………………………………………（ 55 ）

第三章　美国经济增长的结构性视角与减税政策……………………（ 56 ）
　　第一节　多要素生产率的界定及其测度……………………………（ 56 ）
　　第二节　美国的多要素生产率及其解构……………………………（ 63 ）
　　第三节　美国的多要素生产率与减税政策…………………………（ 86 ）
　　第四节　本章小结……………………………………………………（ 90 ）

第四章　肯尼迪减税政策及其评析……………………………………（ 94 ）
　　第一节　肯尼迪减税政策的历史背景………………………………（ 94 ）
　　第二节　肯尼迪减税政策的主要内容………………………………（110）
　　第三节　肯尼迪减税政策的效果评价………………………………（115）
　　第四节　本章小结……………………………………………………（134）

第五章　里根减税政策及其评析………………………………………（136）
　　第一节　里根减税政策的历史背景…………………………………（136）
　　第二节　里根减税政策的主要内容…………………………………（152）

第三节　里根减税政策的效果评价……………………………………（163）
　　第四节　本章小结……………………………………………………（189）

第六章　克林顿减税政策及其评析……………………………………（191）
　　第一节　克林顿减税政策的历史背景………………………………（191）
　　第二节　克林顿减税政策的主要内容………………………………（201）
　　第三节　克林顿减税政策的效果评析………………………………（212）
　　第四节　本章小结……………………………………………………（238）

第七章　小布什减税政策及其评析……………………………………（239）
　　第一节　小布什减税政策的主要内容………………………………（239）
　　第二节　小布什减税政策的效果评价………………………………（250）
　　第三节　本章小结……………………………………………………（273）

第八章　奥巴马减税政策及其评析……………………………………（275）
　　第一节　奥巴马减税政策的主要内容………………………………（275）
　　第二节　奥巴马减税政策的效果评价………………………………（285）
　　第三节　本章小结……………………………………………………（313）

第九章　特朗普减税政策及其评价……………………………………（315）
　　第一节　特朗普减税政策的主要内容………………………………（315）
　　第二节　特朗普减税政策的效果评价………………………………（323）
　　第三节　简要的小结…………………………………………………（342）

主要参考文献……………………………………………………………（345）

第一章
供给经济学的历史沿革及其减税理论

供给经济学（Supply‑side Economics）作为一种危机管理经济学，其发展具有明显的"螺旋式上升"特征：缘起于 19 世纪初的"萨伊定律"，继 20 世纪 30 年代被凯恩斯主义全盘否定之后，20 世纪 70 年代又重新兴起，紧接着继续埋没于"凯恩斯主义复辟"的浪潮中，直至 2008 年美国"次贷危机"的爆发。本章以历史沿革为横轴，以减税理论为纵轴，追溯和分析供给经济学的发展脉络和兴衰规律：在二百余年的历史进程中，供给经济学经历了从"萨伊定律"到"凯恩斯主义"、从"凯恩斯主义"到"供给学派"、从"供给学派"到"凯恩斯主义复辟"、从"凯恩斯主义复辟"到"供给管理"的四个重要阶段。[1] 经过多年的理论完善和实践应用，供给经济学已逐步形成了一种以减税为核心，以制度为保障，以提高全要素生产率为载体的政策框架，这种政策框架一直成为全球主要经济体的政策参考（郑联盛，2016）。[2]

第一节 供给经济学的缘起与萨伊定律

受古典自由主义经济学思想的启蒙和影响，让·巴蒂斯特·萨伊（J. B. Say）成为斯密思想的伟大继承者和传播者。萨伊多重的职业身份和丰富的实践经验，让他的研究较之前人更接近市场运行，更接近经济现实。正如他首次把政治经济学划分为生产、分配和消费三个部分，认为政治经济学就是研究财富的生产、分配和消费的一般规律。而现实的经济循环确实包含上述三个环节，因而俄国经济学家秋普洛夫称赞萨伊"是政治经济学领域最早的一位分类学家，他第一次把整个经济科学领域改造成一个严整的、容易观察的整体"。[3]

---

[1] 贾康、苏京春：" '供给侧' 学派溯源与规律认识"，《全球化》2016 年第 8 期。
[2] 郑联盛："从凯恩斯主义到供给学派"，《金融博览》2016 年第 1 期。
[3] 转引自卢森贝：《政治经济学史》（第二卷），三联书店 1958 年版，第 23 页。

一、萨伊定律与萨伊推论

萨伊定律的载体是其 1803 年出版的《论政治经济学，或略论财富是怎么产生、分配和消费的》（或简称为《政治经济学概论》）。该书的出版有着深刻的历史背景。18 世纪和 19 世纪的欧洲，市场经济中的要素市场尚未完全建立，经济波动和非自愿失业成为经济发展常态。萨伊敏锐地关注到这样一个问题，在他写给马尔萨斯的信中明确提出："在世界所有市场之中，普遍过剩的原因是什么，是什么原因造成了商品不断地亏本销售，在国内的每个州，是什么原因造成个体普遍很难找到有利可图的就业（lucrative employment），如果我们找到这些长期弊端的原因，我们用什么方法来治愈它们呢？"① 由此看来，萨伊希望破解的是商品过剩引起的经济萧条和失业问题，他开出的治愈药方就是生产，前提是个人所生产的效用是他人所需要的或者个体的生产是建立在相互合作的基础之上（金鑫，2016）。②

（一）"生产给产品创造需求"

萨伊的主要论点是：生产不仅增加供给，而且会创造对其他产品的需求；实际需求是先前产出的结果，只有生产才能提供购买其他产品的手段。他在《政治经济学概论》中阐述如下：

"一个人将他的劳动投资于生产，通过创造某种效用赋予产品价值。但是，除非其他人有手段购买这些价值，否则他就不会期待这些价值被鉴赏和购买。这些手段都由什么组成呢？由其他产品的其他价值组成，好比劳动、资本和土地的果实。这就使我们得出一个开始看起来显得矛盾的结论，即生产给产品创造了需求。"③

对于上述结论，萨伊试图从生产与货币、产品生产与市场、行业生产与市场、需求与供给等方面予以论证：

一是为什么生产的目的不是货币。萨伊认为，几乎所有产品首先都会被转化成货币，从而被人们错误地认为货币是最重要的物品和一切交易的目的。但是实际上：

"货币只不过是转移价值的手段。货币的全部效用在于你的顾客将商品卖出以再次从你手中购买商品，从而将商品的价值传递到你手中。下一次你的购买，会再将你曾经出售给其他人的产品的价值转移到第三个人手中。"用一句话概括，"货币只是一种媒介……唯一的用处就是换取自己所需消费的物品"。④

二是为什么产品生产开辟了市场。萨伊指出，一种产品一经产出，就给价值与它自己

---

① Say J B. 1960. *Letters to Mr. Malthus on Several Subjects of Political Economy and on the Cause of the Stagnation of Commerc*. Translated by John Richter, London: Printed by Sherwood, Neely and Jones. pp1 – 20.
② 金鑫："对萨伊定律的解读"，《中央财经大学学报》2016 年第 5 期。
③ [法] 让·巴蒂斯特·萨伊，黄文钰、沈潇笑译：《政治经济学概论》，浙江人民出版社 2017 年版，第 100—101 页。
④ [法] 让·巴蒂斯特·萨伊，黄文钰、沈潇笑译：《供给的逻辑——政治经济学概论》，浙江人民出版社 2017 年版，第 100—101 页。

相同的其他产品开拓了市场。这是因为：

"当生产者即将完成他的产品的时候，是他最迫切地想出售该产品的时候，唯恐产品价值会在他手中慢慢消失。他同样急切地想把得到的钱花出去，因为货币的价值也是最容易毁灭的。但是，摆脱货币的唯一方法就是购买其他产品。因此，仅仅一种产品的产生就马上给其他产品开拓了销路。"①

三是为什么行业生产直接影响市场。萨伊认为，农业收成的好坏，直接影响农民的利益，也影响经营所有商品的商人的利益。这种关联性也体现在制造业和商业等其他行业，原因在于：

"一种商业的成功提供了大量的购买手段，结果给所有部门的产品都开拓了市场。另一方面，一门制造业或商业的停滞，就会让其他制造业和商业部门都受到负面影响。"②

四是为什么商品会出现供过于求。萨伊指出，产生供过于求的原因在于要么该商品生产得过多，要么其他商品生产得过少。再深入地来看，商品之间生产失衡的因素有内外之分。内因是生产手段困难或者缺乏，外因可能是政治动乱、自然灾害或是政府干预。基于此，萨伊提倡：

"如果让生产完全自由发展，一种生产很少会超过其他产品的生产，它的产品也很少会便宜到与其他产品价格不相称的地步。"③

从萨伊四个维度的论证来看，他首先提出了货币中性的假设，在此前提下只要增加社会所需商品的生产，就能自动创造需求；其次给出了市场需求疲软的原因，在于生产结构和生产手段与消费需求不匹配；再次明确了有效需求和经济萧条之间的因果关系，前者是果，后者才是因。

对于自己提出的"生产给产品创造了需求"的论断，萨伊在《政治经济学概论》的后续版本中不断予以补充和完善。比如对于货币价值，他补充道，"即使获取货币是为了储藏或埋葬它，最终目的总是使用货币购买某些种类的物品。……因为货币除了用来购买东西之外别无它用"。又如为什么要让生产完全自由发展，萨伊解释自己并非认定一种产品不可能比其他产品生产得过多，"而是认为没有什么比另一种货物的供给还有利于促进对一种产品的需求"。同时以生动的事例来说明自由生产和自由贸易对于提升一国内需的重要性：

"如果巴西自己的产品足够丰富，英国向巴西输入的工业产品就不会过多，还会快速被抢购一空。要实现这个目标，巴西和英国的立法机构一方面必须同意生产自由，另一方面必须准许进口的自由。在巴西，所有东西都由垄断集团操纵，财产也能豁免受到政府的

---

① ［法］让·巴蒂斯特·萨伊，黄文钰、沈潇笑译：《供给的逻辑——政治经济学概论》，浙江人民出版社2017年版，第102页。
② ［法］让·巴蒂斯特·萨伊，黄文钰、沈潇笑译：《供给的逻辑——政治经济学概论》，浙江人民出版社2017年版，第103页。
③ ［法］让·巴蒂斯特·萨伊，黄文钰、沈潇笑译：《供给的逻辑——政治经济学概论》，浙江人民出版社2017年版，第102页。

侵犯。在英国，沉重的赋税是英国对外贸易的严重阻碍，因为它限制对于货物交换的选择。"①

沿循"生产给产品创造需求"这一"重要的真理"，萨伊还做出了四个重要推论：一是在每个社会中，生产者越多，产品就越多元化，这些产品的销路就更快、更多和更加广泛。二是每个人都和整体利益相关，一个产业部门的成功会促进其他产业部门的成功。三是购买和进口国外的产品对于国内或者国家的产业和生产是没有伤害的。四是仅仅鼓励消费对于商业是没有好处的，因为困难的不在于刺激消费的欲望而在于提供消费的手段。②

从前两个推论来看，萨伊是把社会看作一个相互依赖的生产和消费总体，而不是从总量的视角来考察经济体；从后两个推论来看，萨伊认为国内需求和国外需求都是经济增长的必要条件，但相对生产而言，需求才显得不那么重要（金鑫，2016）。③

（二）19 世纪经济学家对萨伊研究的争论

萨伊的研究对 19 世纪的经济学家产生了深远影响，并带来长期争论。争论的焦点在于生产过剩的原因及解决方法，争论具体体现在多大程度上进行资本积累有利于经济增长，或者资本积累与消费之间的最优比例是什么等方面。在此焦点问题上的分歧最终形成了两派观点：一派以马尔萨斯（T. B. Malthus）、西斯蒙第（J. C. de Sismondi）和查默斯（T. Chalmers）为代表；一派以詹姆斯·穆勒（James Mill）、约翰·穆勒（John Mill）和李嘉图（D. Ricardo）为代表。

马尔萨斯等经济学家从现实观察出发，认为有效需求不足将导致商品过剩，并且随着生产力的扩张，商品过剩将持续存在，其结果就是利润率下降，从而阻碍了资本主义的生产和发展，为此必须增加有效需求来解决商品持续的过剩问题（金鑫，2016）。④ 马尔萨斯在 1820 年出版的《政治经济学原理》中对"有效需求"解释为：

"商品的有效需求就是一种能满足商品的自然和必要条件的需求……它是需求者在实际情况下为了使商品能够不断地获得最够供给而必须支付的代价。……如果一定数量的劳动的垫支是某种特殊商品供给的必要条件，那么能够换取这种劳动的货币就可以代表这种商品的有效需求；这就是说，需求者愿意而且能够支付一种使供给得以实现的代价。"⑤

至于为什么产生"有效需求不足"以及如何治愈，马尔萨斯的观点是：社会有效需求是由资本家阶级、劳动阶级和不生产阶级（主要是地主阶级）的需求构成。资本家具有把收入消费到很高程度的能力，但往往没有这种意愿。劳动者虽然有消费意愿，但没有增加

---

① ［法］让·巴蒂斯特·萨伊，黄文钰、沈潇笑译：《供给的逻辑——政治经济学概论》，浙江人民出版社 2017 年版，第 105—108 页。
② ［法］让·巴蒂斯特·萨伊，黄文钰、沈潇笑译：《供给的逻辑——政治经济学概论》，浙江人民出版社 2017 年版，第 105—108 页。
③ 金鑫："对萨伊定律的解读"，《中央财经大学学报》2016 年第 5 期。
④ 金鑫："对萨伊定律的解读"，《中央财经大学学报》2016 年第 5 期。
⑤ ［英］马尔萨斯，郭大力译：《政治经济学原理》，商务印书馆 1962 年版，第 10—25 页。

消费的能力。因而需要一个相当大的非生产阶级（包括地主、官吏、牧师等），他们的意愿能够消费掉比他们所生产的数量更多的物质财富。①

西斯蒙第尽管对马尔萨斯的人口自然法则提出了质疑，但在生产与消费的平衡问题上两人高度一致，他曾明确表示：

"马尔萨斯和我坚决反对这一点：我们认为，这两种提高②，都出自两个互不相关的原因，甚至有时是完全相反的原因。在我们看来，如果不先有劳动的需求，由劳动的需求来决定生产，市场机会停滞，一项新的生产就成了使人破产的原因，而不是使人享受的原因。"③

穆勒等人则认为商品过剩的原因不在于有效需求方面，而在供给结构方面，只要供给结构和需求结果相匹配，在价格机制的调节下，商品长期的过剩是不可能出现的。詹姆斯·穆勒在 1803 年所撰写的《为商业辩护》一书提出社会应该少为支出担心，而应该多为生产操心，多为与社会需求相匹配的商品生产操心。他写道：

"商品生产创造财富，并且是为业已生产的商品创造市场的唯一普遍性原因……但是，如果一个国家的购买精确地用它的年产品来衡量，那么，毫无疑问，年产品增加越多，由此拓展的国民产品市场越大，国家的购买力和实际购买量就越大……"④

约翰·穆勒在 1829—1830 年所撰写的若干论文中坚定地维护萨伊的观点，强调是生产而不是消费会使一国富裕；对于生产过剩无需担忧。为此他解释：

"所有其他商品和货币的过剩同时发生是不可能的。……生产或积累的过剩不可能长期存在，这一核心观点是不变的；当然，可以单独考虑任何一种商品的暂时性过剩，甚至全部商品可能普遍出现暂时性过剩，但这不是生产过剩的结果，是因为缺乏商业信心。"⑤

李嘉图则在萨伊定律和詹姆斯·穆勒形而上观点的基础上，认为生产可以为自己开辟市场，供给可以为本身创造需求；生产与消费、供给与需求总会相等，因而资本主义社会决不会发生普遍生产过剩的危机。与萨伊一样，他也否认了货币在商品流通中的性质和作为，买一定等于卖但买大于卖是不可能的。他阐述道：

"购买产品的手段，即是产品或劳役，货币只是实行交换的媒介。就特殊商品来说，生产可以过剩，可在市场上发生过剩现象，其价格可以不够偿还生产成本。但就全体商品来说，却决不能有此现象。……一个社会或社会一部分所有的食物衣履，一定等于他们能消费愿消费的数量。……跟着消费停顿，生产亦将停止。"⑥

---

① [英] 马尔萨斯，郭大力译：《人口论》，北京大学出版社 2017 年版，第 15 页。
② 两种提高是针对萨伊和李嘉图提出的"需求是生产提高的必然结果"而言。
③ [瑞士] 西斯蒙第，何钦译：《政治经济学新原理》，商务印书馆 2007 年版，第 500—528 页。
④ 泰勒·考恩："萨伊定律与凯恩斯经济学"，转引自 [美] 理查德·H. 芬克，沈国华译：《供给经济学经典评读》，上海财经大学出版社 2018 年版，第 157 页。
⑤ [英] 约翰·穆勒，张涵译：《论政治经济学的若干未定问题》，商务印书馆 2016 年版，第 36—55 页。
⑥ [英] 大卫·李嘉图，郭大力、王亚南译：《政治经济学及赋税原理》，上海三联书店 2014 年版，第 182—183 页。

在此，尤其值得一提的是发生在 1820—1821 年李嘉图和马尔萨斯之间的论战。马尔萨斯在《政治经济学原理》一书中首先对李嘉图展开全面的挑战，他批判了李嘉图否认危机的观点，提出普遍生产过剩危机可能性的理论。1820 年年底，李嘉图撰写了《马尔萨斯（政治经济学原理）》评注》，对马尔萨斯的危机理论展开全面而直接的反批判。

如对于马尔萨斯认为"供给会那样充裕，以致无法找到市场"论点，李嘉图反驳道："在某些情况下，由于生产的高度便利，会助成一种疏懒习惯，因此会成为商品生产不够充裕的一个理由；但是商品一旦已经被生产出来之后，就没有理由可以认为它们相互之间是不进行交换的。我们都喜欢消费，困难在于生产。"①

又如对于马尔萨斯认为，"即使在最有利的情况下，短期内缺乏就业机会和贫困是无法避免的……随着经济衰退和财富长期萎缩以后长期缺乏就业机会和极端贫困的情况出现的，总是必需品的货币价格下降"。对此，李嘉图指出：

"马尔萨斯的错误在于，他认为低价的谷物和低价的商品必然意味着谷物和商品的供给过剩。我们同意，供给过剩是祸殃。一般说来，这个现象意味着生产不能获利，甚至所使用的资本不能收回。我认为，这必然是由于对所生产的东西选择得不恰当。至于由于生产便利而来的降价，我认为是降价的唯一正常原因，所带来的必然是最圆满的后果，这与供给过剩截然不同，这跟光明与黑暗有别的情况一样。"②

两人之间的论战实则表明了 19 世纪头 30 年英国工业资产阶级和土地贵族阶级之间存在着尖锐的矛盾和斗争。对于经济学说史而言，是经济学家们关于普遍生产过剩经济危机问题最早的理论阐述，这为其后的经济危机理论发展提供了最初的基础和出发点，更为供给经济学的危机治理政策提供了理论基础和对策来源。

若把 19 世纪经济学家们的研究逻辑归纳梳理，将发现他们在基本思想路线上存在着明显的分歧和差异。图 1-1 描绘了萨伊等经济学家的思想脉络：产品生产需要要素的投入，劳动要素同资本一样仅仅是一种投入要素而已，人只是劳动要素的载体，人的非理性需求与生产无关。沿循这一脉络，较为顺理成章地得出"供给自行创造需求""生产会使一国富裕"等结论。图 1-2 描绘了马尔萨斯等经济学家的思想脉络：人有理性和非理性的各种需求，其中人对产品的需求催生和带动了产品的生产。沿循这一脉络，得出"有效需求不足""社会财富的增加必须靠需求的增加来维持"等结论也就不足为奇。

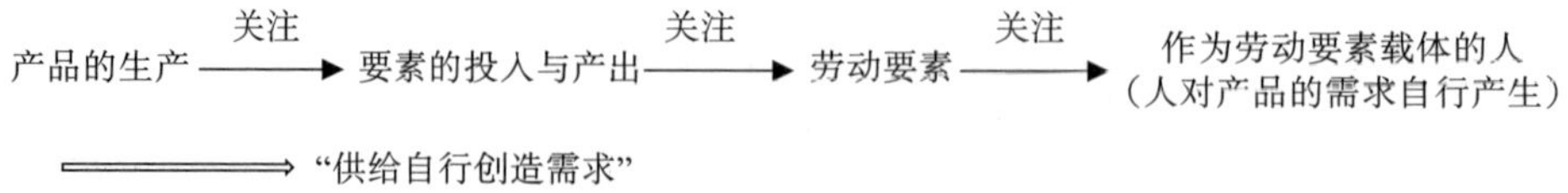

产品的生产 —关注→ 要素的投入与产出 —关注→ 劳动要素 —关注→ 作为劳动要素载体的人（人对产品的需求自行产生）

⟹ "供给自行创造需求"

图 1-1 以萨伊为代表的思想脉络

---

① ［英］彼罗·斯拉法主编，M.H. 多布副主编，蔡受百译：《大卫·李嘉图全集》（第 2 卷），商务印书馆 2013 年版，第 236—237 页。
② ［英］彼罗·斯拉法主编，M.H. 多布副主编，蔡受百译：《大卫·李嘉图全集》（第 2 卷），商务印书馆 2013 年版，第 396—397 页。

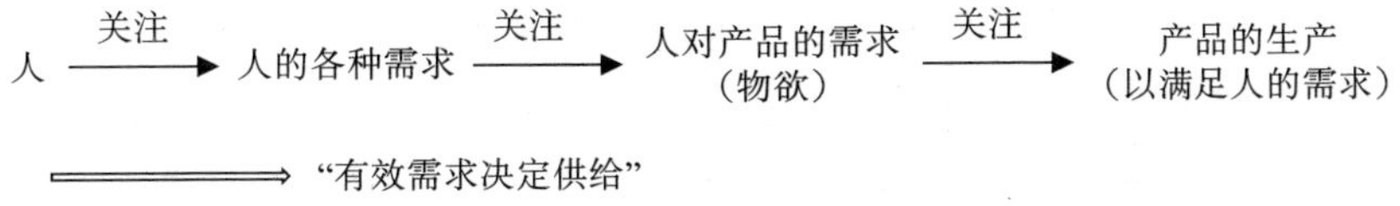

```
人 ──关注──→ 人的各种需求 ──关注──→ 人对产品的需求 ──关注──→ 产品的生产
                                    (物欲)                (以满足人的需求)

        ══════════════→ "有效需求决定供给"
```

图 1-2 以马尔萨斯为代表的思想脉络

资料来源：图 1-1 和图 1-2 来自《人口论》导读。①

(三) 20 世纪经济学家对萨伊定律的研究拓展

对于哪位经济学家命名了萨伊定律，至今尚无定论，较为有影响的认定来自澳大利亚经济学家斯蒂文·凯特（S. Kate，1998）。② 凯特认为泰勒（F. M. Taylor）在 1909 年撰写的《在密歇根大学讲授初级经济学中的一些方法》的论文中首次提出了萨伊定律，并界定为"产品能够立即构成商品的需求和供给，并且，如果假设商品是直接依据个人的需求所产生的话，那么供给和需求必然相等。"③

20 世纪以来对萨伊定律做出新贡献的主要代表人物还有兰格（O. Lange，1942）、贝克和鲍莫尔（Becker 和 Baumol，1952）④、鲍莫尔（1977、1999）⑤⑥ 等经济学家。兰格尝试用方程式来说明供给创造自身需求的结论：

$$\sum_j p_j x_j = 0, \text{ for}(j = 1, \cdots, n) \quad (1-1)$$

其中，p_j 是商品 j 的价格；x_j 是商品的过剩需求。式（1-1）表明社会所需要的商品和服务的货币价值总和应该等于用于销售的商品和服务价值总和。

贝克和鲍莫尔（1952）⑦ 认为经过多年发展，实际存在了三种不同内涵的萨伊定律。一种被称为"瓦尔拉斯法则"（Walras' Law）。该法则认为，无论在物物交换经济，还是在货币仅被作为计价标准使用的经济中，都存在一种任何商品供给过度的逻辑不可能性。物理意义上货币的确存在，但人们持有货币并非因为货币本身而旨在以货币换货物。鉴于此，瓦尔拉斯法则认为，全部需求商品（含货币）的总价值始终等于全部供给商品的总价值，因而不可能发生普遍的生产过剩。

第二种被称为"萨伊恒等式"（Say's Identity）。该定义认为某个经济体的货币市场始终处于均衡状态，绝不存在货币需求过剩或供给过剩。人们供给商品换取了货币，又因有对其他商品的需求而立刻使用供给商品换回的货币，因此货币本身不会对相对价格产生任

---

① [英] 马尔萨斯，郭大力译：《人口论》，北京大学出版社 2017 年版，第 17—18 页。
② S. Kates. 1998. *Say's Law and the Keynesian Revolution: How Macroeconomic Theory Lost is its Way*. Edward Elgar. pp145 – 150.
③ F. M. Taylor. 2015. Methods of Teaching Elementary Economics at the University of Michigan. *Journal of Political Economy*. 17 (10): 688 – 703.
④ G. Becker & W. Baumol. 1952. The Classical Monetary Theory: The Outcome of the Discussion. *Economica*. 76: 355 – 376.
⑤ W. Baumol. 1977. Say's (at Least) Eight Laws. *Economica*. 44: 145 – 162.
⑥ W. Baumol. 1999. Retrospectives Say's Laws. *Journal of Economic Perspectives*. 13 (1): 195 – 204.
⑦ G. Becker & W. J. Baumol. 1952. The Classical Economic Theory: The Outcome of the Discussion. *Economica*, N. S. November, 19: 355 – 376.

何影响。根据"萨伊恒等式",经济中也不可能出现普遍的生产过剩,因为商品需求会驱使人们花费掉多余的货币,商品需求的总价值必然且始终等于商品供给的总价值。

第三种被称为"萨伊等式"(Say's Equality)。该等式认为市场对于由商品供给过度或货币需求过度造成的问题具有自我纠偏的倾向,商品供给超过需求说明定价太高,价格一旦跌到市场出清水平,过剩商品将不复存在。根据"萨伊等式",当价格弹性充分时,市场将趋于均衡。

贝克尔和鲍莫尔认为,"萨伊等式"是对萨伊定律的良好解释,即由于价格水平的变化使得供给创造自己的需求而不是相反。或者说,市场通过价格机制能够使需求和供给相等进而实现平衡,此时与商品对应的货币总数量等于商品供给的总货币价格。鲍莫尔在后续对萨伊定律进行的回顾分析中认为,导致该定律内涵模糊一方面在于萨伊自己,李嘉图和熊彼特都评论过他不清晰的论述。另一方面在于不同时代的研究者并没有把它视为简单的警句式命题,他们关心的是一系列不相关的立场,并认为这些立场广泛而危险,有可能导致糟糕的政策。因此,经过多年的研究和争论,"萨伊定律的确属于萨伊本人,但并不仅仅属于他一个人"。①

(四) 对萨伊定律的综合评价

"萨伊定律"在古典自由经济学家的努力下不断完善和广泛流传,虽然否定和批判声不绝于耳,但无法否定其在西方经济思想史上的重要地位。即便凯恩斯(J. M. Keynes)本人在批评时也不得不采取否定中有肯定的态度:

"从萨伊及李嘉图以来,经典学派都说:供给会自己创造自己的需求……这种学说不再以如此简陋形式在今日出现。不过它还是整个经典学派理论之骨干;没有它,整个经典学派就要崩溃。"②

另一位凯恩斯主义的代表人物萨缪尔森(P. Samulson)也对"萨伊定律"在整个经济学思想史上的奠基作用给予了充分肯定:

"在凯恩斯写作《通论》之前,重要的经济思想家普遍坚持古典经济观……早起的讨论围绕萨伊的市场定律而进行。……一大批最杰出的经济学家——D. 李嘉图、J. S. 穆勒和A. 马歇尔——或多或少地坚定地赞同过度生产不可能的这一宏观经济学观点。"③

整体来看,一是萨伊定律具有一定的历史进步性。萨伊旨在论证增加、扩大生产与供给的重要性,在于论证经济自由的优越性和经济干预的危害性,而并不在于否定资本主义经济危机。④ 这对于当时的法国而言是具有历史进步性的。相较于英国,18 世纪的法国仍然以农业为基础,资本主义刚刚萌芽,封建残余势力较为强大,政府干预太多,生产能力大量闲置,供给严重贫乏,需求极度萎缩。萨伊定律的提出既为法国建立斯密式的资本主

---

① W. J. Baumol. 1999. Retrospectives Say's Law. *Journal of Economic Perspectives*. 13 (1): 195 – 204.
② [英] 凯恩斯,徐毓枬译:《就业、利息与货币通论》,商务印书馆 1987 年版,第 19—22 页。
③ [美] 保罗·A. 萨缪尔森、威廉·D. 诺德豪斯:《经济学》,中国发展出版社 1992 年版,第 603 页。
④ 叶德磊:"萨伊:颇有理论建树的经济学家",《财贸研究》1991 年第 2 期。

义自由经济提供了理论指导，又为摆脱当时的经济困境指明了改良对策。正如索维尔（T. Sowell）在《萨伊定律的历史分析》中所言：

"萨伊定律实质上认为在制造一种产品所付的工资、利润和地租的总额，就足够用来购买这个产品。……因此，从整个经济来看，购买力和生产力总是能够平衡的。在经济中总有足够的财富来购买它的产品，不会因总需求不足而使产品供给过剩。"①

二是萨伊定律将生产（供给）视为矛盾的主要方面具有一定合理性。在萨伊看来，为了解决经济萧条和失业问题以及由此导致的有效需求问题，市场必须通过不断生产来创造自己的需求，并且市场中的个体所产生的效用必须为他人所需，这也就是说供给和需求必须相匹配，两者若相匹配，总量就一致（金鑫，2016）。正如吉尔德（G. Gilder）所言：

"萨伊定律是供给学派理论的基本规则。它存在各种各样的变化，但它的价值并不在于它的数学运算有多么高深……萨伊定律的重要性体现在它促使人们开始关注供给，关注企业家刺激需求的能力和投资能力，关注对企业家的激励，让企业家从分配和需求环节转向生产。"②

但毫无疑问，萨伊定律存在明显的局限性。马克思在《资本论》第一卷就对萨伊定律进行了批判。马克思认为，萨伊定律犯了两个错误：一是把资本主义商品生产偷换成简单商品生产；二是把商品货币交换关系偷换成物物交换关系。他写道：

"在这里，经济学辩护者的方法有两个特征。第一，简单地抽去商品流通和直接的产品交换之间的区别，把两者等同起来。第二，企图把资本主义生产当事人之间的关系，归结为商品流通所生产的简单关系，从而否认资本主义生产过程的矛盾。"③

近两百年的经济实践已经证伪了萨伊定律，供给并没有及时创造对它自身的需求。但是如果撇开基于生产关系的制度因素，主要从生产力的长期发展看，萨伊定律认为供给会创造需求的观点是成立的（方福前，2017）。④

第二节 供给学派的崛起⑤与减税主张

19世纪20年代的经济"大萧条"引发了对古典经济学理论的深刻反思。在长达5年多的历史性大危机中，全球工业生产比1920年下降三成以上，失业或准失业人数达到

---

① T. Sowell. 1972. Say's Law: An Historical Analysis. Princeton N. J.: Princeton University Press. pp1–45.
② [美]乔治·吉尔德，蒋宗强译：《财富与贫困》，中信出版社2019年版，第80页。
③ 《马克思恩格斯全集》第44卷，人民出版社2001年版，第136页注（73）。
④ 方福前："寻找供给侧结构性改革的理论源头"，《中国社会科学》2017年第7期。
⑤ Martin Feldstein（1986）将供给学派分为新供给学派（New Supply Siders）和传统供给学派（Traditional Supply Siders），前者代表人物如蒙特尔、拉弗、吉尔德、罗伯茨等，后者代表人物如费尔德斯坦等。

5 000 万人，美国失业率更是接近 25%，美国股票市场暴跌约 80%（郑联盛，2016）[①]。更为重要的是，此前应对经济衰退和金融危机的经济政策几乎集体失效。"萨伊定律"至此几乎被彻底颠覆，"供给侧"学派也迎来了历史上对其的第一次否定（贾康、苏京春，2016），[②] 这场颠覆性革命的标志就是 1936 年凯恩斯主义的奠基之作《就业、利息与货币通论》。与"萨伊定律"不同，凯恩斯认为，市场自动机制不足以使生产和就业达到均衡状态，需要政府的宏观调控手段才能遏制经济衰退。凯恩斯主义在经济理论和经济实践中的主导地位一直持续到 20 世纪 50 年代末和 60 年代。20 世纪 70 年代末，经济停滞和通货膨胀并存的"滞涨"作为一种新的经济危机现象对凯恩斯主义提出了真正意义上的挑战，而经济实践中凯恩斯主义的"政府干预"药方全然失效，从而正式宣告了凯恩斯主义辉煌时代的终结。就在这个时期，供给学派经济学崛起，成为代替凯恩斯主义短期模型和货币主义需求模型的政策体系。该阶段供给学派最为核心的思想是通过减税激励生产，这其实与萨伊有着不解之缘，萨伊认为：

"极端的征税会产生让个人更贫穷的可悲效果，也没有使国家富裕……供给的减少必然伴随着需求的减少，相应地，应纳税商品就减少。因此，纳税人被剥夺了享受，生产者被剥夺了利润，国库被剥夺了税收……这就是为什么某个税种不能给国库带来与其相匹配的税收，为什么二加二在财政上并不等于四成为一句格言。过高的税率……压制了生产和消费，也压制了纳税人。"[③]

正是由于对生产激励的关注，供给侧的研究者们很容易相信高税率会抑制产出，减少税收。由此提出的基本政策组合是：用自我约束的货币政策来稳定价格水平，用减税和放松经济管制来刺激就业和经济增长（蒙代尔，1998）。[④]

一、蒙代尔的减税思想

供给学派的先驱者是美国哥伦比亚大学教授蒙代尔（R. A. Mundell）。1961 年，蒙达尔加入了国际货币基金组织的研究部门，被要求开展美国货币和财政政策组合的研究。彼时，美国经济增长缓慢且失业率过高，加之日益恶化的经常账户赤字，经济学家们纷纷提出了解决方案。代表性方案有三种：一是凯恩斯主义者提出宽松货币与扩大支出的政策组合；二是美国商会提出紧缩货币和平衡预算的政策组合；三是以萨缪尔森——托宾为代表的"新古典"主义提出了低利率和预算盈余的政策组合。蒙代尔（1962）[⑤] 的研究论文却

[①] 郑联盛："从凯恩斯主义到供给学派"，《金融博览》2016 年第 1 期。
[②] 贾康、苏京春："'供给侧'学派溯源与规律认识"，《全球化》2016 年第 2 期。
[③] [法] 让·巴蒂斯特·萨伊，黄文钰、沈潇笑译：《供给的逻辑——政治经济学概论》，浙江人民出版社 2017 年版，第 104 页。
[④] [美] 蒙代尔：《蒙代尔经济学文集第六卷——国际货币：过去、现在和未来》，中国金融出版社 2003 年版，第 179 页。
[⑤] R. A. Mundell. 1962. The Appropriate Use of Monetary and Fiscal Policy for Internal and External Stability. *IMF Staff Papers*. 9 (1): 70 – 79.

认为这三种方案均属无效方案，他建议降低边际税率来刺激增长和就业，同时实施更为紧缩的货币政策来改善支付平衡的问题。毫无疑问，肯尼迪政府正是因为选用了蒙代尔的方案而取得了经济快速恢复的显著成效。一般认为，供给学派萌生于20世纪70年代，但该学派的减税主张可追溯至20世纪60年代，彼时蒙代尔还不满30岁。

1974年秋，蒙代尔加入哥伦比亚大学，他与几位后来被称为"供给学派"俱乐部的学者定期到华尔街的一家餐馆聚会，讨论经济政策问题，尤其是如何解决持续上升的通货膨胀和失业。结论是：需要降低边际税率来创造生产动力，刺激经济增长，而紧缩的货币政策将带来价格问题。1974年11月，在华盛顿举行的一个全球通货膨胀研讨会上，蒙代尔提交了一篇论文，节录如下（Evans和Novak，1981）：

"虽然福特政府坚持增税才能对付通货膨胀，但是蒙代尔却主张立即减税100亿美元才能避免'滞涨'触发更大的预算赤字。'滞涨'是通货膨胀和经济衰退的致命组合，福特从尼克松手里继承下来……"①

1974年12月，万尼斯基（Wanniski，1974）在《华尔街日报》上专门撰文对蒙代尔的减税思想进行了宣扬，主要体现在减税动因、对凯恩斯主义和新古典经济学的反驳、减税的规模和效用等方面。可以说，该篇论文首次对供给学派的减税思想进行了较为全面的梳理和总结，蒙代尔（1999）自己也认为"关于我在1974年对供给学派经济学的思考，最好的描述是万尼斯基（1974）"。② 该文关于减税的主要观点如下：③

一是关于美国减税的必要性。蒙代尔认为美国的税率水平已经成为经济增长的巨大障碍，税收让经济走向窒息。伴随着通货膨胀的加剧，即使产出下降税收仍在提高。同时，"税收等级爬升"将纳税人推升到越来越高的所得税税率水平。蒙代尔提议的减税规模是300亿美元，虽然如此大规模的减税意味着初期联邦政府的巨额赤字，但如果不即时减税，各经济单位的失业规模将继续扩张，联邦、州和地方政府的税收收入将同步下降，失业救济和福利支出也将攀升。

二是关于对凯恩斯主义的反驳。凯恩斯主义开出的宽松货币政策药方导致了通货膨胀率的不断攀高，不能再作为激励生产的手段，短期内必须有某种合理的反周期"政策武器"。浮动汇率制之下，美联储的货币刺激政策不仅提高了工资需求，还导致了美元下跌和进口商品的价格上涨。为了消除通货膨胀，蒙代尔建议美联储临时在公开市场购买政府债券，传统凯恩斯主义的做法只是增加了基础货币供应。财政政策同样可以刺激需求，但凯恩斯主义只看到了减税对总需求和通货膨胀的负面作用，却忽略了其对总供给的扩张作用。

三是关于对新古典经济学的反驳。蒙代尔认为新古典经济学只看到了"挤出效应"，

---

① R. Evans &, R. Novak. 1981. The Reagan Revolution: An Inside Look at the Transformation of the U. S. Government. Dutton Publishing House. pp63.

② ［美］蒙代尔：《蒙代尔经济学文集第六卷——国际货币：过去、现在和未来》，中国金融出版社2003年版，第180页。

③ J. Wanniski. It's Time to Cut Taxes. *The Wall Street Journal*. 1974 – 12 – 11.

认为政府债券挤出了私人市场的投资和融资,这个观点过于极端。除了"挤出效应",还有其他四种效应值得经济学家关注。第一,政府通过销售债券来弥补减税带来的收入损失,资本和劳动力作为政府债券收益的主要受益者,实际收到了300亿美元的馈赠,否则他们不得不借贷。从这个意义上,他们很高兴被挤出信贷市场。第二,减税所需的资金少于经济衰退带来的资金损失。第三,减税带来的经济增长前景将促使储蓄恢复,信贷规模也将自动扩大,即美元持有者将更乐意投资各类资本产品,投资规模越大经济复苏越快。第四,为减税融资的政府债券销售行为还可从国外获得资金。

四是关于减税的预期效果。从国内来看,不仅将增加需求,而且增加对生产的刺激。政府先征税再开支,这样的循环减少了对生产的激励也降低了总产出。毕竟如果税收总额和支出总额都是强制性的,所有经济活动可能停滞,政府税收将100%为零。总体来看,低税率不仅可以吸引更多的投资和工作,而且可以增加供给和需求。从国际来看,蒙代尔强调减税的国际效果也相当重要。一旦政府宣布减税方案,资本市场会立即做出乐观预判,因为在美国开展经营将比在其他国家更为有利可图,如此不但美国资本不再外流,国外资本也将流入美国。

在蒙代尔看来,供给学派革命的第一阶段由美国1981年的《经济复兴法案》(Economic Recovery Act)加以确认,第二阶段则始于美国1986年的《税收改革法案》。他强调,由于减税政策的作用,1982—1990年的经济增长是到那时为止第二个最长的经济扩张期,而在"即将告别20世纪之时,审慎财政政策和控制通货膨胀终于又成为所有富裕国家和绝大多数贫穷国家宏观政策的基本目标"。[①]

二、拉弗的减税主张

美国经济学家拉弗(A. B. Laffer)进一步研究并发展了蒙代尔的论点,描绘了著名的"拉弗曲线",但他声明"拉弗曲线并非本人的创造",并举例论证。14世纪穆斯林哲学家海勒顿(Ibn Khaldun)曾指出:"王朝初期,较低的征税水平产生了巨额的税收收入;王朝末期,较高的征税水平却带来少量的税收收入。"[②] 在对待"税率过高可能达不到增加税收的目的"这一判断上,拉弗还深受斯密和萨伊等古典经济学家的影响。他在《政府的苛捐杂税和收入不足》一文中同时援引了斯密和萨伊的观点:

"有时一种重税会减少该种商品的消费,有时会鼓励走私,其结果是重税给政府提供的收入往往比不上较轻的税负水平所提供的收入。当收入减少的原因是消费减少时,唯一的解决方法就是降低税率。"(斯密,1776)[③]

"征税一旦发展到极端,就会产生使老百姓沦于贫困而国库并不因此充实的可悲结果。

[①] [美]蒙代尔:《蒙代尔经济学文集第六卷——国际货币:过去、现在和未来》,中国金融出版社2003年版,第185页。

[②] A. B. Laffer. The Laffer Curve: Past, Present, and Future. Backgrounder. Published by The Heritage Foundation. No. 1765. June 1, 2004. pp1-16.

[③] [英]亚当·斯密:《国富论》,唐日松等译,华夏出版社2009年版,第634页.

……因为需求萎缩后，生产供给必然随之削减，最终导致可供征税的物品减少。这样，纳税人便不得不放弃一部分闲暇时间，生产者不得不蒙受利润损失，国库收入锐减也就理所当然。"（萨伊，1803）①

拉弗认为，斯密和萨伊已经意识到提高税率将产生减小税基的替代效应，并且萨伊已经明确认识到税收相对于税率的弹性即使为正，也小于1。② 以前人的研究为基础，拉弗用"倒U型"曲线形象地展现了税率和税收收入之间的关系，认为税收收入首先随着税率增加而上升，但进入"税收禁区"之后，税收收入将随着税率增加而下降。产生这种结果的原因是由于税率变化对税收收入产生了两种效应，即算术效应和经济效应（Laffer，2004）。③ 算术效应是指降低税率导致税收收入下降，反之提高税率导致税收收入上升。经济效应是指降低税率将激励工作、产出和就业，从而对税基产生正面影响；提高税率不啻为对应税行为的一种惩罚，进而对税基产生负面影响（如图1-3所示）。

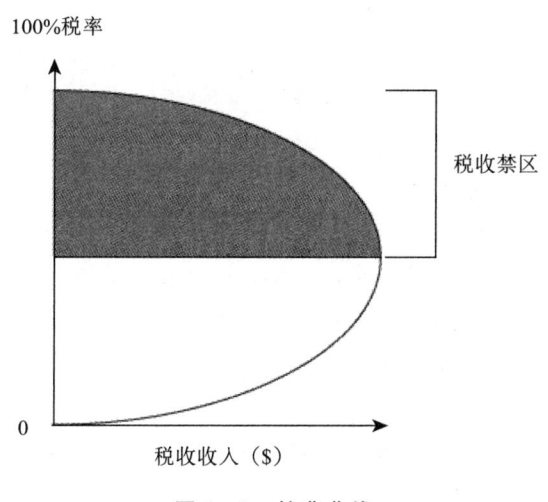

图1-3 拉弗曲线

资料来源：Laffer（1974，2004）。

拉弗曲线的现实含义在于，它告知政府有两种方式可以征收到同等的税收。一种是设定高税率；一种是设定低税率。前者确实可以立即增加税收收入，但是打击了应税经济活动；后者征得的税收收入偏低，但是鼓励了应税经济活动，从而涵养了税源。因此，政府所设置的理想税率，不宜太高也不宜太低，而是能够鼓励应税行为的最大化，并且以最小的纳税"痛苦"产生最大的税收收入。

---

① ［法］让·巴蒂斯特·萨伊，黄文钰、沈潇笑译：《供给的逻辑——政治经济学概论》，浙江人民出版社2017年版，第308—309页。

② 阿瑟·B.拉弗："政府的苛捐杂税与收入不足"，转引自［美］理查德·H.芬克，沈国华译：《供给经济学经典评读》，上海财经大学出版社2018年版，第179页。

③ A. B. Laffer. The Laffer Curve: Past, Present, and Future. Backgrounder. Published by The Heritage Foundation. No. 1765. June 1, 2004. pp1-16.

三、万尼斯基的减税观点

万尼斯基（J. Wanniski）是第一个公开发表拉弗曲线的学者，1975 年他撰写了《蒙代尔—拉弗假设：全球经济的新视角》一文中叙述了他对蒙代尔和拉弗研究的看法：

"只有在一种特殊条件下，政府必须减税并能通过赤字融资维持政府支出，而蒙达尔和拉弗认为这一条件出现了。'总是存在两个产生同等税额的税率'，拉弗认为，'比如，当税率为零时，税收收入为零。当税率为 100% 时，没有生产，税收收入也为零。在这两个极值之间，存在一个税收收入最大化的税率'。任何超过最大化税收的税率都将减少产出和税基，对产生税收收入也适得其反。他们认为，美国目前的边际税率就在这个无效产出范围，蒙代尔称经济被'税收阻塞以至窒息'。由于通货膨胀对税收结构累进性的影响无意中导致了税率的抬升。如果税率低于最大化税收的税率，减税会降低充分就业下的税收。但如果经济未能达到充分就业，减税会因乘数效应而提高产出、扩大税基，并使经济更加有效地运行。即便出现更大的赤字，仍能有充足的税收收入用以支付政府债券利息。因此，未来不必征税，未来的产出也不会减少。减税实际上是偿还政府债务的一种方法。"①

1978 年，万尼斯基撰写了《世界如何运转》一书，该书被认为是供给学派的第一本理论著作，"拉弗曲线"正是以该书为媒介得到广泛传播。万尼斯基对拉弗曲线的讨论集中在税率水平和生产率之上，他认为正确（right）的税率对于经济增长和经济强劲至关重要，同时也承认自己也无法明确"合意"到底是多少？所谓正确的税率，就是公众在选举中支持的税率，因为选举中公众能够做出符合自己利益的适当选择，这一特殊概念的产生为研究经济和政治的关联性打开了一扇门。书中还概述了拉弗的另一学说，即税收楔子（tax wedge），万尼斯基在书中详细举例说明：

"如果史密斯和琼斯都想用自己 16 个小时的技能与对方进行交易，那么为了完成各自的交易，他们就必须向政府上交 2 个小时的技能，也就是如果要进行 32 个小时的交易，就必须完成 36 个小时的工作。这 4 小时的'税'就是他们之间产生的楔子。"②

针对这种情况，万尼斯基认为如果实际需要开展 36 个小时的工作，史密斯和琼斯可选择不进行交易。万尼斯基还记录了美国税收楔子的增加方式，主要体现在个人所得税、企业所得税和社会保险税之上。对于劳动力市场而言，由于税收楔子的存在，税收对劳动力供给和需求产生影响，税率提高导致楔子增大，从而减少劳动力投入。对于资本市场而言，税收一方面要求债务人将其获得的利润一部分用来纳税，从而增加了企业的融资成本；另一方面债权人又须将其利息收入的一部分用于纳税，从而减少了其税后收入（见图 1-4）。万尼斯基进而指出不仅在税收领域，政府在管制和法律限制等领域的"楔子"压

---

① J. Wanniski. 1975. The Mundell – Laffer Hypothesis – A New View of the World Economy. *The Public Interest*. Spring. pp49 – 50.

② J. Wanniski. 1998. The Way the World Works. 20th Anniversary Edition. Washington, DC: Regnery. pp89.

缩和转移了生产努力，削弱了主动性，并导致了萧条和战争。更令人困扰的是，没有看到"楔子"本质的经济学家们或政府顾问往往又提出了新的错误疗法来解决"楔子"本身所造成的问题，导致经济雪上加霜。

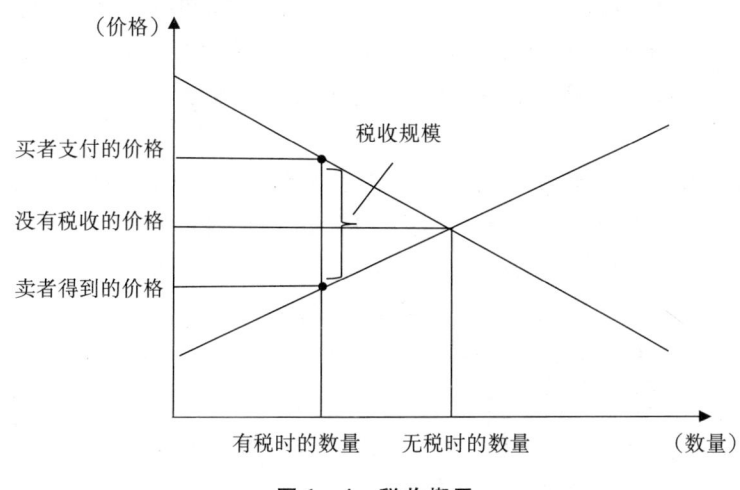

图 1-4 税收楔子

四、吉尔德的减税思想

吉尔德（G. Gilder）于1981年出版了《财富与贫穷》一书，它所阐述的供给学派的资本、分配和财富理论，使之被誉为供给经济学的第一流分析，并称为当时正在进行的里根革命的奠基之作。该书旨在探讨经济学家们在分析所有经济体创造力和进步源泉方面存在的局限性，其中一个主要观点就是：税收是一种关键的成本，是获得收入和投资回报必须付出的成本，降低税率是增加收入直接而有效的途径。具体论证如下：

一是税收很大程度上阻碍了私营部门效率的提高。阻碍的程度不仅仅取决于税收的数量，还取决于税收的态度。吉尔德认为，战争时期的公众觉得自己所缴纳的税款被充分利用了，尽管税率接近甚至超过100%，他们也会继续努力工作。但是如果政府不能提供公众认为有价值的、非生产性的公共服务，公众会认为所纳税款是一种绝对损失，并要求政府通过增加工资予以补偿。如果政府在所有经济活动中的效率都比私营部门的效率要高，民众也会心甘情愿地纳税。但事实是，政府不仅只能提供有限服务，而且"效率低得简直可以视为一种灾难"。美国的税收体系可能在自由世界是最先进、最复杂和最具破坏性的，与日本、德国、法国、英国或意大利的税收体系相比，美国的税收体系给富人和中产阶级带来了更大的税务负担，也不能促使企业像其他国家一样将更多的资金投入新技术研发，从而加快技术革新。

二是提高边际税率的结果很可能是税收不增反降。就家庭而言，20世纪80年代开始，普通美国人的边际税率高达50%左右，造成的结果是只有一个人挣钱养家的家庭蒙受损失，夫妻双方同时进入职场的家庭生活水平相对高一些，进而导致劳动力大军不断壮大的同时劳动生产率却不断下降，人们为了工作不得不放弃休闲娱乐和家庭生活。同时，边际税率影响着企业家的动机和预期，影响着企业家的志向和内在动力，影响着他们是否愿意通过投资以获取收益，尤其是那些风险大、周期长的项目。唯一的短期受益者是政府，因为从家庭两份收入中获得的税收收入必然多于仅有一份薪资，也因为从企业每多挣得的一美元中可以征收更多的税款。但从长期来看，在资源和技术既定的情况下，心理因素才是塑造一个经济体表现的终极力量。高税率或高关税很有可能浇灭企业家的希望，使他们的努力戛然而止。因此，这种税率不会带来任何税收，只会悄无声息地扼杀商业发展。

三是减税可以减轻或克服增税的大部分损害。增税对经济的损害不仅体现市场经济的效率损失之上，还体现在催生"不太体面的花样百出的避税渠道"，促进地下经济的繁荣和外汇储备的急剧扩张，降低再投资对企业尤其是高科技企业的吸引力，导致资本投资质量恶化和企业股权价值丧失等诸多问题。更令人头痛的是，涌现了以货币市场基金为代表的非实体经济组织，"这种非实体经济组织并没有给长远的经济增长做出多少贡献"。① 但只要政府实施减税，取消最低工资要求和减少行政干预，并改革就业政策，那么地下经济、技术研发减少、资本形成减少等问题都会迎刃而解。不仅如此，减税还可以扩大税基，让富人通过减少消费来增加投资和创造工作机会，最终增加税收。

四是减税可以起到抑制通货膨胀的效果。吉尔德认为通货膨胀本身相当于一种隐形的税收，因为流动性宽松和财政支出扩张是通货膨胀的直接原因，其所产生的一个主要影响就是将资源从私营部门重新分配到政府，从这个角度来看，通货膨胀无异于隐形税。税款主要由持有货币和债券的人支付，因为货币和债券的价值会因通货膨胀而下降。作为一种隐形税收，对实际收入的征税收或将提高到罚没的水平，这将严重刺激那些免税或者获得保护的产业的增长，从而严重损害了合法纳税的产业。同时，隐形税违背了税收公平原则，典型的例子是工薪阶层收入不高但必须纳税，富裕阶层收入高但税率低，也不从事任何生产活动，政府给后者投入的资金支持就必须由前者的税收来承担。而减税有助于激发企业扩大生产规模的积极性，从而增加产品供给，降低物价，最终起到抑制通货膨胀的效果。并且为了充分发挥减税对通货膨胀的抑制作用，政府应该降低资本和投资收益的税率，降低幅度要大于个人所得税的减免力度。

五、费尔德斯坦的减税研究

费尔德斯坦（M. Feldstein）被视为传统或温和供给学派的代表人物。在他看来，供给侧经济学起源于一种描述方式，以区别于凯恩斯主义的需求侧经济学。鉴于凯恩斯主义在20世纪六七十年代的失败，许多人认为高失业率无法全面反映有效需求不足，而是政府失业保险、福利制度、最低工资水平等降低了有效需求。从这个维度，可以把有这样观点的人都归入供给学派。实际上，"供给经济学"是对亚当·斯密的某种回归，遵循了斯密

---

① ［美］乔治·吉尔德，蒋宗强译：《财富与贫困》，中信出版社2019年版，第370页。

最核心的理念,即减少政府对个人积极性和主动性的干预,创造生产能力(费尔德斯坦,1986)。[①]

费尔德斯坦在税收领域的代表性研究成果是把税收政策、通货膨胀与资本形成置于一个研究框架内,指出财政政策(包括税收政策)对通货膨胀和资本形成都有着重要影响,而通货膨胀又扭曲了个人所得所涉及的各种税收,尤其是资本利得的税收。

一是通货膨胀与资本利得税的相关性分析。费尔德斯坦和斯莱姆罗德(J. Slemrod)[②]测量了1973年美国政府对公司股利征收的资本利得税,结果发现不同的收入水平都有不同程度的额外税收负担。调整后毛所得(Adjusted Gross Income,缩写为AGI)越高,额外税收负担随之下降但总体为正;额外税收负担不管是绝对还是相对都将减少个人的实际所得。根据测算,AGI在50 000—100 000美元的纳税人承担了1.01亿美元的额外税收负担,这是他们法定资本利得税的三倍;AGI超过500 000美元的纳税人缴纳了3 700万美元的额外税款,比实际资本利得税高出11%。1973年全年,公司股利的资本利得税合计为11.38亿美元,是法定税负6.61亿美元的两倍。如此看来,几乎所有名义资本利得缴纳的税收都代表了通货膨胀所引致的超额税负。由此,两位经济学家建议通货膨胀对资本利得税的扭曲效应可以通过调整资产的原始成本来弥补,或者将现有所得税替换为基于现金流量或实际支出的所得税,从而降低资本利得的实际税率,减少因征税产生的经济福利损失。

二是财政赤字与通货膨胀及资本形成的相关性分析。费尔德斯坦认为避免通货膨胀的代价是资本形成水平和国民收入增长的下降,要使得资本形成不受影响,只需扩大货币供应量但不发行政府债券即可做到。他把财政赤字对通货膨胀和资本形成的影响及其相互对应关系描绘成一条曲线,即著名的"费尔德斯坦曲线"(如图1-5所示)。该曲线表明:在一定财政赤字水平下,可以通过提高通货膨胀率来使资本形成率保持稳定水平或相应提高。如通货膨胀率从 π_1 到 π_2 时,资本形成率从 K_1 到 K_2;反之,要使通货膨胀率从 π_2 下降到 π_1,这时就要资本形成率从 K_2 缩减到 K_1。费尔德斯坦曲线受财政赤字水平的变化而相应上下移动,当财政赤字增加时,曲线从Ⅰ上升到Ⅱ,这时为保持原有的资本形成率 K_1,通货膨胀的代价就增加到 π_2。反之,如果财政赤字曲线从Ⅰ下移到Ⅲ,为维持原有资本形成率水平,通货膨胀率的代价降低到 π_3。最后,费尔德斯坦认为当财政赤字为零时,曲线就下移转而成为一条水平线,这时的通货膨胀率 π_0 被称为自然通货膨胀率。该通货膨胀率独立于财政变量并对资本形成没有影响,不存在费尔德斯坦曲线所表达的对应关系,即对实际经济变量的影响是中性的。从政策含义来看,费尔德斯坦曲线确定了一个最优的通货膨胀率和资本形成率的组合,从供给侧提供了新的相机抉择的政策处方(吴剑

---

① M. Feldstein. 1986. Supply Side Economics: Old Truths and New Claims. *NBER Working Paper Series No.* 1792. National Bureau of Economic Research. pp1–11.

② Martin Feldstein & Joel Slemrod. 1979. Inflation and Excess Taxation of Capital Gains on Corporate Stock. *National Tax Journal.* 31 (June): 107–118.

敏,1987)。①

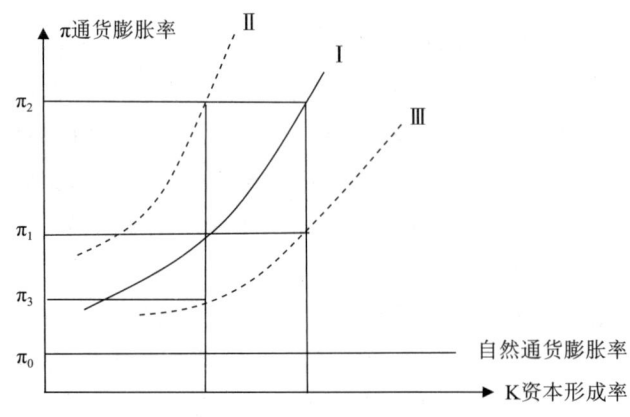

图1-5 费尔德斯坦曲线

资料来源:Feldstein,1977。

六、对供给学派崛起的相关评价

供给学派自产生以来遭到了国内外的许多批评,他们认为该学派并不具备严谨经济学理论基础,许多论文是发表在《商业周刊》等非学术或不入流的刊物上,是"一个经济思想大杂烩"(梁小民,2004)。② 供给学派提出的减税政策也遭受了不少质疑,著名经济学家加尔布雷斯(J. K. Galbraith,1965)曾在美国国会公开表达了他的反对观点:

"有关去年的减税,我从来没有像其他经济学家那么热心。毫无疑问,有充足的理由说明它只是一个独立的措施。但危险在于,一旦保守派尝到减税的好处,他们就会乐此不疲。减税将会替代政府为满足社会需求而新增的支出。我们与之抗衡的将是一个新的、极端保守的凯恩斯主义。"③

马歇尔(M. Marshall)和阿里斯蒂斯(P. Aristis)(1989)曾撰文《供给学派与里根经济学》来力图回答供给学派减税思想在美国取得成功的原因。他们认为里根经济学不能直接等同于供给学派经济学,1982年的政治经济环境以及政治上所需优先考虑的目标,迫使里根政府采纳了供给学派的政策建议。对于供给学派本身,他们的评价如下:

"供给学派将战后最具等级偏见的理论和政策看成是'托起所有船只的潮汐',并加以贩卖,以欺骗民众。其实,它们不过是70年代新包装过的门罗的'滴入论'。只是这种包装具有很强的吸引力和欺骗性,因而颇有市场。供给学派籍此战胜了所有旧的观念,彻底击败了凯恩斯主义、福利主义等原有经济学流派,得以为保守的共和党利益服务。"④

---

① 吴剑敏:"费尔德斯坦曲线简介",《世界经济》1984年第1期。
② 梁小民:《话经济学人》,中国社会科学出版社2019年版,第230页。
③ JEC. January. 1965. Economic Report of the President, 89th Congress. 1st sess. (Washington: USGPO, pp13.
④ M·马歇尔、P. 阿里斯蒂斯,周军译:"供给学派与里根经济学",《世界经济文汇》1991年第2期。

然而，对某种学术观点或思想的评判，需要看到它两个层面的价值：其一，对它所处的特定历史阶段的社会经济作出了特殊的理论研究；其二，如果这种特殊的理论研究是有科学解释力的，那么它也就在一定程度上揭示了人类社会经济发展的一般规律（钟祥财，2011）。① 以上述维度来评价供给学派，国内学者尹伯成的观点更显客观，他认为："供给学派继承和发展了古典经济学的传统，强调生产和供给，把凯恩斯颠倒了的供给和需求之前的关系纠正过来。在短期，固然会出现凯恩斯所说的有效需求不足造成失业的情况，但决定经济长期增长的，还是微观主体的生产积极性和市场配置资源效率，因此供给学派主张经济自由，减少政府干预，发挥市场机制的作用，可能是符合市场经济的运行规律的。"②

供给学派在20世纪80年代的美国大放异彩，是多个偶然因素综合作用的结果。首先是美国正在经历生产增速的下滑，而政府未能实行有效的调控；其次，20世纪70—80年代出现了多个经济学流派的学术论战，民众对主流经济学产生了信任危机，给一些新兴的政策建议创造了机会；最后是里根当选总统后对供给学派的重视和接受。

第三节　供给经济学的复兴与减税理论拓展

20世纪80年代末，供给学派全面减税政策导致美国联邦财政连年赤字，同时叠加利率攀升、贸易逆差加剧等经济现实，公众对它丧失了信任，凯恩斯主义复辟应运而生。同时，美国进入了以信息技术为科技基础、以知识经济为主要驱动力、以互联网为基本工具的"新经济"时代（湛柏明，2003）。③ 在"新经济"浪潮下，20世纪90年代和21世纪初，凯恩斯主义仍然占据主流经济学的主导地位。但对供给侧的研究并未终结，1999年蒙代尔获得诺贝尔经济学奖，成为供给经济学也是主流经济学之一的最有利证据，"有理由认为委员会在给蒙代尔颁发诺贝尔经济学奖是意识到他在国际宏观经济学和货币理论方面的成就，也认可他在供给经济学方面的功绩"（巴特利特，2011）④。以林德赛（L. B. Lindsey）为代表的经济学家开始将计量方法大量引入供给经济学的研究框架，并对减税的作用和机制进行了更为深入的梳理和推进。

---

① 钟祥财："供给学派的思想价值和现实意义"，《上海经济研究》2011年第1期。
② 尹伯成主编：《西方经济学说史——从市场经济视角的考察》，复旦大学出版社2005年版，第290页。
③ 湛柏明："美国新经济的产生、发展与特点分析"，《美国新经济周期与中美经贸关系——全国美国经济学会第七届年会论文集》2003年版，第115—121页。
④ ［美］布鲁斯·巴特利特，钟晓玲等译：《新美国经济——里根经济学的失败与未来之路》，中国金融出版社2011年版，第133页。

一、林德赛的税收最大化税率模型

20世纪80年代末,在供给学派受到威胁甚至备受打击的时候,林德赛于1988年撰写了《减税的动力》一文,用大量经济数据证明20世纪80年代的减税政策不仅提高了高收入阶层的纳税额,并有利于整个美国经济;同时指出从其他发达国家的经济实践来看,减税是大势所趋,也是提高经济效率和福利的重要路径。[①]

林德赛对减税理论的贡献在于从财政行为学的视角出发,研究个人纳税人对减税政策的反映,以此为基础探寻税率设定的政策含义,代表性论文是《个人纳税人对1982—1984减税政策的回应》。[②] 文中林德赛通过系列模型搭建起了税收最大化税率的分析框架。在他看来,纳税人的应税所得是其禀赋、潜在兴趣以及选择将多少禀赋转化为应税所得的函数。

$$Y_i = Y(X_i, 1 - t_i) \quad (1-2)$$

其中,Y_i是应税所得;X_i是纳税人的禀赋和潜在兴趣;t_i该笔应税所得的边际税率,潜在禀赋可以被视为纳税人在无税条件下愿意赚取的收入。纳税人愿意将多少的禀赋转化为收入或者税收取决于他从额外1美元的应税所得中能够获得的份额。

以该模型为基础,林德赛又建立了税率对应税所得影响的基准模型。他认为,应税所得的反事实水平与实际水平之间的变化不能归因于宏观经济条件下禀赋的相对价值变化,而是必须与税制变化或者经济数据的其他不明显变化联系起来。如果基准情形代表了禀赋的潜在分配,应税所得的基准和实际分配之间的差距可能归因于税后份额的变化。如果用加注星号来代表应税所得的基准情形,减税前的税率公式如下:

$$Y_i^* = Y(X_i, 1 - t_i^*) \quad (1-3)$$

$$Y_i / Y_i^* = F(1 - t_i / 1 - t_i^*) \quad (1-4)$$

基准收入分配模型的有效性检验必须放在没有重大税收变化的年份里进行,如1980年和1981年税收变化相对不显著,应纳税所得额的基准分配和实际分配应相当接近,式(1-4)中的两个分数应接近一致。对于使税收最大化的税率,林德赛认为取决于税率表的形式。如果最初所得税的比例税率为t,假定η是回归弹性系数,X_i代表比例税税收入是纳税人禀赋的函数,税收最大化的税率公式如下:

$$T_i = t Y_i = t X_i (1-t)^\eta \quad (1-5)$$

根据林德赛的测算,美国联邦所得税收入在税率设定在35%时可达到最大化,而最大化的联邦政府税收收入需要总税负维持在40%左右。

1990年,林德赛出版了《增长实验:新的税收政策将如何改变美国经济》一书,该

[①] Lawrence B. Lindsey. 1988. The Dynamics of Tax Cuts. Manhattan Paper No. 4. 1988 Manhattan Institute for Policy Research. 1 – 15.

[②] Lawrence B. Lindsey. 1987. Individual Taxpayer Response to Tax Cuts: 1982 – 1984. *Journal of Public Economics*. 33 (2): 173 – 206.

书通过 260 多页的数据论证说明了降低税率能够促进就业,提高储蓄,刺激投资。在最后一章,林德赛还大胆描述了里根改革后的议程:

"国会应该大幅度削减资本收益率和股息税率,降低联邦税和地方税,建立大额个人免税存款账户,取消遗产税,将社保私人化。撤销已有 75 年历史的累进所得税率,以 19% 的单一税率取而代之,其中包括个人所得税和尚未实行的存款税。"①

这本学术性较强的书在一定程度上受到了美国保守党的关注,也获得了《国际评论》(*National Review*)和《福布斯》杂志(*Forbes*)赞许。2000 年,小布什赢得总统大选,林德赛被任命为国家经济委员会(National Economic Council,缩写为 NEC)主任,这也正式意味着他的学术理论真正步入了政策实施进程,也意味着供给经济学在美国的经济政策决策中再次被追捧,甚至被认为是"共和党内部的经济学说"。

二、卢卡斯的有效税收模型

卢卡斯(R. Lucas)是 1995 年诺贝尔奖的获得者,以表彰他在理性预期、经济增长等领域的研究贡献。卢卡斯的研究中还包括对供给经济学减税理论的跟踪和优化,代表性论文是《供给侧经济学:分析性回顾》。② 在文中卢卡斯将人力资本积累、技术进步率等要素纳入税收分析框架,建立了对资本所得和劳动所得的比例税率模型,模型聚焦于三个利润率:消费和投资之间的生产分工;收入导向型活动和其他活动(卢卡斯称之为闲暇)之间的时间分配;商品生产和人力资本积累之间的收入导向型时间分配(卢卡斯称之为学习)。借助计量分析手段,卢卡斯旨在研究税收结构变化对三种利润率的影响程度,进而回答两个问题:在政府消费和市场供给数量及价格既定的前提下,什么样的税率可以带来消费者效用的最大化?税率变化将带来多大程度的改变?

在同时满足卢卡斯设定的:(1)含税市场均衡中,家庭需面对某种预算约束;(2)商品消费的边际替代率等于两种商品的相对价格;(3)闲暇和消费的边际替代率等于实际工资的假设前提下,解决拉姆塞难题的等式如下:

$$F_k(k, uh) = \rho - \frac{d}{dt}\ln[W(c, x, \Phi)] \qquad (1-6)$$

其中,k 是人均资本存量;u 是每位工人投入商品生产的时间占比;h 是每位工人的平均技能水平。ρ 是主观贴现率;W 代表伪效用函数;c 是人均商品消费;x 是人均闲暇消费;Φ 是非负乘数,也是随时间变化的常数,如果开征任何扭曲性税种,它严格为正。式(1-6)表明,如果拉姆塞配置收敛到稳态——即某种配置的数量不变——那么在稳态下对资本征收的拉姆塞税应该为零。这样,公式中右侧的时间导数为零,资本的边际产出为 ρ。

---

① [美]罗伯特·阿特金森,杨晓、魏宁译:《美国供给侧模式启示录——经济政策的破解之道》,中国人民大学出版社 2016 年版,第 2 页。

② Robert E. Lucas. 1990. Supply–side Economics: An Analytical Review. *Oxford Economic Papers*. 42(2): 293–316.

卢卡斯进一步论证，在一个不断增长的经济中，对模型稳态的适当模拟是平衡增长路径，即消费、政府支出、资本都以技术进步率的速度增长，时间分配保持不变。为了确保模型中的增长路径存在，假设效用函数 U 具有恒定的弹性形式：

$$U(c, x) = \frac{1}{1-\sigma}[c\varphi(x)]^{1-\sigma} \quad (1-7)$$

其中，风险规避系数 σ 为正。在 x 保持不变的条件下，边际效用的增速恰好是 σ 与消费增速 v 的乘积。如果 U 具有恒定的弹性形式，对于既定的 x 和 Φ，W 是与 σ 弹性相同的常弹性函数。在拉姆塞的平衡增长路径中，式（1-6）可简化为：

$$F_k(k, uh) = \rho + \sigma v \quad (1-8)$$

这也意味着当拉姆塞路径向平衡状态收敛时，资本税税率应该向零收敛。卢卡斯认为资本税最初设定很高，是因为模仿了对初始存货的征税方式；但当系统向平衡路径收敛时，资本税也将同步收敛。当然，卢卡斯也指出，该研究结论并不足以制定长期的财政政策，也不包括用此设定政府支出规模。至于政府的税收收入来源，卢卡斯得出以下结论：对某个沿着平衡路径缓和增长的经济而言，税收收入应全部来自劳动所得，来自资本利得的税收则应该为零。论文最后，卢卡斯宣称自己是位重生的供给经济学家：

"我把这篇论文称为'供给经济学的分析评论'。在美国，这个词意味着过分主张税收结构变化对资本积累的影响。在某种意义上，我的分析支持以下观点：根据保守假设，我预计取消资本利得税可使得资本存量上升大约35%……供给经济学家，如果这个词是描述那些研究我所讨论内容的研究者的恰当用词的话，就给大家提供了我在这个行业25年里所见到的、最大的、真正的免费午餐。我认为如果按照他们的建议去实施，我们的社会将更加美好。"[①]

三、韦斯伯里的减税观点

布莱恩·韦斯伯里（B. S. Wesbury）是美国著名的供给经济学家，他的核心思想是减税将刺激市场微观主体行为，这种正向激励是挽救经济衰退的必要手段；政府的常态化减税更能起到长期性的激励效果。为此，他对当时关于减税的一些主流观点逐一进行了反驳，并反复强调"减税的工作原理是刺激新投资而不是刺激需求"。[②]

一是对"减税加大赤字，而赤字又拉升利率"观点的反驳。韦斯伯里认为尽管1982—1992年连续10年出现财政赤字，但30年期抵押贷款利率却从18%降至8%。1992—2000年，美国赤字消失而替之以盈余，但抵押贷款利率却急剧上升。以2000年为例，尽管美国政府收获了二战后最高数额的财政盈余，但30年期抵押贷款利率依然保持在1992年8%的水平。2001年，由于经济衰退、恐怖主义袭击、战争等综合因素，政府

[①] Robet E. Lucas. 1990. Supply - side Economics：An Analytical Review. *Oxford Economic Papers*. 42（2）：314.

[②] B. S. Wesbury. Taking the Voodoo out of Tax Cuts. Available on June 2 2003. https：//www. econlib. org/library/Columns/y2003/Wesburytaxcuts. html（accessed at 28 February 2020）.

又快速陷入了赤字困境，30年期抵押贷款利率反而降至5%。在韦斯伯里的研究中，自2000年倒推的21年里，赤字和利率实际呈现反向运动：赤字上升，利率下降，反之亦然。因此，赤字"挤出"私人投资的理论与现实并不相符。究其原因是财政支出"挤出"了投资，支出要么靠税收要么靠借债融资，借债是自愿的，但税收是被迫的。如果发生战争等情况，借债是最为直接和平和的融资方式；而一旦经济衰退，必须采用减税刺激经济。

二是对"减税是把钱放在消费者口袋里"观点的反驳。多数评价减税效用的模型考察了减税以什么速度和多少数量将钱置于消费者手中，但实际上减税在该议题上缺乏作为。减税只是让政府将钱给予消费者，从而保证增长。但对一个群体征税或向一个群体借债，将税款或借款给予另一个群体，无法刺激经济生产率。2001年的减税额中只有25%用于消费，余下75%或用于储蓄或用于还债。减税的作用是对新投资而非对需求的激励，正如里根政府通过减税鼓励企业家开发新科技，克林顿政府将资本利得税从28%降至20%，同时刺激了股市、风投和创新。可见，对资本利得的减税将降低资本成本，鼓励更多的投资和储蓄，并激励更多企业支付股利，最终的结果是经济增长、股市走牛和风投繁荣。

三是对"没落式减税改变不了行为"观点的反驳。在减税驱动下，企业家、投资者和行业领袖将提高风险投资。当然，也会有少部分企业家不会采取行动，除非认为减税是永久性的。永久性减税一定比暂时性减税更能对企业经营决策起到激励效果，也将会对企业家行为和投资者行为产生正面影响。

四是对"减税规模最为重要"观点的反驳。针对一些经济学家认为减税规模越大越好的看法，韦斯伯里认为对减税的度量不在于规模，而在于他们对行为的影响程度。以克林顿政府的资本利得税减税为例，预计5年减税额为33亿美元。从规模来看，数额有限但是影响巨大：风投激增了400%，连续五年美国股市以年均20%的增速扩张。

五是对"税收指数化问题已经解决"观点的反驳。20世纪70年代，应税所得级距没有指数化，导致随着通货膨胀的抬升，越来越多纳税人不得不适用更高级距，结果造成税率抬高，经济减速。1984年实施所得税指数化调整之后，人们认为这一问题得到解决，实际上应税所得级距还需与实际收入进行指数化，否则每位纳税人都将适用更高税率。比如，1998年，510万美国纳税人适用个人所得税的最高三个税率级次（31%、36%和39.6%）。到2000年，人数将增长25%，达到640万。随着生产率的提高，实际工资增速将高于通货膨胀率，在经济繁荣时期这一问题更加突出。为了解决纳税人所适用的应税所得级距持续攀升的问题，政府要么根据纳税人的实际所得调整级距，要么每年实施小幅的减税措施。

四、对供给经济学复兴的相关评价

供给经济学的复兴与其他古典经济学的复兴一样，具有一个共通之处：相信市场的力量，不相信政府，认为管理经济的说法自相矛盾。供给经济学家们普遍认为，减税可以带来更小规模的联邦政府，限制政府获取民众财富的权力，并且可以促进经济繁荣，这也是供给经济学重新获得民众认可的重要因素。但供给经济学也收获了众多的批评和指责,美国经济学家巴特利特(Bartlett,2011)尖锐地指出:

"在我看来,供给经济学作为一个独立的思想流派应该平静地走下神坛。它的思想曾经有效,也曾为改进经济政策作出实质性贡献。但随着时间的流逝,它渐渐远离了曾经的贡献,最后成为一句空头口号,对当前经济问题提不出任何有意义的见解。供给经济学的正确观点已经完全融入到主流经济学中。……今天或未来发生的经济问题都不需要主流经济学所没有的供给经济学视角。如果供给经济学仍坚持要成为一个独立的学派,它最终将把其在经济学界和决策者中的潜在盟友变成敌人和对手。"①

另一位著名的经济学家阿特金森(Atkinson,2016)归纳了供给经济学的10个核心特征并进行了一一驳斥,并认为:

"要促进21世纪的经济发展,保守派的供给经济学和自由派的需求经济学都有缺陷,很大程度上是因为二者都想从过去寻找指导方向。要采取有效的增长策略,需要基于21世纪全球化以及知识型导向这一经济现实。因此我们应该采用增长经济学,因为该理论强调,通过创新带动生产力增长是提高人民生活质量的关键。"②

而对于供给经济学的核心主张——减税政策的作用,时任小布什政府经济顾问委员会主任的经济学家曼昆(Mankiw,2003)通过凯恩斯主义经济学提供了证明:

"我们可以从古典凯恩斯主义学的角度,来分析减税的短期效果。减税让人们持有的劳动收入更多,这会增加消费,维持产品和服务的总需求。"③……"从长期看,低税率能够提高工作热情,增长储蓄,刺激投资,因此能积极带动经济供给方面的发展。"④

但《纽约时报》专栏作家弗洛伊德·诺里斯(F. Norris,2001)则认为减税并非万能,更多取决于宏观经济环境的需要。他指出:

"20年前,供给经济学提供了宝贵的服务。他们说服了一位受欢迎的、原本是财政保守派的新总统实行减税,并声称不会出现财政赤字。他们认为减税将奇迹般地带来更高的税收收入,事实证明这完全是个错误,但减税仍不失一个好主意。美国那时正处于经济萧条时期,减税舒缓了大多数美国人的压力,使他们避免成为美国企业为增强竞争力而裁员的牺牲品。这一经济刺激措施有助于结束严重的经济衰退。"⑤

整体而言,供给经济学将自己与凯恩斯经济学区别开来,强调税收变化带来的刺激作

---

① [美]布鲁斯·巴特利特,钟晓玲等译:《新美国经济——里根经济学的失败与未来之路》,中国金融出版社2011年版,第137—138页。
② [美]罗伯特·阿特金森,杨晓、魏宁译:《美国供给侧模式启示录:经济政策的破解之道》,中国人民大学出版社2016年版,第217页。
③ Greg Mankiw. Remarks at the Annual Meeting of the National Association of Business Economics. Atlanta GA, 15 Sept. 2003. https://georgewbush-whitehouse.archives.gov/cea/mankiw_speech_nabe_20030915.html (accessed 28 February 2020).
④ Greg Mankiw. Ask the White House. 8 October 2004. https://georgewbush-whitehouse.archives.gov/ask/20040402.html (accessed 11 December 2019).
⑤ Floyd Norris. Japan's Budget Deficit Has Soared. It's Time for Tax Cut. *Now York Journal*. Aug. 17. 2001.

用，尤其是对供给决策和产出的作用，且在研究框架中重视了很多传统经济工具和原理。美国政府把供给经济学的主要思想观点纳入经济政策制定中，就充分表明在宏观需求管理政策之外，其他的政策途径是存在的。当然，"它们包括了经济中供给侧很多方面的内容，不仅仅是大规模的削减措施"（克莱因，1983）。① 如果在原有的经济增长路径上陷入至低增长、高通胀的压力当中，的确需要结构性的政策调整来实现无通货膨胀压力之下的稳定发展。从这个角度来看，供给经济学家们所提出政策建议对于经济衰退中的美国起到了一定的刺激效果，当然也带来一些明显的负面影响。不过任何一种经济理论都并非万能药方，在某种程度上都是与时俱进地为解决经济问题和回应政策需求而存在。

第四节　本章小结

不管如何批评和声讨，当今经济学的调控手段已经可以看到供给学派的身影，供给经济学也深度影响了正统经济学关于激励、税收、货币政策和经济增长的学说（Domitrovic，2016）。② 供给经济学得到追捧和青睐还在于"自20世纪70年代以来，在美国要想获得政治上的成功，就必须讲出动听又易懂的关于促进经济增长的故事"。③ 而供给学派正好讲了这么一个简单易懂的故事，即要想促进经济增长，就得通过减税来释放工人、投资者和企业家的热情。正如布卢门撒尔（Blumenthal）所言：

"供给经济学说是20世纪的奇迹学说。其中的减税政策被认为是平衡财政收支的有效工具……它还能增进共和党团结，消除对信仰的疑虑。……供给侧改革导致的破产也被积极地看待，因为它产生了政治上的意外收益。"④

2008年全球金融危机爆发后，供给经济学家也为当时的经济危机提出了建议，强调以供给管理推动经济发展，这或许是"新供给经济学"的萌芽。从"萨伊定律"到"供给学派崛起"到"供给经济学复兴"再到"新供给经济学"，一脉相承的思维逻辑起点是对"供给侧"的认识与重视。供给经济学的研究范围也从最初的对供给与需求关系的探讨，再到如何以减税作为政策手段来刺激经济发展，递进到如何通过更全面的政策组合和更完善的制度安排来实现以提升全要素生产率为核心的长期经济增长。

---

① 劳伦斯·R. 克莱因，武良坤译："实现稳定且无通胀型经济增长的其他政策路径"，析出自米尔顿·弗里德曼、詹姆斯·M. 布坎南、托马斯·J. 萨金特等：《欧美经济学家论供给侧》，上海财经大学出版社2018年版，第63页。
② [美]布莱恩·多米特诺维奇，朱冠东、李炜娇译：《供给侧革命》，新华出版社2016年版，第22—23页。
③ [美]罗伯特·阿特金森，杨晓、魏宁译：《美国供给侧模式启示录：经济政策的破解之道》，中国人民大学出版社2016年版，第16页。
④ [美]罗伯特·阿特金森，杨晓、魏宁译：《美国供给侧模式启示录：经济政策的破解之道》，中国人民大学出版社2016年版，第17页。

第二章
美国经济增长的周期性视角与减税政策

经济是税收之源，税收反作用于经济，减税目标之一旨在有效促进经济增长，这也被称为税收的经济增长效应。经济增长有多重观察视角，以不同的时间长度和不同的研究对象为基础形成不同的经济周期，不同的周期理论反映当时的社会经济环境和主流思想。本章拟探讨美国的商业周期、金融周期和朱格拉周期。从时间跨度来看，金融周期最长，朱格拉周期其次，商业周期最短。从考察视角来看，商业周期是从经济总量上对经济周期予以界定，而金融周期、朱格拉周期是基于虚拟经济和实体经济的结构研究。多维度的考察有助于更全面地了解美国经济增长的历史脉络和发展趋势，更为重要的是，经济增长与减税政策之间的关联性值得探讨。

第一节 美国的商业周期与减税政策

美国经济学会第50届年会指出，关于商业周期，一个广泛接受的概念是累积性的扩张与收缩的反复出现。颇为流行的《科林斯经济学词典》采纳了这样的定义，认为"商业周期又称为经济周期，是指经济活动水平（实际国民生产总值）在萧条时期和繁荣时期之间的交替波动"。[①] 但是也有学者，如张五常（2013）等认为，Cycle（周期）一词有误导性，因为其本意是指在时间上有规律地上下波动，经济活动有上下波动自古皆然，但有规律的波动是没有的。[②] 从经济实践来看，商业周期作为从经济总量视角对一国经济活动和经济波动的观察，有利于分析和把握一国经济增长的趋势变化和经济活动的起伏变化。

---

① ［美］克里斯托夫·帕斯、布赖恩·洛斯、莱斯利·戴维斯，罗汉等译：《科林斯经济学词典》，上海财经大学出版社2008年版，第70—71页。
② 张五常："商业周期与货币调控"，《中国流通经济》2013年第9期。

一、商业周期界定及测度

对商业周期的观察可分为货币和实体的研究视角。前者以奥地利学派为代表,该学派的商业周期理论是以其货币理论为基础,强调货币和信用对周期的主导性作用。后者以熊彼特(Joseph Schumpeter)为代表,在他看来,市场经济本身秉有繁荣和萧条的周期性特征,生产技术革新和生产方法的变革在其中起着至高无上的作用(韦森,2009),① 周期波动归因于企业创新、技术进步等实体基本面因素。

(一)商业周期的货币视角

奥地利学派第三代代表人物米塞斯(L. von Mises)指出传统经济危机分析的两个视角,即生产过剩和消费不足都不是危机爆发的真正原因,只有货币学派的理论经受了发达经济体的实践考验,证明了信贷流通是导致经济变化的根源所在。② 1912年,米塞斯出版了《货币理论与货币流通理论》德文版,1934年出版了英文版,该书首次完整地提出了商业周期的货币原因。米塞斯提出,若企图从货币方面展开经济改造,除了通过增加信用媒介而给予经济活动以人为刺激之外,不会有任何重大成就,而且此项刺激势必导致没有止境的恐慌状态。他写道:

"我们的银行理论,和货币理论一样,最终都会联系到经济循环理论。……银行能够延缓崩溃的出现;不过,不可能你进一步扩大信用媒介发行的时间最终一定会到来。然后则出现危机,而且如果贷款利率低于自然利率的周期越长,而且如果不符合贷款市场形势的间接生产过程被采用的程度越大,那么危机的结果就更严重,对市场的繁荣趋势带来的影响就更大"。③

1952年,米塞斯就"货币体系的重建"撰文,进一步指出信用扩张的任何尝试最终不可避免会失败,因为不可能以不兑现纸币和银行的流通信用来代替根本不存在的资本货物。他认为:

"信用扩张起初能带来繁荣。但是,这样一个繁荣最终会以经济危机而结束。经济危机周期不断重复出现,完全是由于政府和政府监督下的银行以低利率屡次扩张信用,以刺激商业繁荣。"④

奥地利学派第四代代表人物哈耶克(F. A. von Hayek)进一步发展了商业周期理论,其核心思想体现在1929年出版的《货币理论和商业周期》一书,该书主要从周期波动出

---

① 韦森:"目前世界经济衰退的深沉原因与中国的合宜宏观政策选择——从熊彼特的商业周期理论看目前的世界经济衰退",《北京论坛(2009)文明的和谐与共同繁荣——危机的挑战、反思与和谐发展:"金融危机:挑战与应对"经济分论坛论文或摘要集》2009年版,第73—87页。

② Ludwig von Mises. On the Manipulation of Money and Credit: Three Treatises on Trade Cycle Theory. Translated and with a Foreword by Bettina Bien Greaves, Edited by Percy L. Greaves, Jr. https://oil.llibertyfund.org/titles/2401 (accessed at 31 March 2020).

③ [奥]路德维希·冯·米塞斯,樊林洲译:《货币和信用理论》,商务印书馆2018年版,第372—373页。

④ [奥]路德维希·冯·米塞斯,樊林洲译:《货币和信用理论》,商务印书馆2018年版,第432页。

发分析经济周期的货币成因。哈耶克认为，市场经济国家经济危机的原因是由于政府货币供应量过多，最终导致生产者财货和消费者财货的生产环节相对价格扭曲，生产者根据错误的消费者财货市场景气信号大幅拉长生产过程，导致大量发生生产者财货投资错置（冯兴元，2015）。① 至于政府的应对政策，他警告：

"通过强行信贷扩张的方法与萧条作斗争，就是试图通过采取恰恰导致一场同样恶果的同样手段来祛除恶果。因为我们正在蒙受着错误导向的生产之苦，我们就想进一步制造这种错误——这样一种程序，一旦信贷扩张停止，必将导致更为严重的危机。"②

1976 年，哈耶克在其著作《货币的非国家化——对多元货币理论与实践的分析》中提出了一个革命性的建议，即废除中央银行对货币创造的垄断，允许私人发放货币并自由竞争，在这个竞争过程中，将会出现最好的货币。③ 他指出：

"由于货币增发在短期内无可否认地会对就业带来益处，尽管从长期来看必然会导致就业岗位的错误配置，并由此导致大规模失业，因而没有一个政府能抵挡采取这种措施的压力，尽管这些措施最终必将证明有极大的危害。除了一个非常简单的理由之外不可能再有别的理由，不受制约的政党政治与稳定货币之间本质上不能相容。信用扩张对就业的好处只有在这种扩张的速度一次比一次更高的情况下才能维持下去，它最终必定导致严重的经济危机和持续性的失业。"④

（二）商业周期的实体视角

另一位对商业周期研究做出重大贡献的经济学家当属熊彼特，对于什么是周期波动，他在《商业周期》一书中是与一般趋势结合来定义的：

"当一个数列具有以下性质时，则称其表明了趋势：该数列能将其所覆盖着的全部期间分为若干子区间，且这些子区间的平均值作为时间的函数单调地增加或减少。……当一个数列排除了季节变动，它的项目值或较高的时间偏离值反复出现时，这个数列局具有周期运动。"⑤

对于周期波动中的经济扩张和经济收缩，熊彼特立足于企业家创新的视角给予了阐释：当企业家成批和成群出现时，他们会竞相推出新产品和新生产方法，从而导致经济繁荣。然而，新产品的出现和竞争加剧，也会使商品价格趋于下跌，企业盈利机会减少。接着，银行信用萎缩，最后经济体系从繁荣转入衰退，如此循环往复。在《经济发展理论》一书中，熊彼特写道：

"企业家成群的出现是繁荣的唯一原因，它对经济系统的影响，与在一定时间之内企

---

① 冯兴元："从哈耶克商业周期理论看全球金融危机"，《学术界》2015 年第 1 期。
② Friedrich A. Hayek. 1933. Monetary Theory and the Business Cycle. London：Jonathon Cape. pp21 – 22.
③ ［英］弗里德里希·冯·哈耶克，姚中秋译：《货币的非国家化——对多元货币理论与实践的分析》，海南出版社 2019 年版，第 116—136 页。
④ Friedrich A. Hayek. 1986. Market Standard for Money. *Economic Affairs*. April – May.
⑤ J. A. Schumpeter. 1939. Business Cycles：A Theoretical, Historical and Statistical Analysis of the Capitalist Process. New York Toronto London：McGraw – Hill Book Company. pp200.

业家均匀连续的出现对经济系统的影响在本质上是不同的。……而企业家的成群出现则必须以一种特殊的、可识别的吸收过程,这个过程可以吸收新的事物,使得经济系统使用这种新出现的事物,这是一种清理的过程,或者说,是一种达到新的静止状态的途径。这个过程是周期性衰退的本质,……这个过程也是经济系统围绕新的均衡位置所进行的斗争,即经济系统适应因繁荣的干扰而改变环境的过程。"①

按照商业周期的纯理论推论,熊彼特进而提出了商业周期"四阶段论"的现实模式,即一个完整的商业周期将历经萧条、复苏、繁荣、衰退四个阶段,具体如图2-1所示。

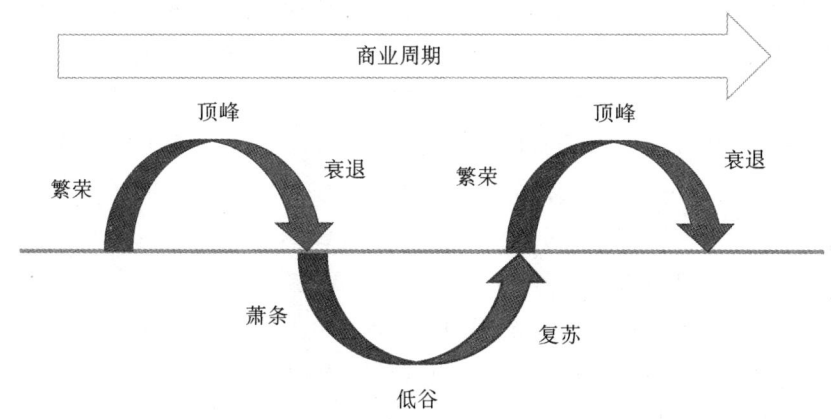

图2-1 商业周期的四个阶段

资料来源:根据熊彼特《经济发展理论》内容绘制。

(三) 商业周期的测度

商业周期理论在美国的实践运用得益于美国国民经济研究局(National Bureau of Economic Research,缩写为 NBER)的大力推进,NBER 创始人伯恩斯和米切尔(Burns 和 Mitchel, 1946)认为:

"商业周期是指在主要按照商业企业组织活动的国家其总量经济活动中存在的一种波动:一个周期由许多经济活动几乎同时的扩张,随之而来是普遍而类似的衰退、收缩以及与下一个周期的扩张阶段相连的复苏所组成。这种周期性变化的顺序反复出现,但并不确定发生的具体时间。商业周期的持续时间在1年以上到10年或12年不等;它们不再划分为与其振幅大致相近、特征大致类似的更短周期。"②

这个定义明确地表达了几层意思(谢尔曼,2016):一是商业周期是在资本主义制度下而不是在其他制度下的一种现象;二是商业周期不只是局限于单个企业或行业,而是涉及整个经济系统,这能在总体指标中最清晰地显示出来;三是一个周期接着另一个周期,事件发生的规律性和类似的次序刻画了这种现象;四是每个周期在许多方面,包括周期能

---

① [美] 约瑟夫·熊彼特,王永胜译:《经济发展理论》,立信会计出版2019年版,第224—225页。
② A. Burns & W. Mitchell. 1946. Measuring Business Cycle [OB/EL]. NBER. *NBER Book Series Studies in Business Cycles*. https://papers.nber.org/book/burn46-1(accessed on 9 August 2019).

持续多久都存在差异,因此不存在有规律的周期性;五是定义中的周期长度从1年到12年不等,每个周期有大致相同的事件顺序,这些周期的模式和关系在性质上是相似的。[①]

米切尔所带领的国民经济研究局对商业周期的测度是从建立每个周期的波谷和高峰时期开始。他们将商业周期的上升期,即从最初的低谷到高峰称为扩张期;将商业周期的衰退阶段,即从高峰到最后的低谷称为收缩期。波谷和高峰的界定利用了一切可获得的证据,其中最主要依赖总量变量。米切尔和伯恩斯最初将商业周期划分为4个阶段:两个处于扩张期;两个处于收缩期,这种阶段的划分方法与熊彼特的研究大致相同。在后续研究中,米切尔又将周期分为9个阶段。第1阶段是周期的波谷,是周期开始的最低点。第5阶段是周期的波峰,是大部分经济活动的最高点。第9阶段是最后的谷底,也是一个新周期的开始。根据定义,第1、第5、第9阶段的时间长度均为3个月。扩张期从第1阶段开始持续到第5阶段,收缩期从第5阶段开始持续到第9阶段。通常情况下扩张期长于收缩期,这样第2、第3、第4个阶段持续的时间一般长于第6、第7、第8阶段。

表2-1显示了按照总量模式对商业周期的9阶段划分结果。表中相对系数是指某变量的历史数据除以这个变量在整个周期的均值所得出的数值,变量在整个周期中的均值被称为周期基数。例如,第1阶段的平均GNP为24 140亿美元,该周期阶段的GNP均值,即周期基数为26 290亿美元,两者相除得到了第1阶段的相对系数91.8。以相对系数为基础,就可以测量周期振幅(如表2-2所示)。一个扩张振幅等于峰值减去根据周期相对系数计算得到的周期最初的波谷值;而一个收缩振幅等于最终的波谷值减去根据周期相对系数计算得到的峰值(谢尔曼,2016)。[②]

表2-1　　　　　实际国民生产总值模式(以1982年的10亿美元为单位)

	9个阶段									
	谷底				峰值				谷底
	1	2	3	4	5	6	7	8	9
			扩张期				收缩期		
A部分	1970—1975年周期数据								
原始数据	2 414	2 485	2 588	2 721	2 747	2 737	2 695	2 695	2 643
相对系数	91.8	94.5	98.4	103.5	105.1	104.5	104.1	102.5	100.5
B部分	平均周期数据,1949—1982年,7个周期								
原始数据	1 987	2 071	2 200	2 301	2 336	2 323	2 297	2 289	2 280
相对系数	89.6	93.9	100.1	104.7	106.4	105.8	104.7	104.3	104.0

资料来源:美国经济分析局,1984。

[①] [美]霍华德·谢尔曼,胡永红译:《商业周期——资本主义下的增长和危机》,中国社会科学出版社2016年版,第8页。

[②] [美]霍华德·谢尔曼,胡永红译:《商业周期——资本主义下的增长和危机》,中国社会科学出版社2016年版,第16—17页。

表2-2　　　　　　　　　实际国民生产总值的周期性振幅

时间段	扩张期振幅（峰值—最初谷底）	收缩期振幅（最终谷底—峰值）
1949—1954年	25.7	-2.8
1954—1958年	10.6	-3.1
1958—1961年	9.4	-0.3
1961—1970年	35.6	-0.4
1970—1975年	13.3	-4.6
1975—1980年	19.8	-2.5
1980—1982年	3.3	-3.3
均值	16.7	2.4

资料来源：美国经济分析局，1984。

在米切尔的带领下，NBER长期致力于美国商业周期研究并不断完善商业周期的测度方法。目前采用的系列经济指标，包括产出、收入和就业等数据及其来源如表2-3所示。不仅如此，NBER还定期或不定期发布对美国商业周期的最新判断，既辅助了政府的宏观政策决策，也被作为资本市场投资的参考。

表2-3　　　　　　　　　NBER商业周期的选用指标及数据来源

序号	指标名称	数据来源
1	Macro Advisers月度实际GDP	http://www.macroadvisers.com/content/MA_Monthly_GDP_Index.xls
2	新Stock-Waston GDP指数	http://www.princeton.edu/~mwatson/mgdp_gdi.html
3	新Stock-Waston GDI指数	http://www.princeton.edu/~mwatson/mgdp_gdi.html
4	实际制造和贸易销售额	美国国民收入和生产账户（NIPA）的表格2AU和2BU
5	工业生产指数	美国联邦储备委员会
6	扣除转移支付后的实际个人收入	美国国民收入和生产账户（NIPA）的表格2.6
7	私营企业每周总工时指数	美国劳动局（BLS）系列数据中的CES0500000016
8	薪资调查就业人口	美国劳动局（BLS）系列数据中的CES0000000001
9	家庭调查就业人口	美国劳动局（BLS）系列数据中的LNS12000000

资料来源：美国国民经济研究局，2019。

二、美国的商业周期及其解构

在过去的200年，美国的宏观经济增速一直在起伏波动，其间更是经历了若干次泥潭式的经济危机,包括20世纪30年代的大萧条,20世纪70年代的大滞涨,21世纪初的金融危机等等。造成经济危机的原因是多方面的,但用前述商业周期理论在历次危机中都能得以立足。正如前文所述,奥地利学派认为经济萧条的最终根源是信用扩张,而现代市场经济的货币发行权在政府手中,因此,政府就成为商业周期的制造者(黄雄,2009)。[①]

根据 NBER(2020)对美国商业周期的判定(如表2-4所示),1854—2009年,美国共经历了33个完整的商业周期;其中1854—1919年,经历了16个周期,1919年—1945年,经历了6个周期,1945—2009年,经历了11个周期。从时间段来看,二战以后平均的收缩期为11.1个月,为1919—1945年期间收缩期的61%,1854—1919年收缩期的51.4%;扩张期平均达到58.4个月,是1919—1945年扩张期的1.67倍,1854—1919年扩张期的2.20倍。这也说明,随着美国经济的现代化进程和全球经济地位的提升,其商业周期波动日益缓和。

表2-4　　　　　　　　　　　　美国的商业周期

商业周期参考日期		周期时长			
顶峰	低谷	收缩	扩张	周期	
(Ⅰ为第一季度;Ⅱ为第二季度;Ⅲ为第三季度;Ⅳ为第四季度)		顶峰到低谷	上一低谷到本次顶峰	上一低谷到本次低谷	上一顶峰到本次顶峰
	1854年12月(Ⅳ)	—	—	—	—
1857年6月(Ⅱ)	1858年12月(Ⅳ)	18	30	48	—
1860年10月(Ⅲ)	1861年6月(Ⅲ)	8	22	30	40
1865年4月(Ⅰ)	1867年12月(Ⅳ)	32	46	78	54
1869年6月(Ⅱ)	1870年12月(Ⅳ)	18	18	36	50
1873年10月(Ⅰ)	1879年3月(Ⅰ)	65	34	99	52
1882年3月(Ⅰ)	1885年5月(Ⅱ)	38	36	74	101
1887年3月(Ⅰ)	1888年4月(Ⅰ)	13	22	35	60
1890年7月(Ⅲ)	1891年5月(Ⅱ)	10	27	37	40
1893年1月(Ⅰ)	1894年6月(Ⅱ)	17	20	37	30
1895年12月(Ⅳ)	1897年6月(Ⅱ)	18	18	36	35
1899年6月(Ⅲ)	1900年12月(Ⅳ)	18	24	42	42
1902年9月(Ⅳ)	1904年8月(Ⅲ)	23	21	44	39
1907年5月(Ⅱ)	1908年6月(Ⅱ)	13	33	46	56
1910年1月(Ⅰ)	1912年1月(Ⅰ)	24	19	43	32
1913年1月(Ⅰ)	1914年12月(Ⅳ)	23	12	35	36
1918年8月(Ⅲ)	1919年3月(Ⅰ)	7	44	51	67

[①] 黄雄:"美国金融危机的政府因素——奥地利学派商业周期理论的视角",《财经科学》2009年第1期,第1—7页。

续表

商业周期参考日期		周期时长		
顶峰	低谷	收缩	扩张	周期
（Ⅰ为第一季度；Ⅱ为第二季度；Ⅲ为第三季度；Ⅳ为第四季度）		顶峰到低谷	上一低谷到本次顶峰	上一低谷到本次低谷	上一顶峰到本次顶峰
1920年1月（Ⅰ）	1921年7月（Ⅲ）	18	10	28	17
1923年5月（Ⅱ）	1924年7月（Ⅲ）	14	22	36	40
1926年10月（Ⅲ）	1927年11月（Ⅳ）	13	27	40	41
1929年8月（Ⅲ）	1933年3月（Ⅰ）	43	21	64	34
1937年5月（Ⅱ）	1938年6月（Ⅱ）	13	50	63	93
1945年2月（Ⅰ）	1945年10月（Ⅳ）	8	80	88	93
1948年11月（Ⅳ）	1949年10月（Ⅳ）	11	37	48	45
1953年7月（Ⅱ）	1954年5月（Ⅱ）	10	45	55	56
1957年8月（Ⅲ）	1958年4月（Ⅱ）	8	39	47	49
1960年4月（Ⅱ）	1961年2月（Ⅰ）	10	24	34	32
1969年12月（Ⅳ）	1970年11月（Ⅳ）	11	106	117	116
1973年11月（Ⅳ）	1975年3月（Ⅰ）	16	36	52	47
1980年1月（Ⅰ）	1980年7月（Ⅲ）	6	58	64	74
1981年7月（Ⅲ）	1982年11月（Ⅳ）	16	12	28	18
1990年7月（Ⅲ）	1991年3月（Ⅰ）	8	92	100	108
2001年3月（Ⅰ）	2001年11月（Ⅳ）	8	120	128	128
2007年12月（Ⅳ）	2009年6月（Ⅱ）	18	73	91	81
2020年2月（2019Ⅳ）			128		146
1854—2009年（33个周期）		17.5	38.7	56.2	56.4
1854—1919年（16个周期）		21.6	26.6	48.2	48.9
1919—1945年（6个周期）		18.2	35.0	53.2	53.0
1945—2009年（11个周期）		11.1	58.4	69.5	68.5

资料来源：美国国民经济研究局，2020。

本轮商业周期的月度经济活动峰值出现在2020年2月，这一峰值标志着2009年6月开始的经济扩张的结束和衰退的开始。经济扩张持续了128个月，是自1854以来美国商业周期史上最长的一次，之前最长的扩张期是120个月（1991年3月—2001年3月）。季度经济活动的峰值则出现在2009年第四季度。月度峰值出现在2020年第一季度中期，而季度峰值出现在2019年第四季度，这一事实反映了本轮衰退不同寻常的性质。受Covid-19（2019年新型冠状病毒）疫情影响，2020年3月美国经济急剧萎缩，以至于在2020年第一季度，GDP（国内生产总值）、GDI（国内总收入）和就业率都大大低于2019年第四季度的水平。

与表2-4的商业周期划分相匹配，NBER开发了衰退指标（NBER based Recession Indicators）来定义商业周期从顶峰到低谷或从低谷到顶峰的过程，1 代表从顶峰到低谷，0 则代表从低谷到顶峰。2008 年以来 NBER 给出的指标数据如表 2-5 所示，衰退指标显示美国已录得历史上最长的扩张期，截至 2020 年 2 月时长达到 128 个月。

表 2-5　　　　　　　　　　NBER 的美国经济衰退指标（月度）

日期 年份	1月 1日	2月 1日	3月 1日	4月 1日	5月 1日	6月 1日	7月 1日	8月 1日	9月 1日	10月 1日	11月 1日	12月 1日
2008	1	1	1	1	1	1	1	1	1	1	1	1
2009	1	1	1	1	1	1	0	0	0	0	0	0
2010	0	0	0	0	0	0	0	0	0	0	0	0
2011	0	0	0	0	0	0	0	0	0	0	0	0
2012	0	0	0	0	0	0	0	0	0	0	0	0
2013	0	0	0	0	0	0	0	0	0	0	0	0
2014	0	0	0	0	0	0	0	0	0	0	0	0
2015	0	0	0	0	0	0	0	0	0	0	0	0
2016	0	0	0	0	0	0	0	0	0	0	0	0
2017	0	0	0	0	0	0	0	0	0	0	0	0
2018	0	0	0	0	0	0	0	0	0	0	0	0
2019	0	0	0	0	0	0	0	0	0	0	0	0
2020	0	0	1	1	1	1	1	1				

资料来源：美国国民经济研究局，2020。

图 2-2 更以柱状图形式直观显示了美国商业周期在 0 和 1 之间的变化。从图中可以看出，数值为 1 的衰退期在 20 世纪上半叶之前较之 20 世纪下半叶以后要密集得多，而数值为 0 的扩张期在 20 世纪下半叶以后时间长度明显延展，这也说明美国的商业周期一方面在时间上拉长；另一方面在波动上减缓。

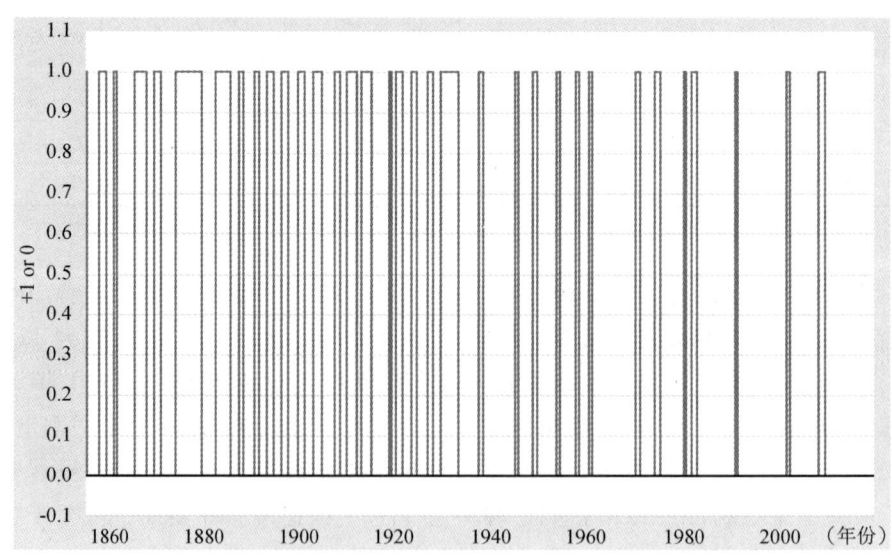

图 2-2　NBER 衰退指标（从顶峰到低谷）

资料来源：美国国民经济研究局，2019。

商业周期减缓的重要原因是美国的经济特征发生了变化。一是存货作为产出中最易变的构成要素之一，在现代商业经营中趋向于比以前更少使用，且当经济条件变化时，商业运营者们能更好地调整存货。二是产出构成也倾向于从更易变的部门转向变化较小的部门，服务部门对周期波动相对比较不敏感，美国的服务支出从 1950 年不到 GDP 的 1/3 增长到 1999 年超过 GDP 的一半。而对商业周期比较敏感的制造业部门，在总产出和就业方面所占的份额逐渐减小。同时，美国政府的稳定性政策发挥了越来越重要的作用，货币政策和财政政策缓冲了不稳定因素对经济的影响，也对商业周期的减缓做出了贡献。

三、美国的商业周期与政府减税

直到 20 世纪 30 年代，很少有经济学家将商业周期归咎于政府的财政行为。谢尔曼（2016）认为，财政行为不可能造成商业周期，这有两方面的原因：

"第一，政府总支出只占 GNP 很小一部分。第二，大部分的财政政策是州和地方政府的支出，均由 48 个州政府控制，即使在 30 年代也经常达到支出平衡。在 1929 年（即大萧条前夕），联邦政府的支出仅为 GNP 的 1%。联邦政府支出在 30 年代只增加了一点点，随后在二战时期大幅增加，并延续至今。"[①]

"二战"以后，经济学家开始逐渐关注商业周期中的财政行为，研究发现在战争及和平时期的商业周期中，美国联邦政府的财政收支存在明显差异，表 2-6 显示了联邦政府在 7 个周期中的财政收支状况。从财政支出来看，战争周期中的扩张阶段平均增速达 2.6%，和平周期仅为 0.5%；战争周期中的收缩阶段平均增速为 -1.6%，和平周期高达 2.6%。从财政收入来看，战争周期中的扩张阶段平均增速达 1.0%，和平周期达到 1.6%；战争周期中的收缩阶段平均增速为 -3.4%，和平周期为 -1.6%。从赤字状况来看，战争周期中的扩张阶段平均增速达 1.6%，和平周期达到 -1.1%；战争周期中的收缩阶段平均增速为 1.9%，和平周期为 4.2%。数据表明，财政支出和财政赤字在战争周期中都是顺周期的，和平周期时是逆周期的；而财政收入无论在战争还是和平时期都是顺周期的。

表 2-6　　　　美国联邦政府的财政支出与收入（每季度增长率,%）

周期	扩张				收缩			
	支出	收入	赤字	总统	支出	收入	赤字	总统
二个战争时期（朝鲜战争和越南战争）的商业周期								
1949—1954 年	4.0	0.6	3.4	杜鲁门	-4.1	-4.2	0.0	艾森豪威尔
1961—1970 年	1.1	1.3	-0.2	约翰逊	0.9	-2.5	3.7	尼克松
平均	2.6	1.0	1.6		-1.6	-3.4	1.9	

---

①　[美]霍华德·谢尔曼，胡永红译：《商业周期——资本主义下的增长和危机》，中国社会科学出版社 2016 年版，第 335—337 页。

续表

周期	扩张				收缩			
	支出	收入	赤字	总统	支出	收入	赤字	总统
五个和平时期的商业周期								
1954—1958年	0.3	1.3	-1.0	艾森豪威尔	3.2	-3.2	6.3	艾森豪威尔
1958—1961年	0.1	2.4	-2.3	艾森豪威尔	1.9	-0.8	2.7	肯尼迪
1970—1975年	0.4	1.4	-1.0	尼克松	2.9	-1.0	3.9	福特
1975—1980年	0.9	1.2	-0.3	卡特	3.0	-0.9	4.2	卡特
1980—1982年	0.8	1.7	-0.9	里根	2.1	-2.0	4.0	里根
平均	0.5	1.6	-1.1		2.6	-1.6	4.2	

资料来源：BEA，1984 和 Sherman，2016。

影响财政收支的减税政策直到肯尼迪就任总统才得到了较为广泛的关注，原因在于：一是自 1870 年以来，美国一直在开拓技术、推动创新和提高劳动生产率（戈登，2015），[1] 经济增长源泉在于劳动生产率的快速提高。这些因素保证了美国自 19 世纪末以来一直保持对西欧发达国家的领先地位，无需依靠减税来刺激企业创新或资本积累。二是即便出现了经济衰退，宏观政策选择了扩大财政支出的模式，因其刺激效果更为直接有效。以 20 世纪 30 年代为例，美国遭遇了历史上持续时间最长、危害程度最深的经济大萧条，GDP 增速和通胀率持续为负值，失业率最高达到 24.9%，但罗斯福新政挽救了走向泥潭的美国经济，而二战"奇迹般地把一个负面事件变成一个正面事件"，"美国不仅生产出大量的战争机器，而且生产了大量的消费品"，这样美国在二战结束后的新历史阶段获得了巨大的领先优势，仍然成为全球最强的经济体。

肯尼迪政府于 1961 年推出减税政策，适逢美国已陷入从 1960 年 4 月—1961 年 2 月长达 10 月的紧缩期，GDP 增速从 1959 年的 6.9% 急剧降到 1960 年的 2.6%，失业率从 5.3% 抬升到 6.6%，通胀率从 1.7% 降到 1.4%，作为民主党人的肯尼迪选择了减税政策，既有经济环境的压力，也有政治因素的考量，还有"无意中采纳了蒙代尔的建议，实施了他的政策组合"（多米特诺维奇，2016）。[2] 里根政府于 1981 年推出减税政策，适逢美国已经历了时长分别达 106 个月、36 个月、58 个月的三个扩张期，且其中之一是直至里根就任时美国经济史上最长的扩张期。但美国经济陷入低增长、高通胀的"滞涨"模式无法解脱，1980 年 GDP 增速已降至 -0.3%，通胀率高企至 12.5%，失业率攀升至 7.2%。如此糟糕的经济数据，迫使里根政府拿出不同于前任的"创新"政策以挽救美国经济，而供给经济学恰好提供了药方。小布什政府于 2001 年推出减税政策，适逢美国经历了长达 120

---

[1] [美] 罗伯特·戈登，张林山等译：《美国增长的起落》，中信出版集团 2019 年版，第 18—19 页。
[2] [美] 布莱恩·多米特诺维奇，朱冠东、李炜娇译：《供给侧革命》，新华出版社 2016 年版，第 70 页。

个月的扩张期后转入了新一轮的紧缩期，2001 年 GDP 增速降到 1.0%，失业率上升到 5.7%，通胀率下降到 1.6%。为缓解紧缩期叠加"911"事件冲击所引致的经济衰退，小布什政府再次提出供给经济学的减税"药方"。

表 2-7 中可以看出，继肯尼迪之后，共和党和民主党都把减税作为刺激经济增长的良方，而非肯尼迪时代普遍认为减税只是共和党的专利。自里根政府以来，历届政府更是频繁采用减税政策，主要原因有三个：一是美国政府之前在宏观调控中对货币政策和利率政策的重视程度远甚于财政政策；二是里根经济学的成功所起到的示范作用；三是更深刻的背景在于 1970 年以来美国经济增长进入减速期，20 世纪 70 年代的黄金发展年代悄然已过。戈登（R. J. Gordon，2015）认为至少四个方面的阻力对美国增长率下降产生了向下的压力：

"1970 年前后创新流的节奏是美国增长起落的根本原因。近年来，来自四个方面的阻力对增长率产生了向下的压力，正在缓慢地抑制美国增长的动力。日益增长的不平等将导致收入增长转向 1% 的顶层收入阶层，只给 99% 的底层收入阶层留下很少一部分。受教育程度不再像 20 世纪大部分时间那样提升得很快，从而减缓了生产率提高。随着婴儿潮一代的退休，人均工时也在减少。退休人员比例上升、劳动年龄人口比例下降、预期寿命延长，都将在 2020 年后共同推动联邦债务占 GDP 的比例迈向不可持续的上行轨道。这四大阻力非常强大，足以在今后 25 年间给实际人均可支配收入增长不留任何空间。"[①]

表 2-7　　　　　　　　美国的商业周期、政治周期与减税政策

年份	GDP 增速	失业率	通货膨胀率	商业周期	政治周期	减税与否
1929	NA	3.2%	0.6%	8 月为繁荣顶点 10 月为市场崩盘	赫伯特·胡佛任总统（共和党）	
1930	-8.5%	8.7%	-6.4%	收缩		
1931	-6.4%	15.9%	-9.3%	收缩		
1932	-12.9%	23.6%	-10.3%	收缩		
1933	-1.2%	24.9%	0.8%	新政和 3 月到低谷	富兰克林·罗斯福任总统（民主党）	
1934	10.8%	21.7%	1.5%	扩张		
1935	8.9%	20.1%	3.0%	扩张		
1936	12.9%	16.9%	1.4%	扩张		
1937	5.1%	14.3%	2.9%	5 月至顶峰		
1938	-3.3%	19%	-2.8%	6 月到低谷		
1939	8.0%	17.2%	0.0%	扩张和顶峰区域结束		
1940	8.8%	14.6%	0.7%			
1941	17.7%	9.9%	9.9%	扩张和二战		
1942	18.9%	4.7%	9.0%	扩张		
1943	17.0%	1.9%	3.0%	扩张		
1944	8.0%	1.2%	2.3%	布雷顿森林体系建立		

---

① [美] 罗伯特·戈登，张林山等译：《美国增长的起落》，中信出版集团出版社 2019 年版，第 612—613 页。

续表

年份	GDP增速	失业率	通货膨胀率	商业周期	政治周期	减税与否
1945	-1.0%	1.9%	2.2%	2月至顶峰 10月到低谷	哈里·S.杜鲁门任总统（民主党）	
1946	-11.6%	3.9%	18.1%	扩张和联储降息		
1947	-1.1%	3.9%	8.8%	马歇尔计划和冷战		
1948	4.1%	4%	3.0%	11月至顶峰区域		
1949	-0.6%	6.6%	-2.1%	10月到低谷 北大西洋公约组织成立		
1950	8.7%	4.3%	5.9%	扩张和朝鲜战争		
1951	8.0%	3.1%	6.0%	扩张		
1952	4.1%	2.7%	0.8%	扩张		
1953	4.7%	4.5%	0.7%	战争结束，7月至顶峰	德特·D.艾森豪威尔任总统（共和党）	
1954	-0.6%	5%	-0.7%	5月到低谷，道琼斯指数跌至1929年水平		
1955	7.1%	4.2%	0.4%	扩张		
1956	2.1%	4.2%	3.0%	扩张		
1957	2.1%	5.2%	2.9%	8月至顶峰		
1958	-0.7%	6.2%	1.8%	4月到低谷		
1959	6.9%	5.3%	1.7%	联储加息		
1960	2.6%	6.6%	1.4%	4月至顶峰，联储降息		
1961	2.6%	6%	0.7%	2月到低谷	约翰·肯尼迪任总统（民主党）	实施减税
1962	6.1%	5.5%	1.3%	古巴导弹危机		
1963	4.4%	5.5%	1.6%	联储加息		
1964	5.8%	5%	1.0%	联储加息	林登·约翰逊任总统（民主党）	
1965	6.5%	4%	1.9%	越南战争，联储加息		
1966	6.6%	3.8%	3.5%	扩张，联储加息		
1967	2.7%	3.8%	3.0%	扩张		
1968	4.9%	3.4%	4.7%	联储加息		
1969	3.1%	3.5%	6.2%	联储加息，12月至顶峰	理查德·尼克松任总统（共和党）	
1970	0.2%	6.1%	5.6%	11月到低谷，联储降息		
1971	3.3%	6%	3.3%	扩张，工资管制		
1972	5.3%	5.2%	3.4%	扩张		
1973	5.6%	4.9%	8.7%	越南战争，金本位结束 11月至顶峰		

续表

年份	GDP 增速	失业率	通货膨胀率	商业周期	政治周期	减税与否
1974	-0.5%	7.2%	12.3%	滞涨，水门事件和联储加息	杰拉尔德·福特任总统（共和党）	
1975	-0.2%	8.2%	6.9%	3月到低谷，联储降息		
1976	5.4%	7.8%	4.9%	扩张，联储降息		
1977	4.6%	6.4%	6.7%	扩张	吉米·卡特任总统（民主党）	
1978	5.5%	6%	9.0%	联储加息		
1979	3.2%	6%	13.3%	联储加息又降息		
1980	-0.3%	7.2%	12.5%	1月至顶峰，联储加息7月到低谷		
1981	2.5%	8.5%	8.9%	扩张，7月至顶峰	罗纳德·里根任总统（共和党）	实施减税
1982	-1.8%	10.8%	3.8%	11月到低谷，联储降息		
1983	4.6%	8.3%	3.8%	里根增加国防开支		
1984	7.2%	7.3%	3.9%	扩张		
1985	4.2%	7%	3.8%	扩张		
1986	3.5%	6.6%	1.1%	扩张		
1987	3.5%	5.7%	4.4%	黑色星期一		
1988	4.2%	5.3%	4.4%	扩张，联储加息		
1989	3.7%	5.4%	4.6%	储贷危机	乔治·H.W.布什任总统（共和党）	
1990	1.9%	6.3%	6.1%	7月至顶峰		
1991	-0.1%	7.3%	3.1%	3月到低谷		
1992	3.5%	7.4%	2.9%	扩张，联储降息		
1993	2.8%	6.5%	2.7%	扩张	比尔·克林顿任总统（民主党）	实施减税
1994	4.0%	5.5%	2.7%	扩张		
1995	2.7%	5.6%	2.5%	联储加息		
1996	3.8%	5.4%	3.3%	联储降息		
1997	4.4%	4.7%	1.7%	联储降息		
1998	4.5%	4.4%	1.6%	资本管理公司危机		
1999	4.8%	4.0%	2.7%	扩张		
2000	4.1%	3.9%	3.4%	扩张		
2001	1.0%	5.7%	1.6%	3月至顶峰，9/11事件11月到低谷	乔治·W.布什任总统（共和党）	实施减税
2002	1.7%	6.0%	2.4%	扩张		
2003	2.9%	5.7%	1.9%	扩张		
2004	3.8%	5.4%	3.3%	扩张		
2005	3.5%	4.9%	3.4%	扩张		
2006	2.7%	4.4%	2.5%	扩张		
2007	1.8%	5.0%	4.1%	12月至顶峰		
2008	-0.1%	7.3%	0.1%	收缩和金融危机		

续表

年份	GDP增速	失业率	通货膨胀率	商业周期	政治周期	减税与否
2009	-2.5%	9.9%	2.7%	6月到低谷	贝拉克·奥巴马任总统（民主党）	实施减税
2010	2.6%	9.3%	1.5%	奥巴马医改		
2011	1.6%	8.5%	3.0%	扩张		
2012	2.2%	7.8%	1.7%	扩张		
2013	1.8%	6.7%	1.5%	扩张		
2014	2.5%	5.6%	0.8%	扩张		
2015	2.9%	5.0%	0.7%	强美元，低油价，联储稳步加息		
2016	1.6%	4.7%	2.1%	扩张		
2017	2.4%	4.1%	2.1%	弱美元促增长	唐纳德·特朗普任总统（共和党）	实施减税
2018	2.9%	3.9%	1.9%	减税促增长		
2019	2.3%	3.5%	1.8%	全球贸易摩擦		

资料来源：根据美国经济分析局、美国劳工统计局等数据自行整理。

与此同时，欧盟、日本、中国等国逐渐缩小了与美国的经济增长差距，全球经济版图也呈现多极化格局。美国政府在急于"让美国再次伟大"的心理作用下，把减税作为增加投资、扩大消费、鼓励制造业回流的刺激手段加以频繁使用也就不足为奇。

第二节 美国的金融周期与减税政策

不同于商业周期的深入研究和成熟应用，对金融周期的研究仍处于探索阶段。然而，金融危机的爆发印证了金融冲击对实体经济波动的放大效应，金融体系的波动规律与宏观经济之间的密切关联也渐受重视，以金融周期为主体的宏观经济分析框架成为各界关注的焦点（Borio，2012；[1] 陈雨露，2015[2]）。

一、金融周期界定及其测度

"金融周期"指价值与风险、风险承担与融资约束之间自我强化并相互作用的过程（Borio，2014）。[3] 在这一过程中，信贷的快速增长会推高房地产和资产价格，反过来提高

---

[1] C. Borio. 2012. The Financial Cycle and Macroeconomics: What have We Learnt? *BIS Working Papers* No. 395. December 2012：1-32.

[2] 陈雨露："重建宏观经济学的'金融支柱'"，《国际金融研究》2015年第6期。

[3] C. Borio. 2014. The Financial Cycle and Macroeconomics: What have We Learnt? *Journal of Banking & Finance*. Vol45, pp182-198.

抵押品价值，从而增加私营部门可以获得的信贷额。直到在某个时点，这个过程反向运转。市场的融资约束和投资者的价值风险观之间的相互促进作用往往导致严重的宏观经济混乱（Borio 和 Drehmann，2018）。[1]

（一）金融周期的代表性观点

金融周期的早期研究可追溯到费雪（Fisher，1933）[2] 提出的"债务—通缩理论"。该理论认为，经济主体的过度负债会与通货紧缩形成相互作用，并导致彼此螺旋式上升从而引起经济衰退，即债务的增加、资产价格的下降等与经济衰退互为因果（邓创等，2019）。[3] 费雪将经济周期分为两类：一类是由于太阳黑子、[4] 宗教等外生力量对经济运行产生的"强制"周期；一类是以商业周期为代表由经济自发形成的"自由"周期。费雪认为，过度借债和通货紧缩是导致周期出现大繁荣和大萧条最为重要的经济变量，其他都是附属变量。由于过度借债引发的危机链条如下：

"（1）债务清算导致变卖，以及（2）存款货币收缩，随着银行贷款的清偿，流通速度也在放缓。由变卖导致的存款紧缩及其流通速度减缓又造成（3）价格水平下降，换句话说，美元升水。如前所述，假设价格不受通货膨胀或其他因素的干预，必须（4）企业净值更大幅度的下降，导致企业破产和（5）利润同步下降，在私人盈利的"资本主义"社会中，因担心经营亏损而（6）减少产出、贸易和就业。这些亏损、破产和失业带来（7）悲观情绪和丧失信心，进而导致（8）囤积和流转速度的进一步下降。前述八种变化造成（9）利率的复杂波动，尤其是名义利率或货币利率的下降，以及实际利率或商品利率的上升。"[5]

从费雪的阐释中，不难看出他认为金融体系的连锁崩溃并不是经济危机的结果，而是引发经济衰退的重要原因，这一观点也逐步得到后续学者的认同和深化（Gurley 和 Shaw，1955；[6] Minsky，1976、[7] 1977[8]），其中明斯基的研究因被经济现实不断证明而深受赞誉。

---

[1] C. Borio, M. Drehmann, D. Xia. 2018. The Financial Cycle and Recession Risk. *BIS Quarterly Review*. December 2018. pp59–71.

[2] Irving Fisher. 1930. The Debt-Deflation Theory of Great Depressions. Econometric：*Journal of the Econometric Society*. 1 (4)：337–357.

[3] 邓创、徐曼、赵珂："金融周期理论与实证研究的新进展"，《国际金融研究》2019 年第 5 期。

[4] 太阳黑子学说的创始人 W. S. 杰文斯在 1878 年发表的论文《商业危机和太阳黑子》中，运用太阳黑子数量的新数据，以全球经济为考察视野，考察了太阳活动→气象→谷物的丰欠→经济这一条路径。他写道，太阳活动以 10.45 年的周期变动，而 1701—1870 年的英国商业危机的波动，是以 10.466 年的周期发生的。后续学者以其研究为基础逐步形成了"太阳景气经济学"，研究核心为太阳活动如何影响经济周期。

[5] Irving Fisher. 1930. The Debt-Deflation Theory of Great Depressions. *Journal of the Econometric Society*. 1 (4)：337–357.

[6] J. G. Gurley & E. S. Shaw. 1955. Financial Aspects of Economic Development. *The American Economic Review*, 45 (4)：515–538.

[7] H. P. Minsky. 1976. A Theory of Systemic Fragility. E. D Altman and A. W. Sametz. Eds. *Financial Crises：Institutions and Markets in a Fragile Environment*. New York，NY：John Wiley and Sons. pp. 138–152.

[8] H. P. Minsky. 1977. The Financial Instability Hypothesis：An Interpretation of Keynes and an Alternative to Standard Theory. *Journal of Challenge*. 20 (1)：20–27.

明斯基的金融不稳定假设提出了两个基本命题：一是资本主义市场机制不能产生持续的、价格稳定的以及充分就业的均衡；二是严重的经济周期是源于对资本主义至关重要的金融的内在特性。不同于传统的新古典综合理论，金融不稳定论非常重视资本资产所有权或控制权的融资方式，而这正是主流理论所忽略的。对于什么是影响经济周期的关键因素，明斯基提出：

"在存在投资的资本主义经济中，经济周期是'天然'存在的，但要探寻其究竟，则必须对投资和资本资产头寸的融资进行研究。……由于银行业和金融体系的正常运行是保证资本主义经济有序运转的必要条件，这种体系被打破的话就会引起经济秩序紊乱。……经济的周期稳定性取决于融资结构总体的脆弱性/稳定性，这种融资结构来自银行家所创造的贷款。银行家遵从现金流导向，则易于维持稳健的融资结构。银行家强调担保价值和资产的预期价值，则易于产生脆弱的融资结构。"[①]

20世纪90年代以来，逐步形成了以信贷周期理论（Kiyotaki和Moore，1997）[②]、金融加速器理论（Bernanke和Gertler，1996[③]、1998[④]）、金融中介理论（Allen和Santomero，1997；[⑤] Diamond和Rajan，1998[⑥]）为研究基础的金融周期理论。近期研究则是在三种代表性理论上，尝试采用不同的方式将金融冲击、金融摩擦和金融中介纳入经济学理论模型，并以此为基础探究金融体系对宏观经济波动的影响机制。

（二）金融周期的测度

2008年金融危机之后，国际清算银行（BIS）、国际货币基金组织（IMF）等国际机构着力于开展金融周期的专门研究，其中国际清算银行的研究成果影响广泛并得以实践运用。以德雷曼和鲍里奥（Drehmann和Borio）为核心的BIS研究团队将研究触角延伸至指标遴选、周期测度、实证检验、衰退预测等各个方面，他们选用的核心指标包括非金融部门实际信贷、实际信贷对GDP的比例等，主要采用的技术方法有频度滤波法（frequency-based filters）和拐点法（turning-point methodology）。

---

① [美]海曼·P.明斯基，石宝峰、张慧卉译：《稳定不稳定的经济——一种金融不稳定视角》，清华大学出版社2019年版，第195—204页。

② N. Kiyotaki & J. Moore. 1997. Credit Cycles. *Journal of Political Economy*. 105（2）：211-248.

③ B. S. Bernanke, M. Gertler & S. Gilchrist. 1994. The Financial Accelerator and the Flight to Quality. *NBER Working Paper No.* 4789. July, 1-54.

④ B. S. Bernanke. M. Gertler & S. Gilchrist. 1999. The Financial Accelerator in a Quantitative Business Cycle Framework [A]. J. B. Taylor and M. Woodford. *Handbook of Macroeconomics* [M]. Elesvie Science B. V. pp1342-1393.

⑤ F. Allen & A. M. Santomero. 1997. The Theory of Financial Intermediation. *Journal of Banking and Finance*. 21：1461-1485.

⑥ D. W. Diamond & R. G. Rajan. 1998. Liquidity Risk, Liquidity Creation and Financial Fragility: A Theory of Banking. Working Paper No. 476. University of Chicago. July, pp1-32.

表 2-8　　　　　　　　　　　BIS 的金融周期指标体系

序号	指标名称	指标含义
1	非金融部门实际信贷	非金融私人部门主要包括非金融企业、居民和为居民服务的非盈利机构，信贷来源包括国内银行信贷、跨境银行信贷和其他国内金融机构信贷
2	非金融部门实际信贷/GDP	衡量经济中的杠杆状况，被视为金融体系损失吸收能力的间接指标
3	股票价格	作为资产价格的代表，便于观察分析资产价格波动怎样受周期影响，如周期扩张时价格上升，中期阶段价格均衡，周期紧缩时价格下跌
4	全国平均房价	代表对风险和价值认知的替代变量，被视为损失发生之后价格逆转的可能性与逆转幅度的度量指标
5	总资产价格指数	包括居民住房、商业住房和权益资产，代表资产的景气状况

资料来源：Drehmann、Borio，2012。

BIS 概括了金融周期作为中周期的五个典型特征（Drehamann，Borio 等，2012；[1] Borio，2012[2]）：一是信贷总量和房地产价格是衡量金融周期的基本因素；二是金融周期的长度通常大于商业周期，其波动频率比传统商业周期要低得多；三是金融周期的顶峰与金融危机密切相关，顶峰之后往往伴随危机或较大程度经济下行；四是金融周期有助于提供良好线索实时监测金融风险和金融危机；五是金融周期的时长和振幅还取决于政策制度。国际清算银行进一步指出，金融周期最先挑战的是政策制定，政府要充分认识到扩张性财政政策和宽松货币政策的局限性，所采取的审慎、货币和财政政策需保持对中期经济发展的坚定关注。应对的基本原则是在繁荣期设立缓冲区以便能减少衰退期的冲击，从而稳定金融体系。若政策不能充分约束繁荣力度，金融泡沫将导致严重的资产负债表衰退，政策需要迎面解决资产负债表修复问题。首要任务是及时重构政策以鼓励和支持资产负债表调整；其次是稳定股市以防产生持续和严重的流动性问题（Borio，2012）。[3]

BIS 将其研究成果进一步运用于经济波动的预测。一是判定金融周期顶峰和低谷的具体时间。研究人员发现采用布莱—博尚（Bry-Boschan，1971）算术方法确定顶峰和低谷的拐点后，再将这些拐点映射成等距的金融周期时间间隔，结果映射周期要短得多（如图2-2所示），菲拉多等学者（Filardo 等，2018）[4] 开发出时间变形模型对金融周期顶峰与低谷的进行认定。

---

[1] M. Drehmann, C. Borio & K. Tsatsaronis. 2012. Characterizing the Financial Cycle: Don't Lose Sight of the Medium Term. *BIS Working Papers* No. 380. June, pp1-37.

[2] C. Borio. 2012. The Financial Cycle and Macroeconomics: What Have We Learnt? *BIS Working Papers* No. 395. December, pp1-32.

[3] Claudio Borio. 2012. The Financial Cycle and Macroeconomics: What have we learnt? *BIS Working Papers* No. 395. December, pp1-32.

[4] A. Filardo, M. Lombardi & M. Raczko. Measuring Financial Cycle Time. *BIS Working Paper* No. 755. November, pp1-27.

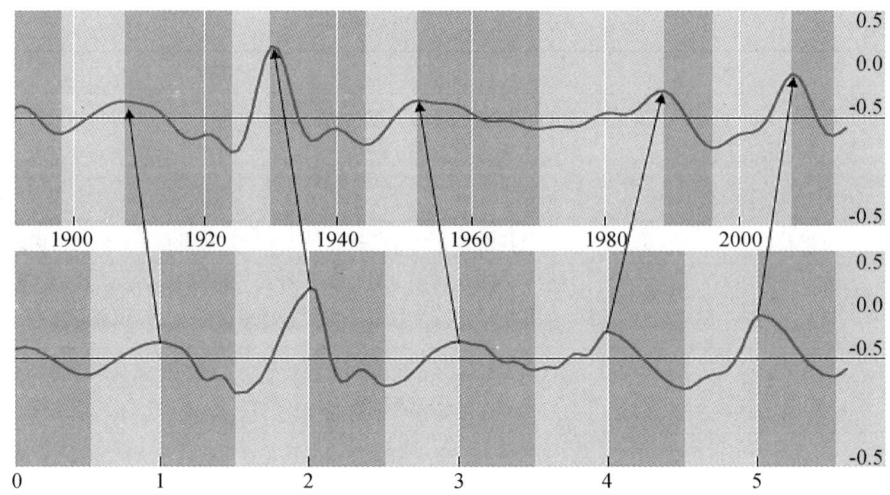

图 2-3 日历年度的金融危机与金融危机时长

资料来源：Filardo、Lombardi 和 Raczko，2018。

二是以金融周期来预判经济衰退风险。通过与偿债率（Debt Service Ratio，缩写为 DSR）、10 年期国债收益率与 3 个月期货币市场利率之差（Term Spread，缩写为 TS）这两个指标的对比，并采用 1985—2017 年 16 个发达经济体和 9 个新兴市场国家的季度数据，鲍里奥等学者（Borio 等，2018）① 发现价差指标对衰退的评估仅能前瞻 1 年或 2 年，金融周期和偿债率指标均可前瞻 3 年或以上；但金融周期比偿债率的评估效果更明显，且在 1 年或 2 年的短期预测上金融周期指标也比价差指标好。具体到美国实践来看，金融周期的顶峰过后往往伴随着经济衰退，精准勾勒出金融周期，就能更为精准地预判经济衰退（如图 2-4 所示）。

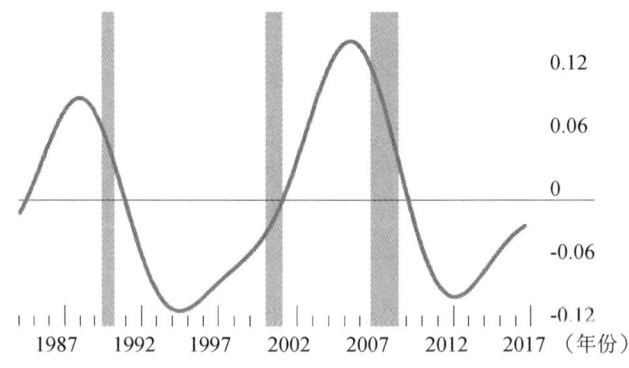

图 2-4 美国的金融周期与经济衰退

资料来源：ECRI、NBER、BIS、Borio 和 Drehmann，2018。

注：图中阴影部分代表经济衰退。

---

① C. Borio, M. Drehamann, D. Xia, 2018. The Financial Cycle and Recession Risk. *BIS Quarterly Review*, December 2018. pp59-71.

二、美国的金融周期及其解构

根据 BIS（2018）的研究，20 世纪 70 年代以来美国的金融周期和商业周期如图 2-5 所示，该图同时采用了频度滤波法（frequency-based filter）和拐点法（turning point method），其中滤波法用于趋势描述，拐点法用于顶峰与低谷的判断。图中振幅较大的曲线代表金融周期，振幅较小的曲线代表商业周期，两个周期的明显区别还在于：一是金融周期较之商业周期时间更长，一个金融周期可能涵盖了若干个商业周期。二是商业周期的衰退期比金融周期的紧缩期更短，20 世纪 70 年代以来商业周期的衰退期最短为 6 个月，最长为 18 个月，而金融周期的紧缩期可能跨越 5 年甚至更长。三是金融危机的低谷与商业周期的低谷并非一致，如 21 世纪初以互联网泡沫为代表的经济衰退却恰恰处于金融周期的扩张期。四是金融周期的顶部与金融体系危机往往相随，如 20 世纪 90 年代的商业银行危机，2008 年全球金融危机；而商业危机更多是与商业经营相关，如石油危机和互联网泡沫破裂等。

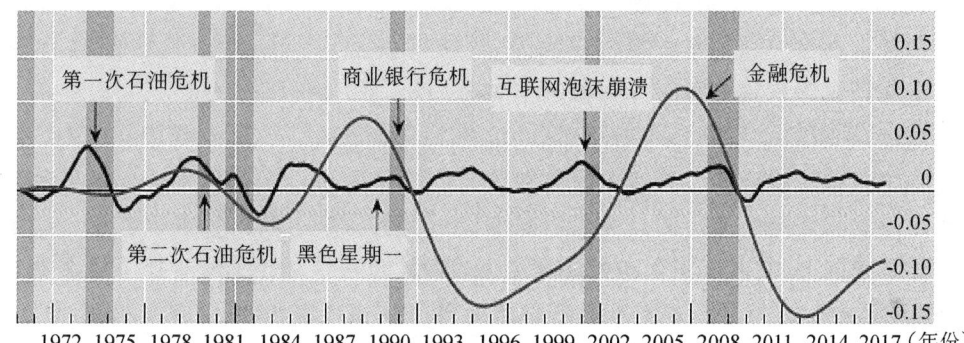

图 2-5 美国的金融周期和商业周期

资料来源：Drehmann，2012 和 Filardo 等，2018。

从图 2-5 可以看到，20 世纪 70 年代以来，美国经历了两轮完整的金融周期，从 1979 年第三季度到 1990 年第三季度；从 1990 年第四季度到 2007 年第三季度。再看美国每轮金融周期的顶峰时间和时间长度。BIS 采用滤波法和拐点法得出了大致相同的顶峰判断结论，分别是 1979 年第三季度；1990 年第三季度和 2007 年第三季度（如表 2-9 所示）。以上一顶峰时间为起点测度每轮金融周期长度，会发现随着时间的推进美国的金融周期也越来越长，从 5.25 年到 11 年再到 17 年。

表 2-9 中有一研究结论认为 1974 年第二季度是一个金融周期的顶峰，但从图 2-5 中可以看出，该"顶峰"只能代表趋势的轻微逆转，其重要性相当有限，不宜作为周期的顶峰。从之前阐述的金融周期运行规律来看，金融危机顶峰过后必然陷入 3—5 年的金融紧缩期，而紧缩期往往伴随着经济衰退期，但事实并非如此。另外，从一个顶峰到另一个顶峰至少 8—10 年，表 2-9 同时指出 1979 年第三季度也是顶峰之一，如此两个顶峰之间

表 2-9 美国金融周期及顶峰时间

时间	距离最近金融危机的时间			上一顶峰到本次顶峰	本轮金融周期长度
	危机	顶峰（滤波法）	顶峰（拐点法）		
	季度数量				
用两种方法共同辨别出的距离最近危机的顶峰					
2007 年第三季度	0	0	0	12	68
1990 年第三季度	-2*	-5	0	5	44
用两种方法共同辨别出的没有靠近危机的顶峰					
1979 年第三季度	42	-1	0	5	21
用一种方法辨别出来的顶峰					
1974 年第二季度	63	20	0	4	

说明：* 负值表明最近的顶峰或危机先于峰值日期，正值表明最近的顶峰或危机后于峰值日期。
资料来源：Drehmann、Borio 和 Tsatsaronis，2012。

只有 5 年时间，显然不符合金融周期是中周期的界定。实际上，明斯基（1986）对 1974—1975 年的金融困境进行过专门研究，他指出：

"1966 年金融困境之后出现了四次产生金融危机的阶段，分别是 1970 年、1974—1975 年、1979 年和 1981—1982 年，这四个阶段都造成了经济衰退。……1974—1975 年的财务困境导致银行、专业金融机构、电力公司、航空公司和贸易公司破产，市值数十亿的富兰克林国民银行在 1974 年 10 月倒闭，而同样数十亿的国民担保银行的失败导致了它在 1975 年 1 月被纽约化学银行收购。……但这场金融动荡来得快，经济在 1975 年第二季度开始复苏，1976 年快速发展。……美国经济能成功避免金融困境，最主要的是由于强大的财政手段和及时的最终贷款人干预。"①

其他一些研究机构，如瑞银（United Bank of Switzerland，缩写为 UBS）等借鉴 BIS 的研究成果，开发了金融周期时钟来描绘某个特定年度所处的金融周期位置。瑞银用 0—100% 表示一个完整的金融周期，其中 0 代表某轮金融周期的起点，100% 代表某轮金融周期的终点；数值越大表明越靠近周期终点。图 2-6 以蛛网图的形式从八个维度或八个子周期，即住房、杠杆率、银行业、通货膨胀、信贷市场、劳动力市场、权益市场、外汇市场刻画了某一特定年份在金融周期中所处的方位。显而易见，2011 年除通货膨胀和银行业之外，其他子周期都在 50% 以内，美国正处于上一轮金融周期的底部位置。2015 年，住房、汇率、权益等五个子周期突破了 50%，美国处于新一轮金融周期的初始上升阶段。2017 年，八个子周期全部突破 80%，表明美国金融周期处于最佳上升阶段。2019 年，劳动力市场、权益市场、外汇市场达到了 100%，受其他指标收敛拖累，整个金融周期行进到 42% 的位置，表

---

① ［美］海曼·P. 明斯基，石宝峰、张慧卉译：《稳定不稳定的经济——一种金融不稳定视角》，清华大学出版社 2019 年版，第 15—19 页。

明正逐步逼近本轮周期的峰值。

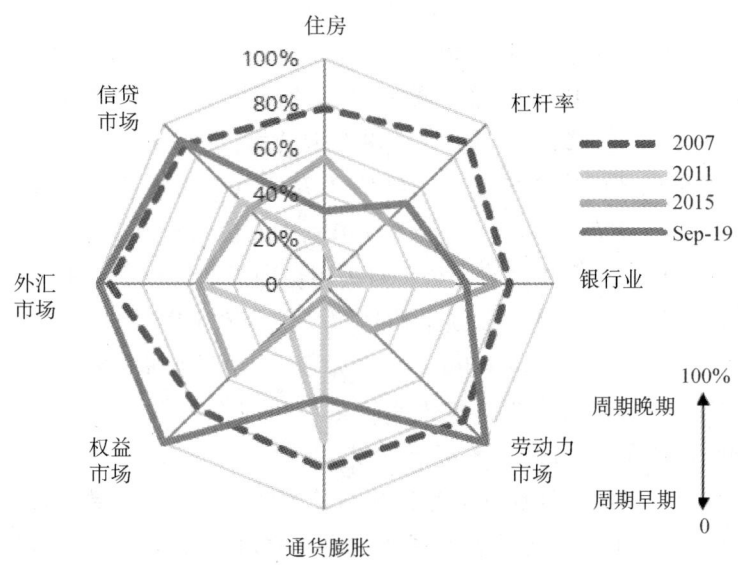

图 2-6 美国的金融周期时钟

资料来源：Haver, Bloomberg, FDIC, UBS, 2019。

注：数据从 1999 年 12 月开始

三、美国的金融周期与政府减税

金融周期与政府财政行为之间也存在关联性，尤其是对于那些政府主导力强的经济体而言。在金融周期上升阶段，金融资产较快进入经济运行过程，使得资产呈现暂时的短缺状态，进而刺激经济体扩张产能，社会交易处于活跃状态，总需求以较快速度得到满足，税收随之增长。财政收入的增加，扩张了财政支出的可运用空间，政府支出预算也会随收入的持续增加而增加，公共投资项目、公共基础设施项目相应增多。至金融周期达到顶峰之时，政府的财政支出能力稍微滞后地达到了顶点（田晓林，2019）。[①] 而在金融周期下行阶段，金融资产的逐利性导致它在进入经济运行时充满犹豫，社会交易处于相对疲软状态，税收增长受到抑制，政府消费和公共投资也因此受限。

图 2-7 显示了 1975 年第一季度以来美国非金融部门实际信贷增速、政府（含联邦、州和地方政府）税收收入增速、政府（含联邦、州和地方政府）消费支出和投资增速。该图显示三条曲线的拟合度相当好，这说明以非金融部门实际信贷为核心指标的金融周期与财政收支行为之间存在着密切的关联性。从增速的阶段性峰值来看，非金融部门信贷增速的峰值较前述金融周期顶峰大致提前一至三个季度，而财政收支增速的峰值一般情况下滞后非金融部门信贷增速一个季度。具体而言，美国金融周期的第一个峰值出现在 1979

---

① 田晓林：“金融周期及其相关理论”，《中国经济报告》2019 年第 5 期。

年第三季度，而1979年第二季度，非金融部门信贷增速达到阶段峰值4.13%，第三季度政府税收收入增速达到阶段峰值2.66%，政府消费支出和投资增速达到阶段峰值3.21%。金融周期的第二个峰值出现在1990年第三季度，而在1989年第四季度，非金融部门信贷增速达到阶段峰值1.99%，1999年第一季度政府税收收入增速达到峰值1.65%，政府消费支出和投资增速达到阶段峰值2.71%。金融周期的第三个峰值出现在2007年第三季度，2007年第二季度非金融部门信贷增速达到峰值2.71%，政府消费支出和投资增速在同一季度达到峰值1.88%，政府税收收入增速则在第一季度达到峰值2.78%。

本章依照 BIS 的基本思路和技术方法，对美国金融周期进行了再测度。本章选取1975年第一季度以来的美国实际信贷、全国平均房价、信贷对 GDP 的比例这三列时间序列数据，分别使用带通滤波（band-pass filters）提取长周期循环项后进行算术平均和标准化处理，以获取衡量金融周期的指数，指数区间在0—1（王云清，2018）。① 采用带通滤波法描绘的美国金融周期曲线如图2-8所示。较之图2-5，图2-8平滑掉了一些细小的波动，从而更突出金融周期的长期性和完整性，与其他学者的研究一致，图形显示美国自20世纪70年代以来，经历了两轮完整金融周期，峰值的判断与 BIS 的研究保持了一致。

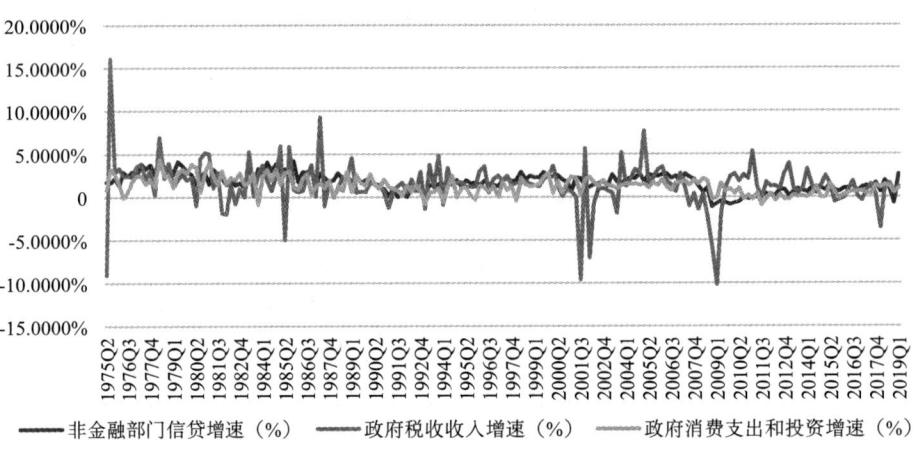

图 2-7 美国的非金融部门信贷增速和政府财政收支增速

资料来源：美国经济分析局，2019。

从美国政府历次减税方案提出和推行的时点来看，里根减税和小布什减税都近乎处于金融周期的低谷期，克林顿减税和奥巴马减税均处于金融周期的紧缩期或下行期，唯有特朗普减税处于金融周期的上行期。从美国商业周期与减税政策的关联分析中我们也发现历届总统一般由于经济处于衰退期而实施减税，当然特朗普总统是唯一的例外。从中我们不难得出这样一个结论，即美国政府的减税政策既被经济状况所牵引，又受制于总统及其顾问班底的执政理念。特朗普一心想"让美国再次伟大"，其减税实则为扩张中的经济再增动力。

---

① 王云清："'三周期叠加'视角下2018年大类资产配置逻辑"，《宏观经济跟踪》2018年第2期。

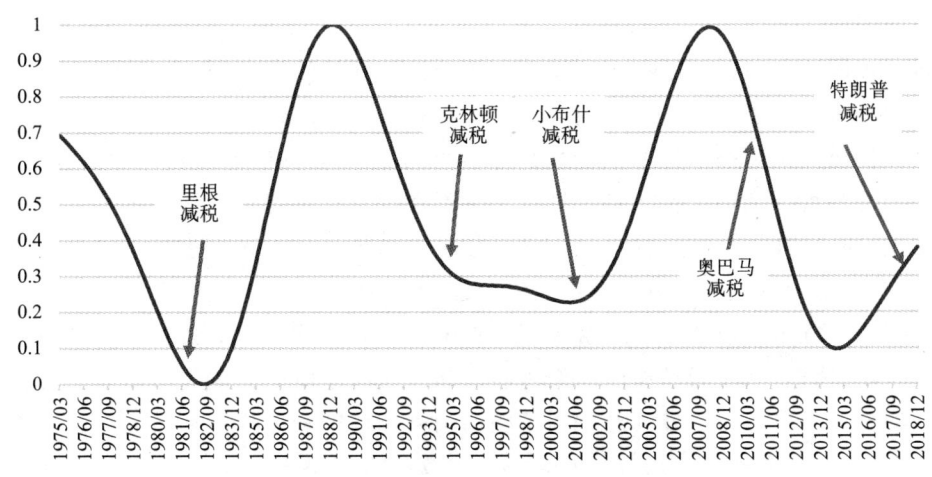

图 2-8 美国的金融周期与历次减税

资料来源：王云清（2018）和作者。

减税无疑会对经济起到一定刺激作用，但减税效果可能由于经济即将进入金融周期的扩张期而被放大。如里根政策实施之后，美国立即进入了金融周期的扩张期，市场的自我修复和政策的适时刺激让美国经济再次繁荣，也让里根成为美国至今令人称道的总统典范。

第三节 美国的朱格拉周期与减税政策

一些学者把朱格拉周期视作为商业周期的一个类别，但实际上朱格拉对周期的研究具有高度原创性和完整性（Legrand 和 Hagemann，2007）。[①] 熊彼特在其《经济分析史》中盛赞朱格拉"关于科学方法的才能和掌握，是所在时代最伟大的经济学家"（Schumpeter，1954）。[②]

一、朱格拉周期及其测度

朱格拉周期已被普遍定义为固定资产投资周期。借助该周期，可以观察到固定资产投资的波动、固定资本的就业水平变化和库存的相应变化，或者说该周期在一定程度上反映了实体经济的运行规律。

（一）朱格拉周期的代表性观点

朱格拉周期由法国医生朱格拉（Clement Juglar）提出。他在 1862 年出版的《论德、

---

① M. D. Legrand & H. Hagemann. Business Cycles in Jugal and Schumpeter. *The History of Economic Thought.* 49（1）：1-18.

② J. A. Schumpeter. 1954. History of Economic Analysis. London：Allen & Unwin. pp1123.

英、美三国经济危机及其发展周期》一书中提出了7—11年为一个循环的经济周期理论。他是在研究三国的人口、结婚、出生、死亡等统计时开始注意到经济事物存在有规律的波动现象，即经过"上升""爆发"和"清算"三个阶段，时间跨度为7—11年。不仅如此，朱格拉指出英国和法国这些工业化国家的经济运动呈现越来越高的相似性和同步性，波动的周期性没有什么特殊性或地方性，它并不在国家的制度和法律影响之下。①

朱格拉的开创性贡献在于他不仅定义了什么是繁荣、什么是衰退、什么是危机，以及三者之间的关系，并以危机的爆发将经济发展为不同的时期，将危机理论和经济周期联系在一起，探讨了危机为何能引起经济周期。在朱格拉的论述中，经济危机是指由于信用紊乱、商品价格贬值、商业活动中断、银行破产和信用坏账所引起的经济混乱。经济危机规律性、周期性的爆发将经济发展分割为不同的朱格拉周期。他描述到：

"危机前的征兆是大繁荣的迹象；我们可以发出各种各样的企业和投机信号，商品价格、土地、房屋、工人需求的上升，工资增加，利率下降，公众轻信，这些在首次成功之后成为毫无疑问的事情。持续（永久）增长所激发的游戏兴趣刺激了人们在短时间内致富的想象力，就像彩票。不断增加的奢侈品导致过度开支，这种开支并不是以收入为基础，而是基于对资本财务价值的货币估计。"②

按照朱格拉的描述，经济周期中的危机发生线路如图2-9所示。从图中可以看出，由于经济运行中的最高点位超过了最优点位，或者说经济的过度繁荣必然促使经济回归到正常状态。但在回归过程中，最低点位往往低于最优下降点，经济萧条或经济危机由此产生。而危机的严重程度"直接与国家财富的发展直接相关"，一个国家及其代理人越富裕，他们过度投机的倾向就越高，危机就越严重。

朱格拉认为危机产生于繁荣和过热，危机过后又孕育新经济发展的起点，而驱动经济由繁荣迈向衰退，衰退转向繁荣的核心要素是价格和信贷。具体来看，繁荣时期物价上涨，银行持有的贴现票据增加，金属储备减少。在此阶段，危机迫在眉睫。当危机突然发生时，价格处于峰值，即价格停止上涨。价格上涨对虚拟（金融）部门和实体经济都将产生影响。在虚拟（金融）一端，意味着借款人试图贴现票据以满足他们的还款计划，从而大大增加了银行的投资组合，金属储备下降至危险水平，银行被迫提高贷款利率并最终停止提供额外的信贷。因此，过度投机驱动了价格上涨，直至买家少卖家少，危机也就随之而至。③ 1863年朱格拉拒绝了萨伊定律之后，又于1891年对其观点进行了细微的修正，在某个国家的财富扩张时期，人类需求的减少或缺乏不必予以严肃对待，人类只能受到价格上涨的限制，而价格运动显然受投机行为的驱动（1862和1863年）。在后续的著作中，

---

① C. Juglar. 1862. Des crises commerciales et de leur retour periodique en France. En Angleterre et aux Etats – Unis, Paris: Guillaumin et Cie, second edition 1889. pp13.

② C. Juglar. 1863. Crises commerciales. Dictionnaire général de la politique by M. Maurice, Block, Strasbourg: Berger – Levrault. pp3.

③ C. Juglar. 1863. Crises commerciales. Dictionnaire général de la politique by M. Maurice, Block, Strasbourg: Berger – Levrault. pp3.

在不否认投机作用的前提下，朱格拉还更全面地阐释了价格的内生动力。①

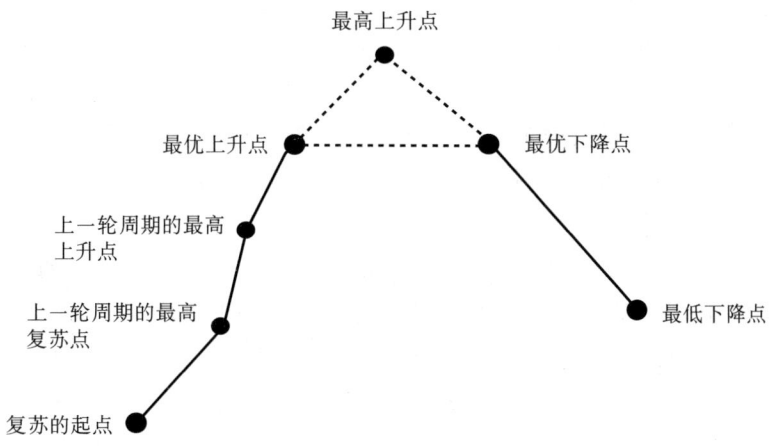

图 2-9　经济周期中的危机发生路径

对于危机的应对，朱格拉进一步阐释道：危机或恐慌的存在并非独立现象，而是经济运动三个阶段中的一个；危机如同疫病，是发达工商业中的某种社会现象，在某种程度内这种周期性波动可以被预见或者采取某种措施缓和的，但并非可以完全抑制。政治、战争、农业歉收以及气候恶化等因素并非周期波动的主动根源，它们只能加重经济恶化的趋势。对于周期，我们所能采取的应对措施就是更好的理解它们、预测它们，并加速周期进程以便尽快获得复苏。

"现在已经有很多人知道这种疾病的性质和起源，仅仅对系统进行修改不足以消除它们。它只取决于信贷机构负责人的经验、智慧和行为，来限制或抑制它们的负面后果"。②……"信贷和银行在经济活动中扮演了重要角色，中央银行账户可以用来衡量各国的经济活动。商业周期和信贷周期都根植于资本吸收机制，也就是'集体积极性'。"

熊彼特继承了朱格拉对繁荣和萧条的划分和判断，他在1914年哈佛大学"经济生活的波浪式运动"研讨会上，提出了其经济发展理论的主要思想。其代表作《经济分析史》中对朱格拉把周期两个阶段关联起来并确定繁荣是萧条的主要原因给予了高度的赞誉：

"就其本身而言，他的许多关于导致经济低迷因素（银行现金损失、新购买失败）的建议并不意味着什么。但最重要的是他对萧条本质的判断，这个名句中包含着警句：'萧条唯一的原因是繁荣'。这意味着萧条不过是对经济体系对先前繁荣所造成结果的适应，因此周期的基本问题归结为导致繁荣的原因是什么。但是对此朱格拉未能给出令人满意的答案。"③

---

① 在1889年的著作中，朱格拉提到了自然价格，并阐述了投机运动如何导致价格偏离自然水平。

② C. Juglar. 1862. Des crises commerciales et de leur retour périodique en France. En Angleterre aux Etats–Unis, Paris：Guillaumin et Cie, second edition 1889. pp13.

③ J. A. Schumpeter. 1954. History of Economic Analysis. London：Allen & Unwin. pp1154.

不仅如此，熊彼特在综合研究朱格拉周期、康德拉季耶夫周期、基钦周期之后，提出了独特的"三种周期体系"研究框架。他认为，现实经济中有很多周期在同时运行，首先呈现出为时54年到60年的"长波"，即康德拉季耶夫周期。每个长周期包含六个期限为9年或10年的中周期，即朱格拉周期。而每个中周期又可划分为三个期限大约为40个月的短周期，即基钦周期。熊彼特尤其强调，三个周期要么被工业发展史所充分证实，要么经常地被人们所察觉和默认。[①] 这样的分析框架，对于研判经济所处的阶段以及停留的时间无疑具有重要的指导价值。

2008年金融危机之后，一些学者（如Grinin等，2010）用朱格拉的理论来解剖全球金融危机。[②] 他们认为：最显著的朱格拉周期性运动（即无需国家干预来熨平周期）其内在动力由以下因素决定：一是国内外交易采取金本位制；二是价格和利率的变动不受控制；三是经济上升期甚至衰退和危机期，政府干预相对较弱（当然，这种干预会逐渐增加）。政府干预的直接结果是经济快速甚至是爆炸性的回升和同样迅速的下降。经济在上升、繁荣和过热的过程中伴随着原材料和房地产价格快速但不充分的上涨；商品和股票投机强度的增加；信贷和风险的急剧扩张；以及超出任何合理限制的投资增长。这些正是朱格拉周期的显著特征，也是金融周期的明显预兆。因此，朱格拉周期所强调的货币要素是极其重要的，也是必须予以提前防范的。

（二）朱格拉周期的测度

对于朱格拉周期的测量，目前广泛被接受的方法是以企业设备投资周期替代朱格拉周期。在企业生产过程中，机器设备由于磨损、技术进步等因素在一定年限内需要更新，从而产生了有规律的周期性变化。当经济处于设备更替的高峰期时，就会产生较多的固定资产投资和资本开支，从而拉动经济步入繁荣阶段；但当设备更新基本完成，企业的固定资产投资和资本开支又会陷入低谷，经济从而陷入低迷。企业设备的更替导致资本开支呈现周期性变化，由此产生了企业设备投资周期。同时，由于制造业企业设备投资、固定资产占比最大，而制造业企业设备的平均更新年限大约7—10年，这使得企业设备更新所驱动的投资大概率呈现7—10年的周期性波动。从判断指标来看，设备投资增速、设备投资占GDP比重或者资本开支增速是企业设备投资周期的核心指标。

朱格拉周期和企业设备投资周期的相同点有三个：一是从经济发展的历史趋势来看，两个周期都是历史经验数据的总结，都大概率持续7—10年，均代表着中周期波动。二是从同步性来看，各典型市场经济国家的数据表明，以名义GDP同比增速为度量的朱格拉周期和以固定资产形成总额为度量的企业设备投资周期几乎一致，两者之间并不存在明显的领先性。三是从度量难度来看，朱格拉周期是一个综合性的指标，是基于人口、结婚、

---

① ［美］约瑟夫·熊彼特，何畏、易家详等译：《经济发展理论——对于利润、资本、信贷、利息和经济周期的考察》，商务印书馆2019年版，第303—309页。

② L. Grinni, A. Korotayev. S. Malkov. 2010 The Models of Economic and Demographic Processes: A Mathematical Model of Juglar Cycles and the Current Global Crisis. History & Mathematics: Processes and Models of Global Dynamics. edited by Grinnin L, Korotayev A, Tausch A URSS Moscow Russian Federation. pp138 – 187.

出生、死亡等统计数据的经济周期性的波动现象，很难找到一个较为合理、较为综合的指标来判断；而企业设备投资周期有较为明确的度量指标，因此将朱格拉周期称之为企业设备投资周期有可能基于指标获取的便利。

表 2-10　　　　　　　　　　　朱格拉周期的指标体系

序号	指标名称	指标含义
1	设备投资增速	企业设备投资更新速度，代表企业设备更替和技术进步状况
2	设备投资/GDP	代表企业固定资产投资在经济总量中的比重，该类投资直接影响经济增长
3	产能利用率	工业总产出对生产设备的比率

近期也有少数学者着力于朱格拉周期计量方法的改进。如格瑞宁（Grinin，2010）等认为应该在构建朱格拉周期的计量模型时至少要考虑四个因素：[①] 一是经济过程之间存在正反馈；二是惯性的存在，某种变化与经济系统对该变化的反应之间存在时滞（如投资变化滞后于需求变化，产出变化滞后于投资变化等）；三是金融体系对经济正反馈和时滞被放大（由于信贷、投机性操作等对经济过程产生了影响）；四是在急性危机的子阶段对变化中的状况作出过度或过快的反应。在此前提下，他们以柯布—道格拉斯函数为基础构建了朱格拉周期的计量模型，并发现随着资本的自由流动和金融科技的不断开发，对朱格拉周期的测度也应随着现实变化而改变。

二、美国的朱格拉周期与政府减税

从现有研究成果来看，鲜有学者对美国朱格拉周期开展专门的研究。本章拟借助当下普遍采用的相关指标对美国朱格拉周期进行测量，并考察该周期与财政行为之间的关联性。

选用朱格拉周期的代表性指标之一——设备投资增速，图 2-10 描绘了美国设备投资与财政收支之间的关系。自 1975 年以来政府消费支出和投资增速保持非常稳健的增长态势，年均增速基本在 1% 以内。这表明，美国作为典型的市场经济国家，除非战争或危机等特殊时期，设备投资以私人投资为绝对主导，因而与财政支出的关联性并不密切。但设备投资增速与政府税收收入增速之间呈现一定的同步性，可能性的原因设备投资的增加，刺激了私人部门扩大生产，市场处于相对活跃状态，总需求也随之扩张，税收随之增长。这也再次说明增税只是税收收入增长最简单和粗暴的途径，多途径的税源培育才是税收收入增长的本源。

图 2-11 描绘了美国自 1975 年以来的朱格拉周期。从图形可以看出，美国朱格拉周期虽然长短不一，但符合朱格拉周期应为 7—11 年的判断。从美国各位总统推出减税政策

[①] L. Grinni, A. Korotayev. S. Malkov. 2010 The Models of Economic and Demographic Processes: A Mathematical Model of Juglar Cycles and the Current Global Crisis. History & Mathematics: Processes and Models of Global Dynamics. edited by Grinnin L, Korotayev A, Tausch A URSS Moscow Russian Federation. pp138 – 187.

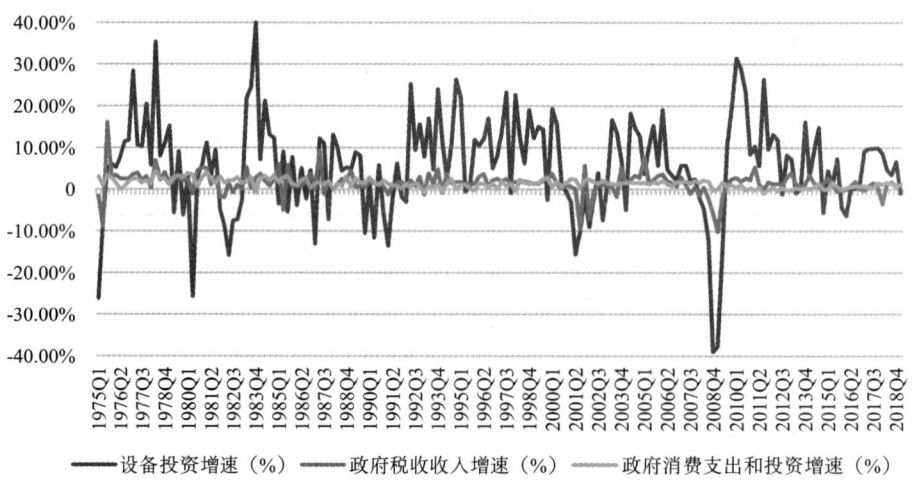

图 2-10　美国的设备投资与财政收支

资料来源：美国经济分析局，2019。

的时间来看，与金融周期极其相似的是，除了特朗普总统，其他总统推出减税改革均处于朱格拉周期接近底部或底部的时段上。如里根总统1981年推出减税方案时，美国经济处于1979—1989年这轮朱格拉周期接近底部的区域；又如奥巴马总统2010年推出减税方案时，美国经济处于2006—2013年这轮朱格拉周期的底部区域。周期底部的减税无疑对遏制实体经济进一步下滑起到一定缓和作用。特朗普于2018年推出减税时，美国经济处于新一轮朱格拉周期由底部向上攀升的时段，这对本处于扩张中的实体经济将起到助推作用，实体经济热度提高，经济指标明显好转，也是意料之中。

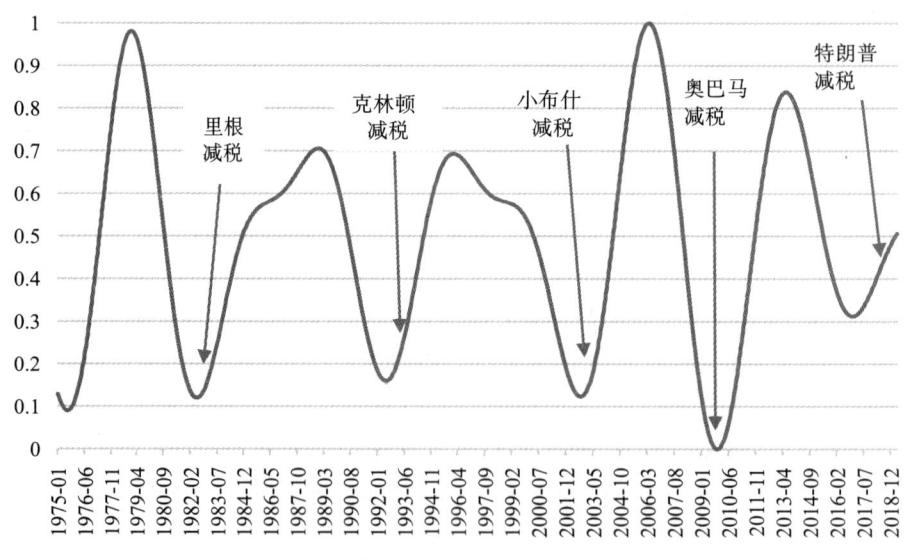

图 2-11　美国的朱格拉周期与减税政策

资料来源：王云清（2018），作者。

第四节 本章小结

美国的长期经济增长印证了商业周期、金融周期和朱格拉周期的运行规律，或者说折射出市场机制作用下经济的规律性波动，以及政府干预下的增长变化。经济总量的增长与减少、实体经济的扩张与紧缩、虚拟经济的繁荣与萧条，让研究者可以更好地了解市场运行的波动与规律、市场机制的优势与劣势，也能更清楚地判断政府的作为与无为、政策的有效与低效。

但周期只是经济增长的表象特征，是经济增长内在动力的驱动结果。格林斯潘和伍尔德里奇（Greenspan 和 Wooldridge，2019）曾指出，美国经济发展史由三个主题组成，生产力、创造性破坏和政治，三者各有分工：

"生产力是衡量经济成功与否的终极指标。生产力发展程度决定了一个社会的平均生活水平，也是我们用来区分发达国家和发展中国家的主要指标。……创造性破坏是推动经济进步的主要动力，它被人们称作'永远存在的飓风'，经常能够把企业连根拔起，有时候也能摧毁生命，但就是在这种破坏过程中，它能为我们带来一个生产力更高的经济体。……政治主要用于处理创造性破坏带来的不良后果，创造性破坏面临的最大的潜在限制因素就是政治阻力。"[1]

作为政治要素的减税政策在出台之前，除了对经济所处周期阶段的考察，或更需审慎预判和评估政策效果，即能否提高生产力？能否鼓励创造性破坏？如此方能创造一个更加稳定、更加长久且快速增长的经济。

---

[1] ［美］艾伦·格林斯潘、阿德里安·伍尔德里奇，束宇译：《繁荣与衰退：一部美国经济发展史》，中信出版集团 2019 年版，第 XIV—XXVII 页。

第三章
美国经济增长的结构性视角与减税政策

经济运行不仅有周期波动，还有结构变动。周期性因素从需求侧对经济增长产生影响，结构性因素却是从供给侧影响着经济。从周期性和结构性两个视角共同对经济增长进行观察，既有助于更全面地掌握一国经济全貌，也有益于做出更精准的政策前瞻。经济结构可做进一步的划分，如所有制结构、企业规模结构、企业组织结构、技术结构、产业结构、要素结构等（马建堂，2017）。[①] 多要素生产率（Multi Factor Productivity，缩写为MFP）或全要素生产率（Total Factor Productivity，缩写为TFP）一般被视为要素结构的代表性指标，本章将围绕美国多要素生产率的历史变迁，进一步观察美国经济增长的长期趋势，进而对减税政策推出的经济环境有更深的认识。

第一节 多要素生产率的界定及其测度

经济增长的源泉既取决于投入要素数量的增长，更取决于投入要素利用效率的提高，也就是生产率的提高。生产率（productivity）一般指资源（包括人力、财力、物力）开发利用的效率，它反映了资源配置状况、生产手段的技术水平、劳动力的素质等因素对生产活动的影响程度（马延亮，2017）。[②]

一、多要素生产率的界定

生产率的研究缘起于柏拉图的劳动分工理论。从西方经济史来看，魁奈（1766）[③] 首次规范地提出了生产率的概念，并将其运用于农业生产的研究。斯密（1776）[④] 将生产率

[①] 马建堂：《周期波动与结构变动》，商务印书馆2017年版，第8页。
[②] 马延亮："生产率理论进展及生产率的内在关联性研究"，《宏观经济研究》2017年第11期。
[③] ［法］弗朗索瓦·魁奈，晏智杰译：《经济表》，华夏出版社2006年版，第357页。
[④] ［英］亚当·斯密，唐日松等译：《国富论》，华夏出版社2009年版，第38—59页。

的外延扩展至整个生产领域，指出由社会分工带来的劳动生产率的提高是国民收入增长的主要源泉。继劳动生产率之后，萨伊（1803）① 提出了"生产三要素论"，认为工资、利息和地租是分别取得劳动、资本和土地的生产性服务所付出的代价，其中劳动相对产出的大小是劳动生产率，资本相对产出的大小就是资本生产率。现代微观经济学的奠基者马歇尔（1890）② 将影响生产率的因素归结为生产者的身体活力、生产者的能力、组织的扩大和分工协作三大类。

进入 20 世纪之后，生产率的研究开始从劳动或资本等单要素生产率向多要素或全要素生产率③演进，柯布—道格拉斯函数的提出标志着对生产率的研究从定性阶段步入定量阶段。至于单要素生产率与多要素生产之间的关系也逐步得以厘正（如图 3-1 所示）。劳动生产率和资本生产率的提高都取决于资本深化的提高和多要素生产率的提升，且从经济可持续增长来看，提高多要素生产率比加快资本深化更为重要和有效。索洛（Solow，1957）④ 在《技术进步与总量生产函数》一文中将技术进步纳入经济增长模型，首次建立了全要素增长率的可操作模型，即索洛模型。按照索洛模型，全要素生产率等于生产率减去劳动生产率和资本生产率，即全要素生产率是生产率增长值中无法被劳动和资本生产率所解释的部分，这也被称为"索洛残差"，而产生残差的原因在于技术进步。但索洛余值法的最大缺陷在于全要素生产率是通过方程中的"剩余"计算出来，不能够直接求解，精确度显得不足。

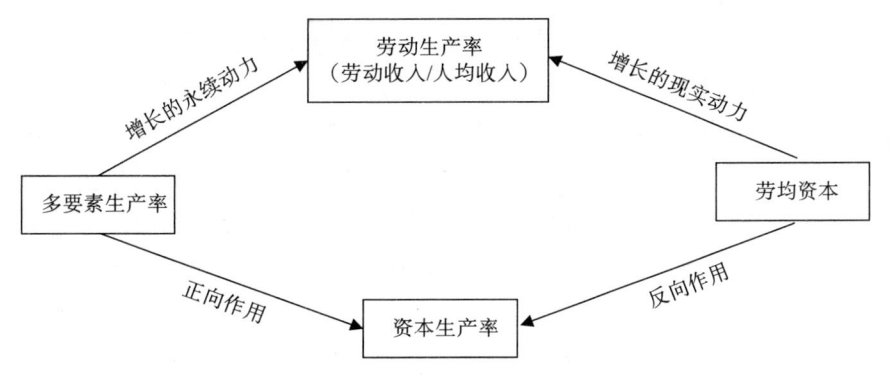

图 3-1　三种生产率之间的内在联系

资料来源：马延亮，2017。

---

① ［法］让·巴蒂斯特·萨伊，黄文钰、沈潇笑译：《政治经济学概论》，浙江人民出版社 2017 年版，第 42—46 页。
② ［英］阿尔弗雷德·马歇尔，彭译林等译：《经济学原理》，人民日报出版社 2009 年版，第 55—61 页。
③ 本书的多要素生产率和全要素生产率为同一概念，使用时根据研究者原文用词而采用不同的表述方式。
④ R. M. Solow. 1957. Technical Change and the Aggregate Production Function. *Review of Economics and Statistics*, 39(3): 312-320.

肯德里克（Kendrick，1954、1956、1961）[①]在1951年美国"收入与财富年会"上以他在美国国家经济研究局（National Bureau of Economic Research，缩写为NBER）开展的美国家庭经济部门多要素生产率研究为基础，将多要素生产率概念予以精确化。他在1961年《美国生产率趋势》一书中指出，多要素生产率是产出与投入的比率，本质上反映了人类摆脱贫困的努力；只有把产出量与全部要素投入的数量及其构成联系一起来考察，才能把握生产率的全部变化。丹尼森（Denison，1962）[②]把多要素生产率定义为产出增长率扣除各生产要素投入增长率后的余值，并对要素投入进行了更为详细的分类。如劳动投入按照年龄、性别、就业、教育程度、工时进行分解，资本投足按住宅工地和住宅建筑、非住宅建筑和非住宅土地、设备和存货划分，最后估计的技术进步对美国增长的贡献率为30%，远远低于索洛的估算。

乔根森和格里力茨（Jorgenson和Grilliches，1967）[③]认为，引起前述误差的原因在于投入要素度量不准确和生产函数中必要的变量没有考虑完全，并将劳动力按照行业、性别、年龄、教育、就业类别和职业六个特征进行交叉分类，认为劳动投入的增长是工作小时数和劳动质量两个要素变动的总和。乔根森在多要素生产率研究上的贡献主要有两个方面：一是采用超越对数生产函数的形式，在部门和总量两个层次对多要素生产率进行了测算；二是为了保证产出和投入数量的精确计算，把资本投入和劳动投入的增长分解为数量增长与质量增长。乔根森（1988）[④]根据自己的研究方法对1948—1979年的美国经济增长进行研究，发现多要素生产率对美国经济增长的贡献率为23.6%。美国劳工统计局（BLS，1983）认为，多要素生产率作为一种衡量经济绩效的指标，是将产出量与用于生产该产出的综合投入量进行比较。综合投入包括工时、资本服务和中间购买等，多要素生产率的变化并不反映资本服务、劳动力和中间购买的具体贡献，而是反映了这些要素对经济增长的共同影响。还有一些要素在投入领域没有被明确，具体包括技术变革、规模回报、劳动力技能的提高、更好的管理技术或管理效率提升等。随着绿色经济的发展，诺德豪斯和科克林伯格（Nordhaus和Kokkelenberg，1999）[⑤]率先提出，环境保护也应该作为多要素生产率的投入要素之一。

关于多要素生产率的界定尚无统一的认知，但正如赫尔腾（Hulten，2000）[⑥]所指出

[①] J. W. Kendrick. *National Productivity and Its Long-term Projection*. NBER Books，1954；*Productivity Trends：Capital and Labor*. NBER Books，1956；*Productivity Trends in the United States*. Princeton：Princeton University Press for NBER，1961.

[②] E. F. Denison. 1962. *The Sources of Economic Growth in the United States and the Alternatives Before Us*. New York：Committee for Economic Development.

[③] D. W. Jorgenson, Z. Grillches. 1967. The Explanation of Productivity Change. *Review of Economic Studies*. 34（3）：249-280.

[④] D. W. Jorgenson. 1988. Productivity and Postwar U. S. Economic Growth. *Journal of Economic Perspectives*. 2（4）：23-42.

[⑤] W. D. Nordhaus, E. C. Kokkelenberg. Eds. 1999. *Nature's Numbers，Expanding the National Economic Accounts to Include the Environment*. National Research Council, Washington, D. C.：National Academy Press.

[⑥] C. R. Hulten. 2000. Total Factor Productivity：A Short Biography. *NBER Working Paper Series 7471*. http：//www.nber.org/papers/w7471.

的那样,"虽然对多要素生产率的边界仍在探索当中,但有两条边界已经相当明确:一是区分结果(福利改善)与手段(产品生产);二是区分储蓄冲动(延期消费)和创造冲动(生产率)"。

二、多要素生产率的测度方法

多要素生产率的测量方法繁多,每种方法各有其优缺点和适用对象,图3-2显示了至今为止的多要素生产率测量方法。[①] 方法大致分为两类:一类为前沿法;一类为非前沿法。前沿分析法是在既定投入和价格水平之下,基于边界函数来估计能得到的最佳位置。这两类又可细分为非参数法和参数法,区别在于是否需要假设具体的生产函数形式。

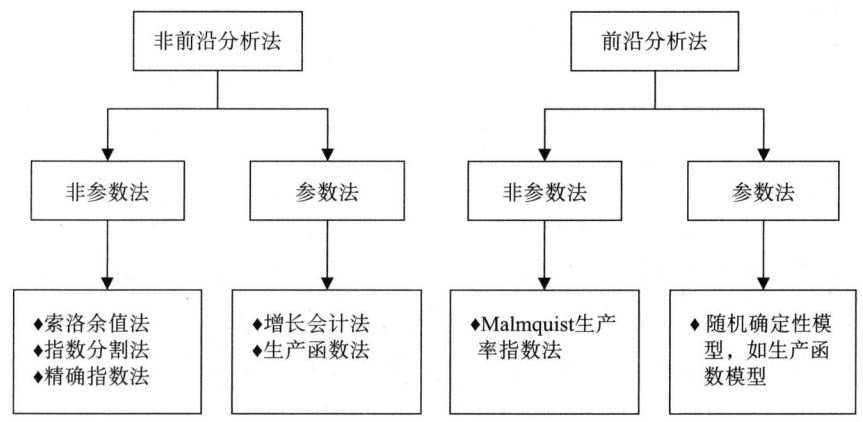

图3-2 全要素生产率的测量方法

资料来源:Frija 等,2015。

从多要素生产率的最终表现形式来看,在参数法之下通常被估计为增长率,而在非参数法之下通常被计算为一个指数(水平),该指数是通过将产出指数除以综合投入指数而得出(Hulten,2001),并将多要素生产率的变化表示为产出变化率与投入变化率加权平均值之间的差异。两种方法中的投入和产出都可以用数量或者固定货币单位(或实际增加值)的形式来衡量。

Tornqvist 方法的公式如下:

$$\ln\left(\frac{A_t}{A_{t-1}}\right) = \ln\left(\frac{Q_t}{Q_{t-1}}\right) - \left[w_k\left(\ln\frac{K_t}{K_{t-1}}\right) + w_l\left(\ln\frac{L_t}{L_{t-1}}\right) + w_{ip}\left(\ln\frac{IP_t}{IP_{t-1}}\right)\right] \quad (3-1)$$

其中:

ln——变量的自然对数;

A——多要素生产率;

[①] A. Frija. B. Dhehibi. A. Aw-Hassan. Etc. 2015. *Approaches to Total Factor Productivity Measurements in the Agriculture Economy.* CGIAR,pp1-18.

Q——产出；

K——资本服务；

L——劳动力投入（即工时）；

IP——中间购买投入；

$w_k w_i w_{ip}$——成本分摊权重，为每项投入在 t 年和 t-1 年在生产总成本中所占份额的两年平均值。

增长会计法的公式则为：

$$\frac{\Delta T}{T} = \frac{\Delta Q}{Q} - \left[\alpha\left(\frac{\Delta L}{L}\right) + \beta\left(\frac{\Delta K}{K}\right) + \gamma\left(\frac{\Delta Z}{Z}\right)\right] \quad (3-2)$$

其中：

T——多要素生产率；

Q——产出；

L——劳动力；

K——资本；

Z——其他中间投入；

α、β、γ 代表各种投入的成本份额。

美国经济学界普遍认为最早开展多要素生产率实证研究的是首届诺贝尔经济学奖得主丁伯根（Timbergen，1942）[1]，他通过在生产函数中加入一个时间趋势项，研究了美国等四个国家为期44年的多要素生产率变动过程。但丁伯根提出的多要素生产率概念仅包含了劳动与资本投入，没有考虑研发投入、科技投入等无形要素。而对于各种方法产生的多要素生产率测度偏差，诺德豪斯（Nordhaus，1994）[2] 认为，官方价格和产出数据遗漏了经济史上最为重要的技术革新。美国消费者价格研究顾问委员会（1996）[3] 的一项研究发现，年度 CPI（居民消费价格指数）数据约有 0.6% 的上修偏差，导致遗漏了质量改进，也造成了数量低估。

目前，美国多要素生产率测度最为权威的机构当属美国劳工统计局（Bureau of Labor Statistics，缩写为 BLS），该机构采用 Tornqivst 指数方法构建了跨年度、多行业的多要素生产率数据库。以私人非农商业部门为例，BLS 同步测量了该部门的劳动生产率和多要素生产率，并解构了投入类指标的贡献，具体见表 3-1。表中序号依次含义如下：①私人非农商业部门 GDP，不包括政府、政府企业和非盈利机构的产出，自有房地产的租金价值和私营家庭有偿雇员的产出，私人非农商业部门不包括农场但包含农业服务；②每工时产出；③劳动力和资本投入的联合单位产出；④产出增加值，源自该行业的 GDP；⑤工时指数包

---

[1] J. Timbergen. 1942. Critical Remarks on Some Business Cycle Theories. *Econometrica*. 10：129-146.

[2] W. D. Nordhaus. 1994. Do Real Output and Real Wage Measures Capture Reality？The History of Lighting Suggests Not. T. *Cowles Foundation，Yale University，Cowles Foundation Discussion Papers*.

[3] Advisory Commission to Study the Consumer Price Index. 1996. *Toward a More Accurate Measure of the Cost of Living*. Washington D. C.：Final Report to the Senate Finance Committee.

括按年龄、教育程度和性别分类的所有人（含雇员、业主和无薪家庭工人）的工作时间指数，链式指数通过将每个年龄段、受教育程度和性别群体的工作时间变化与每类群体在总工资中所占的份额来加权计算；⑥衡量某部门资本服务流动的指标；⑦劳动投入和资本服务的增长率是以其各自按现价美元成本中所占的份额加权聚合成链式指数；⑧每小时资本服务。

各项指标的计算较为复杂。以资本服务为例，根据BLS的界定，该服务是指从实物资产和知识产权存量中获得的服务。美国目前划分有固定业务设备、信息处理设备、存货、土地和知识产权产品等90种资产类型，金融资产和自有住宅不包括在内。BLS还对部分资产类型进行了细分，如信息处理设备包括计算机及相关设备、通信设备和其他信息处理设备，知识产权产品包括软件、研究开发、艺术原创等。每类资产各有稳定的数据来源，其中固定资产投资数据来自美国经济分析局，存货数据根据美国经济分析局和美国国内收入局的公司所得税报表中的信息进行估计，农业部门的土地数据来自美国农业部，非农部门的土地数据根据美国国内收入局的账面价值测算。资本服务总额是通过Tornqvist方法对60个NAICS①产业分组中每种资产类型的资本存量进行汇总，每种资产类型的资本存量则按照预计租金价格计算。每项租金价格反映产业内所有资产的名义回报率以及特定资产的折旧率和重估价值；且租金价格还需依据税制安排和纳税义务进行调整。②

表 3–1　　　1987—2018 年美国私人非农商业部门的生产率指数①　　以 2012 年为 100

年份	生产率			产出增加值④	投入			
	劳动生产率②	资本服务的单位产出	多要素生产率③		劳动力⑤	资本服务⑥	劳动力和资本的联合单位产出⑦	资本密度⑧
1987	57.5	119.4	79.5	48.5	75.0	40.7	61.0	48.2
1988	58.5	120.2	80.4	50.8	77.5	42.2	63.3	48.6
1989	59.0	119.6	80.5	52.6	80.0	44.0	65.4	49.3
1990	60.1	117.3	80.6	53.4	80.2	45.5	66.3	51.2
1991	61.2	113.1	80.3	53.1	78.8	47.0	66.2	54.1
1992	63.9	114.6	82.6	55.3	79.2	48.2	66.9	55.8
1993	64.1	114.3	82.3	57.0	82.0	49.9	69.3	56.1
1994	64.6	115.2	82.7	59.6	85.5	51.8	72.1	56.1
1995	65.4	114.1	82.9	61.7	87.7	54.1	74.5	57.3

---

① NAICS，全称为 North American Industry Classification System，即北美产业分类体系。该体系使用4位编码，前2位确认主要分组，第3位代表产业分组，第4位代表特殊产业。

② 参考 Economic Development Research Group. 2015. *Technical Appendix 1: Multi-Factor Productivity*: ACPR 03–28: *The Role of U.S. Airports in the National Economy*. pp1–34.

续表

年份	生产率			产出增加值④	投入			
	劳动生产率②	资本服务的单位产出	多要素生产率③		劳动力⑤	资本服务⑥	劳动力和资本的联合单位产出⑦	资本密度⑧
1996	66.8	113.8	83.7	64.5	90.2	56.7	77.1	58.7
1997	68.0	113.3	84.4	67.8	93.4	59.9	80.3	60.0
1998	70.1	112.3	85.7	71.5	95.9	63.6	83.4	62.4
1999	72.8	111.3	87.4	75.5	97.9	67.9	86.4	65.4
2000	75.3	109.5	88.8	79.1	99.5	72.3	89.1	68.8
2001	77.6	105.3	89.3	79.8	97.7	75.8	89.4	73.7
2002	81.1	103.6	91.1	81.2	95.7	78.4	89.1	78.2
2003	84.2	104.0	93.3	83.9	95.6	80.6	89.9	81.0
2004	86.7	105.5	95.4	87.4	97.1	82.8	91.6	82.1
2005	88.6	106.1	96.9	90.9	98.9	85.7	93.8	83.5
2006	89.7	105.8	97.3	94.1	101.5	88.9	96.7	84.7
2007	91.3	105.0	97.9	96.4	102.6	91.9	98.6	87.0
2008	92.4	100.9	96.7	95.4	101.2	94.6	98.7	91.6
2009	96.1	96.2	96.9	92.0	94.4	95.6	94.9	100.0
2010	99.4	98.6	99.5	95.0	94.9	96.4	95.5	100.8
2011	99.2	98.9	99.3	96.9	97.3	98.0	97.6	100.4
2012	100.0	100.0	100.0	100.0	100.0	100.0	100.0	100.0
2013	100.5	99.7	100.0	102.3	102.0	102.5	102.2	100.8
2014	101.3	100.0	100.5	105.5	104.6	105.4	104.9	101.3
2015	102.6	100.5	101.4	109.2	107.1	108.7	107.7	102.1
2016	102.8	99.1	100.8	111.0	109.0	111.9	110.1	103.6
2017	103.9	98.9	101.2	114.0	111.1	115.2	112.6	105.0
2018	105.3	99.6	102.1	118.0	113.8	118.5	115.5	105.7

注：①私人非农商业部门GDP，不包括政府、政府企业和非盈利机构的产出，自有房地产的租金价值和私营家庭有偿雇员的产出，私人非农商业部门不包括农场但包含农业服务；②每工时产出；③劳动力和资本投入的联合单位产出；④产出增加值，源自该行业的GDP；⑤工时指数包括按年龄、教育程度和性别分类的所有人（含雇员、业主和无薪家庭工人）的工作时间指数，链式指数通过将每个年龄段、受教育程度和性别群体的工作时间变化与每类群体在总工资中所占的份额来加权计算；⑥衡量某部门资本服务流动的指标；⑦劳动投入和资本服务的增长率是以其各自按现价美元成本中所占的份额加权聚合成链式指数；⑧每小时资本服务。

资料来源：美国劳工统计局，2019。

第二节 美国的多要素生产率及其解构

美国多要素生产率的测度有不同的技术方法和路径,各种方法数据会有所偏差,但不影响对美国多要素生产率整体概貌和发展趋势的判断。

一、不同时段的多要素生产率

学者们从历史维度对美国多要素生产率进行了长达200余年的回顾与分析,旨在探讨多要素生产率对美国长期经济增长的贡献。

一是恩格尔曼和高尔曼(Engerman和Gallman)的研究。两位经济学家测度了19世纪以来美国的多要素生产率,他们将其分为"粗略"和"精确"两类,前者是基于传统的索洛增长模型测算出的一种残值,后者则考虑到增长测算中的遗漏部分,将增长的衡量拓展到了技术与组织革新、企业与市场分配效率的提高、规模经济效益等多方面,具体见表3-2数据。

表3-2 增长源泉的相对重要性:美国私人经济(1800—1989年)

	粗略的MFP年度增速	精确的MFP年度增速	对劳动生产力增长率的贡献百分比			对人均产出增长率的贡献百分比			
			每工时资本	要素构成	精确MFP	人均工时	资本密集程度	要素构成	精确MFP
Ⅰ.19世纪									
1800—1855年	0.20	0.20	49	—	51	55	22	—	23
1855—1890年	0.37	0.37	65	—	35	28	49	—	23
1890—1927年	1.39	1.24	31	7	62	-15	36	8	71
Ⅱ.20世纪									
1890—1927年	1.49	1.34	26	6	67	-4	27	7	70
1929—1966年	2.09	1.45	17	25	58	-45	25	36	84
1966—1989年	0.66	0.04	46	52	3	33	31	34	2

说明:1890—1927年的数据呈现了两组在于对两个世纪衡量方法的改进。
资料来源:恩格尔曼、高尔曼,2018。

在19世纪,下半期(1855—1890年)的MFP年均增速明显高于上半期(1800—1855年),主要动力在于粗放型增长,包括人口的迅速增长、土地的开垦、全国范围内交通网络的形成,它们给规模经济效益提供了强大的物质基础,从而成为MFP增长非常重要的因素。但到了20世纪,这些就让位于技术与组织革新、企业与市场分配效率提升等因素,尤其是以科学和实用知识为基础的科技进步,而且这个快速的进步过程持续了20世纪将近3/4的时间。以精确的MFP衡量,其增速比19世纪下半期高出了3.5倍。对此,恩格尔曼和高尔曼指出：

"技术进步可以通过许多渠道直接或间接地形成美国经济发展的路径。当然，我们把这种发展看成是对提高经济生产要素的总利用效率的贡献，但技术进步的作用实际超过了这些，它对提供生产投入的内生性过程也有着重要影响。这一点不仅适用于技术进步对可再生性的厂房建设、设备等大宗传统资本需求的影响，不可再生的自然资源勘探、开采与加工，以及中间投入品都在此列。此外，它对劳动服务市场也有着直接或间接的影响。"①

不仅如此，多要素生产率的提高成为美国20世纪迅速增长的劳动生产力与人均实际产出的重要源泉。表中左边部分显示的是资本密集程度与投入质量的提高对劳动生产力增长率的相对贡献，右边部分显示的是这些源泉对人均实际产出增长率的贡献百分比。恩格尔曼和高尔曼用长期测算揭示了增长模式的转变，代表技术进步的精确TFP在美国跨世纪的经济转型中起着关键性的作用。

二是戈登（Gordon）的研究。戈登比较分析了美国1891—2011年的劳动生产率和多要素生产率的变化情况。在长达81年的历史进程中，劳动生产率取得了2.48%的年均增速，后24年回落到1.32%，经过8年暂时的复苏之后，再次跌至1.35%的年均水平。1891—1972年与1996—2004年，1972—1996年和2004—2011年的劳动生产率增速有着惊人的相似性。图中的MFP主要包括资本质量和教育获取度等要素的影响，四个时段的年度平均增速分别为1.94%，1.04%，1.91%和0.83%。导致增速差距的主要原因在于科技发明的重要程度，随着重要程度的下降，生产率增速也随之下降（Gordon，2013）。②

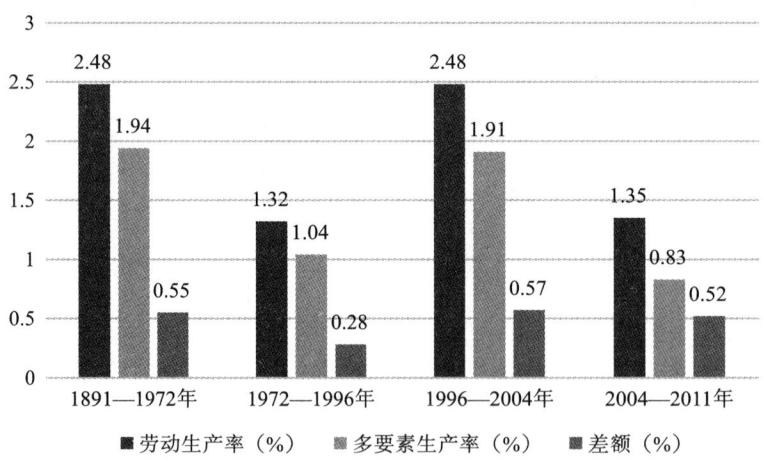

图3-3 1891—2011年美国的劳动生产率和多要素生产率

资料来源：美国劳工统计局，美国经济分析局，Kendrick，1961。

---

① ［美］S. L. 恩格尔曼，R. E. 高尔曼，蔡挺等译：《剑桥美国经济史》（第三卷），中国人民大学出版社2008年版，第24—25页。

② R. J. Gordon. 2013. U. S. Productivity Growth：The Slowdown has Returned after a Temporary Revival. *International Productivity Monitor*，25（2）：13 - 19.

在后续研究中，戈登又对不同时段的美国多要素生产率进行了比较分析，再次强调了前期研究的结论，即发明创造的重要程度决定了生产率增速（如图3-4所示）。1920—1970年的MFP增长速度远远超过1920年或者1970年之前。1970—1994年的年均增速为0.57%，与1970年前50年的年均增长率1.89%相比，不足其1/3。1994—2004年明显快于1970—1994年，也快于2004—2014年。美国多要素生产率的快速提升是在1920—1970年实现的，是19世纪后期第二次工业革命很多伟大发明得到实施和推广的结果。1994—2004年多要素生产率增长的短暂恢复反映了与计算机和数字化相关的第三次工业革命的贡献。从两次工业革命来看，第二次工业革命创造的多要素生产率增长浪潮持续了半个世纪，而第三次工业革命带来的多要素生产率复苏时间较短、幅度较小（戈登，2018）。①

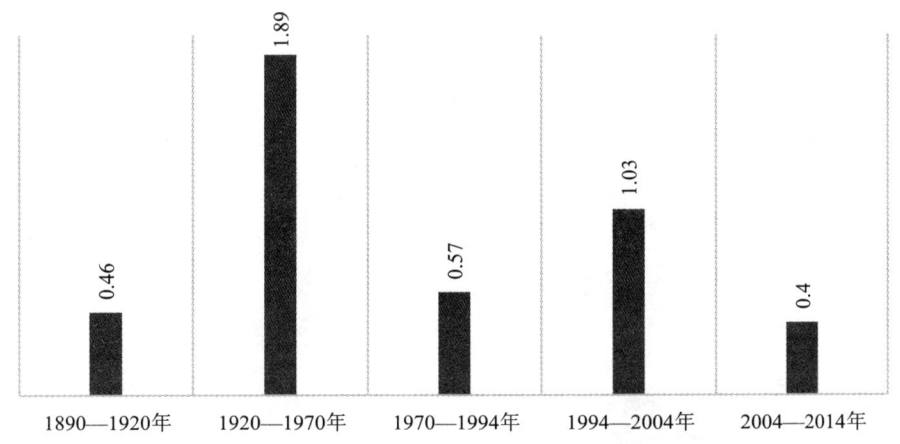

图3-4　美国1890—2014年多要素生产率的年均增长率（%）

资料来源：戈登，2018。

三是国际货币基金组织的研究。IMF更侧重于对美国多要素生产率增长源泉的分析，既包括全国层面的要素解构，也包括延伸到各州的实证考察。从全国层面来看，多要素生产率增速的下行既受技术要素影响，也受劳动力和资本组合效率的干扰。影响该组合效率的因素包括企业创新能力，鼓励竞争性创新的制度、监管和法律环境，行政负担的消除，现代化高效基础设施的供给，以及便利的资金支持。而从技术要素来看（如图3-5所示），美国技术变革相对稳定，技术效率却自2000年以来落后于技术变革进程，从而导致了多要素生产率的下行。

具体到各州层面，图3-6对比了1996—2004年和2005—2010年两个时间段各州的多要素生产率变化情况。在2005—2010年这一时段，各州的多要素生产率增速全线下跌，最高降幅是新墨西哥州（New Mexico，缩写为NM），下降幅度达4.3%；其次是南达科他州（South Dakota，缩写为SD），为3.21%。降幅最低的是内布拉斯加州（Nebraska，缩写为NE），仅为0.01%。另外，还有10个州的降幅控制在1%以内。

---

①　[美]罗伯特·戈登，张林山等译：《美国增长的起落》，中信集团出版社2018年版，第550—551页。

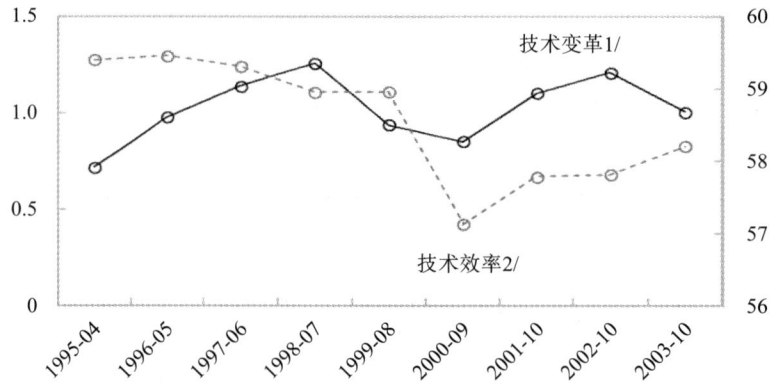

图 3-5 美国多要素生产率增长的源泉

资料来源：国际货币基金组织，2011。

注：1/指增速；2/指平均实际产出占生产前沿的百分比。

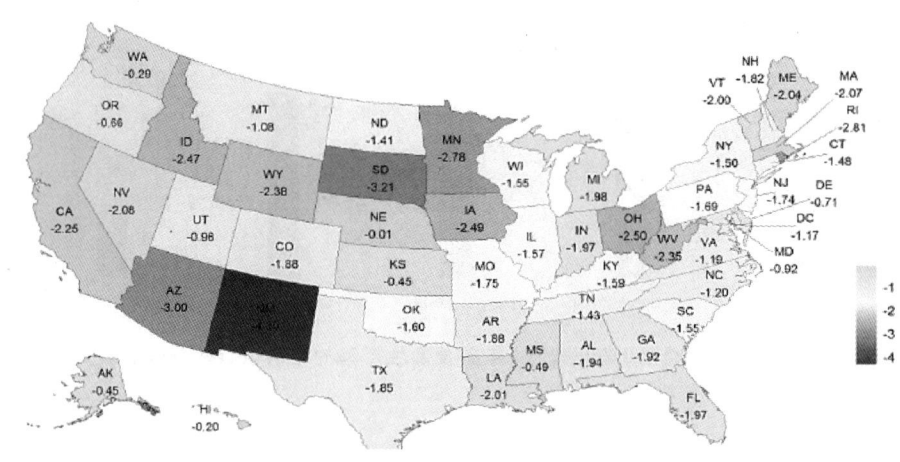

图 3-6 美国各州多要素生产率的变动

资料来源：国际货币基金组织，2011。

IMF 的研究成果表明，信息技术生产和使用排名靠前的州，其多要素生产率下降相对不明显；各州多要素生产率的滑落更多归因于生产要素组合效率的下降而不是技术进步的减少。

四是国会预算办公室的研究。美国国会预算办公室对不同时段的多要素生产率进行了解构，并分析了增长的主要驱动力以及对生命质量的影响，具体见表 3-3。从该项研究中可以看出，多要素生产率的提升与新产品、新工具的发明和技术进步密切相关，新技术不仅降低了提炼或生产原材料和能源的成本，而且降低了这些投入转化为最终产品的成本。1870—2010 年，美国多要素生产率的年均增速大约在 1.6%—1.8%，1930—1940 年达到峰值 3% 左右。20 世纪 70 年代急剧回落到 1% 以下，20 世纪 90 年代和 21 世纪初，多要素生产率处于平缓恢复阶段，年均增速在 1% 左右徘徊。

表 3-3　　1870—2010 年的美国多要素生产率增速和生命质量

时间段	多要素生产率 （年均增速）	主要增长来源	实际寿命变化 （每 10 年）
1870—1890 年	约 1.5%—2%	交通、通信、贸易、企业组织	1.3
1900—1920 年	约 1%		3.2
1920—1930 年	约 2%	电力、内燃发动机、化工、电信	5.6
1930—1940 年	约 3%		3.2
1940—1950 年	约 2.5%		5.3
1950—1973 年	约 2%	普遍的	1.4
1973—1990 年	小于 1%		2.4
1990—2000 年	大于 1%	信息技术	1.7
2000—2010 年	约 1.5%		1.4
1870—2010 年	约 1.6%—1.8%		2.3
1950—2010 年	约 1.2%—1.5%		1.8

资料来源：Field，2012；Gordon，2010；Carter 等．2006。

五是美国劳工统计局的研究。美国劳工统计局测度了 1987 年以来美国不同部门和不同行业的多要素生产率，其中制造业还细分到 18 个 NAICS 三位数编码的子行业和 86 个 NAICS 四位数编码的子行业。BLS 所构建的庞大 MFP 数据库为观察和跟踪美国经济提供了便利而可靠的支持，比如判断美国生产率增长趋势及其影响因素。图 3-7 显示美国不同时段的生产率增速，1948—1973 年达到 3.3%，2004—2015 年仅为 1.2%，其中对应的 MFP 增速分别为 2.1% 和 0.5%，资本深化增速分别为 1.0% 和 0.5%，可见造成美国生产率增速趋缓的主要原因在于多要素生产率和资本深化的增速同步下降。

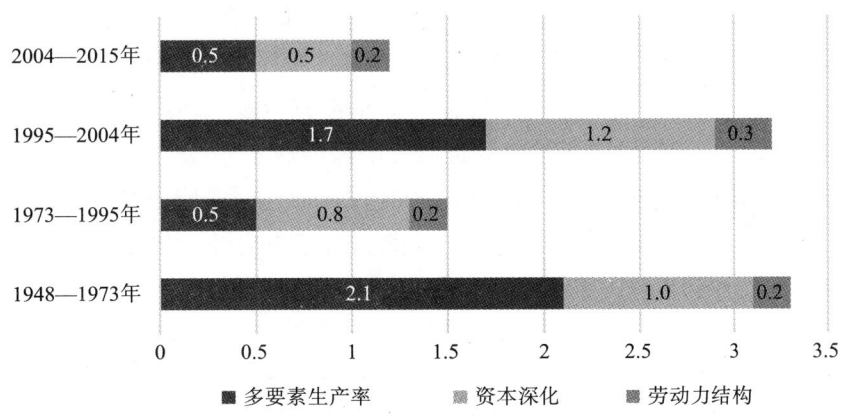

图 3-7　美国不同时段的生产率及其影响因素

资料来源：美国劳工统计局，2018。

再如，通过 BLS 数据比较各子行业的 MFP 情况（如图 3-8 所示）。在私人商业部门的细分行业中,长达近 30 年的考察期内建筑业 MFP 增速为 -0.6%,在所有细分行业中处于末位,其次是服务业[①]的 -0.2%。年均增速最高的行业依次为采矿业 1.4%,农林渔业和批发业 1.3%,零售业 1.2%。不同时段细分行业的多要素生产率比较有助于观察产业结构对经济可持续增长的贡献,也有助于产业政策及其他相关政策的制定。

行业	1987—1995年	1995—2004年	2004—2014年	1987—2014年
农林渔业	-0.1	3.3	5.0	1.3
采矿业	1.8	-0.4	2.7	1.4
制造业	0.8	2.0	0.0	0.9
公用事业	2.4	-0.4	0.3	0.7
建筑业	0.1	-0.5	-1.1	-0.6
批发业	1.3	2.8	-0.1	1.3
零售业	1.7	2.3	-0.2	1.2
交通运输业	1.0	1.4	0.3	0.9
信息技术业	0.3	1.0	1.5	1.0
金融、保险与房地产业	-0.3	0.1	0.9	0.3
服务业	-0.8	0.3	0.0	-0.2
私人商业部门	0.6	1.7	0.5	1.0

图 3-8 美国不同行业多要素生产率的年均增速

资料来源:美国劳工统计局,2018。

二、不同部门的多要素生产率

对美国经济中不同部门的考察包括了商业部门、私人商业部门和私人非农商业部门。商业部门(含政府部门)多要素生产率年度增速波动相当大,最高曾在 1950 年达到 7.15%,最低在 1974 年为 -3.71%,具体如图 3-9 所示。商业部门多要素生产率的变化呈现出以下特征:一是与经济周期较为同步,每次经济衰退都伴随着 MFP 增速的大幅降低,如 1982 年的 -2.77%,2008 年的 -2.19%。二是 2010 年以来呈现明显下降趋势,除了 2012 年达到 1.17% 之外,其余年份都在 1% 以下,2016 年甚至为 -0.74%;排除劳动力和资本要素之后,剩余由技术进步推动的 MFP 也在 1% 以下。这说明,2008 年国际金融危机对美国商业部门造成的冲击不仅巨大而且影响深远。

费纳尔德和格斯坦(Fernald 和 Gerstein,2019)将商业部门 MFP 进一步分解为设备及耐用品类和非设备类,具体如图 3-10 所示。除少数年份之外,如 2015 年(设备及耐用消费品类 MFP 较之上年下降,非设备类较之上年上升),两者的多要素生产率增速呈现同升同降趋势。再从两者对商业部门 MFP 增速的贡献来看,设备及耐用品类除 4 年是负贡献之外,其余 66 年均保持正贡献,且贡献度一般维持在 60% 以上。非设备类则有 23 年是负贡献,占整个时间序列的 1/3 强。这说明了设备及耐用品是商业部门多要素生产率增长的主要动力。

---

① 服务业的具体构成如表 3-9 所示。

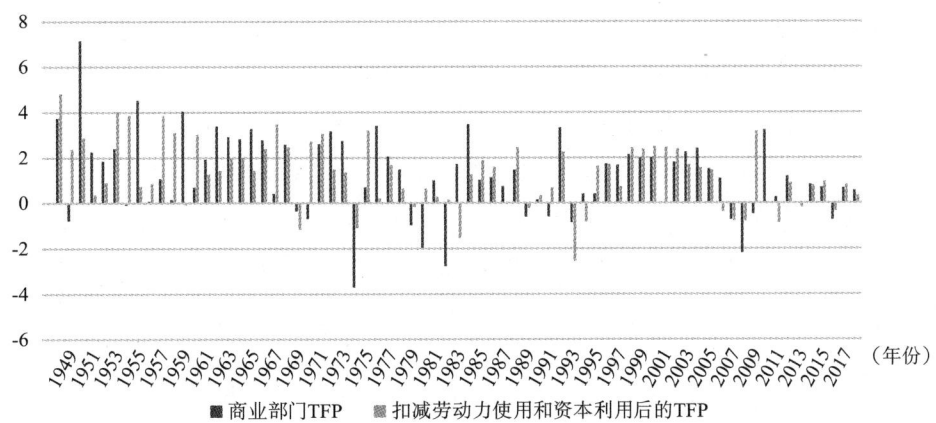

图 3-9　1949 年以来美国商业部门多要素生产率的变化

资料来源：Fernald 和 Gerstein，2019。①

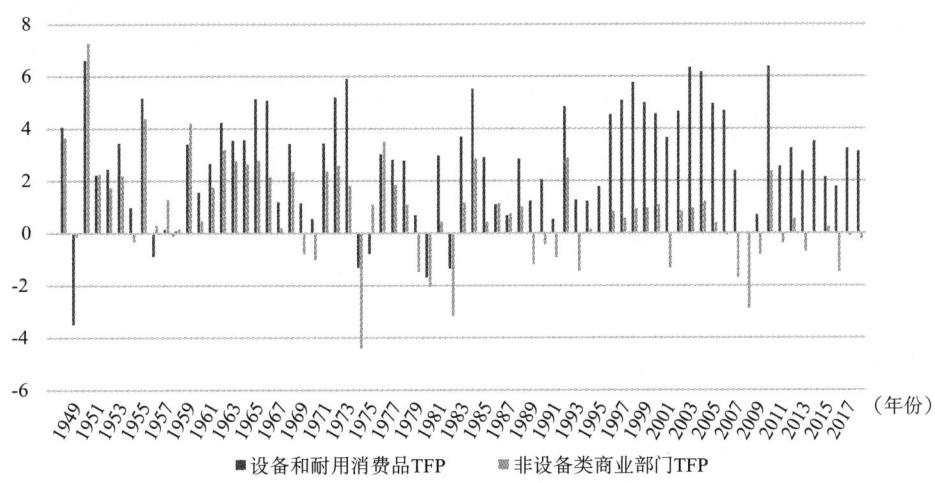

图 3-10　1949 年以来美国商业部门 MFP 的构成

资料来源：Fernald 和 Gerstein，2019。

作为全球最为发达的市场经济国家，最受关注的是其私人经济尤其是私人非农商业部门的多要素生产率情况。表 3-4 显示了 1987 年以来美国私人商业部门和私人非农商业部门 MFP 的年均增速情况，表中数据与其他学者的研究成果呈现了一致性。1987—2018 年的 31 年间美国私人商业部门 MFP 的年均增速为 0.9%，但具体到各个时段则存在较大差异。其中 1995—2000 年增速最高，达 1.6%；2000—2007 年的增速次之，达到 1.4%；其他时段均在 1% 以下，甚至不及 1995—2007 年的一半左右。从投入要素来看，资本投入与多要素生产率之间存在明显的正相关性，资本服务的产出越高，资本密度越集中，多要素

---

① J. G. Fernald. 2019. A Quarterly, Utilization - Adjusted Series on Total Factor Productivity. *FRBSF Working Paper*; J. G. Fernald & N. Gerstein. Utilization - adjusted Quarterly - MFP Series for the U. S. Business Sector. Quarterly MFP, produced on June 07, 2019.

生产率就越高。而劳动力产出与多要素生产率之间并不存在正向关系，如 2000—2007 年劳动力产出增速处于历史最低位的 0.4%，但多要素生产率仍处于高位。私人商业部门的数据也显示了同样的研究结论。

表 3-4　　　　1987—2018 年美国私人商业部门多要素生产率的年均增速

时间段 生产率及产出	1987—2018年	1987—1990年	1990—1995年	1995—2000年	2000—2007年	2007—2018年	2016—2017年	2017—2018年
私人非农商业部门①								
生产率								
多要素生产率②	0.8	0.4	0.6	1.4	1.4	0.4	0.4	1.0
劳动生产率③	2.0	1.5	1.7	2.9	2.8	1.3	1.1	1.3
单位资本产出	-0.6	-0.6	-0.5	-0.8	-0.6	-0.5	-0.2	0.6
产出	2.9	3.2	2.9	5.1	2.9	1.9	2.7	3.5
联合产出④	2.1	2.8	2.4	3.7	1.4	1.5	2.3	2.6
劳动力投入⑤	1.4	2.3	1.8	2.5	0.4	0.9	1.9	2.4
时长	0.9	1.7	1.2	2.2	0.1	0.5	1.6	2.2
劳动力结构⑥	0.4	0.5	0.6	0.4	0.4	0.4	0.3	0.2
资本服务	3.5	3.8	3.5	6.0	3.5	2.3	2.9	2.9
解析比率								
资本密度⑦	2.6	2.1	2.3	3.7	3.4	1.8	1.3	0.7
私人商业部门①								
生产率								
多要素生产率②	0.9	0.5	0.5	1.6	1.4	0.4	0.4	1.0
劳动生产率③	2.0	1.6	1.6	3.0	2.8	1.3	1.1	1.4
单位资本产出	-0.5	-0.5	-0.4	-0.6	-0.5	-0.4	-0.2	0.7
产出	2.9	3.2	2.9	5.1	2.9	1.9	2.6	3.5
联合产出④	2.0	2.7	2.4	3.5	1.4	1.4	2.2	2.5
劳动力投入⑤	1.3	2.1	1.9	2.4	0.4	0.9	1.8	2.3
时长	0.9	1.6	1.3	2.0	0.0	0.6	1.5	2.1
劳动力结构⑥	0.4	0.5	0.6	0.4	0.4	0.4	0.3	0.2
资本服务	3.4	3.8	3.3	5.8	3.4	2.3	2.9	2.8
解析比率								
资本密度⑦	2.5	2.1	2.1	3.7	3.4	1.7	1.3	0.7

注：①不包括政府部门；
　　②劳动投入和资本服务的单位产出；
　　③每工时产出；
　　④各项投入增长率根据其以现价美元计的成本份额来衡量；
　　⑤按年龄、教育程度和性别分组的工作时间根据各组工资中位数的比重进行加权；
　　⑥劳动力投入与小时的比例；
　　⑦每小时资本服务。
资料来源：美国劳工统计局，2019。

图 3-11 显示了美国私人非农商业部门的 MFP 趋势,其中纵轴代表年均增速,长虚线代表多要素生产率,短虚线代表资本服务人均产出,实线代表劳动生产率。长达 30 年的曲线图显示,美国私人非农商业部门 MFP 呈现波浪形特征,高峰和低谷明显,上一个顶点到下一个顶点的时间约 7—10 年,上一个波谷到下一个波谷的时间也大约 7—10 年。2018 年,私人非农商业部门 MFP 较之 2017 年提高了 1%,产出年度增速为 3.5%,资本和劳动投入年度增速为 2.6%。

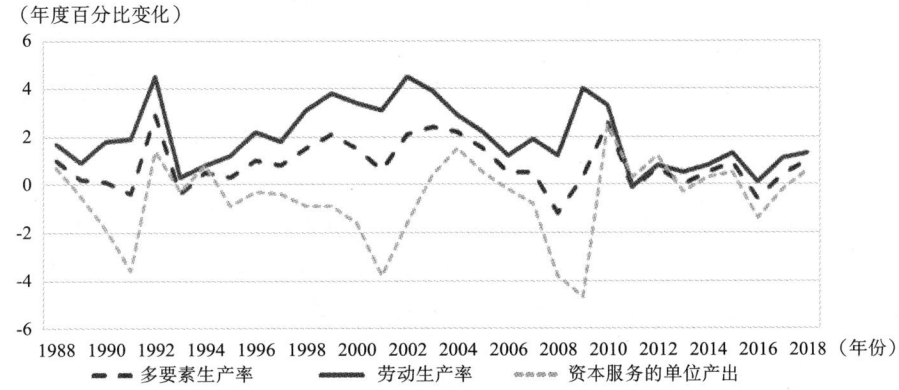

图 3-11　美国私人非农商业部门的多要素生产率和劳动生产率

资料来源:美国劳工统计局,2019。

再看各投入要素对私人非农商业部门 MFP 的贡献,具体见图 3-12。在不同时段劳动力结构贡献呈现相对稳定状态,年均增速的波幅在 0.2%—0.4%。而资本集中度贡献波幅相对明显,年均增速在 1995—2000 年这一时段达到 1.2%,在 2000—2007 年这一时段达到 1.1%,其他时段均为 0.7%。同前述表 3-4 的分析结论一致,美国私人非农商业部门 MFP 更多受资本要素的影响,劳动力要素随着新产业革命的推进作用日渐消退。

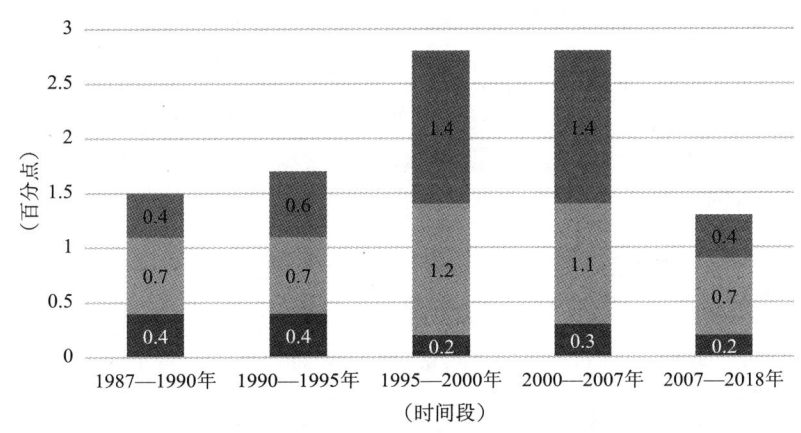

图 3-12　1987—2018 年美国私人非农部门的多要素生产率及要素贡献度

资料来源:美国劳工统计局,2019。

三、不同行业的多要素生产率

从美国产业结构来看,服务业占据相当重要的地位。但因制造业的投入和产出数量比高端服务业,如医疗更容易度量,研究者们因此倾向于聚焦商品生产和制造业来寻找美国多要素生产率增长的动力。

(一) 制造业的多要素生产率

制造业对全美多要素生产率的提高发挥了至关重要的作用(Shackleton, 2013)。[①] 比如 20 世纪 20 年代,制造业成为 MFP 增长的主动力,占据了私人非农经济残值增长率的 84%(Kendrick, 1961;[②] Field, 2006a[③]);又如,二战期间,制造业雇用了近 1/3 的劳动力和超过 1/3 的名义产出;这些都表明制造业曾是美国经济高质量发展的重要源泉。

对二战之后美国"黄金时代"(1948—1973 年)制造业 MFP 的测度,最具代表性且被广为引用来自肯德瑞克和格罗斯曼(Kendrick 和 Grossman, 1980)的研究。[④] 他们的研究数据表明,1948—1973 年,美国制造业 MFP 增速为 2.30%。若以 1966 年再做截断,1948—1966 年增速达到 2.43%,而 1966—1973 年增速下降到 1.89%,不同时段的 TFP 明显差距较大(如表 3-5 所示)。

表 3-5　　　　　1948—1973 年美国制造业的多要素生产率年均增速

1948—1973 年	1948—1966 年	1966—1973 年
2.30%	2.43%	1.89%

资料来源:Kendrick 和 Grossman, 1980。

20 世纪 80 年代以来的多要素生产率当以美国劳工统计局的研究最具权威性。1987—2017 年,制造业 MFP 年均增长 0.6%,整体上显著低于二战以来至 20 世纪 70 年代的水平。同期,部门产出年均增长 1.6%,高于综合投入年均增长 0.9%;劳动生产率年均增长 2.7%,资本服务单位产出年均增长 -0.7%。若将 30 年的考察期再划分为若干时段,不难发现最近的 2007—2017 年这一时段,制造业 MFP 以年均 0.7% 的速度下降,而 2000—2007 年时段年均增速达到了 1.8%。同期,部门产出也以年均 0.4% 的速度下降,综合投入却以年均 0.3% 的速度上升,这表明制造业投入持续增加,产出却持续下降,行业效率损失持续加剧(如表 3-6 所示)。

[①] Robert Shackleton. 2013. Total Factor Productivity Growth in Historical Perspective. *Working Paper Series 2013 - 01*, Congressional Budget Office. Washington, D. C., 1 - 19.

[②] J. Kendrick. 1961. *Productivity Trends in the United States*. Princeton: Princeton University Press.

[③] A. J. Field. 2006. Technological Change and U. S. Economic Growth in the Interwar Years. *Journal of Economic History*. 66: 203 - 236.

[④] J. W. Kendrick, E. S. Grossman. 1980. *Productivity in the United States: Trends and Cycles*. Baltimore: John Hopkins University Press.

表 3-6　　　　　　　1987—2017 年美国制造业的多要素生产率年均增速

时段	1987—2017 年	1987—1990 年	1990—1995 年	1995—2000 年	2000—2007 年	2007—2017 年	2016—2017 年
生产率	0.6	0.2	0.9	1.8	1.8	-0.7	-1.4
多要素生产率	2.7	1.7	3.3	4.6	4.3	0.5	-0.4
劳动生产率	-0.7	-0.8	0.6	0.3	-0.4	-2.1	-1.0
资本服务单位产出							
部门产出	1.6	1.8	3.2	4.5	1.1	-0.4	0.4
投入							
综合投入	0.9	1.6	2.2	2.6	-0.6	0.3	1.9
劳动力投入	-0.5	0.5	0.6	0.4	-2.4	-0.5	1.1
工时	-1.1	0.1	-0.1	-0.1	-3.1	-0.9	0.8
劳动力结构	0.6	0.4	0.7	0.5	0.7	0.4	0.3
资本服务	2.3	2.7	2.6	4.2	1.5	1.8	1.5
能源	-1.1	2.0	1.6	10.0	-5.6	-5.2	-15.3
原材料	1.5	0.5	3.3	3.8	0.2	0.6	1.1
外购营业服务	1.0	5.4	3.1	1.3	-0.5	-0.3	8.5

资料来源：BLS, News Release, April 23, 2019。

再观察美国制造业 MFP 的年度增速。20 世纪 80 年代以来，多要素生产率的最高年度增速出现在 2003 年，高达 5.2%，最低增速出现在国际金融危机后的 2009 年，低至 -3.7%，具体如图 3-13 所示。金融危机前的 20 年，美国制造业 MFP 的年均增速实现了 1.3%，危机后的 10 年，制造业 MFP 的年均增速下降为 -0.7%，由此不难发现金融危机对实体经济的深刻影响。一般而言，金融体系对实体经济的促进作用可以通过多条渠道进行，一是通过自身高效运转改善实体经济的投融资效率；二是有效通过提高技术水平影响产业结构，进而刺激实体经济。但以美国次贷危机为诱因的国际金融危机爆发，揭示出金融体系的过度膨胀已经大量占用了生产性部门的资源，内部交易链条的拉长也削弱了金融部门的资金配置效率（夏璋煦、刘渝琳，2019），① 金融过度发展某种程度上成为实体经济增长的"诅咒"，② 金融危机后金融部门与实体经济的联系已经被隔断，制造业作为实体经济的代表首当其冲地受到了深刻且深远的影响。

若再结合美国商业周期来观察，经济衰退期的制造业 MFP 增速明显偏低或者为负，这或许因为在经济衰退期的技术变革、效率提升、规模回报、资源再分配等要素均受到抑制，从而导致多要素生产率增速下降。但令人困惑的是，自 2010 年以来，美国经济步入了长期经济扩张的轨道，制造业 MFP 增速继续呈现低增长或负增长的状态。或者说，在

---

① 夏璋煦、刘渝琳："'赐福'还是'诅咒'：金融与实体经济的非线性发展"，《财经科学》2019 年第 6 期。
② Shaxson 和 Christensen（2013）在总结金融发展与经济增长关系的基础上，创新性地提出了"金融诅咒"（financial curse）一词，认为同资源丰裕的经济体受到"资源诅咒"出现经济增长停滞或负增长一样，金融发展过度的经济体也可能遭受类似的"诅咒"风险。

1988—2010 年的每个非经济衰退年份，制造业 MFP 增速都保持了正值，但此后无论经济如何增长，直至 2017 年，该增速始终为负。该情形表明即使经济在扩张，但主导制造业 MFP 增速高低的技术创新、资源配置、资本投入等要素并没有得到显著改善。

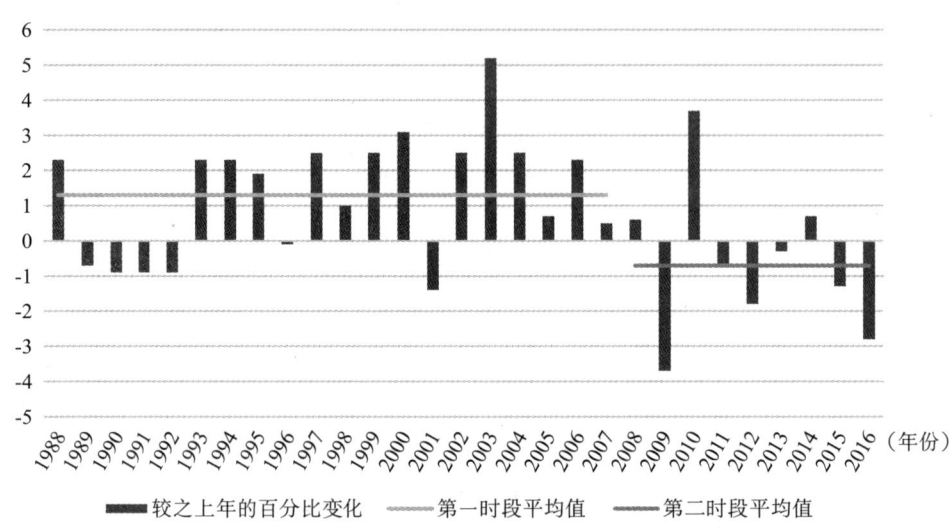

图 3-13　20 世纪 80 年代以来美国制造业 MFP 的年度增速

资料来源：美国劳工统计局，2018。

具体到各子行业的多要素生产率年均增速（如附表 3-1 所示）来看，1987—2016 年，按照 NAICS 的行业分类，制造业 86 个子行业中有 53 个行业取得了多要素生产率的正增长，其中 2 个子行业（计算机和辅助设备、半导体和电子元件）年均增速达到 5.1% 以上，2 个子行业（通信设备、音视频设备）年均增速在 2.1%—3.0%，5 个子行业（磁性介质制造和再造、家用电器、钢铁和钛合金制品、玻璃和玻璃制品、其他交通设备）年均增速在 1.1%—2.0%，44 个子行业年均增速在 0.1%—1.0%。33 个子行业的多要素生产率年均增速为负值，其中 20 个子行业年均增速在 -0.9%—0，3 个子行业在 -1.9%—-1.0%，1 个子行业在 -2.9%—-2.0%（如图 3-14 所示）。获得多要素生产率正增长的子行业一般产出年均增速也为正，工作时长等投入类要素年均增速却为负。以年均增速最高达到 12.1% 的"计算机和辅助设备"子行业为例，其产出的年均增速达到 11.4%，综合投入年均增速为 -0.6%，工作时长年均增速为 -3.2%，资本投入年均增速为 0.6%，中间品采购年均增速为 -0.5%，这一组数据表明该子行业的综合投入持续下降，但产出却以高于投入多倍的速率再上升，从而实现多要素生产率的高速增长。而在投入中，人力资本和中间品投入均呈下降趋势，但资本投入在上升，这表明计算机和辅助设备子行业在资本密集型道路上越走越远，对人力和中间品的依赖也越来越少。这样的数据组合一方面验证了科技是实体经济的支撑，计算机行业的技术变革和资源配置较之其他子行业更有创新也更加持久；另一方面也验证了金融是实体经济发展的血脉，血脉通，实体经济增长才有力。反观"药剂和药物"子行业，其多要素生产率年均增速为 -2.3%，产出年均增速为1.5%，综合投入年均增速为3.8%，工作时长年均增速为1.6%，资本投入年均增速为3.6%，中间品采购年均增速为4.8%，这一组数据说明该子行业的综合投入以比产出高出2倍多的速度在增长，整个行业的技术变革有待推进，技术效率有待提高。

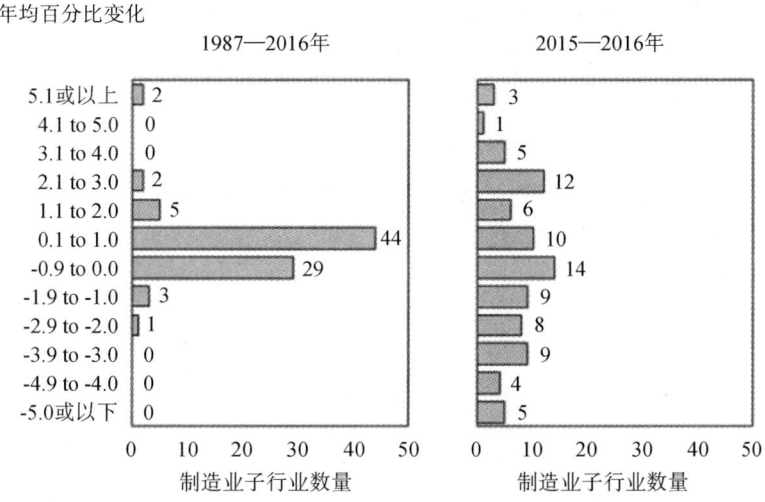

图3-14　1987—2016年制造业MFP的年均增速分布情况

资料来源：美国劳工统计局，2018。

再看1986—2016年制造业子行业的年度增速。图3-15显示了取得多要素生产率年度正增长的子行业数量变化曲线，阴影部分代表经济衰退。2003年和2010年，分别有70个子行业和65个子行业的多要素生产率年度增速为正。对应到美国的商业周期来看，这两个年份均是经历一轮经济衰退后的复苏期。数量最少的年份在1991年、2001年和2009年，这3年美国经济正处于衰退期。唯一的例外是2015年，虽然美国仍处于新一轮的经济扩张期，但MFP年度增速为负的子行业达到了20个。该结论与图3-13的结果呈相似性，2010年以前，美国制造业MFP年度增速与经济增长之间存在一定程度的相关性，但2010年之后两者基本脱钩，无法以经济的衰退或扩张来判断制造业MFP的增长情况。

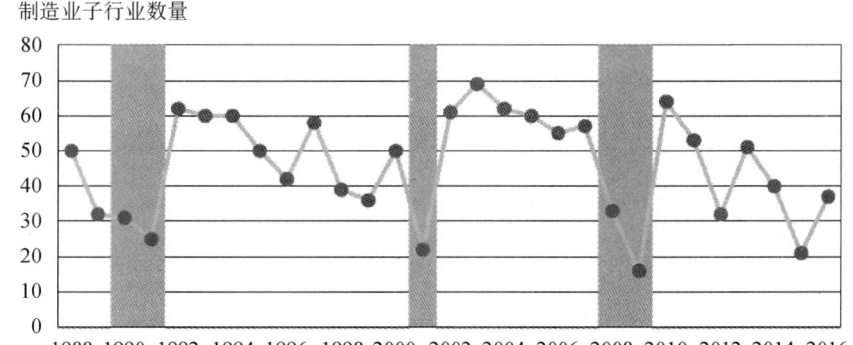

图3-15　1988—2016年取得MFP正增长的制造业子行业数量

资料来源：美国劳工统计局，2018。

再从影响制造业 MFP 增速的各个子行业来看,差异明显,具体见表 3-7。1992—2004 年,半导体和其他电子产品、计算机及其附属设备虽然占制造业产品的份额较低,但贡献了绝大多数的制造业 MFP 增速,或者说这两个子行业在制造业相对强劲多要素生产率表现中历来发挥着巨大作用。尽管后续它们的贡献依然为正,这两个行业的大幅度减速是导致后续整个制造业 MFP 下降的根源。而机动车及其零部件,石油和煤炭制品,通信设备,制药和药品,农业、建筑业和采矿机械等子行业在 2004—2016 年的 MFP 年均增速均呈显著下降趋势,整个制造业 MFP 增速下降也就不足为奇。制造业各子行业 MFP 增速的集体降速,在瓦尔德曼(Waldman,2016)看来,[①] 是因为各行业之间的生产率具有很强的关联性,即由于供应链链接、创新溢出、集群效应和贸易渠道,生产率的决定要素在制造业内部不是相互独立的。当某个子行业的变化促进了生产率,这些变化也会影响其他子行业的生产率表现,反之亦然。

表 3-7　　　　20 世纪 90 年代以来各子行业对制造业 MFP 的贡献度

行业	1992—2004 年			2004—2016 年		
	MFP 年度增速(年均)	占制造业产品份额(年均)	对制造业 MFP 的贡献	MFP 年度增速(年均)	占制造业产品份额(年均)	对制造业 MFP 的贡献
半导体和其他电子产品	17.8	4.3	0.71	1.3	2.6	0.06
计算机及其附属设备	20.2	2.9	0.55	6.1	1.1	0.10
机动车及其零部件	1.9	6.5	0.12	0.3	5.1	0.02
石油和煤炭产品	1.6	6.8	0.10	-1.9	15.8	-0.29
通信设备	3.5	2.5	0.08	0.7	1.2	0.01
制药和药品	-1.3	3.4	-0.04	-3.2	4.4	-0.14
农业、建筑和采矿机械	0.8	1.8	0.01	-1.5	2.3	-0.03

资料来源:美国劳工统计局,2018。

最后,再结合投入要素分析美国制造业 MFP 的增长。1988—2017 年美国制造业 MFP 的年均增速为 0.6%,其中耐用品制造业 MFP 的年均增速为 1.3%,非耐用品为 -0.1%(如表 3-8 所示)。可见制造业 MFP 的增长主要得益于耐用品制造业的贡献。从投入要素贡献来看,全行业资本服务的年均增速为 2.3%,其中耐用品为 2.1%,非耐用品为 2.5%;全行业材料投入的年均增速为 1.5%,其中耐用品为 1.6%,非耐用品为 0.8%;全行业采购业务的年度增速为 1.0%,其中耐用品为 0.8%,非耐用品味 1.3%。而劳动力投入、能源投入均为负增长。可见资本和材料投入,以及购买的商业服务是促使制造业

[①] C. Waldman. 2016. *Productivity Dynamics in U. S. Manufacturing:An Industry - Based Analysis*. The MAPI Foundation. March 2016, pp1 - 22.

MFP保持正增长的重要源泉。具体到不同的时段来看,1995—2000年和2000—2007年这两个时段的制造业MFP呈现了最高年均增速,即1.8%。不过两个时段投入要素的年均增速差异非常明显,1995—2000年这一时段的劳动生产率、联合产出、投入要素增速都处于历史最高位。

表3-8 1987—2017年美国制造业多要素生产率和投入要素年均增速

	1987—2017年	1987—1990年	1990—1995年	1995—2000年	2000—2007年	2007—2017年	2016—2017年
制造业							
多要素生产率	0.6	0.2	0.9	1.8	1.8	-0.7	-1.4
劳动生产率	2.7	1.7	3.3	4.6	4.3	0.5	-0.4
部门产出	1.6	1.8	3.2	4.5	1.1	-0.4	0.4
产出①	0.9	1.6	2.2	2.6	-0.6	0.3	0.9
资本服务	2.3	2.7	2.6	4.2	1.5	1.8	1.5
劳动力投入②	-0.5	0.5	0.6	0.4	-2.4	-0.5	1.1
能源	-1.1	2.0	1.6	10.0	-5.6	-5.2	-15.3
材料	1.5	0.5	3.3	3.8	0.6	0.6	1.1
购买的商业服务	1.0	5.4	3.1	1.3	-0.5	-0.3	8.5
耐用品制造业							
多要素生产率	1.3	0.7	1.2	3.0	2.5	-0.2	-3.2
劳动生产率	3.1	2.0	4.4	6.0	4.5	0.4	-0.1
部门产出	2.1	1.9	4.2	6.7	1.3	-0.6	0.3
联合产出①	0.8	1.1	3.0	3.7	-1.2	-0.4	3.7
资本服务	2.1	2.5	2.2	5.3	1.1	1.2	0.9
劳动力投入②	-0.5	0.3	0.5	1.2	-2.4	-0.7	0.7
能源	-2.1	1.3	0.8	10.3	-5.7	-7.7	-13.8
材料	1.6	1.1	6.1	5.3	-1.2	-0.2	6.2
购买的商业服务	0.8	1.8	3.7	2.7	0.0	-1.4	11.1
非耐用品制造业							
多要素生产率	-0.1	-0.4	0.4	0.0	0.7	-1.0	0.5
劳动生产率	1.9	1.2	1.9	2.9	3.7	0.4	-1.6
部门产出	0.7	1.6	1.9	1.4	0.6	-0.3	0.0
联合产出①	0.9	2.1	1.5	1.4	-0.1	0.7	-0.5
资本服务	2.5	2.8	3.0	3.1	1.8	2.2	2.0
劳动力投入②	-0.6	0.9	0.8	-0.9	-2.4	-0.2	1.9

续表

	1987—2017年	1987—1990年	1990—1995年	1995—2000年	2000—2007年	2007—2017年	2016—2017年
能源	-0.4	2.6	2.2	9.9	-5.4	-3.9	-16.0
材料	0.8	0.6	0.8	1.6	0.8	0.5	-3.4
购买的商业服务	1.3	10.0	2.5	-0.4	-1.2	1.0	5.9

资料来源：美国劳工统计局，2018。

①联合产出是根据各项投入（资本服务、劳动力、能源、原材料、购买的商业服务）在按现价计算的成本总额中所占比例加权计算。

②劳动力投入是根据年龄、教育程度、性别等群体在工资总额中所占比重加权计算。

30年的统计数据体现了美国制造业MFP变化的大致特征：一是整个制造业MFP以年均0.6%的增速增长，部门产出增速达到1.6%，劳动生产率增速达到2.7%。二是耐用品制造业MFP年均增速达到1.3%，非耐用品制造业MFP为-0.1%，表明耐用品制造业对于整个制造业MFP的稳定增长起着至关重要的作用。三是86个子行业中超半数的子行业均获得了MFP的长期增长，从而贡献于美国产业结构的稳定发展和经济的长期增长。

金融危机后美国制造业MFP表现不及预期，甚至与经济增长不能同步，其原因是多方面的：一是美国的货币政策对其制造业发展形成长期抑制作用。金融危机以来美联储利用长期宽松的货币政策对冲经济周期的影响，强行调整导致社会经济的过度扩张，一方面低效产能难以出清；另一方面资产泡沫不断膨胀，社会资源大量涌入金融领域，制造业吸纳就业和资本能力明显下降。二是经济指导理论和国家产业政策误区开启了"去工业化"进程（陈洪斌，2019）。①自20世纪60年代开始，美国经济学界就不断强调，美国产业结构应该从第二产业向第三产业过渡，从工业经济向服务经济发展。美国于是大力实施了"去工业化"战略，把大量本国制造业转移到海外，"产业空心化"和经济金融化问题日益严重。

（二）其他行业的多要素生产率

对于二战后其他行业的多要素生产率测度，肯德瑞克和格罗斯曼（Kendrick和Grossman，1980）也展示了他们的研究成果（如表3-9所示）。同制造业一样，通信、公用事业、采矿、交通运输业等在1948—1966年这一时段的TFP增速都高于1966—1973年时段，主要原因在于二战后美国开展了大规模的基础设施和公用事业建设，铁路和航空等交通工具的运力大幅度提升，并且产生大量的外溢效应。唯一的例外是服务业，费尔德（Field，2007）②认为是因为计算机的使用和推广提升了会计、账单等一系列服务行业的工作效率。

---

① 陈洪斌："美国制造业的发展变迁对我国的启示"，《债券》2019年第11期。

② A. J. Field. 2007. The Origins of U. S. Total Factor Productivity Growth in the Golden Age. *Journal of Historical Economics and Econometric History*, 1 (1): 63 - 90.

表 3–9　　1948—1973 年各行业多要素生产率年均增速

行业	1948—1973 年	1948—1966 年	1966—1973 年
通信业	4.13%	4.62%	2.84%
公共事业	3.79%	4.79%	1.24%
交通运输业	2.87%	2.99%	2.08%
不动产	2.74%	3.32%	1.26%
采矿业	2.39%	3.20%	0.32%
贸易	2.33%	2.44%	2.04%
服务业	1.70%	1.50%	2.20%
建筑业	0.91%	2.46%	-3.10%
金融保险业	0	0.40%	-0.88%

资料来源：Kendrick 和 Grossman，1980。

对于 20 世纪 80 年代以来各个产业的多要素生产率，美国劳工统计局制作了制造业和非制造业一览表，该表的目的在于展现私人商业部门所有产业的投入和产出情况。行业划分依据 NAICS 的划分标准，共涵盖了 70 个产业（含 2 位数、3 位数和 4 位数编码产业）。以采矿业（编码 21）为例，又细分为 3 个子产业，即石油和天然气开采（NAICS 编码 211）、除石油和天然气之外的采矿业（NAICS 编码 212）和采矿业的支持活动（NAICS 编码 213）。表 3–10 列示了不同时段各细分产业的多要素生产率年度增速情况，制造业在表 3–6 已列示，本表不再重复。

表 3–10　　不同时段美国代表性行业的多要素生产率年均增速

NAICS 代码	行业名称	1987—2017 年	1987—1990 年	1990—1995 年	1995—2000 年	2000—2007 年	2007—2017 年
11	农林渔业	1.1	0.3	-0.5	4.1	0.7	1.0
111，112	粮食和农作物	1.3	0.9	-0.1	4.2	0.4	1.1
111–115	林业、渔业与相关活动	-0.5	-4.8	-2.5	0.7	1.7	-0.3
21	采矿业	0.9	1.0	2.5	-2.0	1.0	1.5
211	石油和天然气开采	1.1	-1.6	3.2	-6.6	2.6	3.8
212	采矿、除石油和天然气	0.4	4.6	2.3	3.7	-1.9	-1.6
213	采矿的支持活动	0.8	4.2	1.0	7.1	-1.5	-1.7
22	公用事业	0.5	2.1	3.5	-3.0	1.5	-0.4
23	建筑业	-0.8	-0.5	-0.1	-0.9	-1.4	-0.7
42，44–45	贸易	1.2	1.3	1.7	3.3	0.9	0.0
42	批发贸易	1.3	1.2	1.8	3.8	1.2	-0.1
44–45	零售贸易	1.1	1.4	1.7	2.8	0.7	0.1
48–49	交通和仓储业	0.6	0.3	1.6	0.5	1.0	-0.1

续表

NAICS代码	行业名称	1987—2017年	1987—1990年	1990—1995年	1995—2000年	2000—2007年	2007—2017年
481	航空运输	3.0	0.1	2.8	0.3	6.0	3.3
482	铁路运输	1.1	1.7	3.4	1.7	0.8	-0.2
483	水路运输	0.7	2.3	1.6	-1.3	2.4	-0.3
484	卡车运输	0.3	1.1	2.0	0.2	-0.5	-0.3
485	中转和地面乘客运输	-0.1	-0.2	-0.4	2.2	-0.4	-0.9
486	油管运输	1.2	1.1	0.6	2.3	-0.3	2.1
487, 488, 492	其他运输和支持活动	-1.0	-3.0	-1.6	0.2	0.4	-1.6
493	仓储	1.6	0.3	4.6	1.8	1.5	0.4
51	信息业	1.0	0.9	0.5	-1.9	3.3	1.1
511	印刷出版业、网络除外	1.2	0.2	0.9	2.1	1.1	1.3
512	动画和录音	-0.3	-5.0	-0.9	-3.5	2.7	1.1
515, 517	广播和电讯	1.1	3.0	0.7	-2.6	4.2	0.5
518, 519	数据处理、网络印刷等	0.6	-1.5	-0.8	-8.0	6.2	2.8
521, 522	美联储、信贷中介和相关活动	-1.3	-2.3	-2.7	-0.8	-1.4	-0.6
523	证券，商品合约和投资	2.1	-2.1	7.8	5.7	0.3	0.0
524	保险承运和相关业务	0.6	1.0	-0.2	2.5	1.0	-0.2
525	基金、信托和其他金融中介	-0.9	3.5	-4.4	-2.8	1.2	-0.9
52-53	金融、保险和房地产业	-0.1	-1.2	-0.5	0.3	0.0	0.2
531	房地产	0.3	-1.6	0.0	-0.3	0.7	1.0
532, 533	无形资产租赁服务	-2.0	0.5	-3.4	-5.7	-2.2	0.1
5411	法律服务	-0.7	1.8	-2.2	0.2	0.2	-1.6
5412-5414, 5416-5419	其他专业性、科学性和技术性服务	0.1	2.6	-0.3	-0.8	-0.5	0.5
5415	计算系统设计和相关活动	1.6	-0.5	-1.1	0.6	3.0	3.2
54-81	服务业	0.0	0.4	-1.2	0.3	0.1	0.3
55	公司和企业管理	-0.2	-0.3	-2.7	1.4	-0.4	0.5
561	行政和支持服务	0.3	0.0	-1.3	0.2	1.8	0.1
562	废物处理和补救服务	0.2	-0.3	-0.7	0.7	-0.1	0.7
61	教育服务	-0.5	-0.6	0.0	0.2	-1.5	-0.3
621	门诊医疗服务	-0.4	-1.9	-2.2	-0.3	0.1	0.5
622, 623	医院、看护和居民医疗设施	-0.7	-1.6	-1.3	-0.8	-0.2	-0.3
624	社会援助	-0.5	-0.4	-3.7	1.4	0.2	-0.2
711, 712	表演艺术，观众体育，博物馆和相关活动	0.7	0.8	0.5	0.4	0.5	1.1

续表

NAICS 代码	行业名称	1987—2017 年	1987—1990 年	1990—1995 年	1995—2000 年	2000—2007 年	2007—2017 年
713	娱乐、赌博和游乐业	-0.3	3.1	-1.7	0.4	-1.1	-0.2
721	住宿业	0.5	-0.8	2.2	0.3	0.4	0.1
722	餐饮业	0.1	0.4	-0.5	0.9	0.4	-0.3
81	除政府外的其他服务	-0.2	0.1	0.8	1.2	-1.3	-0.8

资料来源：美国劳工统计局，2019。

在 1987—2017 年长达 30 年的考察区间内，从二级编码来看，MFP 年均增速排序依次为：贸易（1.2%）；农林渔业（1.1%）；信息业（1.0%）；采矿业（0.9%）；制造业（0.6%）；交通和仓储业（0.6%）；公共事业（0.5%）；服务业（0）；金融、保险和房地产业（-0.1%）；建筑业（-0.8%）。数据表明，实体经济才是美国多要素生产率增长的根本源泉，而缺乏实体经济支撑的虚拟经济无法做出长期的正贡献。再从三级和四级编码来看，非制造业 MPF 年均增速最高的前三种产业分别为：空中运输（3.0%），证券、商品合约和投资（2.1%），计算机系统设计和相关活动（1.6%）；排名最靠后的三种产业分别为：无形资产租赁服务（-2.0%），美联储、信贷中介和相关活动（-1.3%），其他运输和支持活动（-1.0%）。

在细分的五个时间段内，1995—2000 年和 2000—2007 年是各产业多要素生产率维持高位相对集中的时段，这与前述制造业、私人非农商业部门的情况保持了一致。另外，多要素生产率在考察期间内全部为正值的产业仅有零售贸易、空中运输、仓储、印刷出版（不包括互联网）、表演艺术和观众体育等五个行业，这一方面折射了美国经济以消费为主动力的事实；另一方面也部分反映出实体经济更能维持长期为正的多要素生产率增长。

如果再对年均增速最高的航空运输业进行解构（如图 3-16 所示），将发现该行业 MFP 的年度增速波幅很大，最低年度增速为 1993 年的 -10.3%，最高为 2004 年的 9.5%，相差 198BP。以 2012 年为基准，航空运输业 MPF 指数①基本呈现上升趋势，从 1988 年的 56.56 增长至 2017 年的 130.04，增长近 2.3 倍。当然期间不排除若干年份或时段的下行，如 1992 年指数增长 58.15，但 1993 年跌至 56.56；又如 2010 年指数达到了 103.48，2011 年跌至了 96.33。显然该产业的多要素生产率指数深受经济衰退或金融危机的影响，也进一步证明了宏观经济形势对产业发展的约束。劳动生产率增速与多要素生产率增速保持了一定的同步性，如 1993 年劳动生产率年度增速为考察时段的最低值 -9.4%，2004 年达到最高值 15.7%。

---

① 该指数由美国劳工统计局的生产率与技术办公室构建，以 2012 年为基准年，且设定为 100。

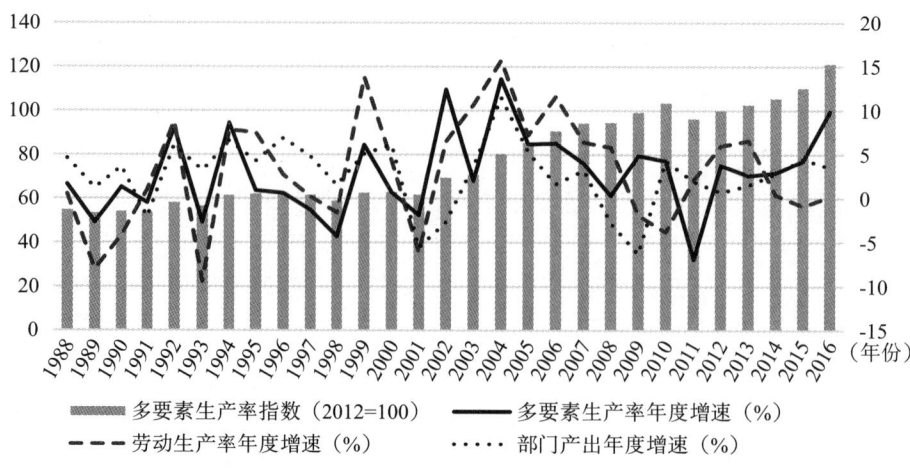

图 3-16　1987—2017 年美国航空运输业的多要素生产率与劳动生产率

资料来源：美国劳工统计局，2019。

再看考察时段年均增速最低的无形资产租赁业，其 MFP 指数呈显著下降趋势，从 1988 年的 196.31 降至 2017 年的 104.43，降幅达到 87%。30 年间，其中 19 年的多要素生产率为负增长，正增长的 11 年间最高增速仅为 4.6%，大幅度低于航空运输业的最高增速 13.6%。劳动生产率的情况恰恰相反，9 年呈现负增长，其余年份均为正增长，最高增速达到 11.8%；部门产出增速仅有 4 年为负增长，最高增速达到 16.6%。

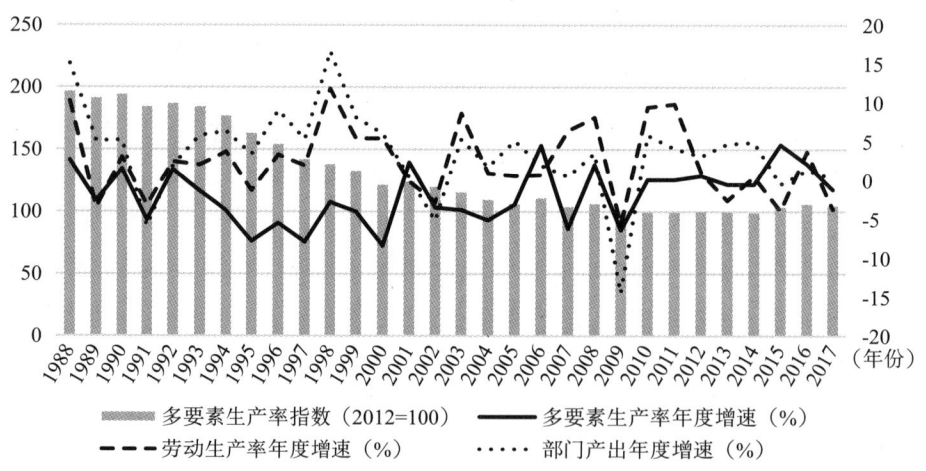

图 3-17　1987—2017 年无形资产租赁业的多要素生产率与劳动生产率

资料来源：美国劳工统计局，2019。

四、美国多要素生产率的国际比较

国际比较研究一般在美国与欧盟或日本之间展开，比较方法有两种：一是将多要素生产率作为相关经济体的增长要素开展时段比较；二是将多要素生产率作为独立研究对象，通过计量方法测度后开展比较研究。当然，学者们采用的度量方法各有差异，但同一方法下对不同经济体的度量结果也能揭示出相关事实和问题。

阿肯等学者（Ark 等，2008）[①] 对美国和欧盟[②]的生产率差距进行了比较研究，考察分别从 1980—1995 年和 1995—2004 年两个时段展开，具体分析了要素投入的增长贡献和 MFP 对劳动生产率的贡献。无论在哪个考察时段，美国的市场经济产出的年均增速均高于欧盟，虽然 1995—2005 年欧盟的产出处于较快增长通道，但仍落后于美国 1.5%。从 MFP 年均增速来看，美国在 1980—1995 年明显落后于欧盟，但 1995—2004 年却大幅超过欧盟，差距达到 1.1%。从多要素生产率对劳动生产率的贡献来看，在美国 MFP 的贡献度逐步提高，直至与资本服务平分秋色；而在欧盟资本服务始终处于领先位置，MFP 的贡献度明显下降。表 3-11 实际揭示了美国与欧盟之间生产率差距逐渐拉大的原因：一是来自知识经济贡献的差距越来越大，从年均 0.3% 上升到 1.5%；二是 MFP 年均增速的差距越来越大，从落后于欧盟 0.4% 到领先于欧盟 1.1%。

表 3-11　　　　　　　不同时段美国与欧盟的生产率比较

	美国		欧盟	
	1980—1995 年	1995—2004 年	1980—1995 年	1995—2004 年
1. 市场经济产出（2）+（3）	3.0	3.7	1.8	2.2
2. 工作时长	1.4	0.6	-0.6	0.7
3. 劳动生产率（4）+（5）+（8）	1.5	3.0	2.4	1.5
贡献来自：				
4. 劳动力结构	0.2	0.3	0.3	0.2
5. 每小时资本服务（6）+（7）	0.8	1.3	1.2	1.0
6. 每小时信息与通信资本	0.5	0.8	0.4	0.5
7. 每小时非信息与通信资本	0.2	0.4	0.8	0.5
8. 多要素生产率	0.5	1.4	0.3	0.3
来自知识经济的贡献（4）+（6）+（8）	1.3	2.6	1.6	1.1

资料来源：EU KLEMS 数据库，Timmer，O'Mahony & van Ark，2007。

李（Lee，2014）[③] 采取 Malmquist 指数法测度了 24 个 OECD（经济合作与发展组织）国家在不同时段的 MFP 增速（如表 3-12 所示）。日本在长达 30 年的考察期间，维持着相对稳定且强势的 MFP 增速，在所有国家中数据最为抢眼。与其他国家相较，美国除了

[①] B. V. Ark, M. O'Mahony, M. P. Timmer. 2008. The Productivity Gap between Europe and the United States: Trends and Causes. *Journal of Economic Perspectives*. 22（1）：25-44.

[②] 因是对市场经济的考察，研究者选择了奥地利、比利时、丹麦、芬兰、法国、德国、意大利、荷兰、西班牙和英国这十个国家。

[③] Jeong Yeon Lee. 2014. Measuring the Growth Rates of Multiple Factor Productivity: Malmquist Index Approach. *Center for International Development of Stanford University. Working Paper No. 498*. pp1-30.

第一时段的 1986—1990 年，其他四个时段的 MFP 增速均大幅高于 24 国的平均值，其中 1996—2000 年时段的 MFP 增速还高于了日本。从美国自身来看，在 1996—2005 年这 10 年间表现尤佳，这一结论与前述戈登等人的研究具有一致性。

表 3-12　　　　　　不同时段多要素生产率年均增速的国际比较

国家	1986—1990 年	1991—1995 年	1996—2000 年	2000—2005 年	2006—2011 年
澳大利亚	0.00796	0.01709	0.02453	0.01651	0.00645
奥地利	0.02757	0.01896	0.01932	0.01458	0.01392
比利时	0.02397	0.02425	0.02089	0.00596	0.00123
加拿大	-0.01346	-0.00617	0.00934	-0.00101	-0.00687
丹麦	-0.00587	0.00985	0.00558	-0.00063	-0.00476
芬兰	0.00572	-0.00161	0.03136	0.01477	0.001
法国	0.02236	0.01959	0.02015	0.01376	0.00691
德国	0.02496	0.02498	0.01798	0.01358	0.01031
希腊	0.02304	0.0036	-0.00005	-0.01163	-0.05685
冰岛	0.00638	-0.01057	0.00786	0.02147	-0.00888
爱尔兰	0.03226	0.03063	0.04913	0.00398	-0.01346
以色列	0.01176	-0.0028	-0.01512	-0.01566	-0.00062
意大利	0.00617	-0.00147	0.00036	-0.00703	-0.00616
日本	0.03654	0.02137	0.02036	0.01859	0.01617
韩国	-0.01275	-0.03465	-0.01591	-0.00408	-0.00197
荷兰	0.0156	0.00877	0.01779	0.01575	0.00622
新西兰	0.00034	0.01549	0.00653	0.00093	-0.02257
挪威	0.01133	0.02998	0.01751	0.01558	-0.01406
葡萄牙	0.04003	-0.01465	-0.00603	-0.02664	-0.01966
西班牙	0.00296	-0.01624	0.0006	-0.0074	0.00493
瑞典	-0.00183	0.00522	0.02657	0.02214	0.00455
瑞士	0.00496	-0.01643	0.01611	0.00776	0.00555
英国	0.00948	0.00706	0.01098	0.01098	-0.01373
美国	0.01098	0.01094	0.02139	0.01618	0.0113
几何平均数	0.012	0.00583	0.0127	0.00569	-0.00349

资料来源：Lee，2014。

技术变革作为多要素生产率的核心要素，代表了潜在生产能力的改进程度，图 3-18 描绘了美国、欧元区和日本这三个经济体的技术变革变化率，其中欧元区涵盖了最早加入欧元区的 11 个国家[①]以保证数据的连续性。三个经济体的趋势线非常相似，说明 1986—

---

① 具体包括奥地利、比利时、芬兰、法国、德国、希腊、爱尔兰、意大利、荷兰、葡萄牙、西班牙。

2011 年期间他们的潜在生产能力经历了同样的变化。尤其是三个经济体在 20 世纪 90 年代同时呈现潜在生产能力的快速改进，除了 1998 年的一次大倒退。但是从 2003 年开始，潜在生产能力明显失速，2006 年进入恶化状态，直至 2011 年增速一直为负。

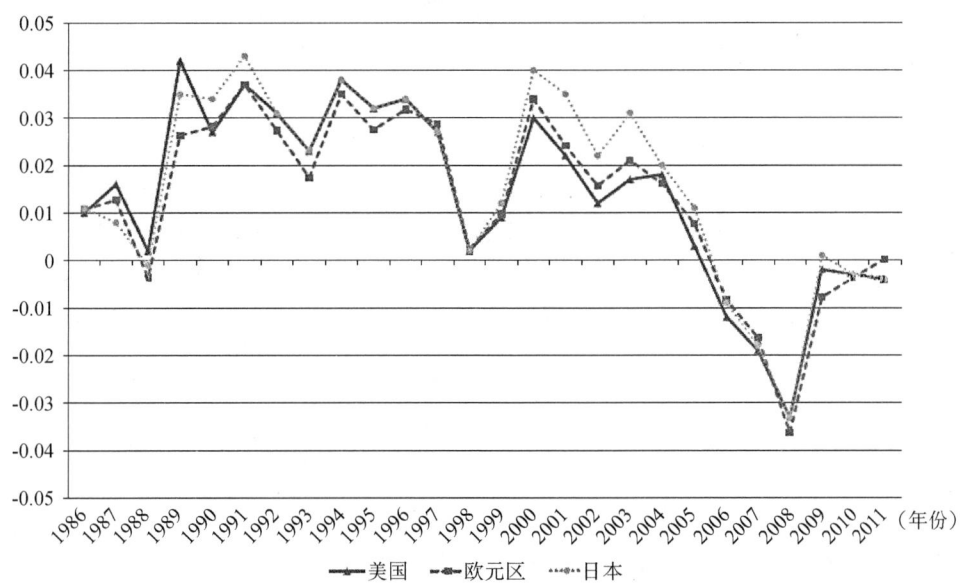

图 3-18　不同国家的技术变革增速比较

资料来源：Lee，2014。

本节我们拟对中美之间的多要素生产率进行比较，数据源于荷兰格罗宁根大学、美国加利福尼亚大学和美国圣路易斯联邦储备银行提供的以不变价格（2011 年指数 =1）测度的年度全要素生产率。在 1956—2017 年这段长达 61 年的考察期间内，中美两国的 TFP 峰值均出现于 2017 年，分别为 1.0374 和 1.0305。从最低值来看，中国出现在 1961 年，为 0.5218；美国出现在 1956 年，为 0.6850。从两条趋势线来看，美国 TFP 保持相对平稳的上升趋势，而中国 TFP 波动较大，呈"W"型曲折上升。1959—2010 年的 51 年间，美国 TFP 均高于中国，最高为中国 TFP 的 1.5 倍左右。在 1961—1965 年时段，两国 TFP 差距逐步缩小，可能的原因是一方面美国经济遭遇周期性衰退，而中国正处于第一次国民经济调整时期，生产力逐步提高。1970—1981 年，两国 TFP 逐渐拉大，虽然该时段美国经济处于"滞涨"状态，经济增速和技术创新远不及二战后的"黄金年代"，但因中国正处于"文革"时期，生产力和创造力受到极大破坏，故而美国能仍与中国保持较大差距。但中国进入 20 世纪 80 年代以后，受益于改革开放的生产力释放和科技实力提升，两国 TFP 差距逐步缩小，直至 2011 年以后不分伯仲。往后看，中国要保持 TFP 的稳步上升趋势，仍需着力于资源配置优化和科学技术创新。

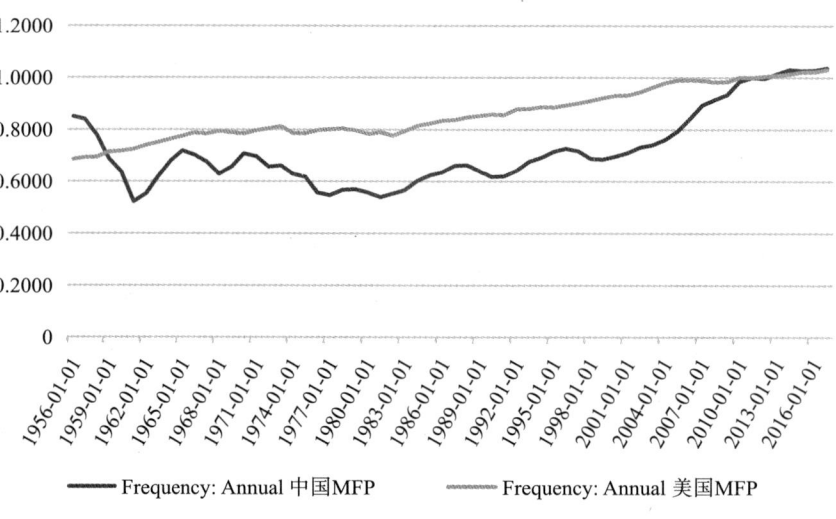

图 3-19 中美多要素生产率的比较

资料来源：格罗宁根大学、加利福尼亚大学、圣路易斯联邦储备银行，2019。

第三节 美国的多要素生产率与减税政策

前述分析表明，影响多要素生产率最为关键的因素包括人力资本供给、企业研发行为、政府研发投入等要素，而税收作为公共政策对这些要素将产生直接或间接的影响。税收对多要素生产率的影响机制在于：生产率产生的过程就是将要素投入转化为要素产出，也就是人员的专业知识和创造力、劳动力支持、资本服务（来自建筑物、构筑物和设备等的各类资产）、材料和购买服务、技术创新与改造，形成现有知识和产品技术的增量。

从对劳动力供给的影响来看，一如前述万尼斯基的研究，个人所得税的征收减少了劳动供给量，税率越高，减少的劳动力供给数量越多。反之，个人所得税的减征将增加劳动供给量，减税幅度越大，增加的劳动力供给数量就越多。伊文思（Evans，1980）[1] 建立的供给侧模型表明"税率下降 1 个百分点，劳动力供给增加 0.26%，按照美国当前劳动力规模，增加了将近 27 万的劳动力"。埃克斯坦（Eckstein，1980）[2] 采用另一种供给侧模型得出了类似的结论："美国劳动力供给对个人所得税税率的弹性系数为 -0.04，即税率下降 1 个百分点，劳动力供给相应增加 0.04 个百分点。而美国自 1965 年以来，实际税负增长了近 50%，导致 190 万人从劳动力大军中撤离。"

---

[1] M. K. Evans. 1980. *New Developments in Economic Modeling：Supply - side Economics*. Testimony for the U. S. Joint Economic Committee, 96yh Cong., 2d sess., May 21. Processed. Evans Economics, Inc.

[2] O. Eckstein. 1980. *Tax Policy and Core Inflation*. A Study Prepared for the U. S. Joint Economic Committee. 96th Cong. 2d sess. Washington, D. C.

从对企业研发行为的影响来看，税收从三个方面影响企业的研发投入。一是影响企业研发的投资能力和投资决策，税收的存在使企业投资的资本收益率发生了变化，即税收改变了投资资本的使用成本，而减税降低了企业投资的资本成本，从而增加了企业的利润。二是税收影响研发投入的风险承担能力，减税因能降低企业投资的风险而激励企业的研发投入。三是税收影响企业对人力资本的投入，减税会激励企业加大职工培训，从而提升研发人员能力。企业的研发行为对于相关行业的生产率增长速度有着显著影响，也直接影响了多要素生产率的高低。格里利克斯（Griliches，1964、1972）[①]对美国近900家制造公司的数据进行研究，发现研发回报率为17%，其中化工和石油业高于这一比例，飞机和电气设备产业低于这一比例。正因如此，美国联邦政府从20世纪80年代对商业企业的技术支持迅速增加，1981年的《经济复苏和税收法案》具有标志性意义。该法案以立法形式鼓励企业部门的研发活动，为企业部门的技术创新提供税收减免的支持。

从对政府研发投入的影响来看，税收收入的高低影响着政府投入研发的财政资金额度，进而影响着政府的预算安排。正如供给侧经济学家们的研究，减税虽然短期内减少政府税收收入，但长期却培育了税源，扩大了税基，进而增加了税收收入。阿波金和伊帕托娃（Apokin和Ipatova，2016）[②]等研究者发现，若5年内研发支出总额占GDP的比重增加了1%，将使MFP平均增长率提高5.0个至7.7个百分点；每名研究人员研发支出总额增加1 000美元，5年后MFP增长率将提高0.013—0.025个百分点。在存在各种结构、基础设施和体制指标的情况下，研发支出总额（滞后5年或10年）和企业研发支出（滞后5年）都会影响技术效率和多要素生产率。图3-20显示了1949年以来美国政府的研发总支出（含联邦政府、州和地方政府）和多要素生产率的年度增速情况。两条曲线表明两者之间存在一定程度的关联性，当政府研发支出的年度增速呈现峰值之后，多要素生产率也随之呈现增长峰值。

再以联邦政府为例来观察政府研发投入的产出过程。联邦政府研发支出分为两类：一类为国防研发支出；另一类为非国防研发支出（包括健康、太空、基础科学、能源等）。第二次世界大战之后的65年间，国防研发支出长期远远高于非国防研发支出，只有7年（1976—1981年，2017—2018年），非国防研发支出才超过了国防支出（如图3-21所示）。这表明，国防军事系统主导了美国的重要科技创新，但在美国的创新体系下，这些新技术新产品又大量转为民用，再带动经济增长和社会发展。以计算机行业为例，联邦政府不仅予以资金支持，而且通过联邦政策强化美国大学研究机构在计算机硬件和软件技术发展中的地位。甚至在私营企业于计算机硬件制造中的地位提高之后，联邦政府仍然对大学计算机技术的研究和开发给予支持，并帮助大学设立计算机这门新的学科。1963年，美

[①] Z. Griliches. 1964. Research Expenditures, Education and the Aggregate Production Function. *American Economic Review*, 54: 961 – 974.; 1972. *A Memorandum on Research and Growth*. In Research and Development and Economic Growth Productivity. Washington D. C.: National Science Foundation.

[②] A. Y. Apokin, I. B. Ipatova, 2016. How R&D Expenditure Influence Total Factor Productivity and Technical Efficiency? *Basic Research Program Working Paper BRP 128/EC/2016. Higher School of Economics, National Research Universities.*

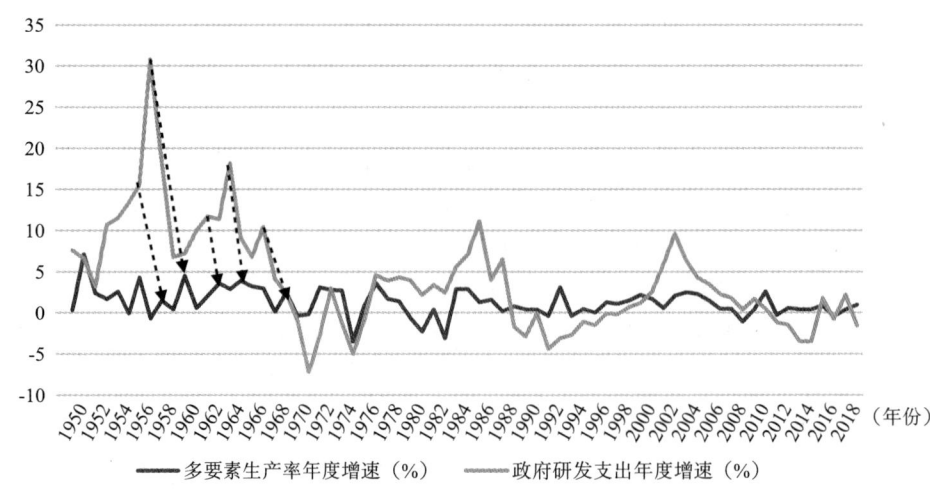

图 3-20　1949—2018 年美国多要素生产率与政府研发支出增速

资料来源：美国经济分析局，美国劳工统计局，2019。

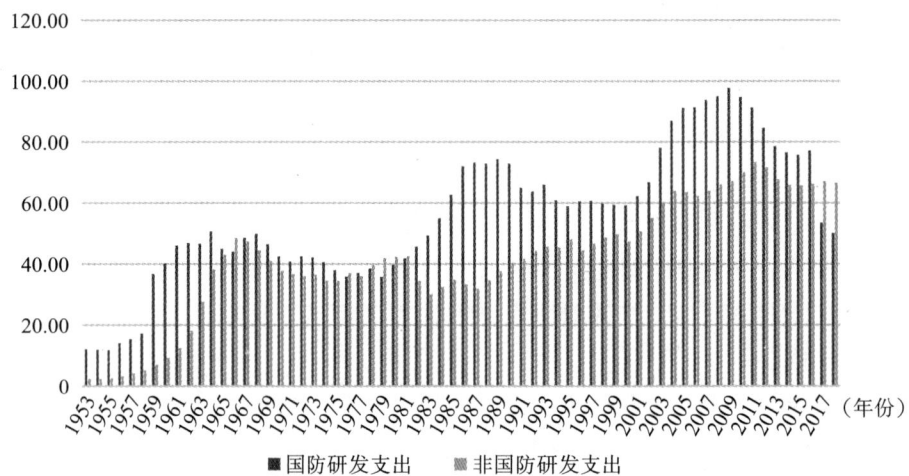

图 3-21　美国联邦政府的研发支出结构（10 亿美元）

资料来源：美国国家科学基金会，2018。

国各大学合计花费 9 700 万美元购买计算机设备，其中一半资金来源于联邦政府，大学支付了 34%，计算机制造商支付了余下的 16%（Fisher 等，1983）。① 不仅如此，美国国家科学基金会和国防部共同建立计算机学术机构，并出资推动计算机研究，从而使私营企业对计算机发展所起的作用黯然失色。到 20 世纪 60 年代，军用计算机的研发和采购向民用领域发生大量的、纯粹的技术"溢出效应"，许多新企业进入该行业，于是推动了大型和小型计算机的发展。而这些新型计算机又逐步被运用于工业，帮助这些行业降低了每单位

---

① F. M. Fisher, J. W. McKie & B. M. Richard. 1983. *IBM and the U. S. Data Processing Industry*. New York: Praeger, pp169.

产出的能耗强度（Schurr 等，1991）。[①] 同时，计算机为新工艺中的建模和模拟提供了支持，从而使新的制造工艺顺利地用于商业生产。于是，投入与产出之间相互促进的良性循环逐渐形成：联邦政府财政资金投入→军事系统研发＋大学/机构合作→军事系统应用和政府大量采购→新企业进入→新产品开发和新技术创造→工业和商业领域应用→提高劳动生产率和多要素生产率→推动经济增长。

图 3-22 描绘了美国 MFP 波动与二战以来减税政策之间的关联性或规律性。若把历次政府减税政策的实施年份嵌入至图中，不难发现 1961 年、1981 年、1993 年、2001 年、2008 年均是 MFP 增速较之上年大幅下降的年份，减税政策实施之后，后一年度的 MFP 增幅均会有所上升。原因在于减税将产生供给经济学提及的经济效应，即激励工作、产出和就业。对于个人而言，减税或将刺激劳动力投入的增加，从而促进劳动生产率的提升；对于企业而言，减税或将加大科技创新和改造的投入，从而促进技术生产率的提高；对于资本而言，减税或将促使资本投入更多的创新领域和产业，从而促进资本生产率的提升。整体上减税提高了私营部门的效率，而效率改进促进了多要素生产率的提升。唯一的例外是特朗普政府，2017 年开始美国 MFP 摆脱了连续六年的负增长趋势，恢复正增长，多要素生产率也由负转正。此时推出减税政策，对于美国企业和整体经济而言无疑是巨大利好。政策在 MFP 上升期的助推作用或许比在 MFP 下行期的扭转作用更为有效。

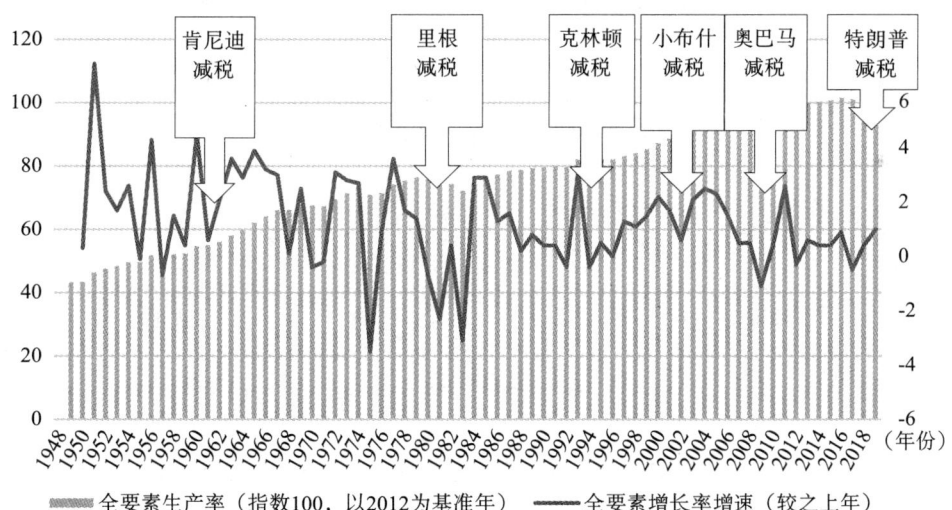

图 3-22　1949 年以来美国 MFP 变化与减税政策

资料来源：美国劳工统计局，2019。

[①] S. H. Schurr, C. C. Burwetl, W. D. Devine and S. Sonenblum. 1991. *Electricity in the American Economy*. Princeton: Princeton University Press, pp146-149.

第四节 本章小结

无论是英美等典型市场经济国家还是新兴市场经济国家，公共部门与创新过程、研发行为始终关系密切，从各国政府对 R&D 的投入占该国 R&D 投资总量的比重可以窥见一斑。政府的重点资助项目和研发经费投入于某个科学领域（如生物科学、新能源开发与利用、纳米技术、先进计算机系统）都会在很大程度上影响该国创新活动的方向。不仅如此，政府在整个国家创新系统的框架式构建中还提供了信息基础设施和法律基础设施，设置了高等教育机构、科学研究机构和区域创新集群，引导了资本流向并监管了资本市场，所以政府干预对于创新活动，以及由此带来的多要素生产率提升至关重要。

美国多要素生产率的变化趋势表明，实体经济的强大、研发投入的加大、技术进步的持续都是提升多要素生产率的重要源泉。展望未来 5—10 年，美国多要素生产率在经历前 10 年的停滞增长或负增长之后，或将进入温和复苏通道。根据美国国会预算办公室的测算，美国多要素生产率在 2019 年接近 1%，2022 年有望接近 2% 的水平（如图 3-23 所示）。而税收政策作为经济增长的稳定器和助推器，也将基于当时的经济形势和未来的经济预判而做出合适的选择。

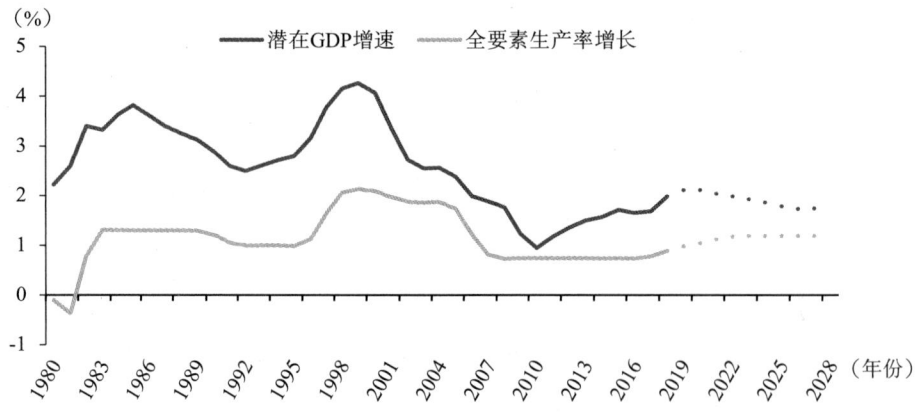

图 3-23　美国多要素生产率与潜在 GDP 增速

资料来源：美国国会预算办公室，2019。

附表 3-1　1987—2016 年美国各制造业子行业 MFP 年均增速

行业	2012 NAICS 代码	MFP 年均增速					
		MFP	产出	综合投入	工作时长	资本投入	中间品采购
动物食品	3111	-0.2	1.9	2.1	-0.1	1.8	2.5

续表

行业	2012 NAICS 代码	MFP 年均增速					
		MFP	产出	综合投入	工作时长	资本投入	中间品采购
粮食油料加工	3112	0.1	1.1	1.0	-0.7	0.3	1.4
糖和糖果生产	3113	0.1	0.5	0.5	-0.8	0.8	0.5
水果和蔬菜保存	3114	0.2	1.0	0.8	-0.2	0.9	0.9
奶制品	3115	0.0	1.2	1.2	-0.3	1.5	1.3
屠宰加工	3116	0.5	1.6	1.1	1.1	1.9	1.0
海产品制备及包装	3117	0.4	0.	0.2	-0.6	0.9	0.3
面包和玉米制品	3118	-0.8	0.4	1.2	0.1	0.9	1.9
其他食品	3119	0.2	2.2	2.0	2.0	1.3	2.4
饮料	3121	0.3	1.4	1.0	0.6	0.6	1.4
烟草	3122	-0.8	-2.9	-2.1	-4.6	-2.1	-1.9
纤维、纱线和螺纹加工厂	3131	0.7	-1.5	-2.1	-4.6	-2.3	-1.4
织物加工厂	3132	0.3	-2.8	-3.1	-5.5	-2.4	-2.4
纺织和织物整理厂	3133	-0.1	-2.9	-2.9	-4.7	-2.3	-2.5
纺织装饰厂	3141	-0.5	-2.2	-1.7	-2.7	-1.0	-1.8
其他纺织品生产厂	3149	0.1	-0.4	-0.5	-1.7	0.4	-0.1
服装针织厂	3151	-0.5	-8.0	-7.5	-7.2	-2.7	-8.2
服装裁剪和缝制	3152	-1.6	-6.5	-5.0	-6.2	-2.7	-5.8
配饰和其他缝制	3159	-1.9	-6.4	-4.6	-3.7	-2.3	-5.4
皮革和皮革鞣制和整理	3161	-0.2	-2.9	-2.7	-3.8	-2.4	-2.7
制鞋	3162	-0.6	-5.0	-4.4	-6.0	-3.3	-3.9
其他皮革产品	3169	-1.0	-3.7	-2.8	-3.9	-2.1	-3.0
锯木厂和木材保存	3211	0.9	0.3	-0.6	-1.8	-1.1	0.0
胶合板和工程木制品	3212	-0.1	0.0	0.1	-0.8	0.2	0.5
其他木制品	3219	-0.5	-0.3	0.2	-1.1	0.7	0.8
纸浆、造纸和纸板厂	3221	0.6	-0.5	-1.0	-3.1	-1.1	-0.4
加工纸	3222	-0.2	0.2	0.3	-1.3	0.6	0.7
印刷及相关支持活动	3231	0.0	-0.6	-0.6	-1.8	0.3	-0.1
石油和煤炭产品	3241	-0.1	1.2	1.3	-1.1	1.1	1.5
基础化学品	3251	-0.1	0.8	0.8	-1.5	0.5	1.5
树脂、橡胶和人造纤维	3252	0.1	0.4	0.3	-1.7	0.2	0.7
农用化学品	3253	0.3	0.7	0.4	-1.5	0.4	0.6
药剂和药物	3254	-2.3	1.5	3.8	1.6	3.6	4.8
油漆、涂料和粘合剂	3255	-0.5	-0.1	0.4	-0.9	0.0	0.9

续表

行业	2012 NAICS 代码	MFP 年均增速					
		MFP	产出	综合投入	工作时长	资本投入	中间品采购
肥皂、清洁剂和洗漱用品	3256	0.2	1.2	1.0	-0.3	1.4	0.9
其他化工产品	3259	-0.1	0.0	0.1	-1.9	-0.1	0.9
塑料制品	3261	0.4	1.6	1.2	0.0	2.0	1.5
橡胶制品	3262	0.5	0.2	-0.3	-1.4	0.0	0.3
粘土制品和耐火材料	3271	0.3	-1.5	-1.9	-2.5	-1.4	-1.5
玻璃和玻璃制品	3272	1.1	0.5	-0.6	-1.7	-0.4	0.0
水泥和混泥土制品	3273	-0.2	0.2	0.4	0.2	0.0	0.6
石灰和石膏制品	3274	-0.5	-0.4	0.1	-1.9	0.5	0.5
其他非金属矿产品	3279	0.7	0.8	0.1	-0.3	-0.2	0.5
钢铁和钛合金制品	3311	1.6	1.0	-0.6	-2.6	-2.0	0.5
外购钢材生产的钢铁制品	3312	0.1	-0.5	-0.6	-0.7	-1.6	-0.3
氧化铝和铝制品	3313	0.9	0.4	-0.5	-2.0	-0.9	0.0
其他有色金属产品	3314	0.6	0.2	-0.4	-1.8	-0.4	-0.1
铸造工艺	3315	0.4	-0.4	-0.7	-2.0	-0.7	0.3
锻造和冲压	3321	0.5	1.0	0.5	-0.9	1.2	1.2
餐具和手工工具	3322	-0.2	-1.1	-0.9	-2.3	-0.7	0.0
建筑与结构金属	3323	-0.3	0.9	1.2	0.3	0.7	1.8
锅炉、储罐和集装箱	3324	0.0	0.2	-0.3	-0.3	-0.3	0.6
五金制品	3325	-0.8	-1.5	-2.9	-2.9	-1.1	-1.0
弹簧和钢丝制品	3326	0.2	-0.3	-2.0	-2.0	0.2	0.4
机械车间和螺纹制品	3327	0.6	1.5	0.6	0.6	1.9	2.2
涂层、雕刻和热处理金属	3328	0.8	1.1	0.0	0.0	1.2	1.7
其他金属制品	3329	-0.5	0.4	-0.6	-0.6	0.4	1.0
农业、建筑和采矿机械	3331	-0.2	1.2	1.4	-0.2	0.5	2.1
工业机械	3332	0.3	0.6	0.3	-0.7	1.0	0.8
商业和服务业机械	3333	0.2	-0.1	-0.3	-1.8	-0.4	0.4
暖通空调和商用制冷设备	3334	0.5	0.9	0.4	-0.7	0.7	0.8
金属加工设备	3335	0.8	0.3	-0.4	-1.3	0.1	0.3
汽轮机和动力传动设备	3336	0.0	1.0	1.0	-0.3	0.3	1.8
其他通用机械	3339	0.1	1.2	1.1	-0.6	0.4	2.2
计算机和辅助设备	3341	12.1	11.4	-0.6	-3.2	0.6	-0.5
通信设备	3342	2.6	1.9	-0.7	-3.3	1.7	-0.2
音视频设备	3343	2.1	-1.5	-3.6	-3.5	-1.0	-4.0

续表

行业	2012 NAICS 代码	MFP 年均增速					
		MFP	产出	综合投入	工作时长	资本投入	中间品采购
半导体和电子元件	3344	9.1	10.7	1.5	-1.5	5.7	0.1
电子仪器	3345	0.9	1.3	0.4	-1.7	0.7	1.9
磁性介质制造和再造	3346	1.7	-2.1	-3.7	-3.0	-0.7	-4.9
电力照明设备	3351	0.5	-0.3	-0.7	-1.8	-0.1	-0.5
家用电器	3352	1.6	0.4	-1.2	-2.6	-0.7	-0.8
电力设备	3353	-0.1	-0.6	-0.5	-1.9	-1.0	0.7
其他电力设备和元件	3359	0.4	0.2	-0.2	-1.3	0.1	0.3
机动车辆	3361	0.1	2.1	2.0	-1.0	1.3	2.5
机动车辆车身和挂车	3362	-0.4	1.7	2.2	0.5	1.3	2.6
机动车辆部件	3363	1.0	2.8	1.8	-0.1	0.3	2.6
航天航空产品和部件	3364	-0.1	0.4	0.5	-1.7	0.5	2.0
铁路机车车辆	3365	0.3	4.2	3.8	0.5	0.2	5.3
造船	3366	0.3	0.7	0.4	-1.1	0.1	1.6
其他交通设备	3369	1.1	3.4	2.2	-0.2	2.4	2.8
家庭与机构家具	3371	0.1	-0.5	-0.6	-1.8	-0.1	-0.1
办公家具和固定装置	3372	0.1	0.2	0.0	-1.2	0.6	0.6
其他家具相关产品	3379	0.7	1.3	0.6	-0.8	-0.2	1.4
医疗设备和用品	3391	0.6	3.3	2.7	1.2	3.7	3.1
其他零星制造	3399	0.4	0.3	-0.1	-1.1	0.6	0.3

资料来源：美国劳工统计局，2018。

第四章
肯尼迪减税政策及其评析

约翰·肯尼迪（John F. Kennedy）于1961年1月20日正式宣誓就任美国第35任总统。他的政策建议者属于传统的凯恩斯主义学派，但他本人却建议增加消费、减少税收，所以至今关于这些减税政策的动机仍存在广泛争论。供给学派当仁不让地把肯尼迪归入了本门派，万尼斯基认为："事实上，里根革命并非起源于里根时代，也不是坎普时期，在1962年，肯尼迪通过将所得税率从91%降低到65%时就开始了。"[①] 但肯尼迪的经济顾问奥肯（Arthur Okun）辩论到"1964年的税收法案针对的是经济的需求侧，而不是供给侧"。[②] 本章聚焦于肯尼迪减税政策的来龙去脉并分析政策实施的供需两侧效果。对减税效果的评价是一个复杂的体系，既要从多重经济维度考察，又要尽可能与事实相吻合。反映经济状况的指标是繁杂的，影响因素更是多方面的，周期性与结构性因素、内生和外生变量的交织造成了经济指标的数量变化。要从这些数量变化中剥离出政府减税政策所产生的、能被量化的影响，目前的研究还相对有限，且计量模型的构建缺少得到广泛认可的范式。本书参考美国学者和部分研究机构（Gary 和 Robbins，1996；Niskanen 和 Moore，1996；The Heritage Foundation，2012）的研究方法，部分国家机构（CBO，[③] 1982—2020年；OTA，[④] 1982—2006年）的研究报告和美国经济分析局的指标体系，从税收的经济增长效应和收入效应这两个主要维度进行考察，考虑到资本市场对宏观政策的反应最为迅速，本书还涉及减税政策下的股市走势。

第一节　肯尼迪减税政策的历史背景

二战结束后，美国经济持续兴旺发展，但现实中又存在许多缺陷：首先是承担着巨额

[①] Jude. Wanniski. 2005. *SSU Spring Lesson #7: The Kennedy Tax Cut*, www. wanniski. com/showarticle. asp? articleid = 4213. assessed 22 November 2005.

[②] David Greenberg. 2005. *Tax Cuts in Camelot*. Slate，16 Jan. 2004. www. slate. comlid/2093947. assessed 22 November 2005.

[③] CBO，全称为 Congressional Budget Office，即美国国会预算办公室。

[④] OTA，全称为 Office of Tax Analysis, Department of Treasury，即美国财政部税收分析办公室。

的福利成本；其次是不愿意在标准化之外多考虑新的生产方式。而且美国政府越来越习惯支出自己兜里没有的钱，并且对这种行为越来越上瘾。① 在此背景之下，肯尼迪于 1960 年 11 月当选为美国历史上最年轻的总统。

一、政治约束

上任之后，肯尼迪在国内方面的最大担忧是经济。在 1961 年 1 月 30 日的国情咨文中，他把经济发展列为他的首要国内目标。

"我们上任的时候，正值 7 个月的衰退，3 年半的停滞，7 年的经济增长萎缩，9 年的农业收入降低……美国经济遇到了麻烦，全世界资源最丰富的工业化国家的经济增长率落到了最后"。②

但跟民权问题一样，肯尼迪认为自己立刻强行开展变革的能力有限，他一方面把减税当作一种政治上不可接受的手段排除了；另一方面认为不可能强行让国会通过包含增加公共设施开支的重大经济计划。于是，肯尼迪依赖加速支付退税、老人福利和农场津贴，启动城市更新计划等行政措施来挽救经济下滑。但同时允诺，"如果这些措施证明不足以完成这些任务，那么我将在今后的 75 天内向国会提交进一步的议案"。6 周之后，在经济走向更加疲软而不是更加强劲的情况下，经济顾问委员会主席赫勒（Walter Heller）准备了"第二阶段复苏计划"，并敦促肯尼迪总统为经济做出正确决定，而不是过多考虑政治局限性。作为肯尼迪颇为信任的经济顾问，赫勒提出了运用财政杠杆实行"微调"以应对经济周期的设想，基本观点是：经济萧条时政府减少税收增加支出，有意识地使预算出现赤字；通货膨胀加剧时，政府增加税收紧缩开支，获取财政盈余，并收回在萧条时期为筹措资金所发行的公债，用年度预算收支的不平衡求得国民经济的平衡和周期预算的平衡，这种方法后续也被称为周期预算平衡论。但实际情况是，在美国这样高度重视节俭和年度平衡预算的民族文化氛围中，肯尼迪面临的是来自正统思维的相当大的敌视，因为传统观念认为赤字和负债意味着经济和道义上的危险。③ 因此，肯尼迪认为让国会通过该复苏计划几乎没有可能。

1961 年 5 月，肯尼迪建议立法通过有限调低与收益相关的税收来刺激经济，主要包括：以厂房设备现代化和增加抵免的方式为企业提供税收激励，终止海外收入免税政策，终止海外不动产的资产税豁免政策，继续征收原定于 7 月调减的消费税，向民用航空供应商征税。但由于肯尼迪依赖的是缺乏国会立法经验的助手来推进他的建议，倾向于用折旧津贴而不是税收抵免的美国商界领导人成功地阻止了肯尼迪的议案。④

---

① ［美］艾伦·格林斯潘、阿德里安·伍尔德里奇，束宇译：《繁荣与衰退：一部美国经济发展史》，中信出版集团 2019 年版，第 279 页。
② Andrew Glass. JFK Delivers His First State of the Union Address, Jan. 30, 1961. https://www.politico.com/story/2019/01/30/jfk-first-state-of-the-union-address-1128622.（accessed 28 February 2020）.
③ ［美］罗伯特·达莱克，贾建海译：《肯尼迪传》，中信出版社 2016 年版，第 246—247 页。
④ ［美］罗伯特·达莱克，贾建海译：《肯尼迪传》，中信出版社 2016 年版，第 101—103 页。

1962年，维持经济增长和降低失业率依然是肯尼迪政府面临的两大严峻任务。1962年5月28日股市大崩盘引发了白宫上下一片恐慌，为提升商界和消费者信心，肯尼迪再次提出了减税要求。肯尼迪认为，美国的税收制度拖累了经济，明显的事例是西欧，税率比美国低，经济增速是美国的两倍。减税提出之后，一项盖洛普民意测验调查了人们是否赞成通过增加政府债务来减少赋税，结果有72%的人表示反对，只有19%的人表示赞成。为了平息公众的担忧，肯尼迪在措辞中用百万美元而不是10亿美元来描述减税问题：企业将获得1 300百万美元的税收抵免额，而没有说成减税13亿美元；但是潜在8 000百万美元的预算盈余却说成是80亿美元，而且国民生产总值的增加幅度也以10亿美元为单位进行描述。

对减税的反对不仅仅来自保守派，总统经济顾问加尔布雷斯（Galbraith）告诫总统，"美国保守派和企业界中很大一部分舆论"会"强烈要求减税。当然，在减少税收之后，这些人会攻击你造成了预算失衡"。加尔布雷斯预计"国会会有一场激烈的辩论，产生一种不愉快的后遗症。满足了自由主义者，就会激怒有钱人，反之亦然。最后，这两方面都会把火撒在政府身上"。但肯尼迪更倾向于赫勒的观点，即减税能成为一种重要的经济刺激手段，公共和私人债务也能促进增长，美国巨大的经济难题必须抛弃已然过时的赤字观念。

1962年7月，白宫开始了与商界领袖和商业媒体之间的一系列会议——午餐会、晚餐会、讨论会。总统、经济顾问委员会和内阁官员纷纷向公司决策层介绍经济状况，以及催动经济增长所需要的减税。8月，肯尼迪开始努力说服众议院筹款委员会主席米尔斯（Willbur Mills）支持减税。但是米尔斯强调除非国会认为经济至少处于衰退状态，否则他无法听从肯尼迪的意见。9月和10月的数据表明，美国经济增长失去了进一步的动力。美国劳工联合会——产业工会联合会对许愿多、兑现少的政府越来越不满意，因此肯尼迪更加坚定决心，要迫使国会在1963年实施一个标志性的税收法案。12月，肯尼迪在一次公开讲话中再次论述税制改革问题，在谈到减税可能导致的赤字上升、通胀失控的担忧时，他说：

"过去10年的教训是，造成预算赤字的不是疯狂的消费，而是缓慢的经济增长和阶段性经济衰退。总之，一个自相矛盾的事实是，如今的税率太高，税收收入太低，而从长期来看，提高收入的最健康的途径是现在就降低税率。"

多年后再来看肯迪尼提出的减税改革，正如其传记作者达莱克所言："我们很难想象肯尼迪需要多么大的魄力，于1962年要求立刻减少公司税率40%并从1963年1月开始税收改革。"①

二、经济困扰

美国在1946—1957年的强劲经济发展已经随着1957—1958年9个月的经济衰退而停

---

① ［美］罗伯特·达莱克，贾建海译：《肯尼迪传》（下），中信出版社2016年版，第101—105页。

滞，失业率上升到了7.5%，达到了大萧条以来的最高水平（Dallek，2016）。① 整体经济状况可以从多项指标中窥见一斑，指标排序遵循了美国经济分析局的经济指标表的顺序，即 GDP 及构成、个人收支、政府收支、进出口、国内投资、就业、行业产出，时间跨度从二战后到肯尼迪税改之前。

（一）经济增长与需求要素贡献

第二次世界大战结束后，美国成为侏儒群里的巨人，也成为一个社会发展不断强化的世界。这是由于多方面因素推动的，既得益于美国政府的凯恩斯主义需求侧管理模式，又得益于人口红利和知识经济推动的经济转型。

"在经济大萧条期间，罗斯福投入大量资金用于改造交通体系（包括金门大桥）和能源体系（包括田纳西河流域管理局和胡佛水坝）。政府的投资为后代的收获播下种子。《退伍军人权利法》为复原军人提供了多项政府服务，其中包括低息住房抵押贷款（这项措施刺激了房地产业的兴盛）和教育补助（这项措施把美国变成年轻人接受高等教育比例最高的国家之一）"（格力斯潘和伍尔德里奇，2019）。②

1946—1959 年美国经济维持了强劲发展势头。1950 年和 1951 年 GDP 增速分别高达 8.7% 和 8.0%，随后因 1957 年 8 月—1958 年 4 月的经济衰退，1957 年和 1958 年 GDP 增速分别降至 2.1% 和 -0.7%。1959 年抬升到了 6.9%，但 1960 年 4 月至 1961 年 2 月进入新一轮商业周期的收缩期，这两年的 GDP 增速降至了 2.6%。

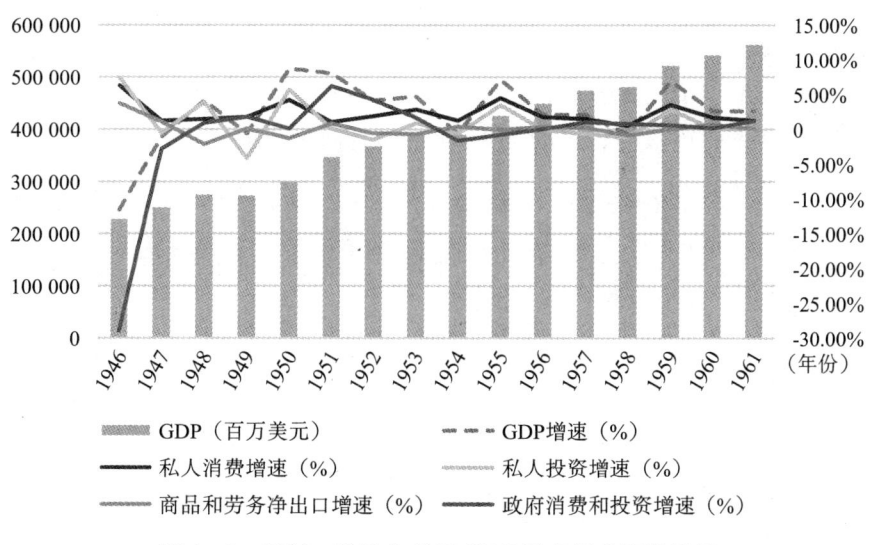

图 4-1　1946—1961 年美国 GDP 及各需求要素贡献

资料来源：美国经济分析局，2019。

---

① ［美］罗伯特·达莱克，贾建海译：《肯尼迪传》（上），中信出版社 2016 年版，第 26 页。
② ［美］艾伦·格林斯潘、阿德里安·伍尔德里奇，束宇译：《繁荣与衰退：一部美国经济发展史》，中信出版集团 2019 年版，第 253—261 页。

从 GDP 增速中各需求要素的贡献来看,差异明显且波幅巨大。如 1946 年尽管私人消费增速达 6.25%,私人投资增速高达 7.40%,净出口实现 3.72% 的增速,但受政府消费和投资增速为 -28.98% 的拖累,整个 GDP 呈现 -11.61% 的超低速。又如该时段的 GDP 最高增速 8.7%,其构成分别为:私人消费增速 4.21%;私人投资增速 5.69%;净出口增速 -1.28%;政府消费和投资增速 0.07%。再如 1959 年的跳跃式复苏,其构成分别为:私人消费增速 3.51%;私人投资增速 2.83%;净出口增速 0;政府消费和投资增速 0.60%。

整体来看,私人消费增速始终为正,波动区间在 0.52%—6.25%;私人投资增速 7 年为负,波动区间在 -4.15%—7.40%;净出口增速 6 年为负,波动区间在 -2.13%—3.72%;政府消费和投资增速 4 年为负,波动区间在 -28.98%—6.20%。由此可见,美国以消费为主导的经济模式在战后已初具雏形。

(二)经济增长与供给要素贡献

供给要素以前述的多要素生产率为代表,美国政府将其作为分析经济增长源泉的重要工具和制定长期可持续增长政策的重要依据。表 4-1 列示了美国 1946—1961 年多要素生产率及年度变化情况,整个时段的多要素生产率指数呈现稳步增长趋势,并以 1955 年为分水岭,从 40—50 的区间步入 50—60 的区间。从年度增速来看,除 1954 和 1956 两年出现负增长之外,其他年份均为正增长;其中最高增速出现在 1950 年,增速达 7.1%;其次为 1959 年的 4.5%。

若对照 GDP 增速来看,多要素生产率增速与 GDP 增速有相当高的匹配度。多要素生产率增速较低的年份,GDP 增速相对较低或者不客观;反之亦然。如 1950 年多要素生产率和 GDP 增速同为本时段最高;又如 1954 年,两者同为负值。

表 4-1 1946—1961 年美国多要素生产率及年度变化

年份	GDP 增速(%)	多要素生产率(指数=100)	多要素生产率较上年变化(%)
1948	4.1	43.169	—
1949	-0.6	43.290	0.3
1950	8.7	46.384	7.1
1951	8.0	47.488	2.4
1952	4.1	48.298	1.7
1953	4.7	49.553	2.6
1954	-0.6	49.515	-0.1
1955	7.1	51.624	4.3
1956	2.1	51.621	-0.7
1957	2.1	52.020	1.5
1958	-0.7	52.217	0.4
1959	6.9	54.557	4.5
1960	2.6	54.888	0.6
1961	2.6	56.053	2.1

资料来源:美国劳工统计局,2019。

从对多要素生产率的贡献来看,从高到低依次为劳动力构成、信息资本密集度、其他资本服务密集度和资本密集度。从时间趋势来看,劳动力构成从 1948 年的 86.456 提高到 1961 年的 89.577,资本密集度从 54.182 提高到 61.918,信息资本密集度从 84.865 提高到 85.667,其他资本服务密集度从 70.727 提高到 78.434。从年度变化来看,劳动力构成要素一直呈现正增长,但增幅在 0.5% 以内;信息资本要素增幅更低,在零增长和 0.1% 之间徘徊。资本类要素增幅波动较大,其中资本密集度增幅在 -0.5%—2.2% 的区间,其他资本服务要素在 -0.6%—2.2% 的区间,具体见表 4-2。

表 4-2 1948—1961 年美国私人商业部门多要素生产率增长的源泉①

年份	劳动力构成的贡献		资本密集度的贡献		信息资本密集度的贡献		研发密集度的贡献	其他知识产权产品密集度的贡献	其他资本服务密集度的贡献	
	指数	%	指数	%	指数	%			指数	%
1948	86.456	—	54.182	—	84.865	—	N.A.	N.A.	69.284	—
1949	86.581	0.1	55.373	2.2	84.961	0.1	N.A.	N.A.	70.727	2.1
1950	87.011	0.5	55.819	0.8	85.010	0.1	N.A.	N.A.	71.255	0.7
1951	87.159	0.2	56.191	0.7	85.044	0.0	N.A.	N.A.	71.701	0.6
1952	87.315	0.2	56.820	1.1	85.109	0.1	N.A.	N.A.	72.450	1.0
1953	87.753	0.5	57.186	0.6	85.169	0.1	N.A.	N.A.	72.865	0.6
1954	88.187	0.5	58.293	1.9	85.254	0.1	N.A.	N.A.	74.202	1.8
1955	88.293	0.1	58.234	-0.1	85.269	0.0	N.A.	N.A.	74.112	-0.1
1956	88.391	0.1	58.645	0.7	85.314	0.1	N.A.	N.A.	74.596	0.7
1957	88.642	0.3	59.529	1.5	85.403	0.1	N.A.	N.A.	75.641	1.4
1958	88.874	0.3	60.914	2.3	85.519	0.1	N.A.	N.A.	77.297	2.2
1959	88.946	0.1	60.585	-0.5	85.536	0.0	N.A.	N.A.	76.864	-0.6
1960	89.248	0.3	61.150	0.9	85.589	0.1	N.A.	N.A.	77.533	0.9
1961	89.577	0.4	61.918	2.2	85.667	0.1	N.A.	N.A.	78.434	1.2

注:基准年份为 2012 年,指数 =100。% 为指数较上年变化的百分比。
资料来源:美国劳工统计局,2019。

(三) 个人收入和支出

从个人收入来看,人均年收入从 1946 年的 1 325 美元增长到 1961 年的 2 446 美元,增长近 1.85 倍。年增长率波幅较大,最高为 1950 年的 14.2%,最低为 1949 年的 -5.0%,波幅达近 20%。收入的增长主要源于二战后经济的复苏、技术的进步和教育程度的提升。个人储蓄占个人收入中的比重自 1951 年以来基本维持在 10%—11% 的区间,

---

① 劳动力结构贡献 = 劳动力构成×其以现价美元计算的份额;资本密集度贡献 = 每小时资本服务×其以现价美元计算的份额;信息资本密集度贡献 = 信息处理设备和软件×其以现价美元计算的份额;研发密集度贡献 = 研究和开发×其以现价美元计算的份额;其他知识产权产品密集度贡献 = 其他如软件、艺术原创作品等知识产权×其以现价美元计算的份额;其他资本密集度服务贡献 = 其他资本服务×其以现价美元计算的份额。

放在二战至2018年的时间段来看，这10年的储蓄占比处于高位，其他10年一般低于10%。个人消费支出年度同比增速最高为1946年的12.4%，最低为1958年的0.9%，该数据与个人收入增速并不匹配，部分说明收入增长并非消费增长的唯一驱动力，经济处于紧缩周期或政府刺激政策都会影响当期消费。

个人收入受制于薪资水平，表4-3显示了二战以来美国分行业的薪资情况。全行业薪资1946—1961年增长2.5倍，私人商业部门增长2.49倍，与全行业增幅大体持平；政府部门增长2.38倍，低于全行业增幅。从私人商业部门各细分行业来看，商品生产业增长2.47倍，制造业增长2.46倍，物流业增长2.25倍，服务业增长3.10倍。除服务业外，其他各子行业均低于私人商业部门的整体增幅。在该时段，农业和蓝领工作逐步让位于体力更轻松的工作，如会计、管理、销售等；从事农业和蓝领工作的人转为白领之后，年薪有了很大的提升。①

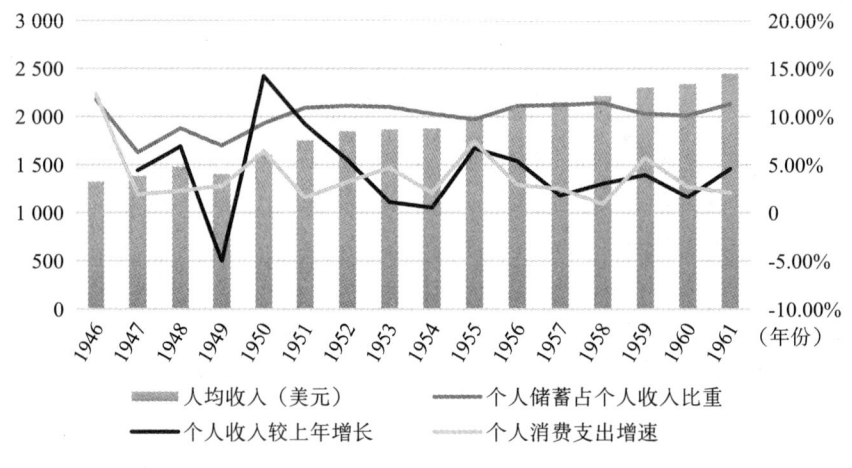

图4-2 1946—1961年美国个人收入和支出

资料来源：美国经济分析局，2019。

表4-3　　　　　　　　　　1946—1961年美国分行业薪资情况　　　　　　　　单位：百万美元

时间 \ 行业	全行业	私人商业部门					政府部门
		部门整体	商品生产业	制造业	物流业	服务业	
1946	112 005	91 305	46 022	36 476	30 963	14 320	20 700
1947	123 097	105 584	54 244	42 461	35 218	16 122	17 513
1948	135 550	116 530	61 073	47 145	37 572	17 885	19 020
1949	134 733	113 906	57 817	44 638	37 609	18 480	20 827
1950	147 253	124 620	64 826	50 316	39 931	19 863	22 633
1951	171 607	142 378	76 380	59 357	44 393	21 605	29 229
1952	185 636	152 258	82 142	64 182	46 924	23 192	33 378

① ［美］罗伯特·戈登，张林山等译：《美国增长的起落》（第一版），中信出版集团2018年版，第482—483页。

续表

行业 时间	全行业	私人商业部门					政府部门
		部门整体	商品生产业	制造业	物流业	服务业	
1953	198 989	164 651	89 750	71 253	49 903	24 998	34 338
1954	197 263	162 358	85 832	67 574	50 294	26 232	34 905
1955	212 151	175 555	93 281	73 889	53 563	28 711	36 596
1956	229 026	190 224	100 788	79 489	57 955	31 481	38 802
1957	239 951	198 938	104 381	82 515	60 748	33 809	41 013
1958	241 317	197 195	100 266	78 719	61 078	35 851	44 122
1959	259 842	213 788	109 870	86 937	65 147	38 771	46 054
1960	272 855	223 673	113 395	89 776	68 580	41 698	49 182
1961	280 519	228 048	113 992	89 912	69 638	44 418	52 471

资料来源：美国经济分析局，2019。

（四）政府收入与支出

第二次世界大战后美国政府（含联邦、州和地方政府）收入稳步增长，当期收入从1946年503.87亿美元增长到1961年的1 345.31亿美元，增长2.67倍。政府收入中税收收入占比在85%以上，其他收入来源包括社会保险缴纳、资本利得收入和各类转移收入。政府支出从1946年的576.74亿美元增长到1961年的1 410.06亿美元，增长2.44倍。其中消费支出占比在60%以上，转移支付支出占比约为20%左右，具体见表4-4。

具体到政府收支占GDP的比重，图4-3中两条趋势线在战后四年相差甚远，后续年度则呈现了一定的吻合度。政府收入占比最高值为1952年的18.5%，最低值为1950年的14.2%。政府支出占比最高值为1946年的24.2%，最低值为1948年的11.4%。整体看来，1946—1961年，1年收入占比与支出占比持平，5年收入占比高于支出占比，其余10年均为支出占比高于收入占比。

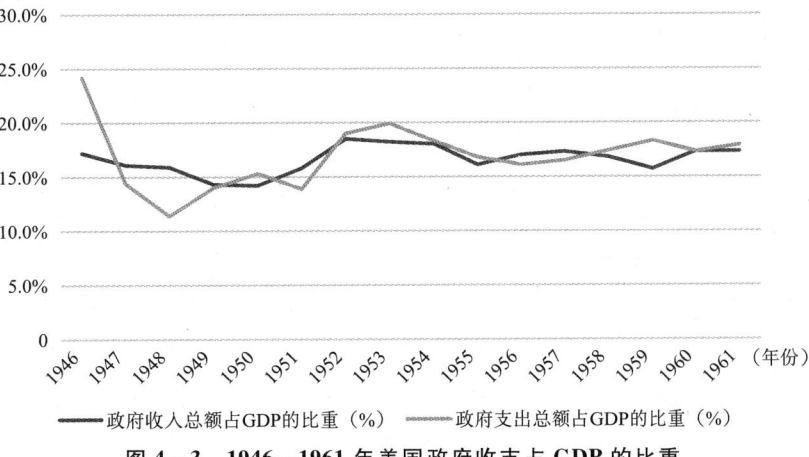

图4-3　1946—1961年美国政府收支占GDP的比重

资料来源：美国国会预算管理办公室，2019。

表 4-4 1946—1961 年美国政府收支数据

单位：百万美元

年份	1946	1947	1948	1949	1950	1951	1952	1953	1954	1955	1956	1957	1958	1959	1960	1961
当期收入	50 387	55 395	56 757	53 588	66 091	81 919	86 443	90 800	85 933	96 656	104 147	109 797	108 166	122 549	133 926	134 531
当期税收入	43 146	49 089	51 185	47 647	59 590	74 104	78 233	82 287	76 397	86 115	92 419	96 382	94 708	106 160	112 509	116 424
个人当期税收	17 210	19 790	19 205	16 733	18 912	27 055	32 005	33 242	30 160	32 859	36 591	38 886	38 548	42 289	46 068	47 250
产品和进口税	16 832	18 106	19 726	20 904	22 950	24 745	27 121	29 101	28 889	31 467	34 237	36 616	37 720	41 052	44 547	46 968
公司所得税	9 104	11 193	12 254	10 010	17 728	22 304	19 107	19 944	17 348	21 789	21 591	20 880	18 440	22 735	21 799	22 094
来自国外税收	...	...	...	...	...	...	...	...	...	...	...	...	...	84	95	112
社会保险缴纳	6 618	5 564	4 616	4 890	5 482	6 652	6 945	7 129	8 100	9 117	10 017	11 444	11 421	13 874	16 478	17 057
个人	6 618	5 564	4 616	4 890	5 482	6 634	6 923	7 106	8 074	9 091	9 987	11 413	11 384	13 834	16 444	17 005
来自国外	...	...	...	...	...	18	22	23	26	26	30	31	37	40	34	52
资本利得	112	200	343	399	436	527	587	662	651	627	807	976	1 000	1 314	3 700	3 695
利息和杂项	112	125	176	206	239	272	295	319	375	375	405	433	476	403	2 803	3 008
利息收入	...	...	...	...	...	...	...	...	...	...	...	...	...	...	2 375	2 474
租金和特许权	112	125	176	206	239	272	295	319	375	375	405	433	476	403	428	534
股息	0	75	167	193	197	255	292	343	276	252	402	543	524	911	897	687
当期转移收入	511	542	613	652	583	636	678	722	785	797	904	995	1 037	656	772	1 016
从企业	264	323	337	334	269	287	309	312	348	367	416	428	463	336	430	540
从个人	247	219	276	318	314	349	369	410	437	430	488	567	574	320	342	476
从国外	...	...	...	...	...	...	...	...	...	...	...	...	...	...	...	...
政府企业盈余	...	...	...	...	...	...	...	...	...	...	...	...	...	545	467	338
当期支出	57 674	52 869	55 712	61 561	63 895	75 818	86 685	92 629	91 889	95 043	99 754	109 770	119 046	124 366	131 252	141 006
消费支出	38 319	34 141	35 274	38 493	39 059	53 722	64 963	70 099	67 071	68 600	71 034	76 933	81 516	82 594	84 517	89 340
当期转移支付	12 376	12 393	13 729	15 987	17 000	13 695	13 163	13 742	15 625	16 914	17 593	20 071	24 192	26 918	28 137	31 862
政府社会福利	10 120	10 428	9 881	10 857	13 417	10 538	10 994	11 674	13 747	14 754	15 592	18 132	22 226	22 917	24 674	28 365
给个人	10 120	10 428	9 881	10 857	13 417	10 538	10 994	11 674	13 747	14 754	15 592	18 132	22 226	22 917	24 428	28 089
给国外	...	...	...	...	...	...	...	...	...	...	...	...	...	...	246	276
其他转移支付	2 256	1 965	3 848	5 130	3 583	3 157	2 169	2 068	1 878	2 160	2 001	1 939	1 966	4 001	3 463	3 497

续表

年份	1946	1947	1948	1949	1950	1951	1952	1953	1954	1955	1956	1957	1958	1959	1960	1961
利息支出	5 621	5 936	6 169	6 582	6 993	7 354	7 785	8 275	8 866	9 328	10 386	11 633	11 970	13 795	17 453	17 850
给个人和企业	…	…	…	…	…	…	…	…	…	…	…	…	…	…	17 121	17 572
给国外	15	16	17	25	31	47	64	86	59	94	154	201	139	281	332	278
补贴	1 359	398	540	498	843	1 048	774	514	327	201	742	1 132	1 368	1 058	1 146	2 014
政府储蓄净值	-7 287	2 527	1 045	-7 973	2 196	6 101	-242	-1 830	-5 956	1 612	4 392	27	-10 880	-1 817	2 674	-2 535
社保基金	3 276	3 233	2 463	1 551	-203	2 675	2 724	2 157	1 267	1 620	1 782	1 172	-2 633	-660	409	-2 328
其他	-10563	-706	-1 418	-9 524	2 399	3 426	-2 966	-3 987	-7 223	-8	2 610	-1 145	-8 247	-1 157	2 265	-207
总收入	51 265	56 391	57 825	54 503	66 916	82 859	87 498	91 948	87 096	97 909	105 751	111 584	109 861	124 354	136 168	141 040
当期收入	50 387	55 395	56 757	53 588	66 091	81 919	86 443	90 800	85 933	96 656	104 147	109 797	108 166	122 549	133 926	138 531
资本转移收入	878	996	1 068	915	825	940	1 055	1 148	1 163	1 253	1 604	1 787	1 695	1 805	2 242	2 509
总支出	…	…	…	…	…	…	…	…	…	…	…	…	…	…	148 972	161 749
当期支出	57 674	52 869	55 712	61 561	63 895	75 818	86 685	92 629	91 889	95 043	99 754	109 770	119 046	124 366	131 252	141 066
政府总投资	4 708	5 686	8 482	11 315	11 455	19 582	24 621	26 666	25 396	24 358	27 146	30 230	32 622	35 863	36 003	39 897
资本转移支付	0	0	0	0	0	0	0	0	0	8	18	24	29	49	93	123
非生产性资产购置	…	…	…	…	…	…	…	…	…	…	…	…	…	…	1 316	1 485
固定资产消费	11 444	11 386	10 505	9 694	9 060	9 979	11 062	12 144	13 022	13 897	15 316	16 660	17 544	18 625	19 693	20 823
借入或借出净值	…	…	…	…	…	…	…	…	…	…	…	…	…	…	-12 804	-20 709

资料来源：美国经济分析局，2019。

从盈余和赤字来看，联邦政府、州和地方政府各有不同。1948—1961 年，联邦政府有 6 年呈现盈余，而州和地方政府年年赤字，且赤字额不断加大。具体而言，联邦政府于 1948 年拥有 118 亿美元的财政盈余，其中预算内 105 亿美元，预算外 12 亿美元。[①] 后因朝鲜战争爆发由盈余转入赤字，又因经济进入扩张期再次出现财政盈余，1960 年首次出现财政平衡，1961 年因经济衰退发生赤字 33 亿美元，具体如表 4-5 所示。从联邦政府盈余或赤字占 GDP 的比重来看，盈余占比最高为 1948 年的 4.5%，最低为 1960 年的 0.1%；赤字占比最低为 1954 年的 -0.3%，最高为 1959 年的 -2.5%。州和地方政府赤字最高值出现在 1959 年，为 -85 亿美元，GDP 占比为 -1.7%。

表 4-5　　　　　　　　1948—1961 年美国政府盈余或赤字余额及 GDP 占比

财年	10 亿美元（按现价计算）					GDP 占比（%）		
	各级政府	联邦政府			州和地方政府	各级政府	联邦政府	州和地方政府
		总额	预算内	预算外				
1948	10.4	11.8	10.5	1.2	-1.4	4.0	4.5	-0.5
1949	-1.5	0.6	-0.7	1.3	-2.1	-0.5	0.2	-0.7
1950	-6.6	-3.1	-4.7	1.6	-3.5	-2.4	-1.1	-1.3
1951	3.2	6.1	4.3	1.8	-2.9	1.0	1.9	-0.9
1952	-4.6	-1.5	-3.4	1.9	-3.1	-1.3	-0.4	-0.9
1953	-9.0	-6.5	-8.3	1.8	-2.5	-2.3	-1.7	-0.6
1954	-4.7	-1.2	-2.8	1.7	-3.6	-1.2	-0.3	-0.9
1955	-8.0	-3.0	-4.1	1.1	-5.0	-2.0	-0.7	-1.2
1956	-1.0	3.9	2.5	1.5	-5.0	-0.2	0.9	-1.1
1957	-2.1	3.4	2.6	0.8	-5.5	-0.5	0.7	-1.2
1958	-10.8	-2.8	-3.3	0.5	-8.1	-2.3	-0.6	-1.7
1959	-21.4	-12.8	-12.1	-0.7	-8.5	-4.2	-2.5	-1.7
1960	-7.2	0.3	0.5	-0.2	-7.5	-1.3	0.1	-1.4
1961	-11.5	-3.3	-3.8	0.4	-8.1	-2.1	-0.6	-1.5

资料来源：美国国会预算管理办公室，2019。

联邦政府债务在 1946 年达到历史峰值 2 710 亿美元，占 GDP 比重高达 119%。至 1953 年债务总量逐步下降，在 2 600 亿美元上下波动，占 GDP 比重跌至 1953 年的 68%。1954 年开始政府债务总量小额抬升，1961 年为 2 890 亿美元；但占 GDP 的比重持续下降，1961 年仅为 53%，具体如图 4-4 所示。这说明战后联邦政府对债务采取了较为严格的控制措施，仍奉预算平衡为圭臬。

[①] 美国的预算内外资金都能纳入统一的联邦预算，并且按法定程序最终由国会批准。预算外资金是保护某些联邦实体免于一般预算程序而设立，同时防止国会动用这些资金来抵销其他支出。目前仅包括社会保险信托基金和美国邮政服务。

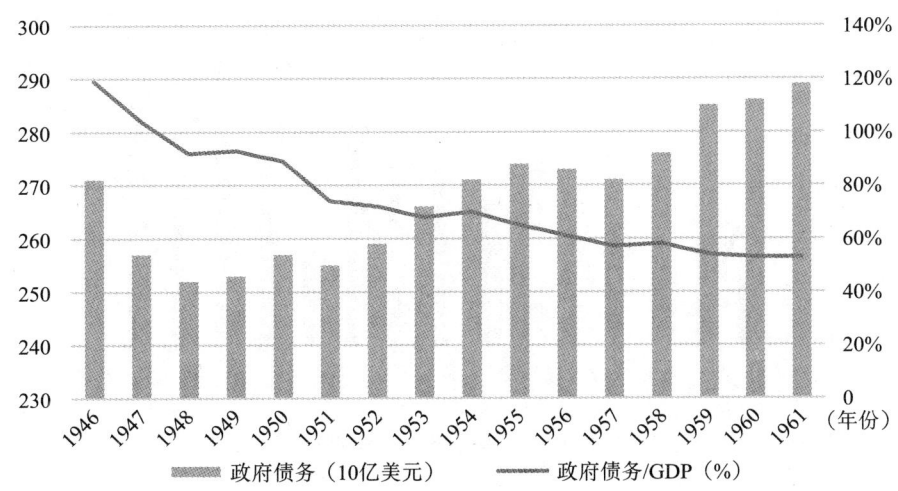

图 4-4　1946—1961 年美国联邦政府债务及其 GDP 比重

资料来源：美国国会预算管理办公室，2019。

注：以美国财政年度为单位，数据截至当年 9 月 30 日。

（五）进出口

二战后美国商品和劳务出口总额稳步上升，从 1946 年的 141.56 亿美元增长到 1961 年的 276.02 亿美元，增长 1.95 倍。年度增速波动巨大，16 年期间 5 年为负增长，11 年为正增长。最高值出现在 1946 年，年度增速高达 108.75%，战后美国经济迅速的恢复由此可见一斑；最低值出现在 1950 年，为 -14.73%；年度增速间的波幅高达 1 230BP。商品和劳务进出口总额也同步增长，从 1946 年的 69.74 亿美元增长到 1961 年的 226.88 亿美元，增长 3.27 倍。年度增速呈现较大波动，16 年间 4 年为负增长，12 年为正增长。最高值出现在 1948 年，增速为 26.81%；最低值在 1949 年，增速为 -8.06%。最低值和最高值分别出现在连续两个自然年度中，波幅达到 35BP。整体来看，虽然美国进口增长快于出口增长，但在该时段年度商品和劳务出口总额均高于同年进口总额。

出口增长得益于美国快速的经济恢复能力和强大的制造能力，同时美国企业也积极在全球市场上销售自己的产品。美国在全球工业制成品贸易中所占份额从 1933 年的 10% 提升到 1953 年的 29% 就是极好的证明。而进口增长得益于美国通过降低关税的方式塑造了自由贸易体制的基石。1944 年，美国应税商品进口关税平均税率高达 33%，6 年之后降到了 13%。

（六）国内投资

二战后头三年美国国内投资在政府刺激计划之下高速增长，后续增长则有起有落，不乏出现负增长的情形，如 1949 年投资较 1948 年减少了 84.15 亿美元，又如 1954 年较 1953 年减少了 36.14 亿美元。从总量上来看，美国国内投资总额在战后的 1946 年为 378.36 亿美元，1961 年达到 1 263.81 亿美元，增长 3.26 倍。私人部门投资从 331.28 亿美元增长到 865.84 亿美元，增长 2.61 倍；政府部门投资从 47.08 亿美元增长到 398.97 亿

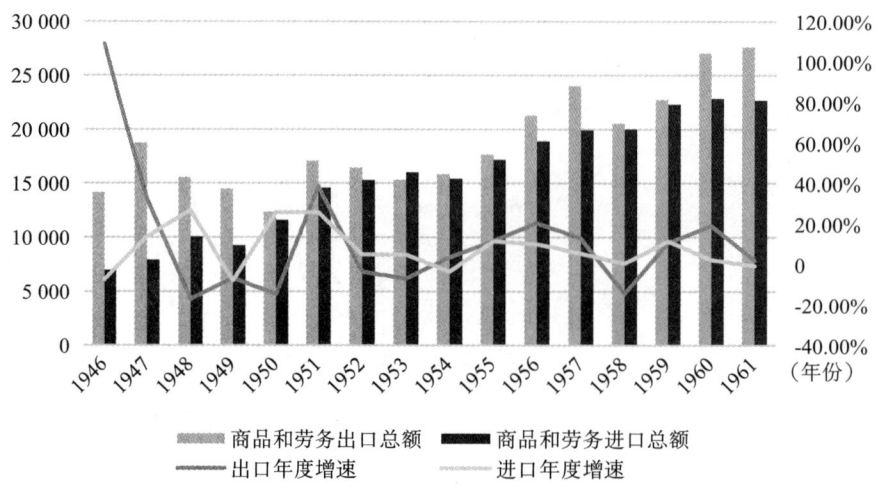

图 4-5　1946—1961 年美国进出口总额及年度增速

资料来源：美国经济分析局，2019。

美元，增长 8.47 倍。可见，政府投资较之私人投资增长更为迅猛。从结构上来看，私人部门投资占比在 68% 以上，占比最低在 1958 年，为 68.50%；最高在 1946 年，达 87.56%。政府部门投资则控制在 1/3 较弱的比重。

图 4-6 则进一步显示出政府投资占比较高的两个时间段，一是 1952—1954 年，占比均在 30% 以上；二是 1957—1961 年，占比均在 28% 以上。这也说明了战后美国政府一直采取了凯恩斯主义的需求侧管理模式，因为政治家们普遍认为凯恩斯主义可以用来预防经济大萧条，而且可以用于指导美国实现永久经济繁荣。①

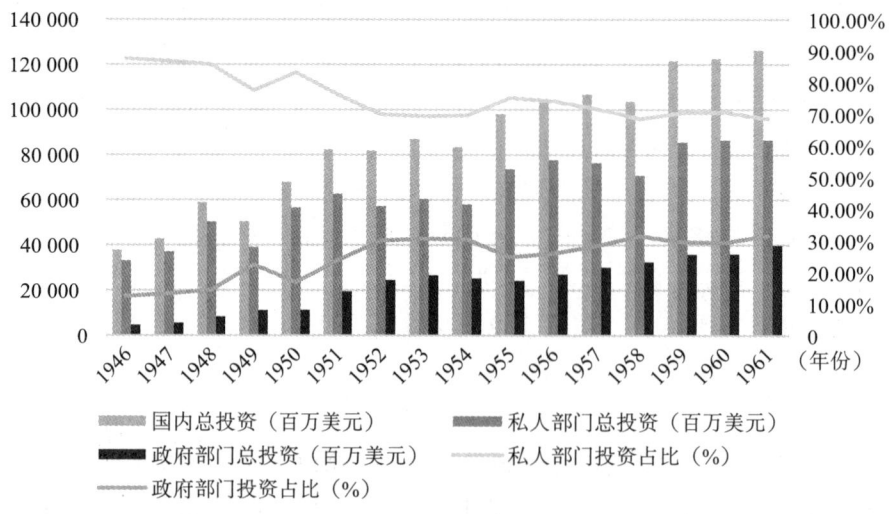

图 4-6　1946—1961 年美国国内总投资和部门投资

资料来源：美国经济分析局，2019。

---

① ［美］罗伯特·戈登，张林山等译：《美国增长的起落》（第一版），中信出版集团 2018 年版，第 257 页。

从固定资产投资总额来看，1946 年为 271.2 亿美元，1961 年为 836.1 亿美元，增长 3.08 倍；从设备投资总额来看，1946 年为 99.5 亿美元，1961 年为 289 亿美元，增长 2.9 倍。从固定资产投资年度增速来看，最高增速在 1946 年，高达 95.34%；最低增速在 1949 年，为 -6.48%，具体见图 4-7。

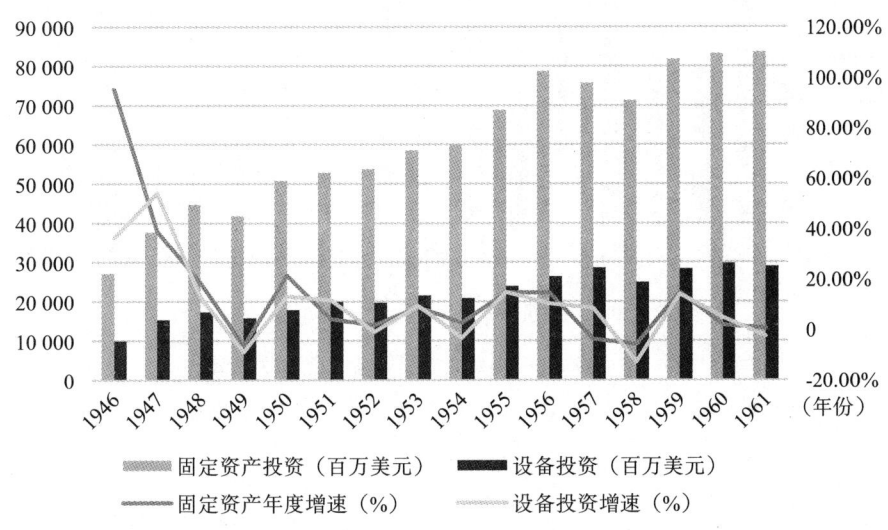

图 4-7　1946—1961 年美国固定资产投资和设备投资

资料来源：美国经济分析局，2019。

肯尼迪减税前两年，固定资产投资增速已从 1959 年的 14.64% 急剧下降到了 1960 年的 1.83% 和 1961 年的 0.44%。设备投资是如此，年度增速从 1959 年的 13.95% 降至了 1960 年的 4.71% 和 1961 年的 -2.61%。两类重要投资的增速下降，反映了美国私人部门新建、续建和扩大再生产的积极性减弱，原因可能在于企业面临利润总额和利润率下滑的问题。本时段的美国尚未完全转向以消费为主导的经济结构，投资锐减势必造成了经济增速的下滑。

（七）就业人数和失业率

二战后全职和兼职雇员总量呈稳步上升趋势，从 1946 年的 4 964 万人增加到 1961 年的 6 288 万人，增长 1.27 倍。因政府各项刺激政策出台，1946 年的失业率仅为 3.90%。1951 年和 1952 年更是降低至 3.1% 和 2.7%，随后逐渐上升。至 1960 年和 1961 年，失业率已分别高达至 6.6% 和 6.0%（如图 4-8 所示）。

从反映制造业和服务业的非农就业来看，1946 年为 4 338 万人，1961 年增长到 5 487 万人，增长 1.26 倍，增幅与全国就业人数基本持平。非农就业人数占总就业人数的比重保持稳定，1946 年为 87.4%，1961 年为 87.3%（如图 4-9 所示）。

（八）私人商业部门劳动生产率

劳动生产率考察了劳动者在一定时期内创造的成果与其相适应的劳动消耗量的比值。图 4-10 显示了以 2012 年为基准的美国私人商业部门劳动生产率（不包括政府企业），

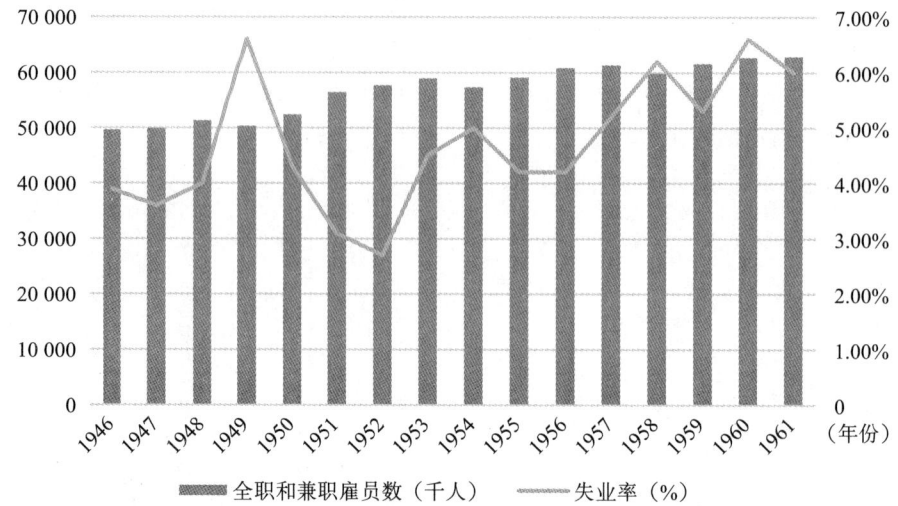

图 4-8　1946—1961 年美国就业人数和失业率

资料来源：美国劳工统计局，2019。

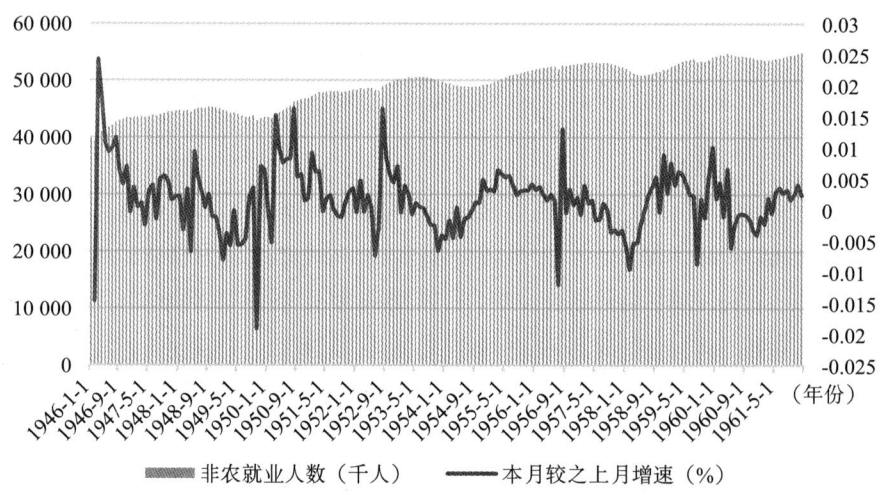

图 4-9　1946—1961 年美国非农就业人数与增长率（月度）

资料来源：美国劳工统计局，2019。

1948 年为 20.222，1961 年为 31.089，增长了 1.54 倍；单位劳动成本 1948 年为 17.593，1961 年为 21.957，增长了 1.25 倍。这说明劳动生产率增长快于成本增长，成本得以一定控制，实际增值产出也能获得较快增长。私人商业部门劳动生产率的增速波幅较大，最高值为 1950 年的 8.5%，最低值为 1956 年的 0.1%。1960 年和 1961 年分别为 1.9% 和 3.8%，对照该时段年度均值 3.38% 来看，这两年劳动生产率的增速并不令人乐观。在该时段单位劳动成本 4 年呈现负增长，11 年的年度增速低于 5%；最高增速为 1951 年的 7.11%，最低增速为 1949 年的 -2.24%。

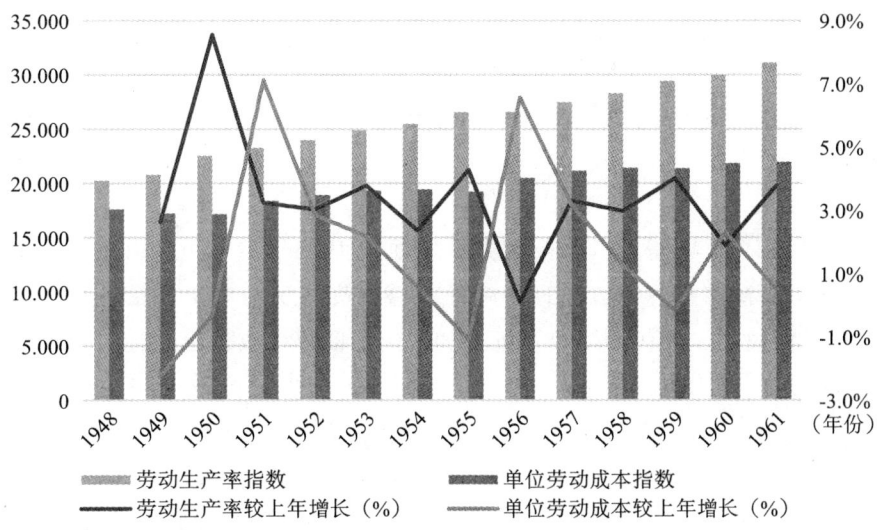

图 4-10　1948—1961 年美国私人商业部门劳动生产率与单位劳动成本

资料来源：美国劳工统计局，2019。

第二次世界大战后，各产业的生产力都得到了提高。以农业为例，1835—1935 年，农业生产力年均仅提高 1%，但在 1945—1960 年年均提高了 4%。这主要得益于规模经济的效应，还有新式农业机械和新式花费的普遍使用。

（九）CPI 和通胀

第二次世界大战后美国居民消费价格指数（CPI，非季调数据）呈现了稳步上升趋势（如图 4-11 所示），从 1946 年的年均 18.0 提高到了 1961 年的 29.9，说明美国食品和服务价格逐步走高。通胀数据波动较大，最高在 1946 年 8 月至 1947 年 9 月，峰值曾达到 19.0%。1949 年开始走向通缩，出现 1 年的负增长。1950 年下半年后，通胀逐步企稳走高，至 1953 年又进入长达 3 年的通缩期；1956 年 10 月—1958 年 11 月，通胀率维持在了 2% 以上，但随后持续走低，1961 年第四季度，通胀率仅有 0.7%。

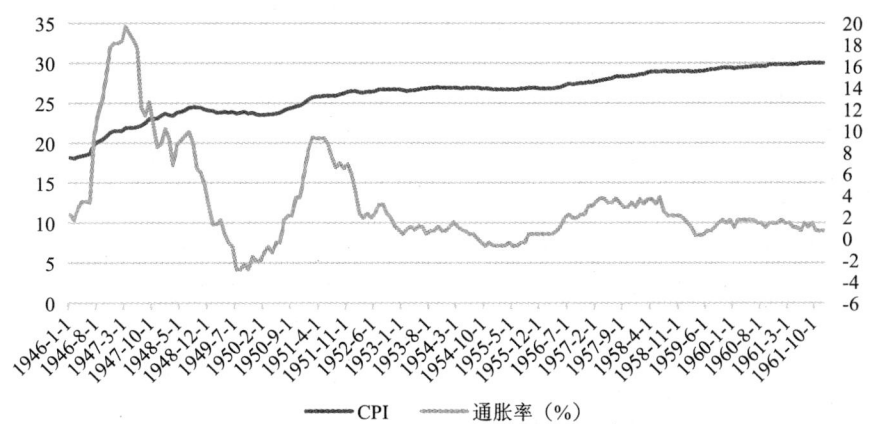

图 4-11　1946—1961 年美国 CPI 和通货膨胀率

资料来源：美国劳工统计局、美国圣路易斯联储银行，2019。

第二节　肯尼迪减税政策的主要内容

肯尼迪总统于1962年提出了减税方案，但他因1963年11月遭到暗杀没有看到方案出台，直到1964年初该方案才被正式实施。减税政策的实施对象包括了个人、家庭和公司，不仅包括降低税率，还包含了投资抵免和加速折旧等税收优惠措施。

一、政策出台过程

在经济政策上，肯尼迪征求意见的部门主要有两个：一是财政部，部长狄龙（Douglas Dillon）是一名共和党员，观点偏自由市场派，主张改革财政与税收政策，使其更加简单、高效。助理部长萨里（Stanley Surrey）是哈佛大学法学院教授，极力主张减税，特别是降低个人所得税最高税率。另一个是经济顾问委员会（Council of Economic Advisers，缩写为CEA），以凯恩斯学派经济学家为主，成员包括萨缪尔森（Paul Samuelson）、托宾（James Tobin）、索洛（Robert Solow）和赫勒（Walter Heller），除赫勒之外，其他经济学家都主张增加税收、政府支出和赤字以提升有效需求，促进经济增长。

肯尼迪最早公开他和经济顾问的减税设想是在1962年6月7日的一次记者招待会上，1962年12月14日肯尼迪在纽约经济俱乐部发表的讲话中更为具体地讲述了减税设想：

"联邦政府帮助经济增长最直接和最重要的行动是增加私人消费和投资需求——消除抑制私人消费的桎梏。在过去，部分可以通过增加使用信用和货币工具来完成。但是，目前我们的国际收支状况限制我们使用这些扩张性工具；我们也可以通过以快于必要速度的速度增加联邦政府支出来做到这一点，但这样做很快就导致政府和经济陷入混乱状态。"

"增加消费者和企业需求的终极和最好手段就是减轻私人收入的负担，并消除现行税制对私人积极性的障碍。而本届政府在去年夏天承诺的全面削减个人和公司所得税的方案将于1963年提交议会审议通过并付诸实施。"①

1963年1月21日，肯尼迪在他公布的经济报告中继续阐述了减税主题，特别指出，"充分就业就是一个不切实际的沉重的税收负担，已经到了非消除这个负担的时候了"。1月24日，肯尼迪向国会传递了他的减税意愿：

"我们的税制仍然从私营经济中抽走了太多的个人和企业购买力，降低了对风险、投资和努力的激励，进而使我们的复苏夭折，扼杀了国家的增长率。"②

肯尼迪还大致披露了减税方案的细节：减税总额达135亿美元，其中个人所得税减少

---

① ［美］布鲁斯·R.巴特利特："肯尼迪减税"，见理查德·H.芬克，沈国华译：《供给经济学经典评读》，上海财经大学出版社2018年版，第258—267页。
② K. Cuccinelli & B. J. Gottstein, 2013. *Lase Line of Defense*. Crown Forum, pp243.

110 亿美元，公司所得税减少 25 亿美元。个人所得税税率从 20%—91% 降低到更为合理的 14%—65%，公司所得税税率降低 5 个百分点，从 52% 降低到 47%。同时，为解决减税产生的暂时性赤字，建议将赤字分摊至今后的 3 年当中，并将国防和太空领域之外的公共支出控制在现有水平。随后，在 1963 年的广播和电视演讲中，肯尼迪继续宣传他的减税方案：

"减税意味着更高的家庭收入、更高的商业利润和平衡的联邦预算。每一个纳税人和他的家庭手头将有更多结余的资金，可以购买新车、新房、新的便利设施，也可用于教育和投资。每位企业家都可获得更高比例的利润，或者将其用于扩大或改善业务。随着国民收入的增长，联邦政府最终将获得更多的税收收入。"①

1963 年夏季，众议院筹款委员会开始审议减税法案，第 8363 号决议直至当年 9 月 13 日才在法律上完全生效。筹款委员会的报告详细阐述了他们对于减税方案的观点：

"我们承认，在很多人看来把减税作为增加税收的一种途径似乎自相矛盾。但过往的经验已经证明，这种情况极有可能发生。……1954 年，国会批准在朝鲜战争期间强制性增加个人所得税的同时削减消费税，并确定削减其他税收，减税总额高达 74 亿美元。1956 年，政府征收的税额达到 32 亿美元，超过了减税前的水平。"②

但也有共和党员反对减税计划，理由是税收减少但支出不减，势必造成更大的财政赤字。在辩论会上，众议院筹款委员会主席米尔斯（Willbur Mills）驳斥了赤字观点：

"新的减税法案会使得国民生产总值充分增长，因此由国民生产总值所增加的税收会使预算实现平衡，并且比在不减税情况下更早实现预算平衡。……在我看来，这项减税法案在未来几年里将使国民生产总值增长 500 亿美元，由减税增加的税收将达到 120 亿美元。"③

二、主要政策内容

肯尼迪减税实则包括了一系列举措，最初是 1962 年从对公司的减税开始，主要涉及加速折旧和税收抵免优惠，以期降低生产成本并推动经济增长，整体减税方案的时间进度如表 4-6 所示。本节主要介绍《1962 年收入法案》和《1964 年收入法案》的主要减税条款。

（一）《1962 年收入法案》中的投资税收减免

美国《1962 年收入法案》在最重要的第二节中明确了投资税收减免的条款。条款规定：实物资产形式（不包括建筑物）的新投资可直接从纳税义务中享受 7% 的投资抵免。该项税收抵免是对应纳税额的直接扣除，也是对资产折旧的额外优惠。

---

① K. Cuccinelli & B. J. Gottstein, 2013. *Lase Line of Defense.* Crown Forum, pp243.
② ［美］布鲁斯·R. 巴特利特：《肯尼迪减税》，见理查德·H. 芬克，沈国华译：《供给经济学经典评读》，上海财经大学出版社 2018 年版，第 258—267 页。
③ 同②。

表 4-6　　　　　　　　　　　肯尼迪减税时间表

法案	条款	年份
公司		
折旧改革 （收入 PROC.62-21）	调整加速折旧方法 建立了统一的、覆盖行业的纳税年限 折旧年限缩短了 30%—40% 纳税年限降低了 20% 税收折旧加权平均现值提高了 7.8%	1962 年 7 月
投资税收抵免 （1962 年收入法案）	设备可享受 7% 的投资税收抵免；公共事业财产享受 3% 1963 年和 1964 年享有基础调整	1962 年 10 月
调低公司税税率 （1964 年收入法案）	从 1963 年的 52% 调低到 1964 年的 50%，再调低到 1965 年的 48%	1964 年 2 月
个人		
调低个人所得税税率 （1964 年收入法案）	根据应税所得的级距相应调低到 16%—43% 最高税率从 90% 降到 70%	1964 年 2 月

资料来源：Gary 和 Robbins，1996。

一是关于投资抵免的限额。年度投资抵免额受应纳税所得额的限制，所得限额以 25 000 美元为标准。在某一纳税年度内，已婚联合申报的夫妇抵免前的应纳税所得额税在 25 000 美元以下且纳税义务超过 25 000 美元的 25%，则可享有该笔投资抵免优惠。对于选择单独申报的已婚夫妇，所得限额降至 12 500 美元。对于合伙人，25 000 美元的限额根据合伙人数进行分配。本年度未能获得抵免的数额可以向前和向后结转，向前结转不超过 3 年，向后结转不能超过 5 年。

二是关于获得抵免的资产类别。能获得投资抵免的实物资产包括个人实物资产和企业营业用资产，但不能是建筑物和建筑物的一部分。投资抵免同样适用于高炉、户外机械等根据法律可以归属于不动产的资产。

三是关于获得有限抵免的各类资产。投资抵免不适用于购买时平均预期使用寿命低于 4 年的资产。平均预期寿命在 4—6 年的资产，可获得 7% 的 1/3 的抵免；平均预期寿命在 6—8 年的资产，可获得 7% 的 2/3 的抵免；平均预期寿命在 8 年以上的资产，可获得全额抵免，具体见表 4-7。如果没有此项规定，短期寿命的资产将比长期寿命资产更有优势，因为短期资产的每次更新都可获得投资抵免。

公用事业类资产（交通运输除外）可获得 3% 的抵免优惠。位于美国境外的资产不能享受该项抵免，抵免也不适用于住宅内的设备，但适用于酒店和汽车旅馆的设备。购买二手资产可获得有限抵免，但每年不得超过 50 000 美元的购买限额。对于单独申报的纳税人，购买限额降至每年 25 000 美元。

表 4−7 各类不同预期寿命资产获得的抵免额比例

资产类别	抵免比例（%）
4—6 年	$33\frac{1}{3}$
6—8 年	$66\frac{2}{3}$
8 年以上	100

资料来源：The 1962 Revenue Act。

（二）《1964 年收入法案》中的所得税减免

1964 年，约翰逊总统执行了肯尼迪的所得税减税计划，国会也将其作为《1964 年收入法案》的一部分予以通过。1964 年法案包括了两步走的公司所得税减税：1964 年从公司所得税税率从 52% 降低到 50%，1965 年税率再次下调到 48%，降幅达 8.3%。

个人所得税的减税最受关注，减税之前边际税率从应税所得 2 000 美元以下的 20%（联合申报为收入 4 000 美元）到收入 200 000 美元以上的 91%（联合申报为 400 000 美元）不等，且应税所得级距多达 27 级。1964 年法案将个人所得税在 1964 和 1965 两年内分步减税，最终减税幅度依据应税所得的级距不同而从 15.8% 到 42.9% 不等，具体如表 4−8 所示。

表 4−8 1964 年前后的美国个人所得税税率表

应税所得（美元）①		税率			下降幅度
单身个人申报	夫妇联合申报	1964 年前	1964 年	1965 年	
0—500	0—1 000	20%	16.0%	14.0%	42.9%
500—1 000	1 000—2 000	20%	16.5%	15.0%	33.3%
1 000—1 500	2 000—3 000	20%	17.5%	16.0%	25.0%
1 500—2 000	3 000—4 000	20%	18.0%	17.0%	17.6%
2 000—4 000	4 000—8 000	22%	20.0%	19.0%	15.8%
4 000—6 000	8 000—12 000	26%	23.5%	22.0%	18.2%
6 000—8 000	12 000—16 000	30%	27.0%	25.0%	20.0%
8 000—10 000	8 000—10 000	34%	30.5%	28.0%	21.4%
10 000—12 000	16 000—20 000	38%	34.0%	32.0%	18.8%
12 000—14 000	20 000—24 000	43%	37.5%	36.0%	19.4%
14 000—16 000	24 000—28 000	47%	41.0%	39.0%	20.5%
16 000—18 000	28 000—32 000	50%	44.5%	42.0%	19.0%
18 000—20 000	32 000—36 000	53%	47.5%	45.0%	17.8%
20 000—22 000	36 000—40 000	56%	50.5%	48.0%	16.7%
22 000—26 000	40 000—44 000	59%	53.5%	50.0%	18.0%
26 000—32 000	44 000—52 000	62%	56.0%	53.0%	17.0%

续表

应税所得（美元）①		税率			下降幅度
单身个人申报	夫妇联合申报	1964年前	1964年	1965年	
32 000—38 000	52 000—64 000	65%	58.5%	55.0%	18.2%
38 000—44 000	64 000—76 000	69%	61.0%	58.0%	19.0%
44 000—50 000	76 000—88 000	72%	63.5%	60.0%	20.0%
50 000—60 000	88 000—100 000	75%	66.0%	62.0%	21.0%
60 000—70 000	100 000—140 000	78%	68.5%	64.0%	21.9%
70 000—80 000	140 000—160 000	81%	71.0%	66.0%	22.7%
80 000—90 000	160 000—180 000	84%	73.5%	68.0%	23.5%
90 000—100 000	180 000—200 000	87%	75.0%	69.0%	26.1%
100 000—150 000	200 000—300 000	89%	76.5%	70.0%	27.1%
150 000—200 000	300 000—400 000	90%	76.5%	70.0%	28.6%
200 000以上	400 000以上	91%	77.0%	70.0%	30.0%

注：①应税所得为扣减个人扣除额和免税额后的数额。

资料来源：Congressional Quarterly, Congress and the Nation, 1945-1964, Washington, DC. p.439。

此次减税后，应税所得级距从27级减少到了25级，单身个人申报的最低级距由2 000美元以下调低到500美元以下，最高级距从200 000美元以上调低到100 000美元以上；已婚夫妇联合申报的最低级距由4 000美元以下调低到1 000美元以下，最高级距从400 000美元以上调低到200 000美元以上。不过需要指出的是，1964年法案中的应税所得是扣减了标准扣除和免税额后的数额，法案规定每份申报享有最低200美元的标准扣除，每位纳税人享有最低100美元的免税额，两者扣减额度最高可达1 000美元。级距的调整表明政府旨在：一是将个人所得税制朝"简单"方向推进；二是降低低收入阶层的税收负担，将原有2 000美元的级距分解为了四个级距；三是调低高收入阶层的认定标准，原有200 000美元（已婚夫妇联合申报为400 000美元）适用最高税率，法案将其调整为100 000美元（已婚夫妇联合申报为200 000美元）。

从税率设计来看，1964年法案实施之前，根据所得级距不同，税率分别以2%、4%、5%、3%、2%、1%的幅度累进。法案推出之后，1964年税率分别以0.5%、1%、1.5%、2%、2.5%、3%、3.5%、3%、2.5%、1.5%和0.5%的幅度累进，1965年的税率分别以1%、2%、4%、3%、2%和1%的幅度累进。由此看出，税改之后不仅最低税率下调，累进幅度在缩小，且适用高累进幅度的应税所得级距在减少。1963年有20个所得级距适用3%—5%的高累进幅度，1964年为9个，1965年为11个。从税率下降幅度来看，首先为应税所得在0—500美元以下（联合申报为0—1 000美元）的纳税人降幅最大，高达42.9%；其次为应税所得在500—1 000美元（联合申报为1 000—2 000美元）之间的纳税人，降幅为33.3%；再次为应税所得200 000美元以上（联合申报为400 000美元以上）的纳税人，降幅达30%。

显然，减税降低了劳动力和资本的边际税率。自然人纳税人因约有80%的调整毛收入来自工薪所得而受益，资本因对股利和非公司企业实施了低税率而受益，资本利得的公司所得税税率在1964年降低了8.8%，1965年再次降低了2%。

第三节 肯尼迪减税政策的效果评价

本节考察的时段为1962—1970年，考虑的因素在于：一是肯尼迪系列减税政策中的《折旧改革法案》正式出台于1962年，《1964年收入法案》虽由约翰逊总统签署，但却在肯尼迪时代设计和确认，所以对肯尼迪减税的考察不适合终止于他被刺杀的1963年。二是考察时段适宜覆盖某轮商业周期中扩张或紧缩的完整阶段，根据NBER最具权威的界定，肯尼迪和约翰逊总统就职之后美国经历了史上长达106个月的经济扩张期，即从1961年2月到1969年12月。三是为比较分析扩张期与紧缩期的经济数据差异，也是为了观察政策效果的消退性，考察时段在经济扩张期结束之后延长了一年。

一、对经济增长的影响

对肯尼迪减税的经济增长效应存在一些争议。许多政策支持者认为正是1964年的所得税减税加快了美国20世纪60年代的经济快速增长。反对者则认为减税毫无作用，因为减税之前经济就开始复苏，而减税之后经济全面衰退。从减税政策实施前后的各项指标来看，差距是明显的。

（一）对GDP增速的影响

经济复苏确实始于1964年之前止于20世纪70年代，但是减税政策对于经济增速确实起到很大的推动作用，远远超过了减税预期（Gary和Robbins，1996）。[①] 早在1962年前的短短8年间，美国经济经历了3次商业周期的衰退，扣除通货膨胀因素之后的实际GDP年均增速仅为2.5%。而1962—1968年的实际GDP年均增速达到了4.7%，较大幅度地高出了前8年的均值（如图4-12所示）。

若再选择同等时间长度的年均GDP增速进行比较，减税之前均低于减税之后。如3年期年均GDP增速，减税之前（1958—1961年）为3.4%，减税之后（1961—1964年）为5.0%；5年期年均GDP增速，减税之前（1956—1961年）为2.3%，减税之后（1961—1966年）为5.3%；九年期年均增速，减税之前（1952—1961年）为2.5%，减税之后（1961—1970年）为4.0%（如表4-9所示）。

---

① Cary & A. Robbins. Tax Policy & the 1960s: Another Look at the Kennedy Tax Cuts. *Issue Brief*. Sept. 26. 1996. pp1-15.

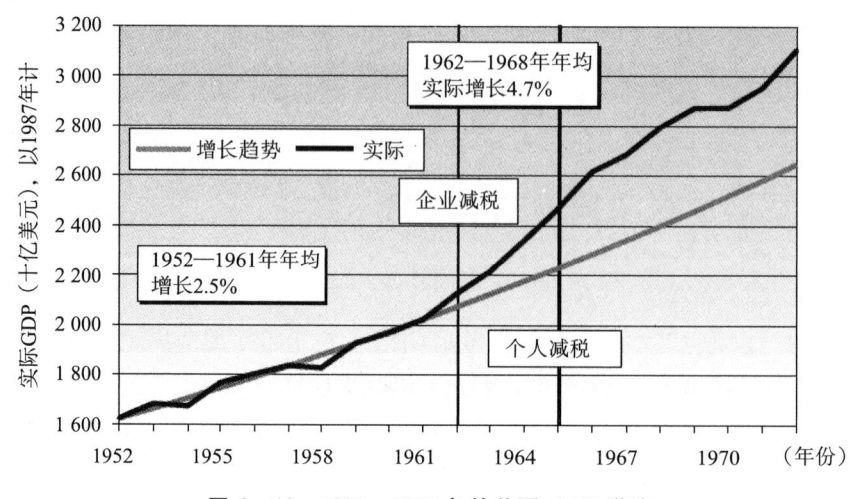

图 4-12 1952—1970 年的美国 GDP 增速

资料来源：Gary 和 Robbins，1996。

表 4-9 不同时段的 GDP 平均增速

减税前		减税后	
从…到 1961 年	年均经济增速（%）	从 1961 年到…	年均经济增速（%）
1960	2.7	1962	5.2
1959	2.4	1963	4.6
1958	3.4	1964	5.0
1957	2.4	1965	5.1
1956	2.3	1966	5.3
1955	2.3	1967	4.8
1954	2.7	1968	4.7
1953	2.3	1969	4.5
1952	2.5	1970	4.0

资料来源：美国经济分析局，2019。

表 4-9 描述的是经济扩张强度。从经济扩张长度来看，图 4-13 显示受肯尼迪政府系列减税政策刺激，肯尼迪与约翰逊任职期间的经济扩张期长达 106 个月，远远高于其他总统任期内的经济扩张时长。因此，那种认为美国 20 世纪 60 年代经济扩张完全是由于市场经济规律性波动造成的观点有失偏颇，如果没有政府及时和有效的干预，肯尼迪与约翰逊两位总统也会与二战后其他总统一样，只能看到短期的经济扩张，而不是肯尼迪提出的"让美国再次前进"的目标。

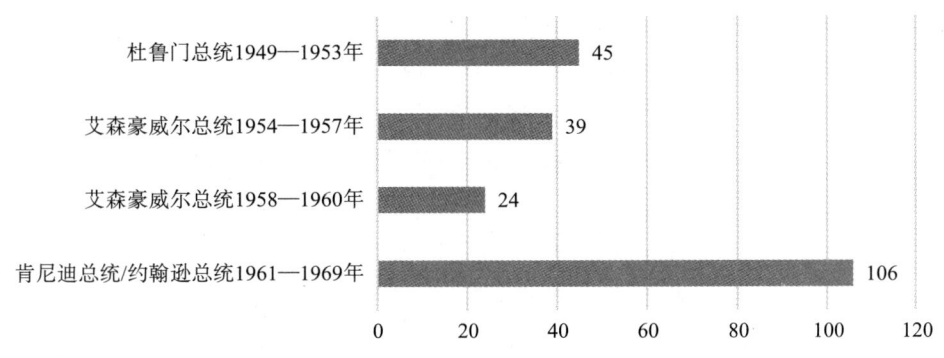

图 4-13 经济扩张期的延续时长（月）

资料来源：美国国家经济研究局，1996。

（二）对个人收入和消费的影响

从绝对量来看，人均个人收入继续稳步增长；从增长速度来看，减税后较之减税前更为平稳，波幅更小（如表 4-10 所示）。1952—1961 年，人均收入年度最高增速为 6.71%，最低为 0.53%，平均增速为 3.41%。1962—1969 年，人均收入年度最高增速为 9.82%，最低为 4.09%，平均增速为 6.56%。进入 1970 年的衰退期后，个人收入增速明显放缓至 5.57%。减税后的人均个人收入平均增速约为减税前的 2 倍。从波幅来看，减税前的波幅为 618BP，减税后降到了 573BP。税负的减轻必然增加了个人收入，除此之外，高等教育普及率逐步提高、中产阶层不断扩大、工作岗位日益多元化都是带来收入增长的重要因素。

表 4-10　　　　　　　　1962—1969 年的个人收入及储蓄率

年份	人均收入（美元）	个人收入较上年增长（%）	人均储蓄占人均可支配收入的比重（%）
1962 年 10 月 1 日	2546	4.09	11.2
1963 年 10 月 1 日	2651	4.12	10.7
1964 年 10 月 1 日	2809	5.95	11.6
1965 年 10 月 1 日	3022	7.58	11.5
1966 年 10 月 1 日	3239	7.18	11.2
1967 年 10 月 1 日	3423	5.69	12.3
1968 年 10 月 1 日	3759	9.82	11.3
1969 年 10 月 1 日	4061	8.03	10.9
1970 年 10 月 1 日	4287	5.57	12.8

资料来源：美国圣路易斯联储，2019。

从个人消费支出看，1951—1961 年的年均增速为 3.25%，1962—1969 年为 4.94%，增长了 169BP，1970 年则从 1969 年的 3.70% 回落至 2.40%。从个人的消费构成来看，耐用品消费摆脱了减税前长期低增长甚至负增长的状况，1962—1969 年的平均增速达到 1.28%，1970 年跌至 -0.39%。服务类消费 1962—1969 年的平均增速 2.30%，较减税前 10

年的平均增速增长了52BP；1970年该类消费也呈现跌势，从1969年的2.16%下降至1.86%，具体如图4-14所示。消费类数据表明，由于个人所得税率的调低，导致了个人可支配收入的增长，从而一定程度上激发了消费动力，促进了消费升级，并助力于形成内需拉动型的经济增长，有利于形成减税→刺激内需→经济增长→培育税源→增加税收的良性循环。

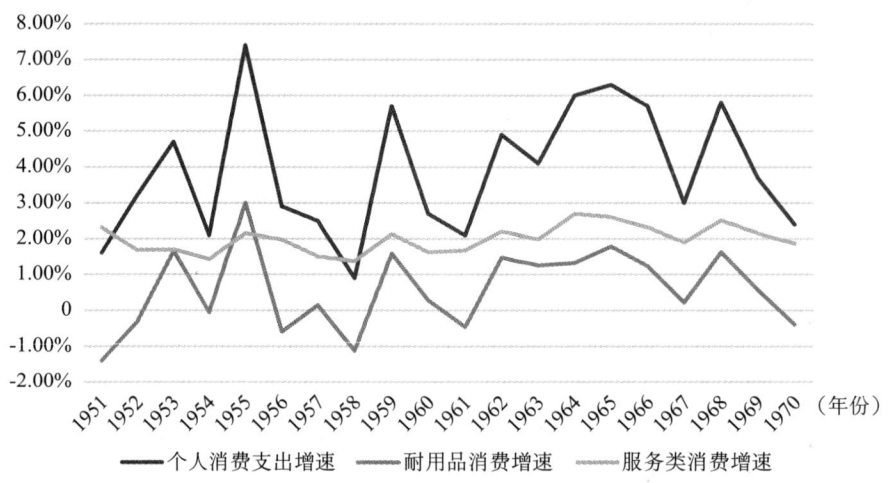

图4-14 1951—1970年美国个人消费支出增长率及构成

资料来源：美国经济分析局，2019。

（三）对国内投资的影响

肯尼迪政府推出折旧改革和投资抵免之后，1962年固定资产投资和设备投资摆脱了低迷状态，分别达到了8.69%和10.91%的增速，具体如表4-11所示。不仅如此，投资呈现了一定的稳定性和持续性，直至1967年受中东石油危机影响双双下滑。随后的1968年和1969年继续维持10%以上增长，1970年则出现断崖式下跌，年度增速仅为2.23%。结合前面的消费类数据，不难看出1970年美国经济总需求明显恶化，进入衰退难以避免。

表4-11   1962—1970年美国固定资产投资与设备投资

年份	固定资产投资（百万美元）	固定资产投资增速（%）	设备投资（百万美元）	设备投资增速（%）
1962	90 876	8.69	32 056	10.91
1963	97 663	7.47	34 367	7.21
1964	107 329	9.90	38 684	12.56
1965	120 398	12.18	45 779	18.34
1966	130 552	8.43	53 023	15.82
1967	132 834	1.75	53 693	1.26
1968	147 871	11.32	58 532	9.01
1969	164 389	11.17	65 163	11.33
1970	168 048	2.23	66 404	1.90

资料来源：美国经济分析局，2019。

不仅如此,折旧改革和投资抵免还鼓励企业更多采用先进的、适用的新技术、新工艺、新设备、新材料等对现有设施、生产工艺条件进行改造,对提高企业经济效益和产品质量也起到了一定的促进作用。以电炉技术为例,税收优惠促使了该技术的广泛使用,尤其是小型钢铁厂也开始将其用于粗钢的熔炼中。1961年,小钢铁厂占美国粗钢产量的比重不足9%,1970年这一比例增长到了15%。[①]

(四) 对就业和失业率的影响

非农就业仍在稳步增长,1962年1月为5 489万人,1969年12月达到7 124万人,增长1.30倍。1970年进入衰退期后,就业人数明显下降,12月数据为70 792 000人。从就业人口的月度增速来看,1962—1969年的96个月中仅有5个月是负增长,但1970年就有7个月出现负增长。尤其值得一提的是,1964年11月至1966年6月,非农就业呈现非常稳定的历史高速增长,具体如图4-15所示。

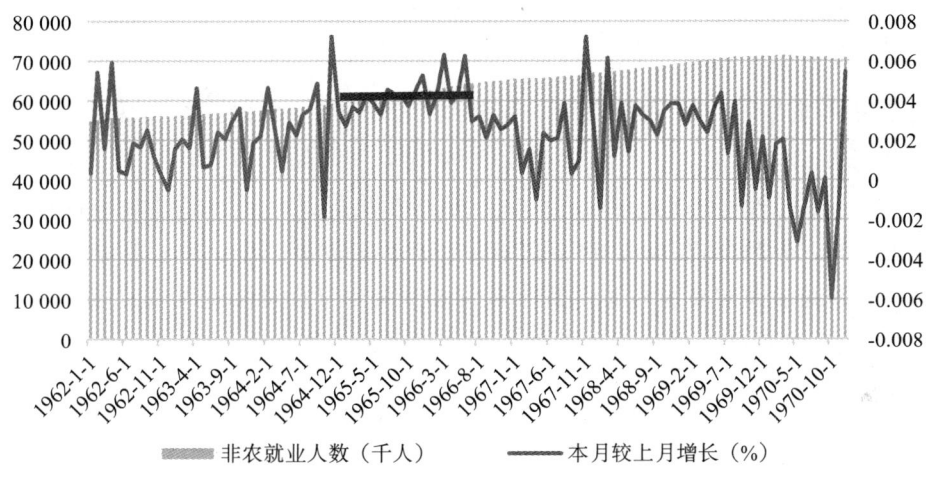

图4-15 1962—1970年美国非农就业人数(月度)

资料来源:美国经济分析局,2019。

从就业的行业分布来看,越来越具备成熟市场经济的总体轮廓,即农业相对下降和服务业的总体上升。表4-12给出了1940—1970年的非农部门雇员的产业分布情况。第二产业就业人员从1940年的40.8%降至1970年的33.0%,第三产业就业人员从59.2%上升至67.0%。在第三产业中,服务业从业人数增幅高达5.1%,政府部门则为4.8%。表中贸易包括批发贸易和零售贸易;服务业包括酒店业、个人服务、商业服务、汽车修理、其他修理服务、动画业、娱乐业、健康服务、法律服务、教育服务等。

[①] Donald F. Barnett & Robert W. Crandall. 1986. *Up from the Ashes: The Rise of the Steel Minimill in the United States.* Washington, D.C.: The Brookings Institutions.

表 4 – 12　　　　　　　　1940—1970 年非农部门就业的行业分布　　　　　　　单位：%

行业	年份	1940	1950	1960	1970
第二产业部门	采矿与建筑业	6.9	7.2	6.6	5.6
	制造业	33.9	33.7	31.0	27.4
	总计	40.8	40.9	37.6	33.0
第三产业部门	交通运输与公共事业	9.4	8.9	7.4	6.4
	贸易服务	20.8	20.8	21.0	21.1
	金融、保险和房地产业	4.6	4.2	4.9	5.2
	服务业	11.4	11.9	13.7	16.5
	政府部门	13.0	13.3	15.4	17.8
	总计	59.2	59.1	62.4	67.0

资料来源：1900—1970 Historical Statistics（1975），series D 127 – 141.

较之减税前高达 6% 以上的失业率，减税后呈现扭转了高失业的局面，具体如表 4 – 13 所示。无论是白人和黑人，男性还是女性，1962 年开始失业率均呈现逐渐下降态势，1969 年失业率仅为 1961 年的一半左右。尤其值得指出的是，虽然二战后女性逐渐大规模进入劳动力大军，但整个 20 世纪 60 年代这一趋势仍在发展当中。生机勃勃的女权运动开始在美国社会跨越就业和高级行业中的性别门槛，女性开始大批进入以前以男性为主导的职业（恩格尔曼和高尔曼，2008）。[①]

表 4 – 13　　　　　　　　1961—1969 年美国失业率变化（%）

年份	白人			黑人		
	总计	男性	女性	总计	男性	女性
1961	6.0	5.7	6.5	12.4	12.8	11.9
1962	4.9	4.6	5.5	10.9	10.9	11.0
1963	5.0	4.7	5.8	10.8	10.5	11.2
1964	4.6	4.1	5.5	9.6	8.9	10.7
1965	4.1	3.6	5.0	8.1	7.4	9.2
1966	3.3	2.8	4.3	7.3	6.3	8.7
1967	3.4	2.7	4.6	7.4	6.1	9.1
1968	3.2	2.6	4.3	6.7	5.6	8.3
1969	3.1	2.5	4.2	6.4	5.3	7.8

资料来源：美国劳工统计局，2019。

---

① ［美］S.L. 恩格尔曼、R.E. 高尔曼，蔡挺等译：《剑桥美国经济史》（第三卷），中国人民大学出版社 2008 年版，第 692 页。

（五）对企业生产成本的影响

折旧改革和投资税收抵免有效地降低了资本成本和税率。每单位新增产出的生产成本在1962年降低了2.4%，1963年进一步降低了0.5%（如表4-14所示）。表中资本要素包括了1962年折旧改革、1964年企业所得税税率下调和1964年影响资本收入的个人所得税税率下调。劳动力要素包括了1964年个人所得税税率下调，1962年、1963年、1966年、1968年和1969年的工薪税税率上调，以及最终抵消了所有联邦税税率降幅的州和地方税税率增幅部分。

表4-14　　　　　　　　　　1961—1969年的企业生产成本变化

年份	资本要素（1）	劳动力要素（2）	成本降幅（1）+（2）	增量变化 1962—1961年	实际GDP
1961	0	0	0	0	2.1%
1962	-2.4%	0.0%	-2.4%	-2.4%	6.0%
1963	-2.9%	0.0%	-2.9%	-0.5%	4.3%
1964	-4.9%	-0.7%	-5.5%	-2.6%	5.8%
1965	-5.0%	-1.0%	-6.0%	-0.4%	6.4%
1966	-4.8%	-0.4%	-5.2%	0.8%	6.4%
1967	-4.1%	-0.1%	-4.2%	1.0%	2.6%
1968	-2.7%	0.8%	-1.9%	2.3%	4.7%
1969	-1.9%	1.4%	-0.6%	1.4%	3.0%

资料来源：Issue Brief, 1996。

减税还进一步降低了生产的边际成本，1962年降幅为2.9%，1965年为5.5%（如图4-16所示）。成本下降的主要原因一方面是公司所得税税率下调；另一方面是股息、资本利得和非公司经营的个人所得税税率下调。生产成本的降低又直接促进了经济增长。

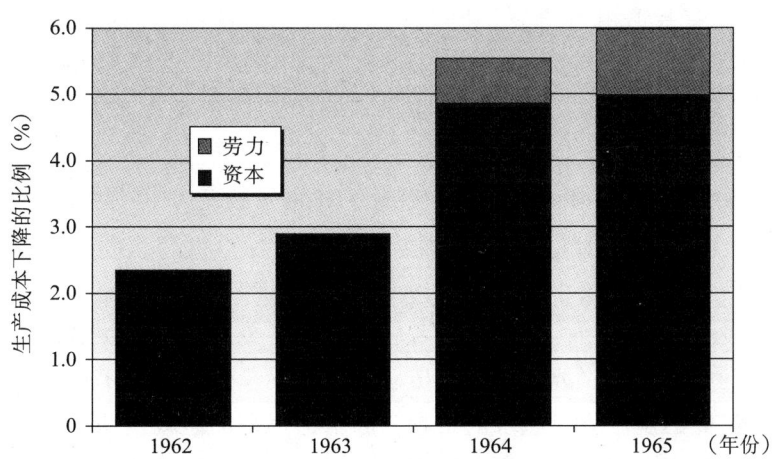

图4-16　1962—1965年的资本账户低税率与企业生产成本

资料来源：Gary和Robbins，1996。

图 4-17 显示了生产成本与经济增长之间明显的负相关关系，其中浅色曲线代表实际 GDP，深色曲线代表生产成本，生产成本越低，实际 GDP 增速就越高。从图中不难看出，1962 年的减税措施推出之后，企业生产成本急剧下降，经济步入快速复苏的通道。

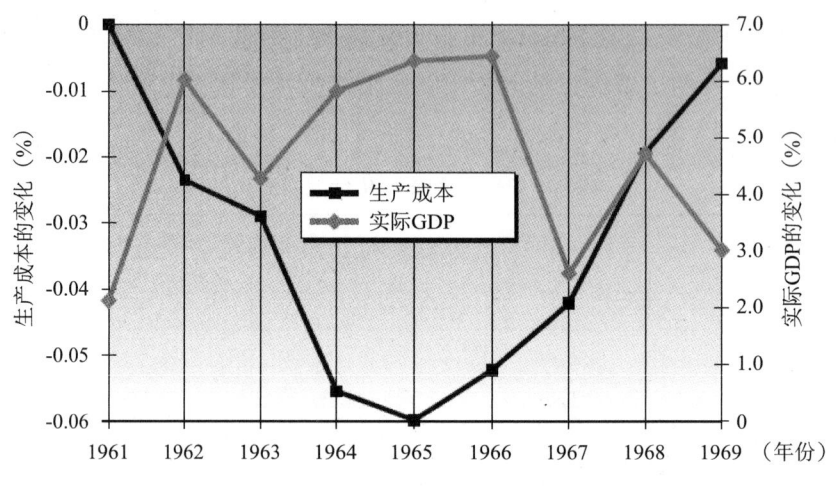

图 4-17 1961—1969 年的生产成本变化与实际 GDP

资料来源：Gary 和 Robbins，1996。

（六）对私人商业部门产出的影响

按照 BEA 的指数测量法，以 2012 年为基准，私人商业部门劳动生产率指数从 1962 年的 32.5 提高到 1969 年的 40.49，增长了 1.24 倍；单位劳动成本指数从 1962 年的 22.0 提高到 1969 年的 26.4，增长了 1.2 倍。较之减税前，该时段劳动生产率与单位劳动成本的增长并没有拉开差距，几乎保持了同等的增幅。但从具体年度来看，以 1966 年为拐点，前 5 年劳动生产率保持了年均 4% 的高速增长，单位劳动成本维持了年均 1% 以下的低速增长，两者的增幅差距相当明显。但 1966 年后，单位劳动成本增速明显超过劳动生产率增速，呈现了与前 5 年完全相反的变化。到 1970 年，劳动生产率指数提高到 41.37，单位劳动成本上升到 27.79，劳动成本增速约为劳动生产率增速的两倍，具体如图 4-18 所示。

美国经济学家戈登（Gordon，2018）测量了样本年份的产出等指标的百分比对数偏差，具体见表 4-15。肯尼迪减税前后的时均产出、人均产出和实际工资指标发生了较大的变化，人均工时相对变化较小。需要指出的是，产出的提高还得益于美国在二战推动下形成的研究与开发体制，其结构发生的重要转型改变了美国在科学领域的地位，即从追随者成为毫无争议的领导者。二战后的美国历届政府不仅承认科学技术在经济中的地位不断提高，而且承认研究的制度化对经济的贡献不断增加。肯尼迪减税的直接作用是降低了企业运营成本，间接作用则是让企业拥有更多资金用于设备更新和技术研发。

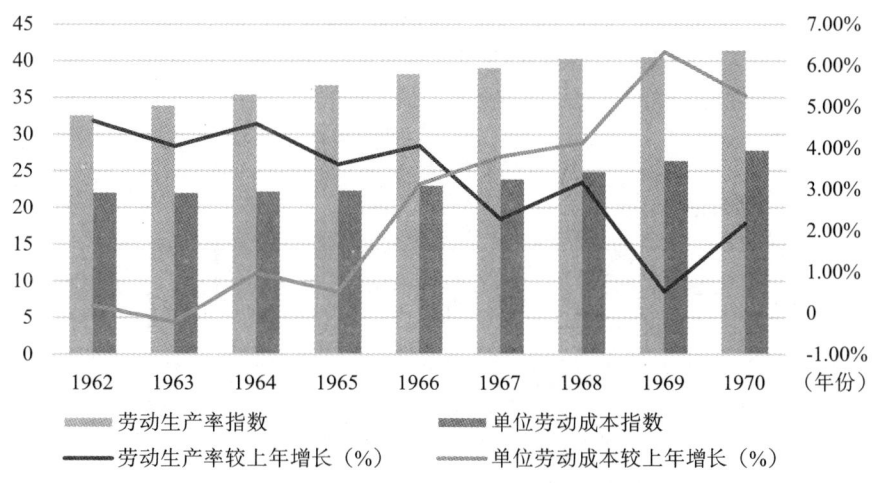

图 4-18　1962—1970 年私人商业部门劳动生产率和单位劳动成本

资料来源：美国劳工统计局，2019。

表 4-15　　　　　　　　　大萧条以来趋势外推的百分比对数偏差

指标	1928 年	1941 年	1944 年	1950 年	1957 年	1972 年
时均产出	0	11.0	20.7	27.3	32.3	44.0
人均产出	0	6.4	38.8	14.6	16.3	26.8
人均工时	0	-4.6	18.1	-12.8	-15.9	-17.2
实际工资	0	13.7	19.5	26.2	38.5	56.2

资料来源：Gordon，2018。

（七）对通货膨胀的影响

供给经济学认为，减税可以起到抑制通货膨胀的效果。从表 4-16 的时间序列数据来看，美国 20 世纪 50 年代基本处于低通胀的状态，即便经济处于商业周期扩张期。1960 年美联储开始降息以期改变通胀疲软的现象，但效果并不明显。税改后的头 4 年，通胀维持在 1% 以上的水平，美联储也开始逐步加息。1965 年受医改方案出台、个人消费增速达到阶段性峰值等因素影响，通胀率提高到 1.9%。随后通胀率进一步快速抬升，1969 年达到 6.2%，1970 年略有回落。随后，美国经济逐步步入"低增长、高通胀"的"滞涨"状态。数据表明，供给侧学派期待的减税对通胀的抑制作用至少在 1966 年后是失效的，或者说减税能否抑制通货膨胀至少在本轮商业周期中并没有得到很好的印证。

二、对政府收支的影响

肯尼迪和约翰逊总统任职期间的各项税收法案的收入效应如何，美国财政部曾于 2006 年进行了综合评估，以数据统计口径的一致性为标准，该项研究划分为 1940—1967 年和 1968—2006 年两个时段。第一时段的考察结论为：以现价美元计算，《1942 年收入法案》是最大增税法案；以固定美元计算，《1951 年收入法案》则是最大增税法案。以 GDP 占比

表 4-16　　　　　　　　　　1953—1970 年的美国通货膨胀率

税改前					税改后				
年份	通胀率（%）	联邦利率（%）	商业周期	重大事件	年份	通胀率（%）	联邦利率（%）	商业周期	重大事件
1953	0.7	NA	7月顶峰	朝鲜战争结束	1962	1.3	3.00	扩张	肯尼迪减税
1954	-0.7	1.25	5月低谷	道琼斯指数飙升	1963	1.6	3.38	扩张	肯尼迪减税
1955	0.4	2.50	扩张		1964	1.0	3.75	扩张	肯尼迪减税①
1956	3.0	3.00	扩张		1965	1.9	4.25	扩张	LBJ医改
1957	2.9	3.00	8月顶峰	衰退	1966	3.5	5.50	扩张	越南战争
1958	1.8	2.50	4月低谷	衰退结束	1967	3.0	4.50	扩张	
1959	1.7	4.00	扩张	联储升息	1968	4.7	6.00	扩张	登月成功
1960	1.4	2.00	4月顶峰	衰退	1969	6.2	9.00	12月顶峰	尼克松就任
1961	0.7	2.00	2月低谷	肯尼迪赤字预算	1970	5.6	5.00	11月低谷	衰退

注：①肯尼迪总统于 1963 年遇刺，1964 年约翰逊总统继续推行了肯尼迪减税政策，因此表中的重大事件仍概括为"肯尼迪减税"。

资料来源：The Balance, http://www.thebalance.com.

来衡量，《1945 年收入法案》是最大减税法案；以固定美元计算，《1964 年收入法案》则是最大减税法案。研究认为，不同测度方法产生不同的结论，但大多数情况下最好的衡量指标可能是收入效应占 GDP 的百分比，因为它消除了通货膨胀、实际经济增长和联邦收入总规模的影响。次好的衡量标准可能是固定美元，因为它消除了通货膨胀和联邦收入总规模的影响。① 根据这一论断，《1964 年收入法案》的减税力度之大是可信和可靠的。

（一）对税收收入的影响

事实表明，联邦、州和地方政府的税收收入并未如预期那样因减税而大幅度下降，相反以高于同年经济增速的速度增长，1968 年全国范围内的税收收入增速达到 16.71%，为当年 GDP 增速的 3.6 倍。其中联邦政府税收收入除 1964 年为负增长之外，1962—1969 年时段的其余 7 年均为正增长，最高增速为 1968 年的 17.88%；州和地方政府税收收入一直呈现正增长，最高增速也在 1968 年，为 14.73%，最低为 1963 年的 6.98%，具体如图 4-20 所

---

① J. Tempalski. 2016. Revenue Effects of Major Tax Bills. *OTA Working Paper* 81. *Department of the Treasury*, pp1-20.

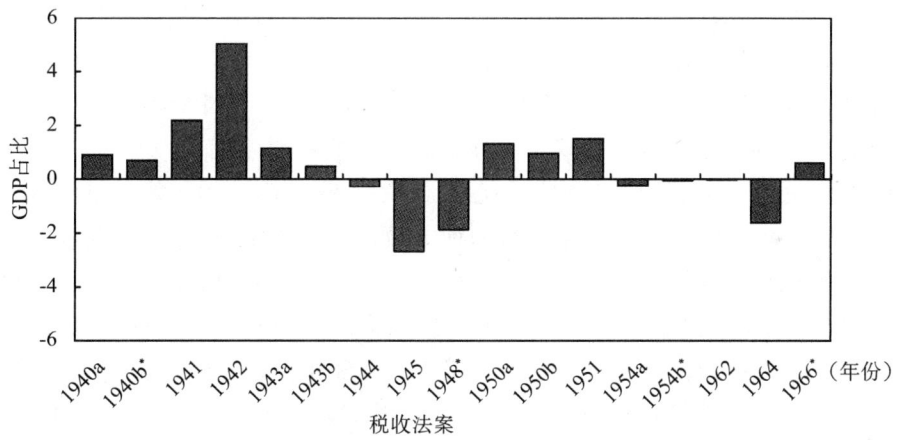

图 4 – 19　1940—1967 年各项税收法案预期收入占 GDP 的比重

注：＊表明是法案执行后第一年的收入预测

资料来源：美国财政部，2006。

示。数据表明，联邦政府和各级政府的税收收入在实施减税后处于高速增长通道，不仅税收收入总量在增长，且增速也稳超 GDP 增速。反观 1970 年，该年度距《1964 年收入法案》出台已有 6 年之久，减税法案的激励效果已在减退，而新的刺激措施尚未出台，在这一空窗年度，全国范围内的税收收入增速急剧下跌到 0.14%，其中联邦政府税收收入增速为 -5.96%，州和地方政府税收收入增速下降到 10.71%。该时段的数据部分证实了供给学派的观点：减税或许短期带来税收收入的减少，但长期却能增加税收收入。当然，长期也是有时限的，因为任何经济政策的效果都不可能永久。

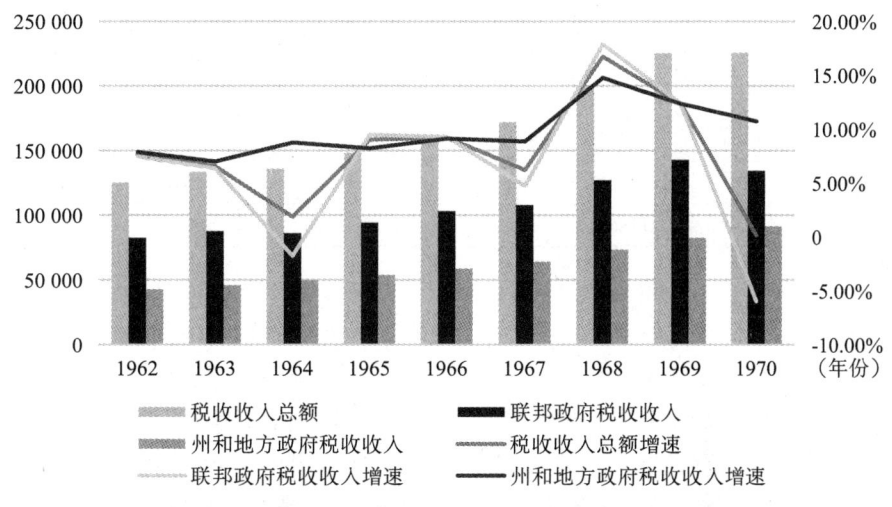

图 4 – 20　1962—1970 年美国各级政府税收收入及增速

资料来源：美国经济分析局，2019。

供给学派代表人物拉弗（Laffer，2004）曾以《1964 年收入法案》为分水岭，对该法案出台前后 4 年的税收收入进行了对比分析，具体如表 4-17 所示。减税前 4 年，联邦政府税收收入的年均增速为 3.3%，经通胀调整后仅为 2.1%；后 4 年的年均增速高达 11.8%，经通胀调整后仍有 8.6%，平均值已高于减税前 4 年的最高值。从各级政府（含联邦、州和地方）的数据来看，呈现了同样的结果：减税前年均为 3.9%，经通胀调整后仅为 2.6%；减税后年均达到 12.2%，经通胀调整后仍高达 9.0%。整体来看，实施《1964 年收入法案》的后 4 年，联邦、州和地方政府的税收收入增速达到前 4 年的四倍，这样的增速在常规状态下是无法企及的。二战后，凯恩斯主义的宏观政策激励效果已被经济和社会所证实；而 20 世纪 60 年代，不同于财政支出端的着力，财政收入端的改革同样也发挥了强大的激励作用。由此可见，政府基于实际和实情，适时推出科学和适当的宏观经济政策绝对有利于经济的可持续发展。这一方面依赖于政府顾问和经济学家的智力贡献；另一方面更取决于决策者的准确判断和精准施政。

表 4-17　　　　　　　　　1960—1968 年美国各级政府的税收收入　　　　　单位：10 亿美元

	财年	联邦政府				各级政府（联邦、州和地方）			
		税收收入	同比变化(%)	通胀调整后的收入	同比变化(%)	收入	同比变化(%)	通胀调整后的收入	同比变化(%)
减税前4年平均	1960	63.2		63.2		67.0		67.0	
	1961	64.2	1.6	63.5	0.5	68.3	1.9	67.6	0.9
	1962	69.0	7.5	67.5	6.2	73.7	7.9	72.1	6.6
	1963	73.7	6.8	71.2	5.5	78.7	6.8	76.0	5.5
	1964	72.1	-2.2	68.8	-3.4	78.0	-0.9	74.4	-2.1
			3.3		2.1		3.9		2.6
减税后4年平均	1965	80.0	11.0	75.1	9.2	86.4	10.8	81.1	9.0
	1966	90.0	12.5	82.0	9.2	97.7	13.1	89.1	9.8
	1967	94.4	4.9	83.7	2.1		5.6	91.5	2.8
	1968	112.5	19.2	95.7	14.3		19.8	105.1	14.9
			11.8		8.6		12.2		9.0

资料来源：Laffer, 2004。

因此，对于肯尼迪减税改革是否增加了税收，1977 年赫勒在向国会联席经济委员会作证时做出了肯定的答复：

"1965 年的减税计划到底结果如何难以确定。但只要我们能够仔细分析，就能发现这次减税似乎产生了巨大的刺激效应，对经济产生了倍增影响。这是导致我们在 1965 年年中越战升级困扰我们之前实现 30 亿美元预算盈余的主要因素，1965 年减税额达到 150 亿美元，大约相当于今天 330 亿或 340 亿美元。减税不到 1 年，联邦政府财政收入已经超过了减税之前,那么这次减税是否可以增加税收呢?我想,这些证据很有说服力。"[①]

(二) 对税收收入结构的影响

根据美国经济分析局的统计口径,税收分为所得税类、生产与进口税类两大类。所得税类主要包括个所得税、公司所得税、预提所得税,但不包括遗产税与赠与税。生产与进口税类进一步分为产品税和其他生产税。在联邦政府层级产品税主要包括消费税(如汽油、烟草等)和关税,其他生产税未做细分,且在 1998 年之前没有统计数据。在州和地方政府层级产品税主要包括消费税、销售税、服务税等,其他生产税则包括房产税、机动车许可证费等。

图 4-21 显示了联邦政府 1962—1970 年的两大类税收收入结构。显而易见,所得税是联邦政府长期稳定而庞大的收入来源,占其税收收入总额的 3/5 左右。在肯尼迪和约翰逊总统任期内,除 1964 年所得税呈负增长之外,其他年份均为正增长,1968 年实现了 18.94% 的超高速增长,1965 年、1966 年和 1969 年均实现 10% 以上的增速。产品税收入则是在 1966 年出现负增长,最高增幅出现在 1968 年,达到 11.26%。有趣的是,从两类税收增长的趋势线来看,个别年度呈现同步性,如 1968 年均是高速增长;但更多年份则是相反,如 1964 年、1966 年等年份。与其他经济数据一样,无论是所得税还是产品税收入增速在 1970 年都不同程度地下降,所得税下降幅度高达 231BP。该结果与前述对该时段人均收入的分析相一致,1970 年受经济衰退影响人均收入明显下滑,所得税税基相应大幅萎缩。《1964 年收入方案》重点在于所得税的减免,数据表明除法案出台的当年所得税收入明显减少之外,往后看均是正贡献,数据也再次证实了供给经济学关于减税长期能增加税收收入的观点。

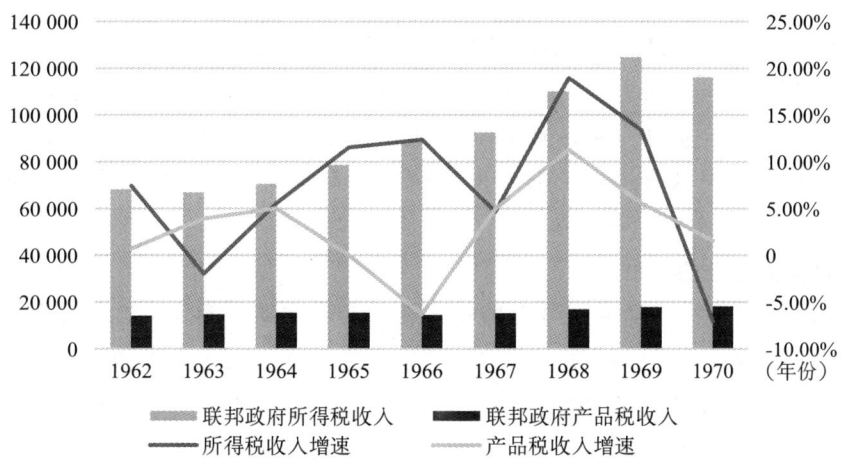

图 4-21 1962—1970 美国联邦政府税收收入结构

资料来源:美国经济分析局,2019。

---

① Statement before the Joint Economic Committee, Congress of the United States, Feb. 7, 1977.

图 4-22 则显示了州和地方政府的税收收入结构。不同于联邦政府、州和地方政府税收收入以生产税类为主，占比高达 80% 以上；产品税类中最为重要的税种是财产税，这是美国州和地方政府独立且法定的收入来源。1962—1969 年，个人所得税最高增速出现在 1968 年，高达 28.29%，最低增速在 1963 年，为 7.92%。消费税最高增速为 1969 年的 12.64%，最低增速为 1967 年的 5.37%。财产税最高增速为 1968 年的 10.87%，最低增速为 1966 年的 5.81%。不同于生产税所呈现的较为平稳的线性增长，而所得税呈"V"型增长趋势，起伏较大。值得一提的是，不同于其他经济数据在 1970 年纷纷下降，州和地方财产税收入却逆势上扬，实现了 11.94% 的增速。

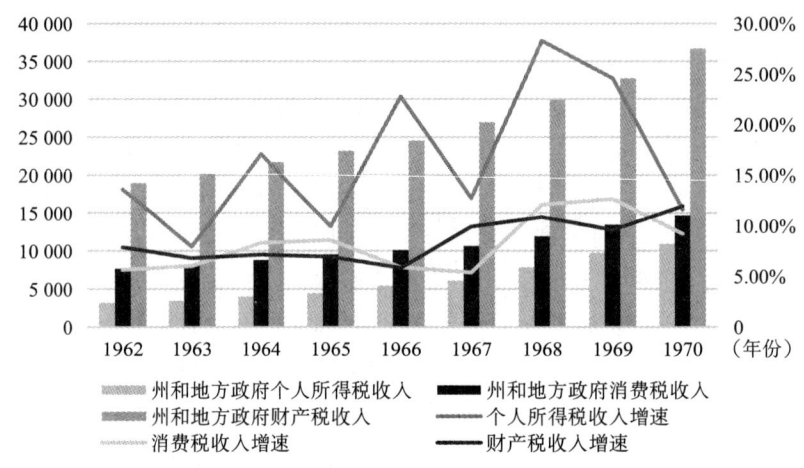

图 4-22　1962—1970 美国州和地方政府税收收入结构

资料来源：美国经济分析局，2019。

财产税的稳定增长与居民税后收入增长有着密切联系，基本逻辑是：经济扩张增加了就业，同步提高了个人工薪所得，同时政府实施的减税政策提高了居民的税后收入，居民用于投资和消费的资金更加充裕，其中包括购买房地产或改建原有住房，这就扩大了财产税的税基。即使经济进入衰退期，财产税的税基没有缩减，甚至受通货膨胀影响在扩大，财产税收入也相应增加。

（三）对政府支出的影响

1962 年和 1963 年，深受平衡预算影响，收支基本持平；尤其 1963 年政府支出的总额和增速都略低于政府收入一端。自 1964 年以后，政府支出开始超过政府收入，两者差额在 1967 年达到 15.5 亿美元，后逐步缩减到 1969 年的 2.02 亿美元，但 1970 年又骤然提高到 33.4 亿美元，具体如图 4-23 所示。导致该阶段政府支出急剧增长的直接原因在于 1965 年 3 月，约翰逊总统批准了"滚雷行动"，越战正式爆发，战争支出不可避免地抬升。减税的重要效果在此阶段也日益凸显，因减税带来的税收收入增长[①]很大程度上支撑

[①] 该时段税收收入占政府收入的比重为 80% 左右，政府其他收入来源包括社保缴纳、利息租金等资产收入、转移支付收入、国营企业盈余等。

了战时支出的需要。

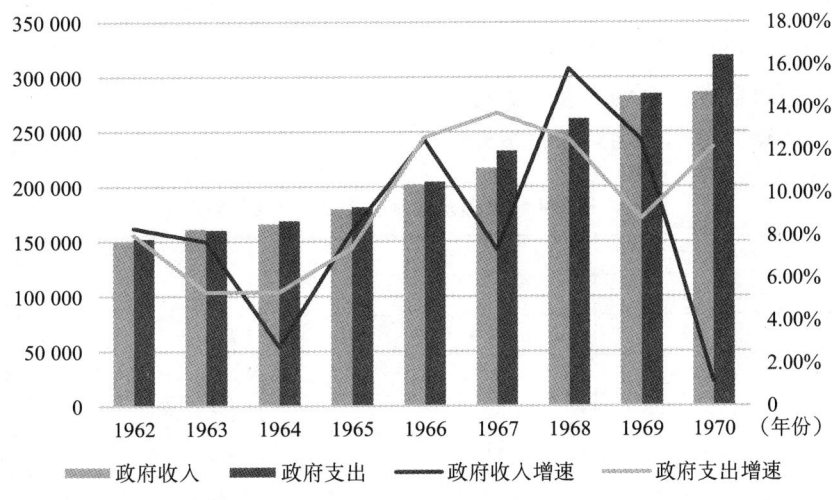

图 4-23　1962—1970 年美国政府收入与支出

资料来源：美国经济分析局，2019。

具体到联邦政府的支出结构来看，按照美国经济分析局的分类法，在国防支出和非国防支出下细分为消费类和投资类支出（如表 4-18 所示）。因国防属于联邦政府事权，所以在其支出结构中，国防支出占比约为 80%；其中消费类占比约为 70%，且在 1962—1969 年保持正增长，投资类支出受越战影响在 1966 年和 1967 年呈正增长之外，其余均为负增长。非国防支出也以消费类支出为主且持续正增长，投资类支出在肯尼迪任期内出现高增速，但后续逐步低增长。

表 4-18　　　　　　　　1962—1970 年美国联邦政府的支出结构　　　　　　　单位：百万美元

年份	国防支出				非国防支出			
	消费支出	增速（%）	投资支出	增速（%）	消费支出	增速（%）	投资支出	增速（%）
1962	48 557	9.91	21 143	3.83	10 461	22.28	5 357	25.13
1963	50 516	4.03	19 487	-7.83	10 690	2.19	7 182	34.07
1964	51 389	1.73	18 339	-5.89	11 749	9.91	8 779	22.24
1965	53 915	4.92	16 667	-9.12	12 582	7.09	10 031	14.26
1966	63 755	18.25	18 717	12.30	12 732	1.19	11 372	13.37
1967	73 724	15.64	21 309	13.85	14 335	12.59	10 637	-6.46
1968	81 428	10.45	19 929	-6.48	15 417	7.55	11 189	5.19
1969	82 612	1.45	19 455	-2.38	17 852	15.79	11 274	0.76
1970	81 778	-1.01	18 932	-2.69	20 566	15.20	11 529	2.26

资料来源：美国经济分析局，2019。

从州和地方政府支出来看，消费类支出和投资类支出总额都在增长，但趋势有所不同。消费类支出保持稳步增长趋势,年度增速从 1962 年的 5.64% 递增到 1970 年的 14.52%,一年一个新台阶。而投资类支出在 1966 年达到增速峰值 10.93%,之后于 1967 年和 1968 年平缓下滑,但在 1969 年却急剧下跌至 2.45%,增速起伏相当之大。这表明根据事权划分,州和地方政府的教育、医疗等公共服务支出越来越高,而包括建筑、设备、知识产权在内的投资类支出相对增长缓慢。

表 4-19　　　　　1962—1970 年美国州和地方政府的支出结构　　　　单位:百万美元

年份	消费支出总额	消费支出增速(%)	投资支出总额	投资支出增速(%)
1962	38 672	5.64	16 097	5.54
1963	41 549	7.44	17 769	10.39
1964	45 233	8.87	19 274	8.47
1965	49 693	9.86	21 165	9.81
1966	55 391	11.47	23 479	10.93
1967	61 291	10.65	25 722	9.55
1968	69 435	13.29	28 128	9.35
1969	78 973	13.74	28 818	2.45
1970	90 441	14.52	29 336	1.80

资料来源:美国经济分析局,2019。

(四) 对预算盈余的影响

尽管税收收入在增加,因肯尼迪政府推进周期预算政策而非之前长期坚持的年度平衡预算,减税后联邦、州和地方政府长期处于赤字状态,且赤字规模均在扩大,但占 GDP 的比重(除 1968 年之外)仍有效控制在减税前的水平。表 4-20 显示,1962—1969 年的最高赤字规模出现在 1968 年,达 403 亿美元,其中联邦政府为 252 亿美元,州和地方政府 151 亿美元;最低赤字规模出现在 1965 年,为 117 亿美元,其中联邦政府 14 亿美元,州和地方政府 103 亿美元。1969 年的赤字规模和占 GDP 比重都有所改善,联邦政府甚至出现预算盈余;但遗憾的是,该状况并没有持续,1970 年赤字继续扩大。较之 1946—1961 年这一时段的最高赤字规模,联邦政府增长了 1.88 倍,州和地方政府增长了 2.04 倍。

表 4-20　　　　1962—1970 年的美国政府盈余/赤字余额及 GDP 占比

单位:10 亿美元

财年	10 亿美元(按现价计算)					GDP 占比(%)		
	各级政府	联邦政府			州和地方政府	各级政府	联邦政府	州和地方政府
		总额	预算内	预算外				
1962	-15.6	-7.1	-5.9	-1.3	-8.5	-2.7	-1.2	-1.5
1963	-13.8	-4.8	-4.0	-0.8	-9.0	-2.2	-0.8	-1.5
1964	-15.4	-5.9	-6.5	0.6	-9.5	-2.3	-0.9	-1.4
1965	-11.7	-1.4	-1.6	0.2	-10.3	-1.7	-0.2	-1.5
1966	-15.8	-3.7	-3.1	-0.6	-12.1	-2.0	-0.5	-1.5

续表

财年	10亿美元（按现价计算）				GDP占比（%）		
	各级政府	联邦政府			各级政府	联邦政府	州和地方政府
		总额	预算内	预算外	州和地方政府		
1967	-22.3	-8.6	-12.6	4.0	-13.6	-2.7	-1.0	-1.6
1968	-40.3	-25.2	-27.7	2.6	-15.1	-4.5	-2.8	-1.7
1969	-14.0	3.2	-0.5	3.7	-17.3	-1.4	0.3	-1.8
1970	-17.8	-2.8	-8.7	5.9	-15.0	-1.7	-0.3	-1.4

资料来源：美国行政管理和预算局（2019）。

（五）对政府债务的影响

赤字增加的结果直接导致减税后的政府债务总额持续增长。1969年联邦政府债务达到3 658亿美元，是1961年的1.2倍。其中联邦政府账户持有债务为876亿美元，公众持有债务为2 781亿美元。进入1970年的经济衰退期，政府债务仍保持增长势头，较之1969年增长了4.14%，其中联邦政府债务增加100亿美元，公众持有债务增加51亿美元。公众持有者根据美国国会预算管理办公室的统计分为了"联邦储备系统"和"其他"两类，"其他"包括了投资者、公司、州和地方政府以及外国人。

不过，令经济学家们稍感欣慰的是，虽然债务总额持续增长，但占GDP的比重从减税前的50%以上逐步下降到40%—50%的区间，再进一步下降到30%—40%的区间。分项来看，联邦政府账户持有的债务占GDP的比例从10%—11%的区间降至8%—9%的区间，公众持有的债务占GDP的比例从50%—60%的区间下降至20%—30%的区间（如表4-21所示）。这部分说明，持续扩张的经济周期和高速增长的税收收入一方面为政府债务偿还提供了一定的支撑；另一方面也强化了公众购买公债的信心。

表4-21　　　　　　1962—1970年的美国联邦政府债务及GDP占比

财年末	百万美元					GDP占比（%）				
	债务总额	减：联邦政府账户持有债务	等于：公众持有债务			债务总额	减：联邦政府账户持有债务	等于：公众持有债务		
			总额	联邦储备系统	其他			总额	联邦储备系统	其他
1962	302 928	54 918	248 010	29 663	218 347	51.7	9.4	42.3	5.1	37.3
1963	310 324	56 345	253 978	32 027	221 951	50.2	9.1	41.1	5.2	35.9
1964	316 059	59 210	256 849	34 794	222 055	47.8	8.9	38.8	5.3	33.6
1965	322 318	61 540	260 778	39 100	221 678	45.4	8.7	36.8	5.5	31.3
1966	328 498	64 784	263 714	42 169	221 545	42.1	8.3	33.8	5.4	28.4
1967	340 445	73 819	266 626	46 719	219 907	40.7	8.8	31.9	5.6	26.3
1968	368 685	79 140	289 545	52 230	237 315	41.1	8.8	32.3	5.8	26.4
1969	365 769	87 661	278 108	54 095	224 013	37.3	8.9	28.4	5.5	22.9
1970	380 921	97 723	283 198	57 714	225 484	36.4	9.3	27.1	5.5	21.5

资料来源：美国行政管理和预算局（2019）。

三、对资本市场的影响

第二次世界大战后的金融新政,如新银行准入限制、各州证券市场统一由联邦政府监管等举措改变了资本市场的竞争格局,而税收制度和其他激励性制度进一步改变了这一格局。图4-24和图4-25显示,商业银行、互助储蓄银行和人寿保险公司在融资渠道方面的相对重要性明显下降,而储蓄贷款协会、金融公司、私人养老金、互助基金,则获取了大部分资金流。数据显示,1950年商业银行占据了金融体系中超一半的资产份额,1970年该份额降至了37.4%。1950年储蓄贷款协会的抵押贷款在所有抵押债务中所占比例为25%,1970年上升至40%。1950年约15%的劳动力列入私营雇主的保险计划之内,1970年该比例提升至30%。1964—1968年,证券市场日交易额上升了250%。

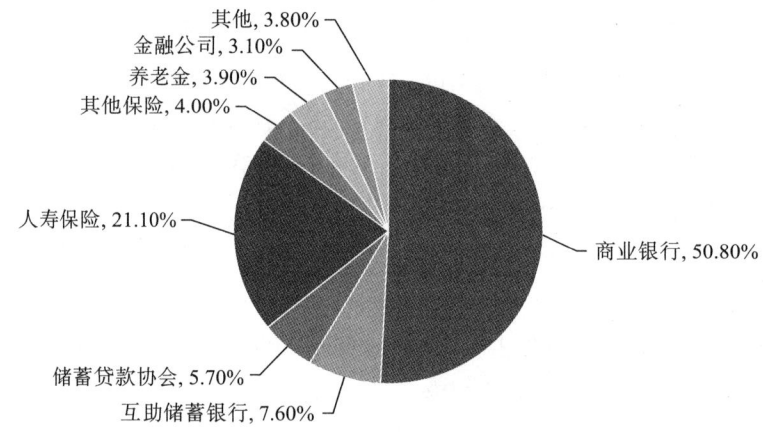

图4-24 1950年金融中介的资产份额

资料来源:Goldsmith, Financial Intermediaries in the American Economy since 1900 and Historical Statistics 1976.

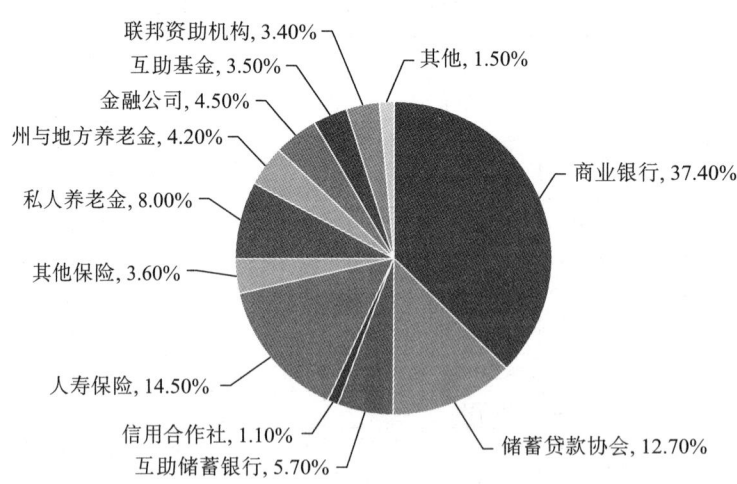

图4-25 1970年金融中介的资产份额

资料来源:Board of Governors of the Federal Reserve System, Federal Reserve Bulletin, 1971.

各类金融中介的兴起各有原因。与商业银行相比,储蓄贷款协会增长迅速的主要原因可能是受政府规定的影响,在1965年之前,该类协会的存款不受最高利率限制,并且在1965年之后还享有超过商业银行0.25%的利差。显然,联邦政府对储蓄贷款协会的优惠政策,使它们成为银行有利的竞争对手。私人养老金的快速增长则得益于面向个人和公司的税收优惠措施,旨在减少人员流动的公司人事政策和劳资集体谈判程序的特点。① 金融中介的多元化无疑提高了美国金融市场的效率,"它们在一级和二级市场上批量购买证券,降低了交易成本和信息成本,从而缩小了销售价格和交易价格之间的利差"。②

税后收入水平的改变导致了居民家庭的金融资产组合发生了显著变化。表4-22显示了二战以来居民家庭投资行为呈现出四个明显特征:一是存款占优势地位;二是股权投资持续减少;三是信贷市场债券持续增加;四是保险和退休金储备金呈增长态势。1960年以来,居民家庭每年卖出的直接持有股份都超过买入的数量,资本收益超过其之后直接持有股份总价值的全部增加额。主要原因在于股价大幅波动,几乎没有名义上的净收益,进而导致股权的名义回报没有能充分补偿通货膨胀的变动。政府在健康、教育和收入保障等方面提供的福利越来越多,也让很多人的储蓄目标发生了变化。工人对未来退休金福利的需求越来越重要,这尤其增加了很多人直接为筹集养老金而积累资产的需要。③

表4-22　　　　　　　　　美国居民家庭的金融资产净增情况

年份	资产总额	现金及存款	股权			信贷市场债券	人寿保险和养老金储蓄	其他
			投资公司股份	直接持有股份	小计			
单位:10亿美元								
1946—1950	14.3	3.4	0.2	0.7	1.0	1.2	5.7	3.1
1951—1955	21.8	9.7	0.5	0.7	1.2	3.3	7.6	-0.2
1956—1960	29.8	13.0	1.4	-0.4	1.0	6.5	10.6	-1.3
1960—1965	46.9	27.8	2.1	-3.4	-1.3	5.2	14.3	0.8
1965—1970	68.4	33.5	4.1	-7.3	-3.3	15.2	20.6	2.4
占净增加额的%								
1946—1950	100.0	23.9	1.6	4.8	6.4	8.1	39.9	21.7
1951—1955	100.0	44.5	2.3	3.4	5.7	15.3	35.1	-0.7
1956—1960	100.0	43.7	4.7	-1.2	3.5	21.8	35.5	-4.5
1960—1965	100.0	59.4	4.6	-7.3	-2.7	11.0	30.6	1.8
1965—1970	100.0	48.9	6.0	-10.7	-4.8	22.2	30.1	3.5

资料来源:Board of Governors of the Federal Reserve System,1971。

---

① [美]马丁·费尔德斯坦,马静译:《转变中的美国经济》,商务印书馆2018年版,第64—65页。
② [美]S.L.恩格尔曼、R.E.高尔曼,蔡挺等译:《剑桥美国经济史》(第三卷),中国人民大学出版社2008年版,第560—566页。
③ [美]马丁·费尔德斯坦,马静译:《转变中的美国经济》,商务印书馆2018年版,第46—49页。

第四节 本章小结

肯尼迪减税对个人收入、企业生产、资本形成和经济增长造成了广泛的影响。从经济增长效应来看,按照1966年收入水平计算,减税预计提升 GDP 增速至 7.7%,私人商业部门产出预计提高了 8.2%,工人工资增长 8.2%,私人部门资本存量提高了 21.2%。从减税的联邦收入和预算效应来看,静态情形下联邦收入损失 210 亿美元,但动态情形下增长 67 亿美元。或者说,初期虽有收入损失,但后期经济增长又催生了联邦收入的增长(如表 4-23 所示)。而根据恩亭(Entin,2011)的测算,大约 61.5% 的静态收入损失被经济强劲增长所引致的税收收入增长所抵消。

表 4-23　　肯尼迪减税的经济效应　　(以 1966 年收入水平为基准)

	肯尼迪减税	减税前	总额差异	百分比差异
GDP(10 亿美元)	787.7	731.3	56.4	7.7%
私人商业产出(减直接税再加补贴)	572.3	528.8	43.5	8.2%
雇员工资	385.2	355.9	29.3	8.2%
总资本收入	187.2	172.9	14.2	8.2%
私人商业部门资本存量	1 302.1	1 074.3	227.8	21.2%
工资率/小时	3.27	3.11	0.16	5.2%
私人商业工作时长(10 亿)	117.918	114.611	3.307	2.9%
政府总收入	206.7	207.1	-0.4	-0.2%
联邦政府	80.1	73.8	6.3	8.5%
州和地方政府	144.5	141.3	3.2	2.3%
联邦政府盈余(+)或赤字(-)	-3.5	6.4	-9.9	-155.1%
个人所得税				
调整毛所得(AGI)的联邦边际税率	2.18%	25.3%	-3.6%	-14.0%
工资的联邦边际税率	20.3%	23.5%	-3.2%	-13.7%
股息的联邦边际税率	35.1%	40.7%	-5.6%	-13.8%
利息收入的联邦边际税率	21.7%	25.2%	-3.5%	-13.8%
营业所得的联邦边际税率	27.6%	32.5%	-4.9%	-15.1%
长期资本利得的联邦边际税率	11.6%	13.0%	-1.4%	-10.8%
加权平均劳务价格				
公司	16.6%	18.9%	-2.3%	-12.2%
非公司	11.5%	12.4%	-0.8%	-6.9%
所有商业	14.7%	16.5%	-1.8%	-10.7%

续表

	肯尼迪减税	减税前	总额差异	百分比差异
联邦预算赤字				
收入			10亿美元	静态税收变化
"静态"联邦收入盈余或损失			−21.0	100%
"动态"联邦税收流入（因经济变化）			14.3	−68%
动态效应之后的联邦收入变化净值			−6.7	32%
假设联邦支付跟随私人工资，联邦支出的变化值			3.2	−15%
联邦财政盈余或赤字			9.9	47%
GDP变化与税收收入变化		GDP变化 10亿美元	每美元 静态变化	每美元 动态变化
GDP增加值和每美元联邦收入		56.4	2.69	8.45
税后所得增加值和每美元联邦收入		63.1	3.01	9.45
减税所后每美元税后所得的增加值			0.33	0.11

资料来源：IRET Policy Bulletin No.99，2011。

肯尼迪减税的政策理念与设计与凯恩斯主义强调的通过分别操控总支出和总需求来影响商品和服务供给截然不同。减税直接影响了资本的税前回报和劳动力报酬的税率级次，政策实施效果与市场激励信号保持了一致，而激励信号控制着劳动力和资本市场，以及生产过程在现实世界中的运行。或者说，对市场的直接激励比政府主导的调控更有效果。从该角度来看，将肯尼迪减税完全归结于需求侧减税的观点有待商榷，因为从减税政策的施行来看，对供需两端都产生了明显效果。

第五章
里根减税政策及其评析

1981年1月20日,罗纳德·里根(Ronald W. Reagan)宣誓就任第40任美国总统。"里根的胜利部分归功于卡特灾难性的外交政策,但最终让选民冒着风险为这位新派共和党人士投票的原因是,大范围的经济低迷一直困扰着国家。里根赢了,因为这个国家的政治正在发生变化。在20世纪70年代,到处都能听到对税收和政府的不满之声"。[①] 里根执政之后,及时实施了旨在扭转20世纪70年代以来高通胀和低增长状态的一系列重大经济法案,被称为"里根经济学"。里根经济学由四大要素构成,分别是稳定美元和终止通胀的限制性货币政策;幅度达25%的宽税基减税;限制国内支出以实现预算平衡的承诺;逐步减少政府管制的议程。从理论层面上来看,里根经济学更应当或更适合被定位为一个于现实中不断融合而动态演进的理论体系,从总体上指导了其供给管理的相关改革。里根在政策实践中更多接受了供给学派激进派的减税思想,也正因为如此,里根经济学的供给管理实践更倾向于贴近供给学派的激进派的思想主张(苏京春,2019)。[②]

第一节 里根减税政策的历史背景

对美国来说,20世纪70年代是一个低迷的10年:黄金时代转入了黑铅时代,很多人质疑美国时代是否结束。政治上,"连续三任总统都以耻辱或失望结束任期。尼克松受到弹劾,杰拉尔德·福特和吉米·卡特都只在任一届就被赶下台。"[③] 外交上,"美国不光彩地败给了共产主义小国越南,这摧毁了美国人的自信。这场战争散发的毒素持续侵蚀着美

---

① [美]罗伯特·阿特金森,杨晓、魏宁译:《美国供给侧模式启示录:经济曾策的破解之道》,中国人民大学出版社2016年版,第55页。
② 苏京春、王琰:"里根经济学供给管理再研析:政策体系、实践效力与得失",《经济研究参考》2019年第6期。
③ [美]艾伦·格林斯潘、阿德里安·伍德里奇,束宇译:《繁荣与衰退:一部美国经济发展史》,中信出版集团2019年版,第283页。

国的灵魂"。① 经济上,"最坏的经济记录都被打破。1971年,美国出现了自1893年来的首次贸易逆差。1974年,通货膨胀率达到11%。这个10年结束时,股票市值回到了初创时的水平"。②

一、政治约束

二战之后发展起来的福利国家以及大官僚治理模式一度成为普遍信仰,但到了20世纪70年代,人们认为许多公共问题过于复杂,政府解决这些问题的能力却相对有限,尤其在贫困、污染、犯罪、交通等领域最为明显。与此同时,"低增长、高通胀"的低迷经济状况破坏了"万能政府"的形象,打破了政府可以依赖顶级专家来解决各类疑难杂症的思维范式。"由于这种意识的蔓延,自由派和保守派开始在政治上展开斗争。自由派希望继续保留新政、伟大社会的共识以及相关的统治部门,而保守派试图摧毁治理机构,认为它与其背后的经济结构一样,已经走到尽头"。③ 里根在就职演说时承诺:

"今后,我将建议拆除阻碍经济发展和降低生产力的障碍。……让我们从现在起,重新唤醒这个工业巨人,使政府量入为出,减轻惩罚性税务负担。这些都是我们要做的头等大事,在这些原则性问题上,我们绝不打折扣。"④

共和党人在里根的带领下,对旧经济下的治理体制和政治进行了有利批判。他们指出,大政府是旧经济鼎盛时期的主导范式,但随着旧经济的衰退,小政府的市场模式才是适合美国未来发展的模式。里根及其执政团队希望能通过减税和结束政府对经济的干预,使美国重新繁荣,既无通货膨胀,又无失业。里根曾在公众演讲中提到:

"对于那些呼吁更多政府规划、更多规制甚至更多税收的人,我们想说,对一个国家及其民众而言,经济成功的衡量标准不是泥砖、砂浆,也不是资产负债表和各类补贴。要想实现经济腾飞,最重要的是,人们得提高开拓创新、锐意进取的精神。那就是说,不能增加而应减少管制,不能提高而应降低税率。"⑤

里根认为旧经济和大政府所仰仗的凯恩斯主义是错误的。比如,凯恩斯主义认为在通货膨胀很高时,削减赋税只会加剧通货膨胀,里根对此并不同意。他认为与削减开支一样,减税只是削减了哪些预计增加的税赋,而税赋将会在现有水平之上继续增加。里根虽然没有提到"供给侧"这种说法,也没有提到供给侧改革人士的名字,但他提到一些"坚定的政治学家",这些政治学家提出:"减税可以降低通货膨胀,扩大输出。"⑥ 有人担

---

① [美]艾伦·格林斯潘、阿德里安·伍尔德里奇,束宇译:《繁荣与衰退:一部美国经济发展史》,中信出版集团2019年版,第283页。
② 同①。
③ 同①,第56页。
④ Renald Reagan. 1990. *An American Life*: *The Autobiography*. New York:Simon & Schuster,pp201–202.
⑤ Robert T. Gray,1988. President Reagan's Call for Continuing the Free–Enterprise Revolution. *Nation's Business*,7:63.
⑥ [美]H. W. 布兰兹,杨清波、向平译:《里根传》,中信出版集团2017年版,第301–305页。

心政府削减开支和税赋的计划会带来巨大赤字，里根回应了这种担心。他指出减税计划事实上在将来就是拒绝增税，"我们提倡的就是在增长中进行削减"。所以，里根的助手米斯（Ed Meese）说："早在供给侧这一术语提出之前，里根总统已经是供给学派了。"①

20世纪80年代早期，在美国经济协会的18 000名会员中，只有12人自称供给学派。而且供给学派也有分裂，即以拉弗为代表的激进派和以费尔德斯坦为代表的温和派，两者的共同之处在于都主张减少政府对经济的干预，实施供给管理，倡导减税、放松政府管制等政策。但前者主张全面、大规模减税，并预期全面降低税率将释放巨大的被抑制的供给力量，同时实现无痛苦地降低通货膨胀、增加税收、实现个人储蓄的增长。后者认为应逐步推进减税政策，减税效果需要较长时间才能显现，短期将使政府收入减少，甚至产生其他严重后果。从实践来看，里根出于政治目标的考虑，更多地接受了激进供给学派的减税思想。

在1981年4月的一次公众演讲中，里根向公众提出了包括减税在内的"四点计划"作为他经济方案的基石：

"我坚信，在过去几周，我所构想的经济复苏一揽子计划是我们剩下的唯一解决方式。削减政府开支，降低边际税率，放松过度管制，以及实行可预期的非通货膨胀的货币政策。在这些政策组合的保障之下，我们能够解决危及未来经济的错配问题。这些政策将使美国经济更为强劲，并兑现我们的承诺，即在1984年前达到预算平衡。"②

1982年，在里根就职后的第一个国情咨文中，他再次昭示了自己的减税意图，并在向全国播送这一咨文时，精心使用了若干图表向民众说明联邦赤字不断扩大的原因和实行新经济政策后将发生的变化，他说：

"这里你们可以看到两条趋势线，下面一条表明税收的增长，上面一条是政府支出的增长。……你们可以看到，支出线比收入线上升更加陡峭。这两条线之间的距离说明日益扩大的财政赤字，包括今年800亿美元的赤字。现在在第二张图表上，这两条线表明当国会接受我们的经济计划时的积极效果。两条线继续上升以支撑必要的经济增长，但是随着持续若干年的支出削减，距离将缩小，直到最后两条线重叠起来，表明实现了预算平衡。我充满信心，我的政府能够达到这一目标。"③

里根的努力得到了回报，一些非供给学派的经济学家公开对他的政策表示了认同。诺贝尔经济学奖得主弗里德曼（Milton Friedman）承认自己既不是供给学派，也不是货币学派，但对里根总统竞选时描绘的"四点计划"给予了充分肯定，对于减税方案也明确表态：

"我知道，现在已经有很多人在讨论降低税率不一定就减少政府收入。我的看法是，我就想降低税率。但是，如果拉弗曲线的支持者在非常极端的情形下的说法是对的——降低一定的税率水平会增加政府收入——那么，我的结论是，我们还降得不够多……我完全

---

① Ed Meese, 1992. *With Reagan: The Inside Story*. Washington D. C. : Regnery Gateway, 121.
② Ronald Reagan. *Economic Recovery Program*. Speech delivered 28 April 1981. http://www.townhall.com/documents/recovery.html.
③ 陈宝森：《美国经济与政府政策——从罗斯福到里根》，社会科学文献出版社2014年版，第148—149页。

赞同里根总统曾在国情咨文中所说的：现在增加税收不能减少赤字，反而只会扩大支出。国会会把通过税收累积的收入，还有其他收入，统统花出去。"①

二、经济困扰

一如前述，20世纪70年代以来，美国经济进入"滞涨"模式。多数行业的生产率均在下降，实际工资和每人时产出的增长速度出现明显停滞和放缓。生产率和实际工资增长是经济发展的核心实质，整个20世纪70年代经济增速的下降代表着美国经济出现了重大的潜在问题。

（一）经济增长与需求要素贡献

1971—1980年，GDP增速最高为1973年的5.60%，最低为1974年的-0.50%，波幅为610BP。之所以出现经济增速的大幅下滑，影响因素是多重的，如商业周期的收缩期、企业研发投入的减少、政府干预的增加、制造业生产力的下降等，另外或许还在于过去10年的乐观主义：

"得胜的自由主义者将战后经济模式滥用到一个崩溃的临界点。政客做出的承诺（'大炮加黄油'）太好，以至不能长久。工人要求获得更高的工资，但社会生产力并未提高。管理者专注于昨日的战斗，而不是思考如何打赢明日的战争。"②

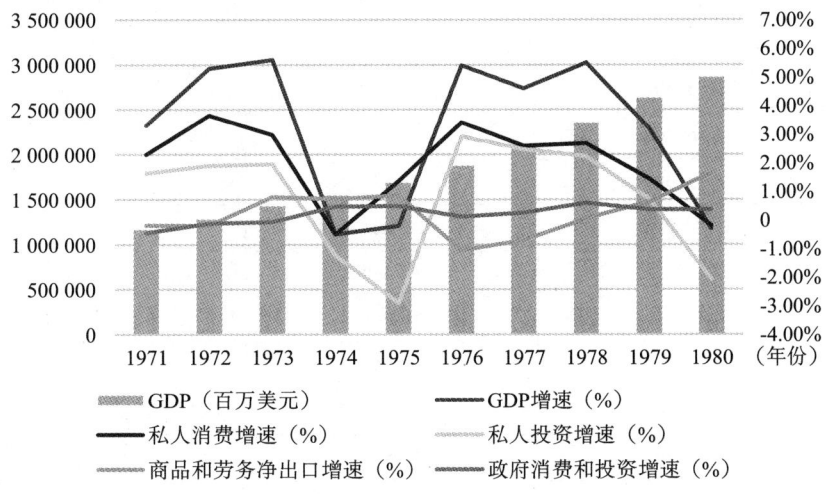

图 5-1　美国 1971—1980 年的 GDP 及各要素贡献率

资料来源：美国经济分析局，2019。

从GDP增速中各经济要素的贡献来看，波动幅度较之上个10年明显缩小，表明经历二战、石油危机之后的美国经济模式日趋稳定。私人消费增速2年为负，波动区间在

---

① ［美］米尔顿·弗里德曼："供给学派的经济政策：我们自此走向何方"，见米尔顿·弗里德曼、詹姆斯·M.布坎南等，武良坤译：《欧美经济学家论供给侧——20世纪80年代供给侧经济学研讨会纪要》，上海财经大学出版社2018年版，第48—50页。

② 同①。

-0.50%—3.66%,较之上个 10 年,消费对经济增长的贡献有所减弱。私人投资增速 3 年为负,波动区间在 -2.91%—2.91%,较之上个 10 年,私人投资对经济增长的贡献呈现较大幅度下滑;净出口增速有 4 年为负,波动区间在 -1.05%—1.64%;政府消费和投资增速 2 年为负,波动区间在 -0.45%—0.60%。

从具体年份来看,本时段最高增速出现在 1973 年的 5.60%,其构成如下:私人消费 2.97%、私人投资 1.95%、净出口 0.80%、政府消费和投资 -0.07%。最低增速在 1974 年的 -0.50%,其构成为:私人消费 -0.50%;私人投资 -1.24%;净出口 0.73%;政府消费和投资 0.47%。

(二) 经济增长与供给要素贡献

从 20 世纪 70 年代美国的多要素生产率来看,年度指数总体呈上升趋势,从 1971 年的 69.445 上升到 1980 年的 74.107,峰值出现在 1978 年,达到 76.409。但该上升趋势有一定的曲折性,年度增速曾三次出现负值,分别为 1974 年的 -3.5%、1979 年的 -0.7% 和 1980 年的 -2.3%,表明该时段多要素生产率作为经济增长的长期动力呈现疲弱态势,经济发展质量得不到巩固。

表 5-1　　1971—1980 年美国多要素生产率及年度变化

年份	GDP 增速(%)	多要素生产率指数(2012=100)	多要素生产率较上年变化(%)
1971	3.30	69.445	3.1
1972	5.30	71.424	2.8
1973	5.60	73.382	2.7
1974	-0.50	70.828	-3.5
1975	-0.20	71.468	0.9
1976	5.40	74.061	3.6
1977	4.60	75.325	1.7
1978	5.50	76.409	1.4
1979	3.20	75.855	-0.7
1980	-0.30	74.107	-2.3

资料来源:美国劳工统计局,2019。

从对多要素生产率增长的贡献来看,从高到低依次为劳动力构成、其他资本服务密集度、信息资本密集度和资本密集度(如表 5-2 所示)。该排序与 1946—1961 年的有些许变化,其他资本服务和信息资本排序发生了互换,或说明其他资本服务成为该时段更为重要的驱动力。从时间趋势来看,劳动力构成从 1971 年的 90.500 提高到 1980 年的 90.914,仅仅提高 0.414;资本密集度从 68.706 提高到 73.762,增长了 5.056;信息资本密集度从 86.474 提高到 88.296,增长了 1.822;其他资本服务密集度从 86.221 提高到 90.657,增长了 4.436。可见，在此期间资本密集度提升最快，表明在多要素生产率的增长贡献中其地位日益重要。从年度变化来看，信息资本密集度呈正增长，但增幅在 0.5% 以内。其他要素在正负增长之间波动，其中劳动力构成年度同比增幅在 -0.2%—0.4% 的区间，资本服务密集度在 -0.3%—2.6% 的区间，其他资本服务在 -0.5%—2.3% 的区间。数据表明，劳动力构成的年度变化相对平稳，而资本类要素的波动较大。

表 5-2　　　　　　1971—1980 年美国私人商业部门多要素生产率增长的源泉

年份	劳动力构成的贡献		资本密集度的贡献		信息资本密集度的贡献		研发密集度的贡献	其他知识产权产品密集度的贡献	其他资本服务密集度的贡献	
	指数	%	指数	%	指数	%			指数	%
1971	90.500	-0.2	68.706	1.4	86.474	0.2	N.A.	N.A.	86.221	1.3
1972	90.526	0.0	68.830	0.2	86.560	0.1	N.A.	N.A.	86.292	0.1
1973	90.415	-0.1	69.248	0.6	86.669	0.1	N.A.	N.A.	86.707	0.5
1974	90.806	0.4	70.378	1.6	86.855	0.2	N.A.	N.A.	87.933	1.4
1975	90.832	0.0	72.212	2.6	87.108	0.3	N.A.	N.A.	89.962	2.3
1976	90.677	-0.2	72.180	0.0	87.222	0.1	N.A.	N.A.	89.804	-0.2
1977	90.644	0.0	72.105	-0.1	87.354	0.2	N.A.	N.A.	89.576	-0.3
1978	90.640	0.0	71.923	-0.3	87.531	0.2	N.A.	N.A.	89.169	-0.5
1979	90.745	0.1	72.360	0.6	87.836	0.3	N.A.	N.A.	89.398	0.3
1980	90.914	0.2	73.762	1.9	88.296	0.5	N.A.	N.A.	90.657	1.4

注：基准年份为 2012 年，指数=100。% 为较上年变化的百分比。
资料来源：美国劳工统计局，2019。

（三）个人收入和支出

从个人收入来看，人均年收入从 1971 年的 4 598 美元增长到 1980 年的 10 690 美元，增长 2.32 倍。年度增速差别较大，最高为 1980 年的 11.44%，最低为 1971 年的 7.25%。个人储蓄占个人收入中的比重处于 10.3%—13.5% 的区间，处于历史高位。个人消费支出最高增速为 1972 年的 6.10%，最低为 1974 年的 -0.80%。10 年间出现两次消费支出负增长，另一次为 1980 年的 -0.30%。具体见图 5-2。

美国普林斯顿大学教授布林德（Blinder，1980）提出了"扩大的个人收入"这个概念来衡量收入用途。所谓"扩大的个人收入"是在美国经济分析局的国民收入账户概念基础上，把公司留存收益和雇主缴纳的工薪税纳入个人收入当中。表 5-3 显示了二战以后收入用途的变化：消费支出所占比例逐渐缩小，税收支出所占比例逐渐扩大。或者说，自 1968 年开始直至里根执政，美国消费者总收入的 30% 左右支付给了税务局，约 7% 用于储

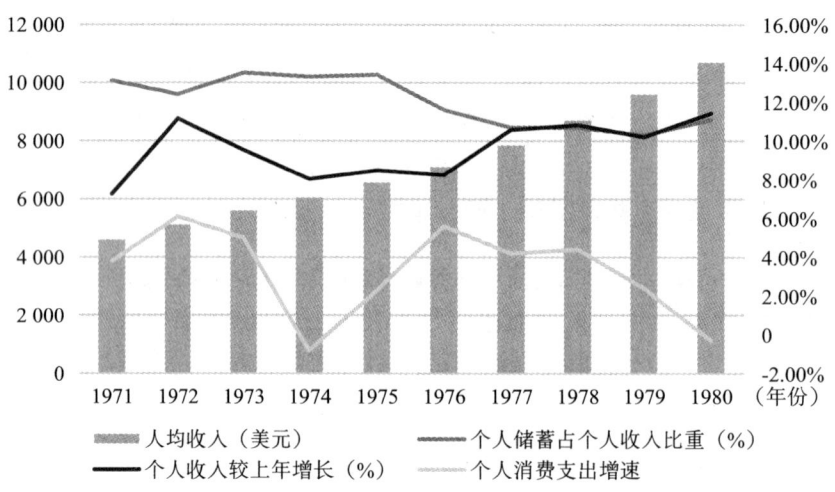

图 5-2　1971—1980 年美国个人收入和支出

资料来源：美国经济分析局，2019。

蓄，余下 63% 用于了消费。①

表 5-3　　　　　　　　　　1947—1977 年扩大的个人收入用途

年份	消费占比①	储蓄占比②	税收占比③
战后平均	65.5%	7.6%	26.9%
1947	72.4%	4.7%	22.8%
1957	66.7%	8.0%	25.4%
1967	62.2%	9.7%	28.1%
1977	62.9%	5.7%	31.3%

注：①个人支出减去间接税；②个人储蓄加留存收益；③个人所得税加社保缴费加间接税。

资料来源：美国经济分析局，1979。

从收入主要来源的薪资水平来看，表 5-4 数据显示 10 年间全行业薪资增长 2.35 倍，其中私人商业部门增长 2.43 倍，高于全行业增幅；政府部门增长 2.06 倍，低于全行业增幅。从私人商业部门各子行业来看，商品生产业增长 2.25 倍，制造业增长 2.22 倍，物流业增长 2.38 倍，服务业增长 2.84 倍。除服务业外，其他各子行业均低于私人商业部门的整体增幅，其中制造业增长最低。部分原因在于：制造业工作岗位逐步缩减，美国民众的消费需求由商品转向服务。同时，制造业越来越倾向从临时的职业介绍机构雇用工人，发放相对较低的工资，提供很低的额外福利，造成工人工资停滞甚至下降。②

---

① [美] A.S. 布林德、O. 克里斯托尔、W.J. 科恩："经济福利的水平与分配"，见马丁·费尔德斯坦，马静译：《转变中的美国经济》，商务印书馆 2018 年版，第 549—550 页。

② [美] 罗伯特·戈登，张林山等译：《美国增长的起落》（第一版），中信出版集团 2018 年版，第 587—588 页。

表 5-4　　　　　　　　　　1971—1980 年美国分行业薪资情况　　　　　　　　单位：百万美元

行业 时间	全行业	私人商业部门					政府部门
		部门整体	商品生产业	制造业	物流业	服务业	
1971	584 549	457 769	209 221	160 665	140 607	107 941	126 780
1972	638 785	500 898	228 084	175 488	153 159	119 655	137 887
1973	708 762	559 963	255 857	196 573	170 245	133 861	148 799
1974	772 282	611 770	276 451	211 844	186 755	148 564	160 512
1975	814 838	638 598	277 112	211 607	198 123	163 363	176 240
1976	899 745	710 839	309 703	238 046	219 518	181 618	188 906
1977	994 158	791 570	346 053	266 707	242 737	202 780	202 588
1978	1 120 570	900 552	392 115	299 995	273 810	234 627	220 018
1979	1 253 314	1 016 178	441 384	335 021	306 927	267 867	237 136
1980	1 373 422	1 111 961	471 069	355 986	334 667	306 225	261 461

资料来源：美国经济分析局，2019。

收入不平等的问题在此阶段日渐突出，戈登（Gordon，2018）总结了皮凯蒂和塞斯关于 1917—2013 年的核心结论（如图 5-3 所示）。① 实际收入增长以 1948 年和 1972 年为节点间隔为三个时间段，收入人群分为三组，即底层 90%、顶层 10% 和全部人员的平均收入。1917—1948 年，底层 90% 收入群体的实际收入每年增长 1.43%，是顶层 10% 收入群体增长率 0.58% 的两倍多，全部人群平均增长率为 1.11%。数据表明该时段收入分配趋于平等，这得益于前面章节提到的《退伍军人权利法案》、立法鼓励工会等收入均等计划。1948—1972 年，三个群体的收入增速大致相同，二战后美国经济复苏和 20 世纪 60 年代肯尼迪减税增加了就业岗位的供应，强势的工会则让数以百万计高中毕业生顺利找到工作。但在 20 世纪 70 年代初之后，底层与顶层群体之间的收入增长率发生了巨大差距，工会力量下降、进口上升、移民增加、自动化程度提高、最低实际工资下降被认为是造成该时段不平等加剧的重要原因。

（四）政府收入和支出

20 世纪 70 年代，美国政府（联邦、州和地方政府）收入持续增长，当期收入从 1971 年 3 023.10 亿美元增长到 1980 年的 7 998.94 亿美元，增长 2.65 倍。政府收入中税收收入占比有所下降，维持在 72%—78% 的区间；社会保险缴纳占比提升至 20% 左右。政府支出从 1971 年的 3 544.91 亿美元增长到 1980 年的 8 945.76 亿美元，增长 2.52 倍，其中消费支出占比下降至 50% 左右，转移支付支出占比约提高至 25%—32% 的区间，具体如表 5-6 所示。支出表明相较于 20 世纪 60 年代的直接购买和投资行为，政府更关注于社会福利的改善，或者说，美国在福利国家的道路上越走越远，联邦政府已经成为所有国民

---

① ［美］罗伯特·戈登，张林山等译：《美国增长的起落》（第一版），中信出版集团 2018 年版，第 582—587 页。

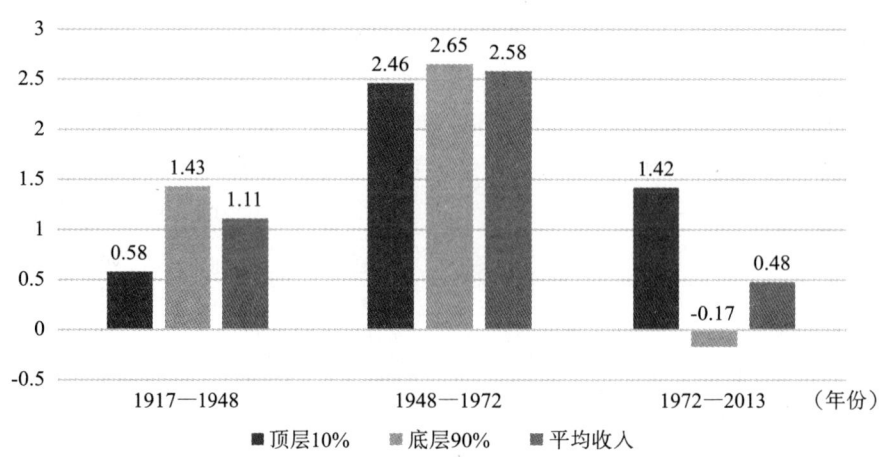

图 5-3 1917—2013 年实际收入增长

资料来源：戈登，2018。

的保险提供者。所以，也有学者认为，从支出的角度来看，美国政府长期财政问题实质上是福利支出的水平问题，是要使美国变成一个什么样的福利国家的问题。[①]

再观察政府收支占 GDP 的比重，图 5-4 中两条趋势线基本呈现上升趋势，且支出趋势线始终处于收入趋势线上方，这在某个程度也是对"瓦格纳法则"的印证。政府收入在 GDP 中的占比相对平稳，在 16.8%（1971 年数据）—18.5%（1980 年数据）的区间内波动，波幅仅为 17BP。政府支出占比在 18.2%（1973 年和 1974 年数据）—21.2%（1981 年数据）的区间内波动，波幅为 30BP。

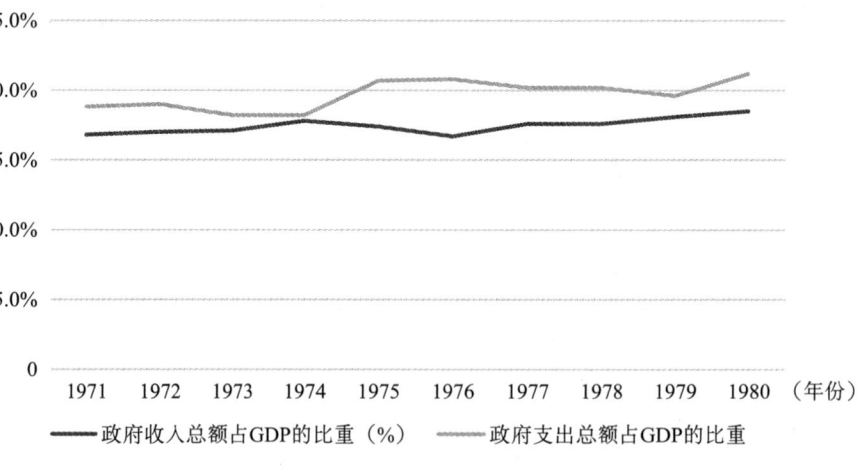

图 5-4 1971—1980 年美国政府收支占 GDP 的比重

资料来源：美国国会预算管理办公室，1981。

[①] 张帆、肖诗阳：《美国政府财政与债务危机对中国的借鉴》（第一版），北京大学出版社 2016 年版，第 54-55 页。

因政府支出始终超过政府收入，整个20世纪70年代政府赤字不断增长，1980年赤字总额达到1 114亿美元，占GDP的比重达到4.0%。联邦政府赤字额从1970年的28亿美元急剧增加到1980年的738亿美元，增长26.4倍，其中预算内赤字增长到731亿美元；州和地方政府赤字额从1970年的150亿美元增长到1980年的376亿美元，增长2.51倍。可见，造成美国赤字规模不断扩张的主导因素是联邦政府赤字的大幅攀升，州和地方政府则是小幅增长，具体见表5-5。

表5-5　　　　　　1971—1980年美国政府盈余或赤字余额及GDP占比

财年	10亿美元（按现价计算）					GDP占比（%）		
	各级政府	联邦政府			州和地方政府	各级政府	联邦政府	州和地方政府
		总额	预算内	预算外				
1971	-42.8	-23.0	-26.1	3.0	-19.7	-3.8	-2.1	-1.8
1972	-40.1	-23.4	-26.1	2.7	-16.7	-3.3	-1.9	-1.4
1973	-26.6	-14.9	-15.2	0.3	-11.7	-2.0	-1.1	-0.9
1974	-25.5	-6.1	-7.2	1.1	-19.3	-1.7	-0.4	-1.3
1975	-82.8	-53.2	-54.1	0.9	-29.6	-5.2	-3.3	-1.8
1976	-107.2	-73.7	-69.4	-4.3	-33.4	-6.0	-4.1	-1.9
1977	-74.6	-53.7	-49.9	-3.7	-21.0	-3.7	-2.7	-1.0
1978	-77.6	-59.2	-55.4	-3.8	-18.4	-3.4	-2.6	-0.8
1979	-67.9	-40.7	-39.6	-1.1	-27.2	-2.6	-1.6	-1.1
1980	-111.4	-73.8	-73.1	-0.7	-37.6	-4.0	-2.6	-1.3

资料来源：美国国会预算管理办公室，1981。

联邦政府债务总额也持续增长，从1971年的4 082亿美元增长到1980年的9 090亿美元，增长2.23倍。联邦政府债务占GDP的比重相对稳定，在32.3%—36.6%的区间内窄幅波动，最高值出现在1971年，最低值出现在1979年，说明该时段联邦政府对于整体债务水平仍保持谨慎姿态，具体见图5-5。

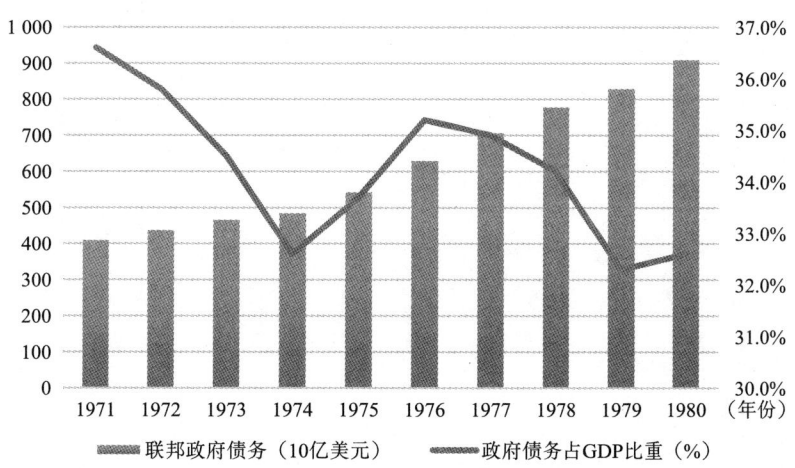

图5-5　1971—1980年美国联邦政府债务及占GDP的比重

资料来源：美国国会预算管理办公室，1981。

表 5-6　　1970—1980 美国政府收支情况

单位：百万美元

年份	1971	1972	1973	1974	1975	1976	1977	1978	1979	1980
当期收入	302 310	345 609	388 789	430 239	441 228	505 685	567 397	646 125	729 342	799 894
当期税收入	236 948	270 599	294 952	322 561	328 894	378 116	425 377	478 001	528 879	574 518
个人当期税收	101 705	123 640	132 407	151 048	147 607	172 671	197 879	229 649	268 913	299 512
产品和进口税	100 493	107 928	117 220	124 902	135 292	146 388	159 664	170 898	180 101	200 330
公司所得税	34 383	38 628	44 947	46 244	45 524	58 343	67 107	76 500	78 717	73 079
来自国外税收	367	403	378	367	471	714	727	954	1 148	1 597
社会保险缴纳	51 504	59 578	76 038	85 750	89 897	101 973	113 853	132 125	153 678	167 203
个人	51 176	59 204	75 496	85 181	89 310	101 334	113 094	131 260	152 749	166 188
来自国外	328	374	542	569	587	639	759	865	929	1 015
资本利得	12 458	12 915	16 122	20 256	21 821	22 522	24 668	30 609	40 628	52 336
利息和杂项	9 101	9 684	11 754	14 674	16 401	16 609	18 685	23 538	31 266	40 533
利息收入	7 690	8 187	9 966	12 541	14 098	14 195	16 148	20 695	27 277	34 372
租金和特许权	1 411	1 497	1 788	2 133	2 303	2 414	2 537	2 843	3 989	6 161
股息	3 357	3 231	4 368	5 582	5 420	5 913	5 983	7 071	9 362	11 803
当期转移收入	2 916	3 453	3 635	4 118	4 685	5 460	6 457	7 767	8 855	10 319
从企业	1 461	1 667	1 800	2 050	2 192	2 442	2 991	3 912	4 527	5 366
从个人	1 455	1 786	1 835	2 068	2 493	3 018	3 466	3 856	4 328	4 952
政府企业盈余	-1 515	-936	-1 958	-2 446	-4 068	-2 385	-2 958	-2 377	-2 699	-4 481
当期支出	354 491	388 548	421 512	473 911	549 878	591 024	640 330	703 313	777 925	894 576
消费支出	208 960	225 498	239 125	265 205	296 725	314 508	341 169	370 770	404 705	453 650
当期转移支付	92 235	102 950	115 177	135 873	171 256	184 667	196 308	211 161	236 229	282 371
政府社会福利	86 223	95 773	109 786	129 878	165 121	180 133	192 061	206 169	230 383	275 041
给个人	85 412	94 808	108 628	128 556	163 134	177 643	189 482	203 427	227 334	271 498
给国外	811	965	1 158	1 322	1 987	2 490	2 579	2 742	3 049	3 543
其他转移支付	6 012	7 177	5 391	5 995	6 135	4 534	4 247	4 992	5 846	7 330

续表

年份	1971	1972	1973	1974	1975	1976	1977	1978	1979	1980
利息支出	48 621	53 464	61 980	69 526	77 403	86 724	95 753	112 446	128 460	148 756
给个人和企业	46 869	50 913	58 329	65 479	73 070	82 454	90 516	104 213	117 903	136 890
给国外	1 752	2 551	3 651	4 047	4 333	4 270	5 237	8 233	10 557	11 866
补贴	4 675	6 636	5 230	3 307	4 494	5 125	7 100	8 936	8 531	9 800
政府储蓄净值	-52 180	-42 939	-32 723	-43 672	-108 650	-85 339	-72 933	-57 188	-48 583	-94 682
社保基金	-2 786	-389	6 177	3 574	-15 828	-15 437	-13 091	-3 231	1 702	-14 482
其他										
总收入	308 107	352 413	395 390	436 537	447 676	512 921	576 673	653 314	736 883	808 672
当期收入	302 310	345 609	388 789	430 239	441 228	505 685	567 397	646 125	729 342	799 894
资本转移收入	5 797	6 804	6 601	6 298	6 448	7 236	9 276	7 189	7 541	8 778
总支出	373 053	406 888	438 670	492 803	576 370	616 563	665 149	735 193	814 372	935 584
当期支出	354 491	388 548	421 512	473 911	549 878	591 024	640 330	703 313	777 925	894 576
资本转移支付	58 509	60 691	65 640	76 166	84 403	89 645	93 162	105 567	120 097	135 948
非生产性资产购置	155	224	194	259	298	249	225	251	351	404
固定资产性消费	1 189	943	-1 482	-3 797	1 511	-641	137	1 143	-851	-1 890
借入或借出净值	41 291	43 517	47 194	53 735	59 720	63 714	68 705	75 081	83 149	93 454

资料来源：美国经济分析局，2019。

(五) 进出口

整个20世纪70年代，美国商品和劳务出口总额继续保持上升趋势，从1971年的629.63亿美元增长到1980年的2 807.72亿美元，增长4.46倍。商品和劳务进出口总额也同步增长，从1971年的623.42亿美元增长到1980年的2 938.28亿美元，增长4.71倍。从整体来看，除1973年和1975年之外，其他年份的进口总额都高于了出口总额。再观察年度增速，出口总额年度增速一直呈现正增长，最低值为1971年的5.45%，最高值为1973年的34.48%，波幅达290BP。进口总额年度增速除1975年为-3.71%，其余年份均为正值。最高值出现在1974年，增速高达39.83%。

需要说明的是，该阶段美国资源消耗性产品明显地处于净进口状态（Hilke和Nelson，1988），① 这主要归功于石油进口依赖性的增强。而这种依赖性又部分源于中东地区石油的大量发现，部分源于政府政策抉择：在工业化国家中，直至该时段美国的汽油和石化产品的税率是最低的。因此，在众多工业化国家中，美国倾向于石油密集型消费模式也就不足为奇。②

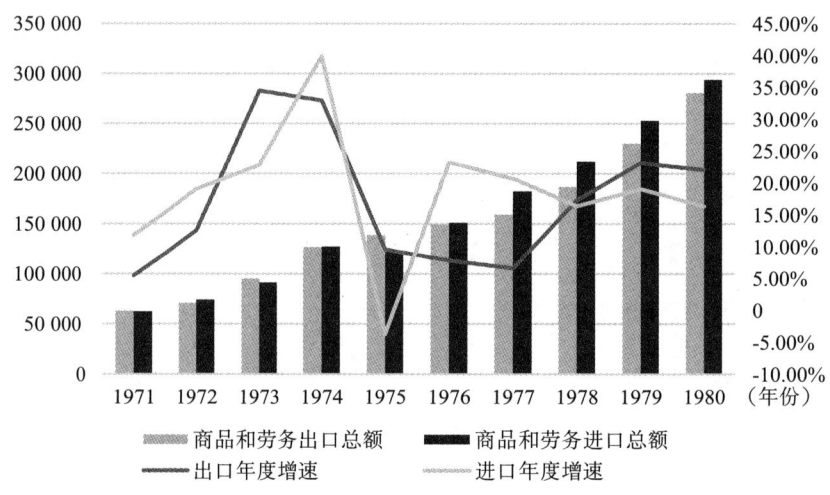

图 5-6 1971—1980年美国商品和劳务进出口额及增速

资料来源：美国经济分析局，2019。

(六) 国内投资

美国1971年的国内总投资为2 553.33亿美元，其中私人部门投资为1 968.24亿美元，占比77.09%；政府部门投资为585.09亿美元，占比22.91%。随后呈现小幅增长趋势，至1980国内总投资达到6 660.46亿美元，其中私人部门投资为5 300.98亿美元，占比

---

① J. C. Hilke & P. B. Nelson. 1988. *U. S. International Competitiveness*: *Evolution or Revolution*? New York: Praeger Publishing, 57-58, 77-80.

② [美] S. L. 恩格尔曼、R. E. 高尔曼，蔡挺等译：《剑桥美国经济史》（第三卷），中国人民大学出版社2008年版，第304—305页。

79.59%；政府部门投资为1 359.48亿美元，占比20.41%。从总量来看，国内总投资10年间增长2.6倍，私人部门投资增长2.69倍，政府部门投资增长2.32倍。从部门构成来看，私人部门投资占比一直在75%以上，最高是1978年的81.92%，最低是1975年的75.03%（如图5-7所示）。总体而言，这10年美国私人部门的投资力量逐渐稳定并更加强大，充分体现了市场在其资源配置中的主导作用。

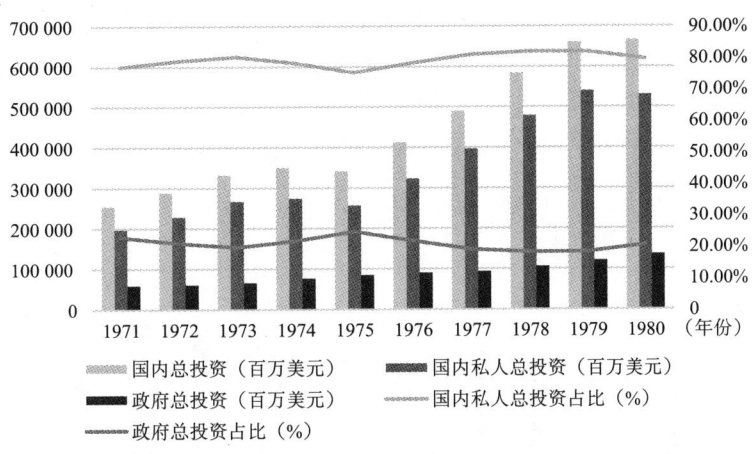

图 5-7 美国 1971—1980 年的国内总投资情况

资料来源：美国经济分析局，2019。

从私人部门的投资结构来看，基本由固定资产投资垄断，占比在95%以上；其他属于私人存货变化。而在固定资产投资中，设备投资占1/3强。这10年中，固定资产投资和设备投资增速波幅都较大。其中固定资产投资最低增速为1975年的1.14%，最高为1977年的22.27%，波幅达211BP；设备投资最低增速同在1975年，为3.16%；最高同为1977年，为22.62%，波幅达195BP。数据表明，固定资产投资的冷热取决于当年设备投资的状况，具体见图5-8。

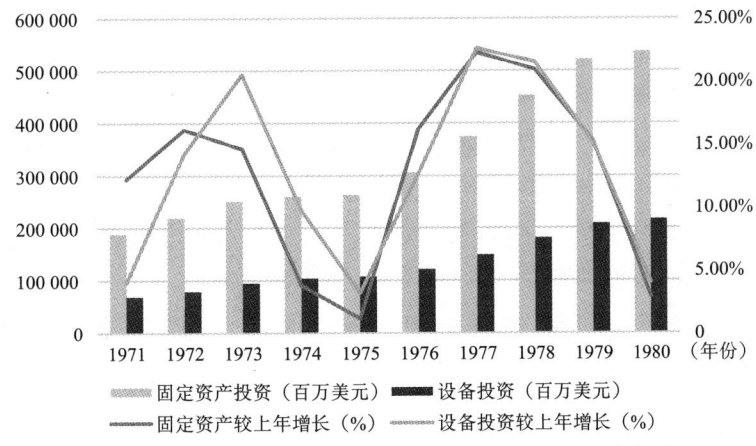

图 5-8 1971—1980 年美国的固定资产投资和设备投资

资料来源：美国经济分析局，2019。

(七) 就业人数和失业率

整个20世纪70年代，全职和兼职雇员人数从7 955万美元增长到9 837万美元，增长1.24倍。失业率居高不下，最低为1973年的4.9%，最高为1975年的8.2%，10年平均值为6.49%。造成失业率高的原因主要有：一是外部石油危机的冲击。1972—1981年美国原油价格上涨至原来的9倍多，这给美国工商界带来巨大影响，从能源消费大户的交通、炼油、化工、钢铁、铝业等行业逐步波及全行业，生产成本的急剧提高迫使各行业不得不以裁员来应对。二是内部生产力落后。20世纪70年代，美国在越来越多的行业失去领先地位，如汽车、钢铁、电子等，欧洲和日本后来居上，激烈的市场竞争导致不少美国公司破产或倒闭。如1977—1987年，共有37家美国轮胎公司倒闭，从业人数锐减了40%，[①] 具体见图5-9。

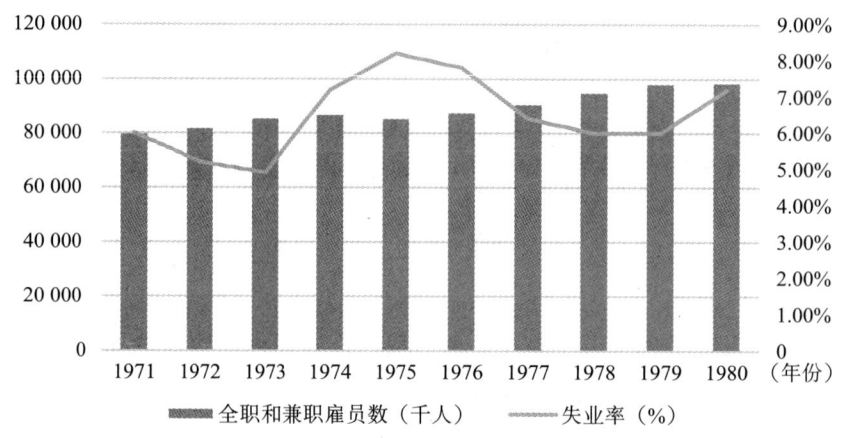

图5-9　1971—1980年美国的失业率和就业

资料来源：美国经济分析局，2019。

从非农就业人数来看，1971年为7 211万人，1980年增长到9 094万人，增长1.26倍，增幅与全国就业人数大致相当。非农就业人数占总就业人数的比重保持稳定，1971年为90.6%，1980年为92.4%（如图5-10所示）。非农就业占比明显高于肯尼迪总统任期，这表明美国就业结构的变化，农业就业比重持续下降，而服务业就业比重持续上升。就业结构的变化折射了美国产业结构的变迁，走出二战阴影的美国很大程度上仍然是一个以制造业为主的经济体，这种状况一直持续到20世纪60年代。以汽车业为例，20世纪前60年，美国汽车生产在全球处于绝对垄断地位，从业人数也是稳居各行业之首。但随着全球出现的向知识经济转型的浪潮，美国成了这股浪潮的领军人士。越来越多的就业者从事与知识经济，如基础科学研究、医药健康、核能利用、计算机行业等领域的工作，服务业日益欣欣向荣。

---

① Anthony Mayo & Nitin Nohria. 2005. *In their Time: The Greatest Business Leaders of the Twentieth Century*. Boston, MA: Harvard Business School Press, pp259.

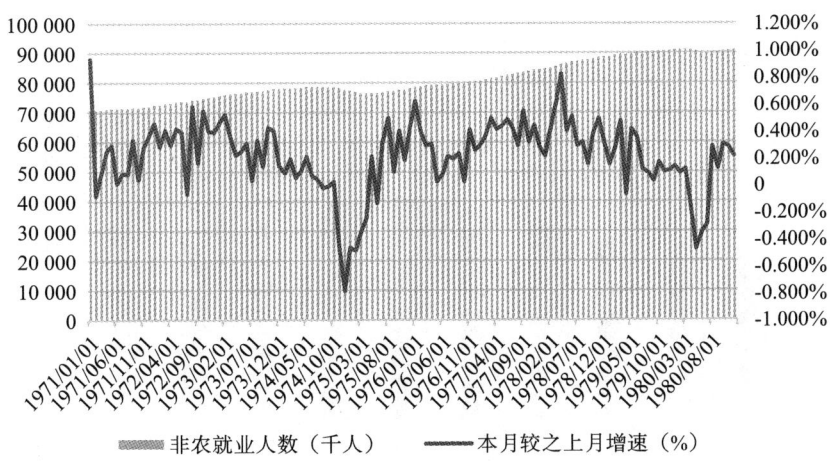

图 5-10　1971—1980 年美国的非农就业情况

资料来源：美国圣路易斯联储，2019。

（八）私人商业部门劳动生产率

整个 20 世纪 70 年代，美国私人商业部门劳动生产率（不包括政府企业）平稳增长。按照 BEA 的指数测量结果，劳动生产率 1971 年为 43.180，1980 年为 49.696，增长了 1.15 倍；单位劳动成本 1971 年为 28.355，1961 年为 53.091，增长了 1.87 倍。数据表明，单位劳动成本快于劳动生产率的增长，实际产出增值受到抑制。从私人商业部门劳动生产率的年度增速来看，10 年中 3 年为负增长，最低增速为 1974 年的 -1.48%；7 年正增长中，最高增速为 1971 年的 4.38%。年度增速趋势线逐渐下行，从 4% 到 3% 左右，从 1% 左右再到负增长。因相对指标比绝对指标更能表明劳动生产率的实际改善状况，趋势线的下行表明劳动生产率停滞不前甚至退化。而单位劳动成本年度增速趋势线则相对上行，从 2% 到 5% 左右再到 8% 最后到 10%。成本的提高部分归因于工资水平的提高，一方面在美国非农岗位中已有超过 70% 的岗位属于服务业，而服务业的工薪水平普遍高于农业和制造业；另一方面工资的性别差距在缩小，女性每小时平均收入与男性的比值从 1930 年的 0.556 上升到 1981 年的 0.637。[①] 还有部分归因于雇主对政府社会保险计划所做的贡献一直在加大，即社会保障、失业保险、私人养老金、健康保险等支出作为工薪的补充部分处于上升通道。

（九）CPI 和通胀

20 世纪 70 年代的美国居民消费价格指数（CPI，非季调数据）呈现稳步上升趋势（如图 5-12 所示），从 1971 年的年均 40.5 提高到了 1980 年的 82.4，说明美国食品和服务价格逐步走高。年度通胀率最低为 1971 年的 3.27%，最高为 1978 年的 13.29%，10 年均值为 8.11%，对照该阶段 3.19% 的年均 GDP 增速，经济"滞涨"特征凸显。

---

① ［美］S.L. 恩格尔曼、R.E. 高尔曼，蔡挺等译：《剑桥美国经济史》（第三卷），中国人民大学出版社 2008 年版，第 438—439 页。

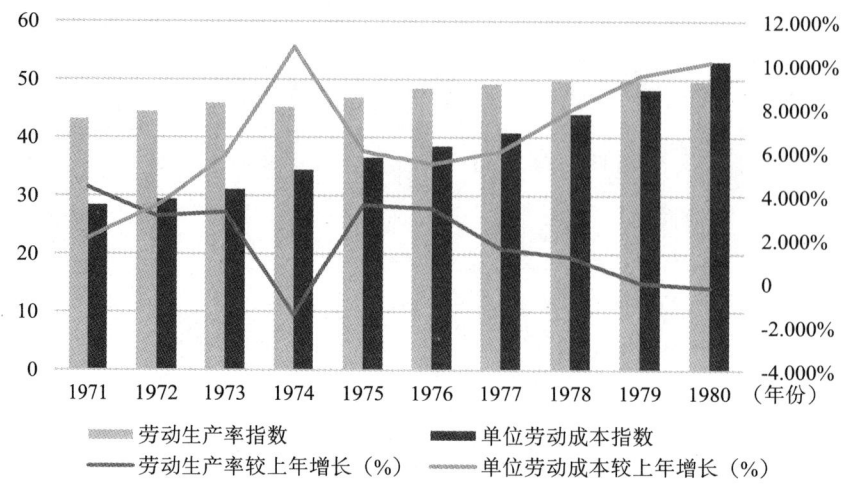

图 5-11　1971—1980 年美国的私人商业部门劳动生产率

资料来源：美国劳工统计局，2019。

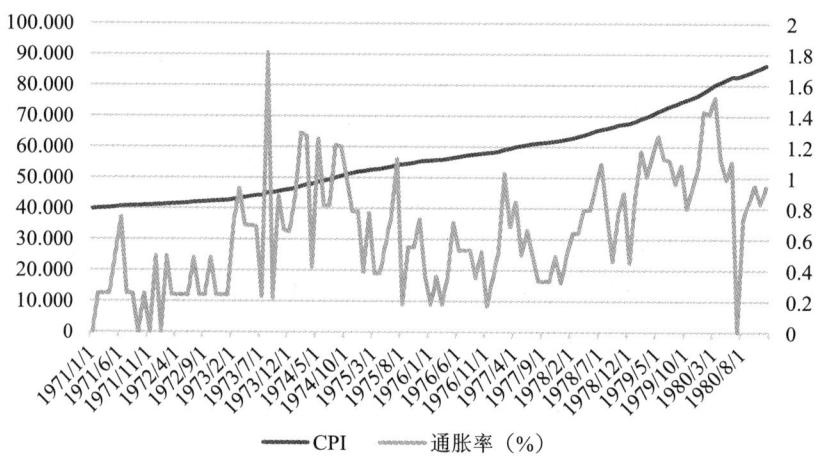

图 5-12　1971—1980 年美国 CPI 和通胀率

资料来源：美国劳工统计局和美国圣路易斯联储，2019。

第二节　里根减税政策的主要内容

财政政策是里根经济学实行供给管理、刺激投资、实现经济再平衡的重要手段，主要政策措施体现在财政收入和财政支出两个维度，包括减税和削减政府支出两个方面，政策目标是降低劳动和资本等主要生产要素的边际税率，刺激供给，促进经济增长，同时实现财政平衡（苏京春、王琰，2019）。① 里根任期内税制的重大调整主要发生在 1981 年、1982 年、1983 年、1984 年和 1986 年，本节只概括所涉及的主要税种和主要修订条款。

一、政策出台过程

里根经济学的政策方案，虽然包括了行政部门内部谈判的行动方案、跨部门的立法行动方案，但是每一个进程都在不同环节制约着另一个进程。比如，最初向国会提交税收计划时，为了预测国会的反对意见，总统早期的意图中包含了妥协，这些小小的妥协来自总统顾问们的说服。因此，在最初设计的立法策略中，税收指数化被推迟到 1985 年 7 月 1 日，而不是 1 月 1 日生效；平衡预算目标从 1983 年后移至 1984 年，同时降低了非劳动所得的最高税率。

然而，立法阶段的主要政治活动形式与行政阶段的不同。在早期阶段，权力等级确实发挥了重要作用，因此总统拒绝了顾问们提出的重大改革妥协请求。但是，由立法系统来运作政策方案，涉及行政部门和国会这两个相对独立的权力体系之间的对抗。实际上，在立法阶段里根经济学实践了三种政治技巧：一是应对那些历史上阻碍行政主导的立法制度性障碍；二是在立法过程中适时营造有利于提高总统影响力的环境；三是拥有在政策市场上精明地讨价还价的能力。② 最为重要的《1981 年经济复苏和税收法案》的推进日程表具体如下：

2 月 5 日，里根在总统办公室发表全国讲话，呼吁三年内将个人所得税税率降低至 30%，并提议在供给侧采取加速折旧、鼓励投资等措施。2 月 18 日，里根提交了减税方案的细节并提议削减 490 亿美元的预算支出。

2 月 24 日—25 日，3 月 3 日—5 日、24 日—27 日、30 日—31 日，4 月 1 日—3 日，众议院筹款委员会就总统经济方案中的税收部分举行听证会；5 月 13 日—14 日、18 日—21 日，参议员财政委员会就减税提案举行听证会。

6 月 10 日—11 日、16 日—18 日、23 日—25 日，7 月 9 日—10 日、13 日—16 日、21 日和 23 日，众议院筹款委员会进行了辩论；6 月 10 日，18 日，22 日—25 日，参议院财政委员会进行了辩论。6 月 25 日，参议院财政委员会要求就修订内容进行报告。

7 月 15 日—18 日、20 日—24 日、27 日—29 日，参议院对其财政委员会报告的修订法案进行审定，并于 7 月 29 日进行投票，最终以 89 比 11 票的结果予以通过。

7 月 23 日，众议院筹款委员会根据要求就修订法案进行报告；7 月 28 日，众议院规则委员会举行听证会；7 月 29 日，众议院筹款委员会再次进行了报告，众议院对此进行审定，规则委员会以 280 比 150 的票数通过了该法案。

7 月 31 日，参议会对众议院通过的法案进行审定，并对法案提出修订意见；同日，众

---

① 苏京春、王琰："里根经济学供给管理再研析：政策体系、实践效力与得失"，《经济研究参考》2019 第 6 期。
② C. E. Jacob. 1985. Reaganomics: The Revolution in American Political Economy. *Law and Contemporary Problems*. 48 (4): 7 – 30.

议院对参议院修订的法案进行审定,并否决了参议院的修订意见。

7月31日和8月1日,参众两院就法案召开两院大会;8月1日,两院大会向大会委员会提交了会议报告以及关于法案的联合解释性声明。

8月1日和3日,参议院对会议报告进行审定,并以67比8的票数通过了会议报告;8月4日,众议院对会议报告进行审定,并以282比95的票数予以通过。

1981年8月13日,里根总统正式签署了《1981年经济复苏和税收法案》。

法案中设计了大量的减税政策,有趣的是,传统凯恩斯主义经济学家对于此次减税的收入回流比白宫更为乐观。马斯格雷夫(Richard Musgrave)[1]于1981年初向美国联合经济委员会作证时说:里根计划可能会通过增加需求来弥补18%的静态收入损失,通过增加供给来弥补30%到35%的静态收入损失。总统经济顾问委员会主席阿克利(Ackley,1981)[2]则将里根计划与肯尼迪计划相提并论:

"我认为对里根减税提议的反应将类似于肯尼迪减税。总的来说,减税本身是独立的,与其他一切无关。我认为,我们会发现总需求对减税的反应非常强烈,而且这将像1963年之后那样,倾向于刺激额外的生产、就业和投资。今天还会这样。其结果将是有益的。"

值得一提的是,里根政治学的成功,也被视作美国政治经济改革的典型案例。政治学家们认为,再分配政策在立法过程中引起的冲突最为尖锐也最难实施,因为它们被认为是以牺牲他人利益为代价,公然地使社会上的某个群体受益。而里根经济学通过在立法实施过程中对分配的必要性做出让步,建立了一个基本的再分配计划。雅各布(Jacob,1985)[3]对此评论道:

"在收入、阶级、地位甚至权利等方面建立起来的关系在新再分配方案中受到挑战。因此,一项旨在提高穷人地位的反贫困计划(以中产阶级利益为代价),或一项旨在以高潜在成本保障社会某一部门政治权利的投票权法案(以垄断政治权力为代价),或一项被视为带有收入再分配效应的税收措施,都是充满政治激情的政策案例。"

二、《1981年经济复苏和税收法案》的主要减税措施

《1981年经济复苏和税收法案》(The Economic Recovery Tax Act of 1981,缩写为ERTA)旨在降低个人资本和劳动所得的边际税率以刺激经济增长,朝着储蓄——消费中立方向调低储蓄和投资的税率,同时实现税率与通货膨胀挂钩;对企业实施加速成本回收制度(Accelerated Cost Recovery System,缩写为ACRS),增加研发支出税收抵免,以实现公司所得税负担的降低。

---

[1] R. A. Musgrave. 1981. *Statement in The 1981 Economic Report of the President*. Joint Economic Committee. U. S. Congress. 97th Congress, 1st session. Washington: U. S. Government Printing Office.

[2] G. Ackley. 1981. *Statement in Tax Aspects of the President's Economic Program. Committee on Ways and Means*. U. S. House of Representatives. 97th Congress, 1st session, Serial 97 – 10. Washington: U. S. Government Printing Office.

[3] C. E. Jacob. 1985. Reaganomics: The Revolution in American Political Economy. *Law and Contemporary Problems*, 48(4): 7 – 30.

（一）降低个人所得税税率

个人所得税税率的下调按照三个阶段推进，分别是 1981 年 10 月 1 日起降低 5%，1982 年 7 月 1 日和 1983 年 7 月 1 日各调低 10%。结果是在 3 年期间个人所得税的最高税率从 70% 下降到 50%，最低税率从 20% 下降到 14%。这种"复合式"减税，每一步都比上一步减税幅度有所降低，最终边际税率下降了大约 23%。不同年度的实际税率降幅依次为 1981 年的 1.25%，1982 年的 9.75%，1983 年的 18.78% 和 1984 年的 23.05%。个人所得税应税所得和适用税率见表 5-7。

表 5-7 1981—1984 年美国联邦个人所得税税率表

应税所得额（美元）	1981 年税率（%）	1982 年税率（%）	1983 年税率（%）	1984 年税率（%）
0—3 400	0	0	0	0
3 400—5 500	14	12	11	11
5 500—7 600	16	14	13	12
7 600—11 900	18	16	15	14
11 900—16 000	21	19	17	16
16 000—20 200	24	22	19	18
20 200—24 600	28	25	23	22
24 600—29 900	32	29	26	25
29 900—35 200	37	33	30	28
35 200—45 800	43	39	35	33
45 800—60 000	49	44	40	38
60 000—85 600	54	49	44	42
85 600—109 400	59	50	48	45
109 400—162 400	64	50	50	49
162 400—215 400	68	50	50	50
215 400 以上	70	50	50	50

资料来源：美国财政部税收分析办公室，1981。

美国国会确信个人所得税减税将有助于达成 ETRA 最为关注的两个目标：一是全面且公平地减轻了原法案之下过高且稳步提升的税收负担；二是减少了当前过高边际税率所带来的扭曲、低效和抑制因素。在 ETRA 实施之前，个人所得税的平均税负在个人收入中的占比高于过去 20 年中的任何时候，法案的基石建立在减少联邦政府对美国公民生活的负面影响之上。同时政府出台了《综合预算调节法》（Omnibus Budget Reconciliation Act，缩写为 OBRA），大幅度减少了政府支出项目，并将这些项目的资金和资源回馈于纳税人。

（二）实施税收指数化

在税率下调一年后，ERTA 于 1985 年开始实行税收指数化，即根据上一年度的通货膨胀率对个人所得税税率表中的应税所得级距进行调整。例如，根据 1984 年的税率表，16 000 美元到 20 200 美元的应税所得适用税率为 18%，如果 1984 年美国劳工部公布的消费物价指数上涨 5%，那么 1985 年适用 18% 税率的应税所得将调整为 16 800 美元到

21 210 美元;同时,1 000 美元的个人免征额也随之调整为 1 050 美元。税收指数化消除了通货膨胀导致的税率级次攀升问题,20 世纪严重的通货膨胀曾严重推高了边际税率。该项举措被视为屏蔽了隐性增税的可能,也削弱了政府对通货膨胀的纵容动机。

由于最高税率的下调,净资本利得的最高税率也相应从 28% 下降到 20%,即使 60% 净资本利得的扣除标准没有改变,但余下 40% 的适用税率调整为新法案中的最高税率 50%(实际税负为 40% × 50% = 20%)。

(三) 实施已婚夫妇第二份(较低)工薪所得扣除

ERTA 允许从低收入配偶的工资或薪金所得中扣除 10%,最高可从 30 000 美元的薪金中扣除 3 000 美元。该条款的实际效果是将已婚夫妇中第二位获得收入者的边际税率降低了 10%(例如,从 32% 降至 28.8%)。如果一对已婚夫妇的工薪所得共同申报纳税,按照累进税率机制,较低收入的配偶一方所挣得的第一个美元实际上是按较高收入的配偶一方所适用的最高税率征税,这势必会打击较低收入配偶一方进入劳动力市场的积极性。事实上,配偶一方的收入越高,另一方所挣得的每一美元收入都会适用更高的税率,该项条款明显减少了对已婚夫妇同时就业的抑制。

这种扣除又被称为婚姻奖励或罚款,是已婚夫妇联合申报的应纳税额与配偶双方分别作为独立纳税义务人的应纳税额之和之间的差额(如表 5-8 所示)。婚姻奖励在表中显示为负值,罚款为正值。前提条件是所有所得都是劳动所得,纳税人没有需要抚养的子女,可扣除费用是调整后毛所得的 23%,然后根据配偶双方各自所得在家庭总所得中的比重进行分配。

表 5-8　　　　　　　　　　不同法案下双就业夫妇的税收惩罚或奖励

丈夫的所得 (美元)	妻子的所得(美元)				
	10 000	20 000	30 000	50 000	100 000
10 000					
原法案	103	185	157	-134	-241
1984 年法案	-121	-84	-146	-512	-2 360
20 000					
原法案	185	822	1 350	1 701	1 671
1984 年法案	-84	90	388	557	-837
30 000					
原法案	157	1 350	2 166	2 901	2 918
1984 年法案	-146	388	606	1 110	185
50 000					
原法案	-134	1 701	2 901	3 760	3 777
1984 年法案	-512	557	1 110	2 290	2 007
100 000					
原法案	-241	1 671	2 918	3 777	3 794
1984 年法案	-2 360	-837	185	2 007	3 390

资料来源:美国税收联合委员会,1981。

(四) 放开个人退休账户

个人退休账户（Individual Retirement Accounts，缩写为 IRAs）彻底放开。可扣除的缴纳限额从受雇所得的 15%（最高达 1 500 美元）提高到受雇所得的 20%（最高为 2 000 美元）。对于那些参与雇主发起的退休计划而没有资格拥 IRAs 的个人，ERTA 允许他们开设账户，并将缴款额度减少到他们自愿缴纳给雇主计划的数额。该账户显著提高了小储蓄户增加储蓄的动力，而此前超过 IRAs 缴纳限额的储户并没有得到新的"边际"激励来增加储蓄。

(五) 实施加速折旧

ETRA 缩短了需计算折旧的资产寿命，从而降低了厂房和设备的成本。最引人注目的是，根据资产类型不同，折旧期从原来的 16—45 年（其中大部分在 40—45 年）减少到 15 年。该体系被称为加速成本回收系统（ACRS），它取代了 1971 年引入的资产折旧幅度系统（Asset Depreciation Range，缩写为 ADR）。在老体系之下，企业可采取双倍余额递减法进行加速折旧。在新体系之下，纳税人拥有多项选择：(1) 采用余额递减法在 15 年内加速折旧，但为控制 1981 年的减税政策成本，ERTA 开始仅允许 150% 的余额递减，1984 年上调到 175%，1985 年提高到 200%；(2) 采用直线法在 15 年或更长时期内进行折旧。按照 175% 余额递减法确定的加速折旧百分比，对于不同购置和处置年份的资产，按照其投入使用的月份确定百分比（如表 5-9 所示）。

表 5-9　　ACRs 的加速折旧比例表（不包括低收入家庭的住房）

回收时长(年)	适用比例是：资产投入使用的第一年所对应的月份											
	1	2	3	4	5	6	7	8	9	10	11	12
1	12	11	10	9	8	7	6	5	4	3	2	1
2	10	10	11	11	11	11	11	11	11	11	11	12
3	9	9	9	9	10	10	10	10	10	10	10	10
4	8	8	8	8	8	8	9	9	9	9	9	9
5	7	7	7	7	7	7	8	8	8	8	8	8
6	6	6	6	6	7	7	7	7	7	7	7	7
7	6	6	6	6	6	6	6	6	6	6	6	6
8	6	6	6	6	6	5	6	5	6	5	6	6
9	6	6	6	6	5	6	5	6	5	6	5	6
10	5	6	5	6	5	5	5	5	5	6	5	5
11	5	5	5	5	5	5	5	5	5	5	5	5
12	5	5	5	5	5	5	5	5	5	5	5	5
13	5	5	5	5	5	5	5	5	5	5	5	5
14	5	5	5	5	5	5	5	5	5	5	5	5
15	5	5	5	5	5	5	5	5	5	5	5	5
16	…	…	1	1	2	2	3	3	4	4	4	5

资料来源：美国税收联合委员会，1981。

加速折旧给企业带来的收益是非常明显的，具体如表 5-10 所示。价值为 100 万美元建筑物如果折旧期从 25 年缩短到 10 年，企业每年可节税 30 000 美元，企业投资成本降低了 3%（3/100），从而有效地刺激了设备投资的需求。

表 5-10　　　　　　　　　　正常折旧与加速折旧的比较分析　　　　　　　　单位：1 000 美元

设备价值	25 年折旧期	10 年折旧期	毛所得	税前净所得	按 50% 税率纳税	节税额
1 000	40		10 000	9 960	4 980	
1 000		100	10 000	9 900	4 950	30

（六）实施投资税收抵免

投资税收抵免并不根据资产的实际使用年限来决定，而是根据它在 ACRs 法案中所归属的成本回收扣除类别。对于回收时长为 10 年、15 年的新资产或 15 年的新公用设备，法案允许全额常规抵免，即 10% 的常规抵免。同时，ERTA 将原法案下回收时长为 3 年的设备所享有的税收抵免从 3.33% 提高到 6%，5 年设备享有的税收抵免从 6.66% 提高到 10%。对于 1980 年以后投入使用的二手设备，可获得抵免的设备价值从 100 000 美元提高到 150 000 美元。表 5-11 显示了企业享受投资抵免与未享受投资抵免的区别，显然该项举措将企业投资成本降低了 10%，从而刺激了对设备投资的需求。

表 5-11　　　　　　　　　　有无投资税收抵免的比较　　　　　　　　　　单位：美元

利润	利润税	机器成本	10% 投资税收抵免	利润税 + 税收抵免	节税金额	机器净成本	节税额
1 000	500	100	—	500	0	100	
1 000	500	100	10	490	10	90	10

（七）实施安全港租赁

前述第 5 项和第 6 项税收优惠只适用于资产或设备的所有人，为更大力度地刺激受经济衰退影响的企业投资行为，ERTA 对于出现亏损且不能即时享受折旧摊销的企业，提供了更为简便的方法，即从其他企业租赁设备的企业也可以获得折旧摊销，这种方法被称为"安全港租赁"。根据美国国内收入局的规定，符合该项税收优惠的纳税人必须满足以下条件：（1）租赁期内出租人必须至少持有该资产 20% 的风险投资；（2）出租人的现金流必须为正且从租赁业务中获得利润；（3）承租人无权以低于公允市场价值的价格购买该租赁资产；（4）承租人在租赁中不存在投资行为，也不能将购置成本转移给出租人；（5）承租人以外的人在租赁期结束后使用该项资产必须在商业上可行。

（八）设立研发税收抵免

为扭转各行业不断下滑的研发支出，ETRA 制定了研发税收抵免措施，抵免适用于纳税人在进行交易或业务时支付或发生的研究支出。ETRA 界定的研发支出是指在实验过程中发生的或在实验室开展研发的成本,这些成本用于开展试验、制作试验模型、开发工艺和产品配方、新发明或者对原有产品进行改良,购买专利的成本也包括在内。纳税人获得抵免的前提条件是在某个纳税年度的合法研发支出超过了过去3年研发支出的年均值,抵免额为研发支出增量的25%。一般情况下,有限合伙企业一方(或该合伙企业中的任何合伙人,包括公司的普通合伙人)如果以"外部"或合同约定的方式将研发支出转移到合伙另一方,自身却以许可证或专利费方式作为回报,将无法获得该项抵免。唯一的例外是,合伙企业同时满足以下两个条件:一是符合"进行测试"(carrying on test)条款,即研发必须属于纳税人已经开展的某一特定贸易或业务中的行为;二是他们有权获得研发成果。

(九)调低小型公司的所得税税率

考虑到适用原法案下最低两个税率的纳税人一般为小型劳动力密集型企业,为降低通货膨胀和税制结构对企业资本形成的影响,ETRA分两年调低了两类小型公司的所得税税率,一个从17%调减到15%,一个从20%调减到18%,具体如表5-12所示。

表5-12　　　　　　　　　ETRA下的小型公司所得税税率

应税所得(美元)	适用税率(%)
1982年	
低于25 000	16
25 000—50 000	19
1983及以后年度	
低于25 000	15
25 000—50 000	18

资料来源:美国税收联合委员会,1981。

(十)减免遗产税

ETRA在6年时间内逐步将遗产税与赠与税的合并抵免额从47 000美元提高到192 800美元。当达到最高抵免额192 800美元时,总额600 000美元及以下的财产转移将获得遗产税或赠与税的免税待遇。抵免额按年逐步提高的具体情况如下:1982年,抵免额为62 800美元;1983年为79 300美元;1984年为96 300美元;1985年为121 800美元;1986年为155 800美元;1987年及以后年度为192 800美元。

三、《1982年税收公平和财政责任法案》中的主要减税措施

1981—1982年,美国财政赤字增长了63%,迫于财政赤字压力,1982年政府出台了《1982年税收公平和财政责任法案》(The Tax Equity and Fiscal Responsibility Act of 1982,缩写为TEFRA),法案提出:增加国内产品税与就业税,撤销或减少对耐用品的加速折旧,加强税收征管。

一是与自然人纳税人相关的条款。主要包括修订《国内税收法典》中针对自然人纳税

人替代性最低税收的计算规则，规定最低应纳税所得额的最高税率为20%，废除对自然人纳税人增收的附加最低税；将医疗费用扣除的下限从3%提高到5%，取消医疗保险的费用扣除；从1984年开始，药品和药物所享有的扣除限于处方药或胰岛素；非营业性伤亡损失的扣除限额为调整后毛所得的10%。

二是与公司纳税人相关的条款。主要是撤销双倍递减余额条款和安全港租赁条款。对于1985和1986年实施的200%加速折旧措施，TEFRA予以了撤销。对于安全港租赁条款，在ERTA通过几个星期后，参议院财政委员会主席多尔（Robert Dole）就曾承诺在下一个税收法案中予以撤销。该承诺缘起于几家拥有大型租赁子公司的企业公布了与条款相关的主要投资合同，并准备在投资费用飙升时少缴或不缴税款。多尔宣布该决定后，这些公司价值数十亿美元的投资协议也随之取消，投资支出的下降很大程度上导致了1981—1982年的二次探底式衰退。

四、《1984年削减赤字法案》中的主要减税措施

里根总统于1984年3月提出一项得到共和党支持的计划，该计划第一次赞同削减国防开支、提高税收和抑制赤字。尽管动机不同，国会两院对该计划都予以了支持。但两院在支出削减额度上存在较大分歧，最终法案不得不提出了一个比两院建议数都小得多的支出削减数，《1984年削减赤字法案》（The Deficit Reduction Act of 1984，缩写为DEFRA）方能予以通过。法案主要措施包括：

一是修订《国内收入法典》。按照原有法律的时间安排，1985年可获得投资税收抵免的二手资产最高价值可从125 000美元提高到150 000美元，DEFRA将其延迟到1987年。

二是修订《1982年税收公平和财政责任法案》。将某些限定资产的融资租赁和固定价格购买选择权的特别规则生效日期从1984年推迟到1988年。冻结企业每年选择作为减税之用的个人资产限额，按照原有法律的时间安排，1984年为7 500美元，1985年为10 000美元，DEFRA将两步骤的限额调整分别推迟到1988年和1989年。将原计划1983年实施的国外经营所得扣除延迟至1988年，冻结该类所得在计算应纳所得时的扣除限额80 000美元至1988年，1990年再将该限额从5 000美元提高到95 000美元。将原计划1984年实施的遗产税和赠与税最高限额延迟至1988年，55%的最高限额比例实施至1987年，1988年及以后该比例降低到50%。将某些不动产的资本回收年限从15年提高到18年，同时对低收入家庭住房设定特殊规则。明确了股息在股东应税所得中的扣除限额，并确定了限额的计算方法。

ETRA、TEFRA、DEFRA可以被视为里根总统在第一任任期内个人和公司税收改革的整体框架。

五、《1986年税制改革法案》中的主要减税措施

《1986年税制改革法案》（The Tax Reform Act of 1986，缩写为TRA86），该法案旨在

秉承税收中性原则，以降低边际税率、扩大税基、简化税法、消除避税行为为主要目标，以期在提高经济效率的同时实现税收公平。从主要条款来看，主要是降低了公司所得税税率，并进一步降低了个人所得税税率。作为交换，该法案通过几种方式提高了资本的税收负担。法案还进行了多项调整以消除对一些优惠投资的偏好，杜绝税收优惠的滥用行为，堵塞各种各样的税收漏洞。

（一）下调个人所得税税率

减少个人所得税的税率级次，从1986年的15级减少到1988年2级，即15%和28%，对于超过一定额度的应税所得，加征5%的附加税，合并税率提高到33%（如表5-13所示）。征收附加税的目的有两个：一是防止TRA86大幅度地改变不同收入群体的所得税负担分配格局；二是达到特定的收入目标，更具体地说，旨在取消15%税率级次的税收收益和高收入家庭的免税优惠。从15%税率的适用对象来看，包括了年应税所得在29 750美元以下的联合申报已婚夫妇，年应税所得在14 875美元以下的单独申报已婚夫妇，年应税所得在17 850美元以下的独立申报单身个人和年应税所得在23 900美元以下的家庭户主。超过相应数额，则适用于28%的所得税税率。5%附加税或33%合并税率所适用的纳税人包括：年应税所得在71 900—149 250美元的联合申报已婚夫妇，年应税所得在47 050—97 620美元的独立申报单身个人和年应税所得在67 200—134 930美元的家庭户主。

表5-13　　　　　1986年和1988年已婚夫妇联合申报的个人所得税税率

1986年		1988年	
应税所得（美元）	适用税率（%）	应税所得（美元）	适用税率（%）
0—3 670	0	0—29 750	15
3 670—5 940	11	29 750—71 900	28
5 940—8 200	12	71 900—149 250	33
8 200—12 840	14	149 250以上	28
12 840—17 270	16		
17 270—21 800	18		
21 800—26 550	22		
26 550—32 270	25		
32 270—37 980	28		
37 980—49 420	33		
49 420—64 750	38		
64 750—92 370	42		
92 370—118 050	45		
118 050—175 250	49		
175 250以上	50		

资料来源：美国税收联合委员会，1986。

法案从1987年开始提高了标准扣除额：联合申报的已婚夫妇为5 000美元，单独申报的已婚夫妇为2 500美元，家庭户主为4 400美元，单身个人为3 000美元。老年人或盲人还可获得600美元的加计扣除，如果某位纳税人同时符合这两个条件可享1 200美元的扣除额。个人免税额则将近翻了一倍，从1986年的1 080美元提高到1987年的1 900美元，再到1988年的2 000美元。里根卸任的1989年，美国联邦个人所得税税率如表5-14所示。

表5-14　　　　　　　　　　1989年的联邦个人所得税率表　　　　　　　　　　单位：美元

个人免税额	2 000
标准扣除	
联合申报	5 200
单身个人	3 100
家庭户主	4 450
老年人或盲人加计扣除	
联合申报	600
单身/家庭户主	750
法定边际所得税税率，已婚夫妇联合申报	
应税所得	应纳税额
0—30 950	超过0部分的15%
30 950—74 850	4 643 + 超过30 950部分的28%
74 850—177 720	16 935 + 超过74 850部分的33%
177 720以上	50 882 + 超过177 720部分的28%
法定边际所得税税率，单身个人独立申报	
应税所得	应纳税额
0—18 550	超过0部分的15%
18 550—44 900	2 783 + 超过18 550部分的28%
44 900—104 300	10 161 + 超过44 900部分的33%
104 300以上	29 772 + 超过104 300部分的28%
法定边际所得税税率，家庭户主申报	
应税所得	应纳税额
0—24 850	超过0部分的15%
24 850—64 200	3 728 + 超过24 850部分的28%
64 200—151 210	14 746 + 超过64 200部分的33%
151 210以上	43 459 + 超过151 210部分的28%
法定边际所得税税率，已婚夫妇单独申报	
应税所得	应纳税额
0—15 475	超过0部分的15%
15 475—37 425	2 321 + 超过15 475部分的28%
37 425—117 895	8 467 + 超过37 425部分的33%
117 895以上	35 022 + 超过117 895部分的28%

资料来源：Guenther，2019。

（二）下调公司所得税税率

法案将公司所得税税率设定为：应纳税所得额低于 50 000 美元，税率为 15%；应纳税所得额在 50 000—75 000 美元之间，税率为 25%；应纳税所得额超过 75 000 美元，税率为 34%。应纳税所得额超过 100 000 美元的公司其税额加征 5% 或 11 750 美元，以较低者为准。经过此次调整，公司所得税最高税率从 46% 降低到 34%，下调了 12 个百分点。同时，法案还堵塞了原有的各种税收漏洞、税收扣除和税收抵免，这些措施将公司所得税的实际边际税率降低了至少 6 个百分点。

（三）调整对资本利得的税收

废除了个人长期资本利得的例外条款，为公司以外纳税人设定了最高 28% 的资本利得税率。按照公司现有会计记账方法，实际兑现的资本利得按照 34% 纳税（等同于一般公司所得税税率）。撤销激励性股权必须按照顺序交割的规定，在任何一个日历年度首次交割的激励性股权不得超过 100 000 美元。亏损递延应适用于以下情况：股票亏损出售且此后 30 天内未持有相关期权，收益可计入下一年度。

第三节 里根减税政策的效果评价

里根经济学的研究相对较多，从现有成果来看，部分学者聚焦于里根任期内（1981—1988 年）的经济数据，部分学者将政策时滞纳入考察范围（1981—1990 年）。这是由于研究立足点有所差异，前者着力于对里根总统的政绩进行评价，后者着力于对经济政策进行分析。基于此，本节的考察时段兼顾了里根的总统任期和美国商业周期的实际情况，时间序列数据跨度为 1981—1990 年。

一、对经济增长的影响

以减税为核心的里根经济学带来了美国历史上的"经济大扩张"（great expansion），本轮扩张以低通胀、高增长和增加就业为特征，在长期提振美国经济的同时，美国的国际经济地位也得以巩固和提升。

（一）对 GDP 增速的影响

里根总统任职的 8 年期间（1981—1988 年），GDP 增速年均为 3.2%，比 1974—1981 年的年均 2.8% 和 1989—1995 年的年均 2.1% 都要高。不仅如此，这一平均增速还包括了里根初上任时的经济衰退期（1981 年 7 月—1982 年 11 月），该次经济衰退明显是卡特政府高通胀政策的负面效果。如果只考虑 1983—1989 年的经济扩张期，GDP 年均增速高达 3.8%，具体如图 5-13 所示。到里根总统任期结束，美国经济总量比他任期开始时增长近 1/3；从人均 GDP 增速来看，里根任期内年龄在 20—64 岁的劳动人口人均 GDP 增速达到 1.7%，比其任期前后增长了近两倍。

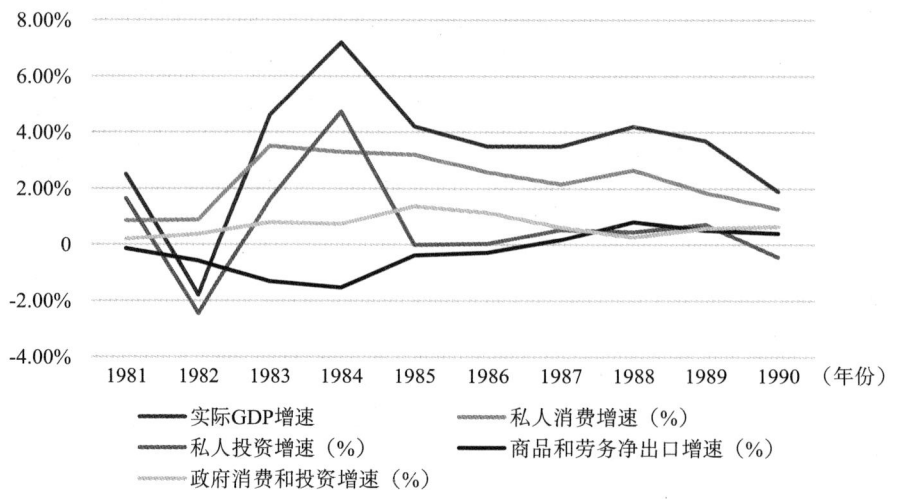

图 5-13　1981—1990 年美国 GDP 增速及需求要素贡献

资料来源：美国经济分析局，2019。

对于 1983—1989 年的经济快速增长，里根的政敌强调是因为 1981—1982 年严重衰退造成的资源利用不足，但这种解释与两个事实相矛盾：一是即使考虑到 1981—1982 年的严重衰退，里根任期内的经济增速也比福特——卡特和布什——克林顿时期快；二是 20 世纪 80 年代的经济扩张不仅以其强度而著名，更以其长度而著名。如图 5-14 所示，里根经济学所产生的经济复苏持续了 92 个月，是 20 世纪第二长且不曾间断的经济扩张。

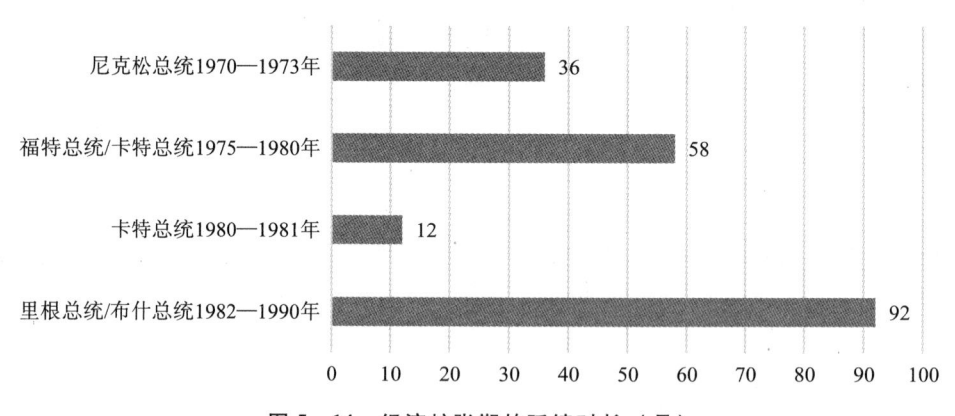

图 5-14　经济扩张期的延续时长（月）

资料来源：美国国家经济研究局，2010。

而且越来越多的经济学家认识到，与 20 世纪 60 年代和 70 年代的扩张不同，本轮扩张并不是刺激短期需求的结果，因为需求刺激政策往往导致通货膨胀，促使政策制定者抑制需求以控制通胀，结果是不仅通胀高企而且导致经济的高波动，但里根实施供给侧经济政策以来，经济稳定性明显提高。图 5-15 显示了美国经济处于衰退中的时长从 1855—

1909 年的占比 44% 下降到 1982 年以来的 4%，或者说美国经济自 1982 年 12 月以来处于衰退中月数比任何可比的历史阶段都要少。经济稳定性的提升在于减税政策降低了通货膨胀，货币政策以稳定物价为首要目标。而低通胀转化为低利率，两者共同刺激了私营部门生产的最大化，进而促进了经济稳定增长。对此格林斯潘（Greenspan）于 1999 年指出：

"如果没有别的，过去十年的经验已经加强了先前的证据，即实现最大可持续经济增长的必要条件是价格稳定"。①

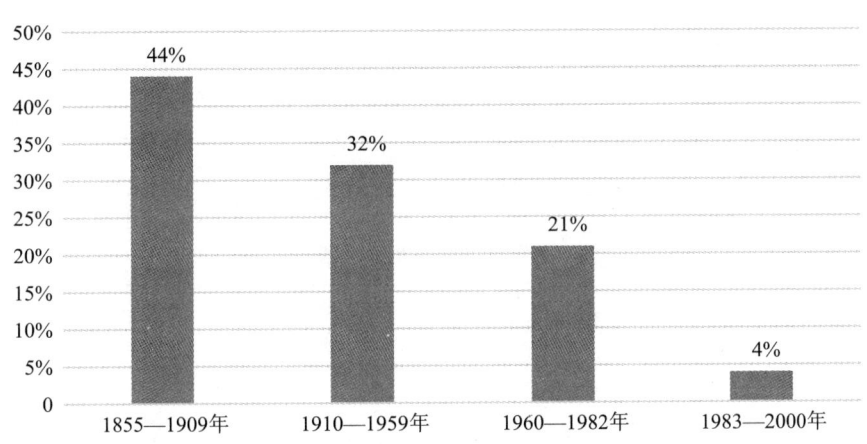

图 5-15　美国经济不断提升的稳定性

资料来源：美国圣弗朗西斯科联储银行，1999。

（二）对个人人均收入和消费的影响

个人人均收入稳步增长，从 1981 年的 11 661 美元增长到 1989 年的 19 018 美元，增长 1.63 倍；年度增速除 1986 年之外，其余各年均保持在 5% 以上，最高为 1981 年的 9.08%。其中中等收入家庭的年收入增加值达到 4 000 美元，从 1981 年的 37 868 美元增长到 1989 年的 42 049 美元。不过如同 GDP 增速下降一样，个人收入增速在 1990 年也明显下降，具体见表 5-15。恩格尔曼和高尔曼（2008）认为，1979—1989 年，公共政策尤其是财政政策为促进繁荣、消除贫困做出了巨大贡献，包括减税和各级转移支付。② 虽然社会福利支出在里根任期内被削减，但社会保障计划的扩张、公共物品的扩大供给等举措也都有利于减轻收入分配的不平等。

但是，供给学派拟通过减税刺激个人储蓄的愿望没有达成，人均储蓄占人均可支配收入的比重从 20 世纪 80 年代初的 11% 以上逐步下降到 8.4%。当然，后续到 20 世纪 90 年代更低，平均储蓄率为 4.9%。储蓄率的降低的确让执政者有些失望，经济学家们纷纷探

---

① Alan Greenspan. Testimony to the House Committee on Banking and Financial Services, July 22, 1999.
② S. L. 恩格尔曼、R. E. 高尔曼，蔡挺等译：《剑桥美国经济史》（第三卷），中国人民大学出版社 2008 年版，第 195—197 页。

究其原因。供给学派经济学家林德赛（Lindsey，1990）[①]认为是"储蓄的传统动机因政府项目而减弱，这些政府项目包括照顾弱势群体，资助大学教育，保护失业人员。因此人们减少储蓄的原因部分在于其危机感下降"。但阿特金森（Atkinston，2016）提出了四条减税不能增加储蓄的原因：一是减税能够长期增加人们的税收收入，因此使人们减少储蓄；二是大多数人的储蓄决策对税率变化并不敏感；三是自20世纪80年代起，最高边际税率就已经比较低，对储蓄的负面作用很小；四是任何可能增加的储蓄都会因减税引起的政府收入下降而抵消。[②] 这些或许都是里根任期内储蓄率不升反降的原因。除此之外的因素包括：一是婴儿潮一代正好步入他们人生的消费高峰期，对储蓄的冲击也较大；二是储蓄率的数据并不能代表实际财富收益，1980—1990年，资本和房地产的实际价值增加了两倍。道琼斯工业指数几乎跃升了3倍，从1982年的884点到1989年的2 509点，而股票、债权、住房等资产的增加值并没有体现在储蓄率的统计当中。

表 5–15　　　　　　　　　1981—1990 年美国人均收入及储蓄率

时间	人均收入（美元）	个人收入较上年增长（%）	人均储蓄占人均可支配收入的比重（%）
1981 年 10 月 1 日	11 661	9.08	11.8
1982 年 10 月 1 日	12 244	5.00	12.0
1983 年 10 月 1 日	13 134	7.27	10.0
1984 年 10 月 1 日	14 297	8.85	11.3
1985 年 10 月 1 日	15 062	5.35	9.2
1986 年 10 月 1 日	15 728	4.42	8.8
1987 年 10 月 1 日	16 758	6.55	7.9
1988 年 10 月 1 日	17 937	7.04	8.5
1989 年 10 月 1 日	19 018	6.03	8.4
1990 年 10 月 1 日	19 797	4.10	8.4

资料来源：美国圣路易斯联储，2019。

按照收入五分位法的20%最贫困群体，其家庭实际收入在1981—1989年增长了6%，在1973—1981年却下降了5%，在1989—1995年也下降了3%（如图5-16所示）。该图比较了长达20年的时段内美国最贫困的1/5人口其实际家庭收入的变化趋势，数据清晰地显示贫困群体在里根时代获益良多。

[①] L. B. Lindsey. 1990. *The Growth Experiment: How the New Tax Policy is Transforming the U. S. Economy.* New York: Basic books, 196—197.

[②] 罗伯特·阿特金森，杨晓、魏宁译：《美国供给侧模式启示录：经济政策的破解之道》，中国人民大学出版社2016年版，第104页。

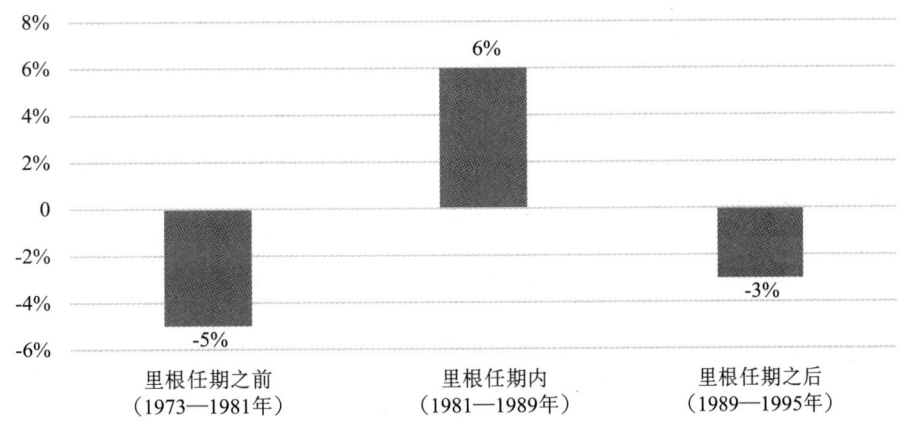

图 5-16　20%的最贫困群体的实际家庭收入变化

资料来源：Cato 研究所，根据美国国家统计局数据制作。

不仅如此，贫困群体向富裕群体的迁移也非常显著（如图 5-17 所示）。1979 年处于最低收入分位中的家庭有 86% 在 1988 年迁移至相对高的收入层级；次低收入、中等收入、中高收入分别有 60.1%、47.3% 和 35.4% 的家庭迁移到相对高的收入层级。最令人难以置信的是，一个在 1979 年的贫困低收入家庭更可能一直向最富裕阶层迁移，而不是继续向最贫困阶层迁移。

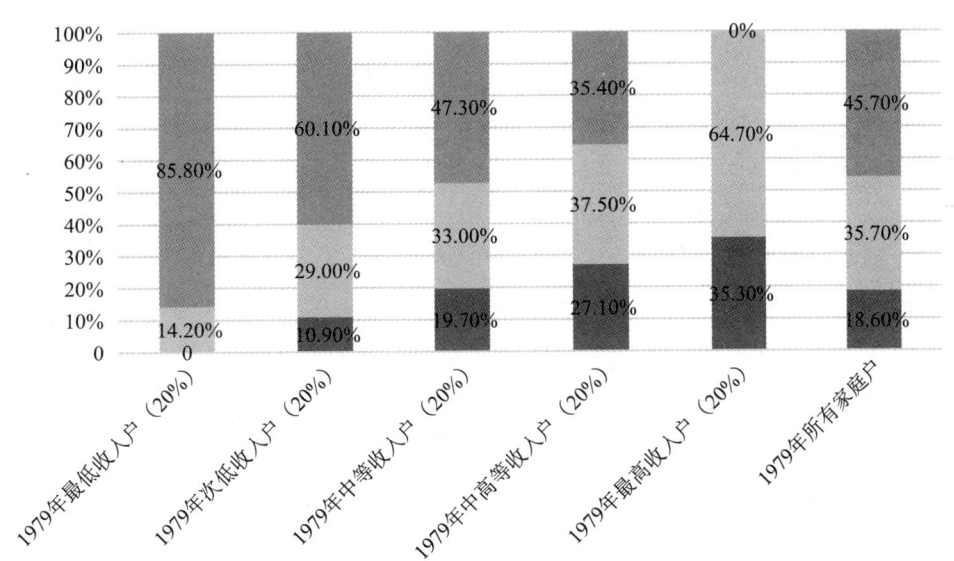

图 5-17　1979—1988 年家庭收入分位的流动性

资料来源：美国财政部税收分析办公室，1992。

从个人消费支出来看，1981—1989 年的年均增速为 3.74%，1990 年则滑落至 2.0%。从消费支出构成来看，耐用品消费维持正增长；1982—1986 年表现尤为亮眼，增速均达到

5.0%以上,1984年更是实现峰值增速7.2%;但1990年大幅下滑至0.6%。服务类消费同样维持正增长,波幅较于耐用品消费相对平稳,最高增速为1983年和1985年的5.1%,最低增速则是1981年的1.6%。耐用品消费以住房及其设备、机动车及零部件等为主,服务消费以医疗、交通、娱乐、金融保险等为主,图5-18显示接近20世纪90年代,个人消费增速逐步走弱,表明美国经济发展的内需动力相对不足。

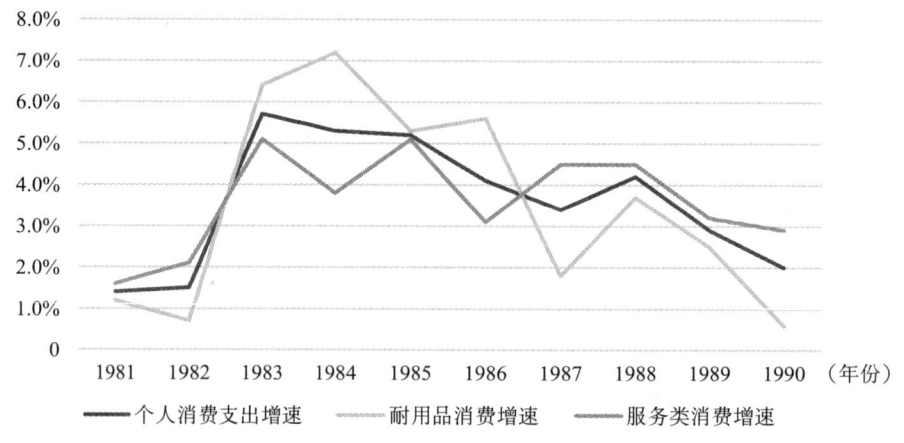

图 5-18 1981—1990 年美国个人消费支出增速

资料来源:美国经济分析局,2019。

(三) 对国内投资的影响

如前所述,1980年美国固定资产投资增速和设备投资增速大幅下跌,里根就任后采取的投资税收抵免和加速折旧等措施即时激励了企业的投资行为,1981年即分别恢复到12.12%和11.31%的水平。但1982年几乎整年处于新一轮商业周期的紧缩期,固定投资增速和设备投资增速双双负增长。1983年以后增速回升,1984年固定资产投资和设备投资增速均达到本时段峰值,分别为17.31%和18.42%。1985—1989年两类投资的年均增速分别实现了5.2%和5.01%,但1990年又大幅下滑至0.71%和-0.07%。减税对投资的刺激作用得到了供给学派经济学家的广泛肯定,韦斯伯(Wesbury,2003)指出:[①]

"减税通过增加新型投资的动机而非刺激需求来发挥作用。在20世纪80年代早期,尽管税收大幅度下降,消费者对于传真机、手机、个人电脑或宽带网络连接器等产品并没有兴趣。只有当一些小企业家冒着财富、时间和能力的风险,发展这些好的产品和服务之后,这些产品才变得如此普遍。80年代,里根政府通过降低所得税和资本利得税,鼓励了这些企业家冒着必要的风险去发展新科技。再解释一遍萨伊法则:供给创造需求。"

(四) 对就业和失业率的影响

1981—1989年,美国经济创造了1700万的就业机会,平均每年新增200万就业,就

---

① B. Wesbury. 2003. *Taking the Voodoo out of Tax Cuts*. https://www.econlib.org.

表 5-16　　　　　　　　1981—1990 年美国固定资产投资与设备投资

年份	固定资产投资（百万美元）	固定资产投资增速（%）	设备投资（百万美元）	设备投资增速（%）
1981	601 420	12.12	240 852	11.31
1982	595 947	-0.91	234 862	-2.49
1983	643 269	7.94	246 470	4.94
1984	754 684	17.32	291 874	18.42
1985	807 826	7.04	307 905	5.49
1986	842 575	4.30	317 693	3.18
1987	865 027	2.66	320 919	1.02
1988	918 481	6.18	346 816	8.07
1989	972 008	5.83	372 160	7.31
1990	978 903	0.71	371 891	-0.07

资料来源：美国经济分析局，2019。

业增速年均达到 1.7%。从非农就业来看，1981 年 1 月为 9 103 万人，1989 年 12 月达到 10 884 万人，增长 1.2 倍。月度增速受经济紧缩影响，1981 年 8 月—1982 年 12 月连续出现 17 个月的负增长，比整个 20 世纪 70 年代的负增长总数还要多。这在美国经济史上较为少见，也说明本轮紧缩期对就业冲击较大。1983 年后非农就业逐步好转，1983 年 9 月实现了 1.24% 的峰值增速。正增长趋势一致持续到 1990 年 6 月，7 月开始即又踏入负增长区间。这是因为美国经济步入新一轮商业周期的紧缩期，就业市场对此反应较为快速，具体如图 5-19 所示。

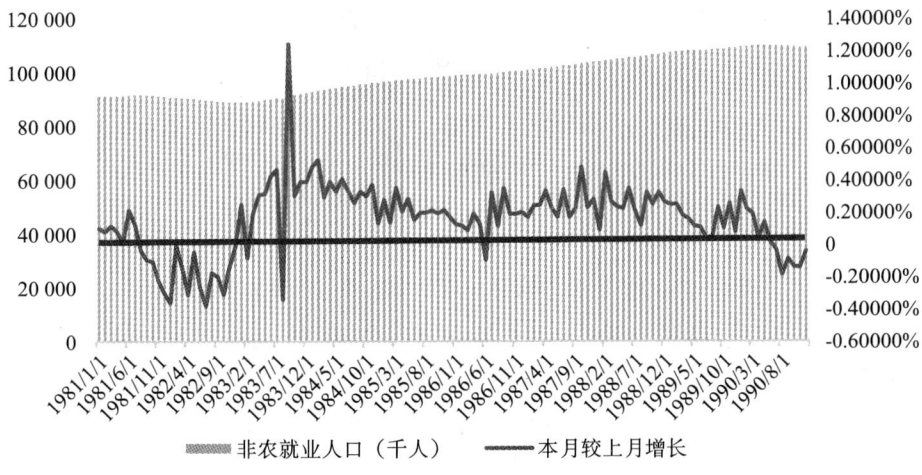

图 5-19　1981—1990 年美国非农就业人数及增速

资料来源：美国圣路易斯联储，2019。

从私人商业部门就业的分布情况来看,里根上任初期和离任当年有一些明显的变化:一是第一产业的就业人数在下降,农林渔业从业人数在总就业人数中的占比下降了0.42%;二是第二产业的就业人数整体下降,采矿业占比下降了0.76%,制造业占比下降了4.65%,建筑业占比上升了0.21%;三是第三产业的就业人数整体上升,其中零售业上升了1.67%,金融保险地产业上升了0.4%,服务业(主要包括酒店、汽车修理、动画、娱乐、健康、法律、教育、个人服务、企业服务、家庭服务和社会服务等)上升了4.76%,但交通和公用事业下降了0.56%,批发业下降了0.18%(如图5-20所示)。

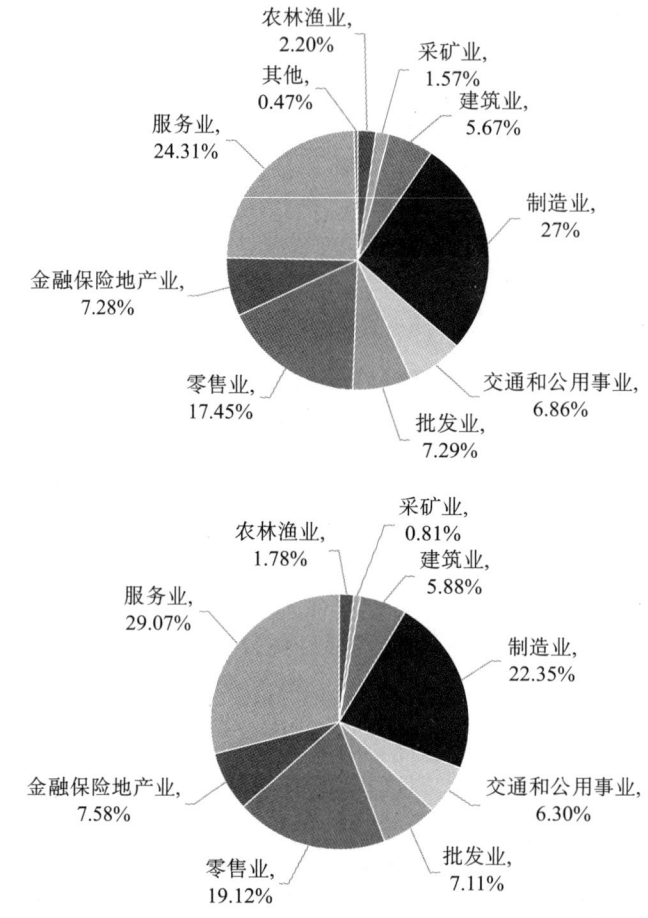

图 5-20　1981 和 1989 年美国就业人员的行业分布情况

资料来源:美国经济分析局,2019。

从失业率来看,本时段的自然失业率[①]在5.6%—6.2%的区间;经3月季调失业率[②]在5.5%—11.4%的区间。里根就任时,3月季调失业率高达8.2%。在1981—1982年的

---

① 自然失业率指充分就业的失业率,是失业率围绕其波动的平均水平。该失业率也是一个不会造成通货膨胀的失业率,是劳动市场处于供求稳定状态的失业率。

② 3月季调失业率是为抹平季节性波动的影响所做的季度调整失业率,更能真实地反映实际失业状况。

经济衰退期,更是达到了 11.74% 的历史高位。但后续由于供给侧改革,失业率一再下降,里根离任时为 5.5%。毫无疑问,失业率下降是里根政府的胜利之一:其前任政府的失业率呈上升趋势,后任政府的失业率明显波动,唯有里根执政期间呈现下降趋势,具体如图 5-21 所示。

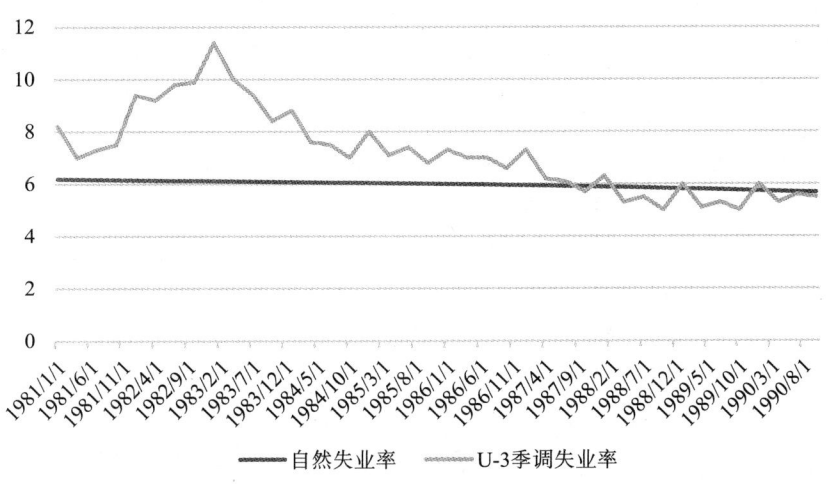

图 5-21　1981—1990 年美国的失业率变化

资料来源:美国圣路易斯联储,2019。

(五) 对劳动生产率的影响

实际工资上涨,劳动生产率必然提升。表 5-17 列示了自 1961 年以来长达 32 年的劳动生产率年均增速,美国整体达到了 1.14%,其中商品部门为 1.73%,服务部门 1.13%,政府部门 0.43%。若再将这 30 年划分为不同时段,1973—1981 年劳动生产率年均增速最低,仅为 0.53%。1981—1992 年,劳动生产率年均增速 1.16%,其中里根执政期间的年均增速为 1.5%,该数据明显低于 1961—1973 年的 1.74%。但又比后里根时代要高得多,克林顿执政期间,劳动生产率年均增速仅为 0.3%。并且在 1981—1992 年,商品部门劳动生产率的年均增速达到了 2.52%,实现所有数据中的最高值。实际上,里根执政期间的经济扩张之所以持续如此之久,部分原因在于劳动生产率的增长一直很强劲,因为劳动生产率增长对长期经济增长和生活水平提高都至关重要。

再看私人商业部门的劳动生产率。美国劳工统计局的数据显示,以 2012 年为基准年,1981—1990 年美国劳动生产率指数从 50.73 上升到 59.75。从年度增速来看,除 1982 年为负增长 -0.6% 之外,其他年份均为正增长,峰值为 1983 年的 3.6%。从趋势线来看,基本呈"V"型增长曲折向前。不同于其他数据在 1990 年步入下行通道,私人部门劳动生产率在 1990 年摆脱前 3 年的低速增长,获得 2.1% 的增速 (如图 5-22 所示)。

表 5-17　　　　　　　　　　不同时段的美国劳动生产率①

（年度平均,%）

部门	1961—1992 年	1961—1993 年	1973—1992 年	1973—1981 年	1981—1992 年
商品①	1.73	2.22	1.41	-0.10	2.52
服务②	1.13	1.82	0.70	0.89	0.57
政府	0.43	0.27	0.52	0.71	0.38
整体	1.14	1.74	0.89	0.53	1.16

资料来源：Salgado，1997。

注：①包括农业、林业和渔业，采矿业，制造业，建筑业，供电、供气等公用事业。

②包括批发和零售业，酒店和住宿业，交通运输业，通信业，金融、保险和房地产业，社区、社会、企业和个人服务业。

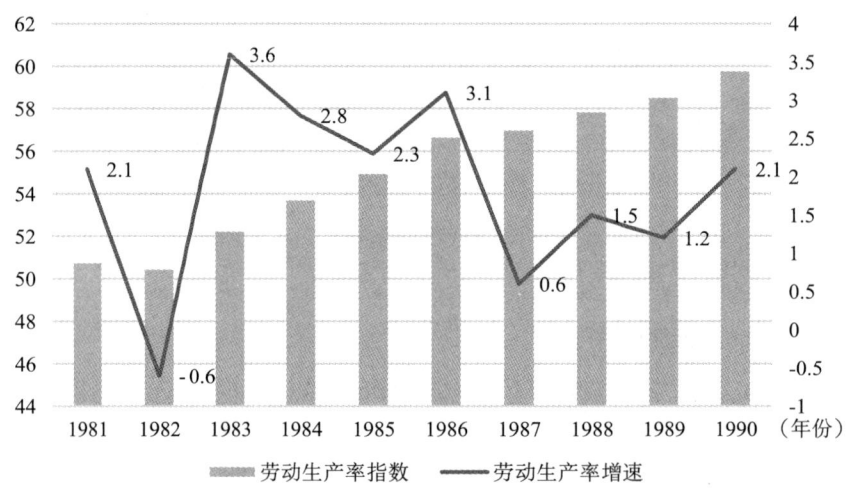

图 5-22　1981—1990 年美国非农私人商业部门劳动生产率

资料来源：美国劳工统计局，2019。

（六）对企业经营的影响

减税方案的推进，伴随着里根政府放松管制、强化市场力量，小规模创业企业迅速诞生。与此同时美国一些大型公司的不断重组，这些因素共同重塑了美国的商业格局。随着市场竞争加剧，钢铁、零售和金融服务发生了重大变革，纷纷以更低的成本生产更高质量的产品。管理型企业——以稳定性、同质化和规模经济为基石被异质性、创新性和灵活性所取代，而这些新特性在电子、生物技术和互联网等高科技领域清晰可见。高科技企业在充满活力的经济中发挥了重要作用，20 世纪 80 年代开始科技产业占美国国内生产总值逐步提升，直至 8% 以上；美国的软件、半导体、生物技术、制药和互联网等行业的一批公司主导着全球市场。

---

① R. Salgado. 1997. Productivity Growth in Canada and the United States. *Finance & Development*, pp26-29.

美国国家独立企业联合会发布的 NFIB 小企业乐观指数（如图 5-23 所示）是观察小企业景气的代表性指标。该指数以问卷调查为基础，由增加雇佣计划、资本支出计划、增加库存计划、经济改善预期、现有库存、现有空缺职位、预期信贷条件、现在是扩张好时机、收益趋势等 10 个指标构成。从图中趋势线可以看出，该指数曾于 1980 年 5 月跌至历史最低值 80.09 点，然后逐步回升。在里根减税政策实施期间，该指数大多数月份均在 100 点以上，1983 年 7 月更是创造了历史最高记录的 107.67 点。而在 1990 年，该指数则一度跌破 95 点且在 1990—1995 年指数基本位于 100 点以下。

图 5-23 美国小企业乐观指数

资料来源：美国国家独立企业联合会，2019。

中小企业的蓬勃发展和乐观信心创造了更多的就业和雇佣机会。以制造业为例，1984—1988 年中小企业数量占企业总数的 90% 以上，解决了制造业 30%—40% 的就业。表 5-18 列示了不同规模企业的就业和失业情况，雇佣人数在 100 人以下的企业占新增就业机会的 35% 左右，占就业总人数的比例达到 22%。

表 5-18　　　　　　　　1984—1988 年美国制造业小企业的工作机会流动情况

雇员人数	总流动						就业
	初创期	扩张期	获得工作	停业期	收缩期	失去工作	
全部	100	100	100	100	100	100	100
1—19	14.5	5	6.7	20.1	6	9.6	2.6
20—99	43.5	24.9	28.2	37.7	23.5	27.2	19
100—499	30.7	38.6	37.2	30.9	36.7	35.2	37.3
500 以上	11.2	31.4	27.8	11.4	33.8	28	40.1

资料来源：OECD, Database on SME Statistics, 1990.

(七) 对通货膨胀的影响

从卡特手中交接之时,最糟糕的莫过于高达两位数的通胀率。1980 年美国的年度通胀率高达 12.52%,在里根执政的第一年,下降至 8.92%;第二年更显著降低到了 3.83%;后续一直维持在 4% 以下水平。直至 1987 年和 1988 年,小幅反弹至 4.4%。而随后的 1990 年,通胀又快速上升到 6.11%。不可否认,减税在抑制通货膨胀方面发挥了一定作用,但是否全部归功于减税还需要更多的探讨,毕竟在肯尼迪和约翰逊时代,实施减税后的两年通胀就开始攀升。

一如前述,在 20 世纪 60 年代和 70 年代,许多经济学家和政策制定者坚定地认为通货膨胀和失业之间存在矛盾,如果政府采取扩张性的货币政策,并愿意容忍更多的通货膨胀,失业率可能会降低。但 1971—1973 年布雷顿森林体系的崩溃,结束了金本位制作为对货币政策的约束,结果美国的通货膨胀率从金本位制的低个位数上升到 1974 年的 11.0% 和 1980 年的 13%。不仅如此,高通胀并没有降低失业率:1950—1970 年平均失业率为 4.7%,1971—1980 年平均失业率为 6.4%。里根总统前的历届政府没有通过减少货币供应量的供给来解决通货膨胀问题,而是尝试了有缺陷的方法,如工资和价格控制,这使得经济状况更糟。正如坎普(Jack Kemp, 2000)所言:

"传统经济学家呼吁增加税收,通过减少消费需求来抑制通胀,并呼吁美联储利用宽松货币政策来抵消'财政拖累'以防止经济衰退。"[1]

里根经济学让大多数经济学家和政策制定者认识到,货币政策不能通过制造通货膨胀来永久地减少失业率,货币政策制定者缺少足够的信息来调整政策以便在经济趋缓时支撑经济平稳运行,这是因为在政策选择和开始生效之间存在很长的时滞。此外,经济状况的变化往往是不可预见的外部冲击的结果,如干旱、战争、政治革命和金融危机,而这些冲击无法提前预测,货币政策制定者也无法提前准确地进行调整。事实上,不合时宜的稳定性尝试可能造成货币政策目标的混乱,反而使经济相对不稳定。而到今天,经济学家们已普遍认为货币政策应以稳定物价为重点,以期实现最大化增长,并促进产出和就业的总体稳定。[2]所以,里根执政期间通货膨胀得以有效的控制有赖于货币政策和财政政策的协调配合,一方面货币政策调整了目标;另一方面财政政策保证了收入增长和就业稳定(如图 5-24 所示)。

二、对政府收支的影响

较之经济增长,里根减税对财政收支的影响有些乏善可称。总体来看,减税政策并没有造成税收收入的长期和巨额下降,但由于控制财政支出的努力失效,导致里根任期内的财政赤字上升显著,这也是里根经济学饱受诟病的重要原因。

---

[1] Jack Kemp. 2000. *Plugging in the Supply Side: A Twenty Year Retrospective*. Testimony to Joint Economic Committee.
[2] Connie Mack. 2000. *President Reagan's Economic Legacy: The Great Expansion*. Joint Economic Committee Staff Report.

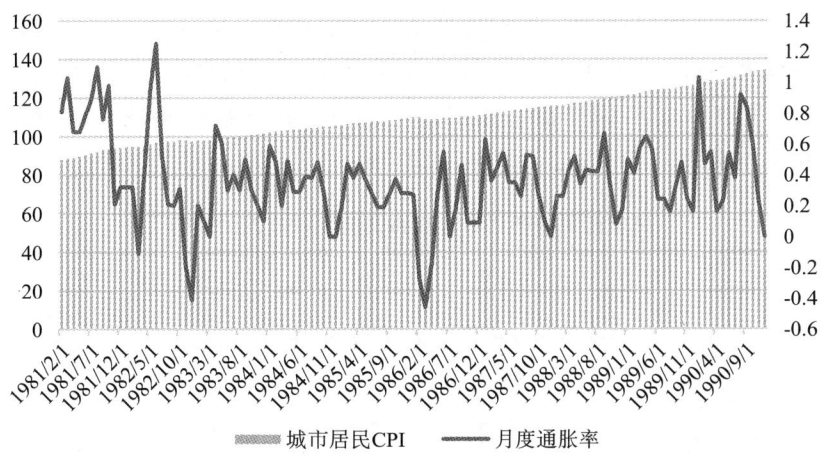

图 5-24　1981—1990 年美国月度通胀率和城市居民 CPI

资料来源：美国经济分析局，美国圣路易斯联储，2019。

（一）对税收收入的影响

按照美国财政部的测算，里根任期内各项税收法案的收入效应如表 5-19 所示。导致收入减少的法案包括《1981 年经济复苏和税收法案》和《1983 年社会保障修正案》。无论采取哪种衡量标准，《1981 年经济复苏和税收法案》都是 1968—2006 年考察期间内减税力度最大的法案。其收入效应是 1967 年后其他税收法案的两倍多（以固定美元计）。同样，以 GDP 占比和联邦收入总额占比来衡量，其收入效应也是 1967 年后其他税收法案的两倍多。随着实施年限越长其减收效应也递增，4 年平均值占 GDP 的 13.3%。其他法案均有增收效应，其中尤其《1982 年税收公平和财政责任法案》为之最，4 年平均值达到 GDP 的 5.7%。

表 5-19　　　　　　　　　里根任期内各项法案的收入效应

（占 GDP 比重）

法案名称	实施后第 N 年				前 2 年平均	4 年平均
	1	2	3	4		
《1981 年经济复苏和税收法案》	-5.7	-12.3	-16.5	-18.6	-9.0	-13.3
《1982 年税收公平和财政责任法案》	3.0	6.3	6.3	7.2	4.6	5.7
《1982 年高速公路税收收入法案》	0.3	0.6	0.5	0.5	0.4	0.5
《1983 年利息和股息税收遵从法案》	0.9	1.2	1.2	1.3	1.1	1.2
《1983 年社会保障修正案》	-0.4	-0.3	-0.3	-0.2	-0.4	-0.3
《1984 年削减赤字法案》	1.3	2.0	2.6	2.7	1.7	2.1
《1985 年统一综合预算协调法案》	0.1	0.3	0.3	0.3	0.2	0.3
《1986 年税收改革法案》	2.3	0.1	-1.2	-0.9	1.2	0.1
《1987 年统一综合预算协调法案》	1.0	1.5	1.6	1.4	1.3	1.4

资料来源：美国财政部，2006。

科兹马（Kozma，2013）[①]曾研究了各项法案对联邦政府税收收入的影响，采用的指标是"四年内税收收入占 GDP 的比重"，结果发现部分法案导致集中度降低，部分法案导致上升，整体来看税收收入占 GDP 的比重提高了。里根任职期间各项法案导致联邦政府税收收入在 GDP 占比提高了 0.95%（如表 5-20 所示）。

表 5-20　　　　　　里根任期内各法案对联邦政府税收收入的影响

	四年内税收集中度的变化（税收收入/GDP，Δ%）
降低集中度的法案	
《1981 年经济复苏和税收法案》	-2.89
《1983 年利息和股息税收遵从法案》	-0.05
提高集中度的法案	
《1982 年税收公平和财政责任法案》	+0.98
《1982 年高速公路税收收入法案》	+0.09
《1983 年社会保障修正案》	+0.21
《1984 年削减赤字方案》	+0.39
《1985 年统一综合预算协调法案》	+0.05
《1986 年税收改革法案》	+0.01
《1987 年统一综合预算协调法案》	+0.26
综合效应	+0.95

资料来源：G. Kozma，2013。

从各级政府税收收入来看，1982 年 1 月减税政策正式施行后，除当年全国税收收入增速和联邦政府税收收入增速呈负增长之外，其余年份均实现正增长。税收收入总额增速最高年份在 1987 年，高达 11.38%；联邦政府税收收入最高增速为 1987 年的 13.93%；州和地方政府税收收入最高增速为 1984 年的 12.10%。1982 年的负增长结果与前述表 5-19 和表 5-20 的结论一致，再次验证了《1981 年经济复苏和税收法案》的减税力度之大（如图 5-25 所示）。

拉弗（Laffer，2004）对《1981 年经济复苏和税收法案》的综合效应进行了比较分析（如表 5-21 所示）。他选择 1983 年作为对比分析的分水岭，因为大部分减税措施已经正式实施。结果显示，经通胀调整后的税收收入增长显著改善。在 1983 年之前的 4 年中，联邦政府税收收入以年均 2.8% 的速度下降，全国范围内税收中收入以年均 2.6% 的速度下降。但在 1983—1986 年，这一局势得到根本转变：联邦税收收入以年均 2.7% 的速度上升，全国范围内税收总收入的年均增速达到 3.5%。

[①] G. Kozma. 2013. Economic Effects of Tax Cuts in the Reagan Administration. *Public Finance Quarterly*, 58 (4): 403-419.

第五章 里根减税政策及其评析 | 177

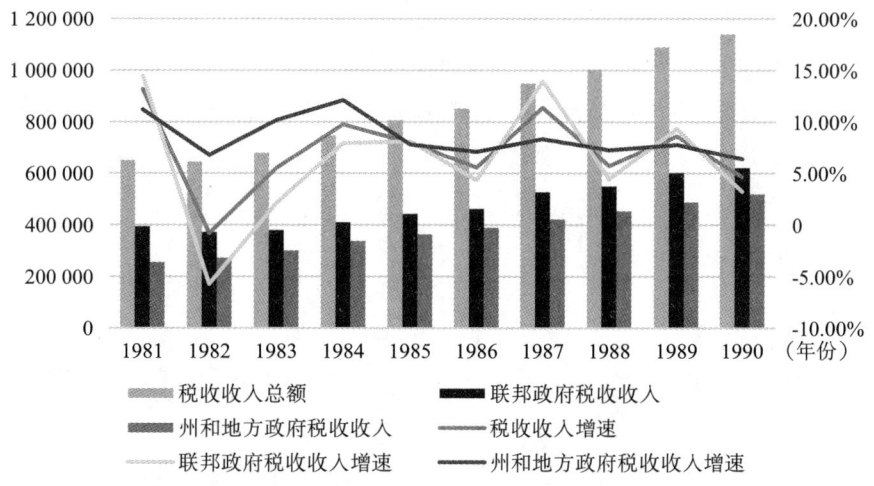

图 5-25 1981—1990 年美国各级政府税收收入及增速

资料来源：美国经济分析局，2019。

表 5-21　　　　　　　　　　里根减税前后的税收收入　　　　　　　　单位：10 亿美元

	年度	联邦政府				各级政府（联邦、州和地方）			
		税收收入	同比变化（%）	通胀调整后的收入	同比变化（%）	收入	同比变化（%）	通胀调整后的收入	同比变化（%）
减税前 4 年平均	1978	260.3		260.3		307.4		307.4	
	1979	299.0	14.9	268.7	3.2	350.8	14.1	315.3	2.6
	1980	320.3	7.1	253.5	-5.7	377.4	7.6	298.7	-5.3
	1981	356.3	11.2	255.6	0.8	419.6	11.2	301.0	0.8
	1982	344.0	-3.5	232.5	-9.0	410.0	-2.3	277.1	-7.9
			7.2		-2.8		7.5		-2.6
减税后 4 年平均	1983	347.5	1.0	227.6	-2.1	421.7	2.9	276.2	-0.3
	1984	376.6	8.4	236.5	3.9	462.9	9.8	290.7	5.2
	1985	412.3	9.5	250.0	5.7	504.6	9.0	306.0	5.3
	1986	433.9	5.2	258.2	3.3	534.0	5.8	317.8	3.9
			6.0		2.7		6.8		3.5

资料来源：Laffer，2004。

（二）对税收收入结构的影响

联邦个人所得税（含预提税）从 1981 年的 2 912 亿美元增长到 1989 年的 4 531 亿美元，增长 1.56 倍；年度增速除 1983 年为 -2.98%，在整个 20 世纪 80 年代均收获了正增长，其中最高增速为 1981 年的 16.18%。联邦公司所得税从 1981 年的 517 亿美元增长到 1989 年的 945 亿美元，增长 1.83 倍；年度增速最高出现在 1987 年，为 29.43%，最低增速为 1982 年的 -34.51%。联邦产品税最高增速为 1981 年的 48.32%，最低增速为 1982

年的 -17.97%。该图结果与前述分析一致,从收入效应来看《1981年经济复苏和税收法案》造成了联邦税收收入一定幅度的下降。但经济的繁荣、税源的培育又为税收带来了新的增长动力,事实表明1983年最高所得税税率从70%降到50%之后,实际所得税收入在1982—1989年增幅达到了16.3%(如图5-26所示)。

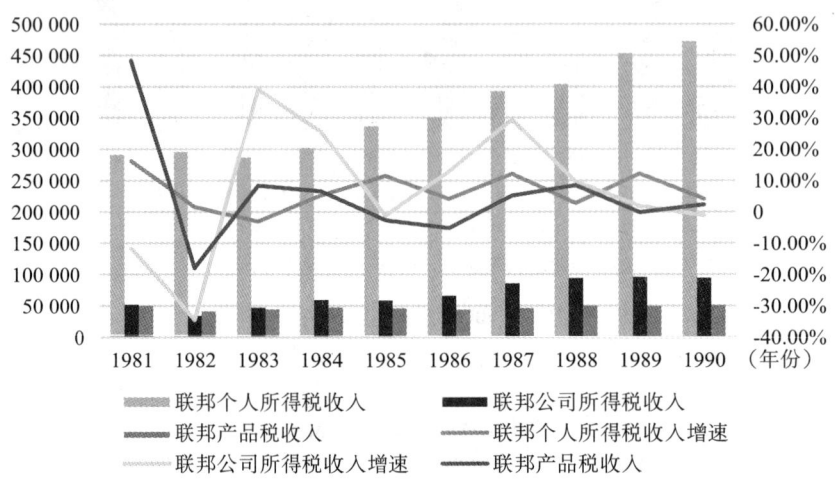

图 5-26 1981—1990 年美国联邦政府税收收入结构

资料来源:美国经济分析局,2019。

从州和地方政府税收收入结构来看,各主体税种的收入均呈现正增长。个人所得税最高增速在5.40%—15.76%的区间,消费税收入增速在4.86%—9.30%的区间,财产税收入在7.71%—11.99%的区间。整体来看,州和地方政府税收收入以高于GDP增速的速率稳步增长,为州和地方政府提供了稳定的收入来源(如图5-27所示)。

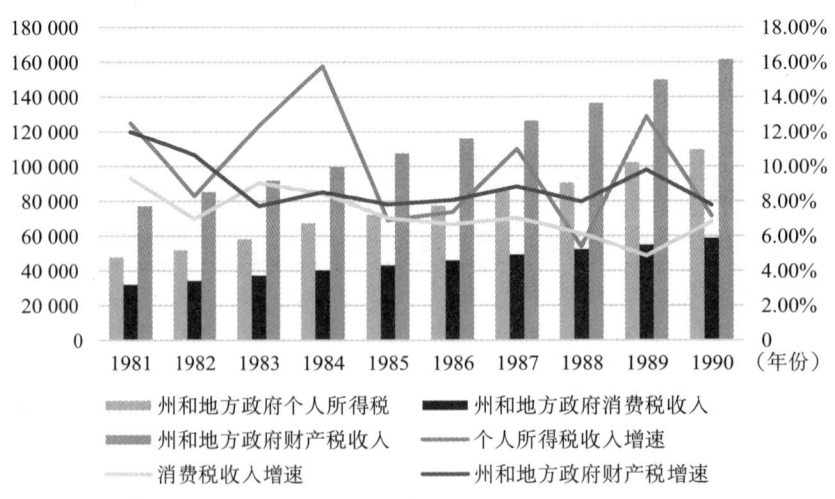

图 5-27 1981—1990 年州和地方政府税收收入结构

资料来源:美国经济分析局,2019。

（三）对税收负担的影响

根据美国国内收入局纳税申报表的统计数据，1981—1990 年个人所得税的平均纳税额如图 5-28 所示。1981 年美国国内收入局共收到个人所得税纳税申报表 94 586 878 份，平均每份申报表的个人所得税额以不变美元计价为 3 703 美元，以现价美元计价为 4 074 美元，随后的 1982 年、1983 年、1984 年和 1985 年持续走低直至 1986 年反弹。1989 年里根卸任时以不变美元和现价美元计算的每张申报表的平均税额分别为 3 915 美元和 4 855 美元。

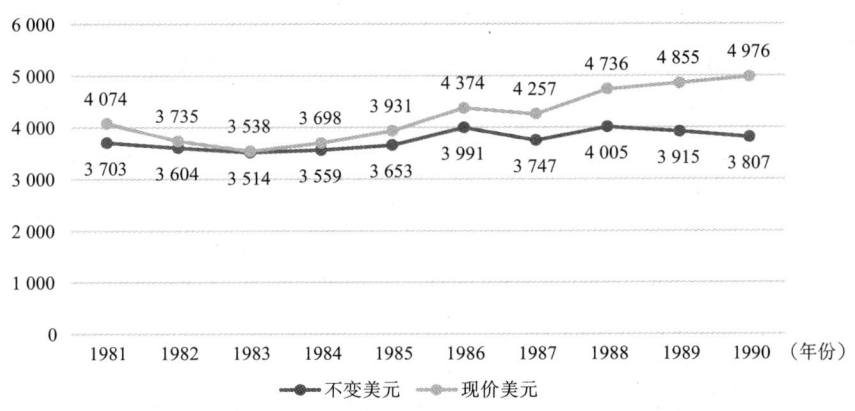

图 5-28　1981—1990 年每份个人所得税申报表的平均纳税额

资料来源：Nutter，1991。

与大众判断相反的是，减税并没有导致美国富人少纳税款，相反富人纳税额有所增加。以不变美元计算，美国最富裕的百分之一的人口在 1980 年缴纳了 1 770 亿美元的联邦个人所得税，但在 1988 年缴纳了 2 370 亿美元；其余 90% 的家庭在此期间则少缴了 50 亿美元的个人所得税，具体见图 5-29。

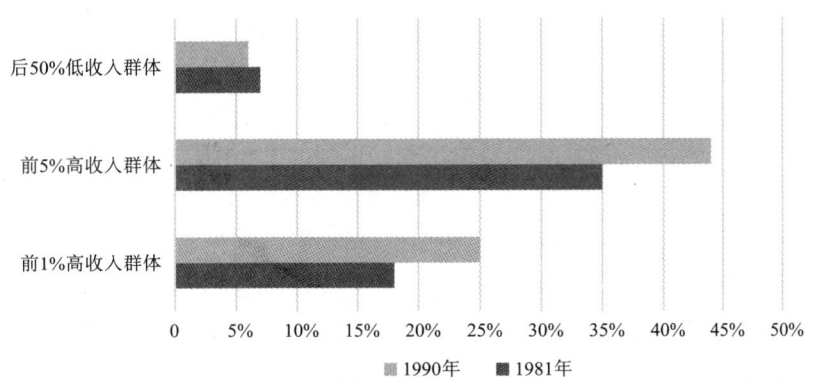

图 5-29　1981 年和 1990 年各收入群体缴纳的联邦个人所得税占比

资料来源：Tax Foundation，1992。

表 5-22 显示了按收入组划分的资本利得实现增长以及 1983 年资本利得平均边际税率在 1983 年法案和 1980 年法案之下的差异，显然，最高收入的 1% 群体从新法案中得到

了最大利益。从年度资本利得收益来看，最高收入的 1% 群体每年收益中的资本利得从 1980 年的 42 906 美元增加到 1983 年的 79 053 美元，增幅达到 84.2%。对于其他群体而言，年度收益中资本利得额的占比和增速则小得多。从边际税率来看，最高收入的 1% 群体在 1980 年所适用的税率为 25.2%，1983 年则下降为 19.4%，降幅达到 23%。其他群体的降幅最高为 11%，最低为 0.1%。从边际税后收益来看，最高收入的 1% 群体每美元的税后收益提高了 7.8%，其他群体却不超过 1.3%。这是因为最高收入群体的边际税率下降幅度较大，而且最高收入群体的边际税率高于其他低收入群体，因而在所有群体中，边际税率的同比下降会使最高收入群体的税后收益增加更大的百分比。显然，1983 年法案将驱使实际收益最高的群体，也就是最高收入的 1% 群体更加努力地获取更多的资本利得。

表 5–22　　　　　　　1980—1983 年不同收入群体的资本利得与边际税率

	总计	不同调整后毛所得（AGI）的群体				
		群体 1 (1%)	群体 2 (2%—5%)	群体 3 (6%—25%)	群体 4 (26%—50%)	群体 5 (51%—95%)
资本利得						
1980 年（美元）	794	42 906	3 407	640	214	65
1980 年（美元）	1 280	79 053	4 582	778	287	93
增速	61.2	84.2	34.5	21.6	34.1	43.1
边际税率						
1980 年（%）	19.4	25.2	15.1	10.5	6.7	2.7
1983 年（%）	15.6	19.4	15.0	9.3	5.8	2.5
变化（%）	-19.3	-23.0	-0.5	-11.2	-11.0	0.1
边际税后收益						
1980 年（%）	80.6	74.8	84.9	89.5	93.3	97.3
1983 年（%）	84.4	80.6	85.0	90.7	94.2	97.5
变化（%）	4.7	7.8	0.1	1.3	1.0	0.2

资料来源：美国国会预算办公室，1986。

表 5–23 则显示了不同收入群体在 1981—1990 年的实际联邦税负和税收占比情况。全体人群的实际联邦总税率从 1981 年的 22.4% 下降至 1983 年的 20.4%，1988 年回升至 21.8%。其中个人所得税税率降幅最为明显，从 1981 年的 12.0% 快速下降到 1983 年的 10.2%，后续年度波幅控制在 0.2% 以内，直至 1990 年的 10.1%。社会保险税税率维持 4 年不变之后，从 1985 年开始逐年上升，直至 1990 年的 8.4%。公司所得税税率从 1981 年的 2.2% 大幅下降至 1982 年的 1.4%，后续年度小幅回升，直至 1987 年和 1988 年的税率达到阶段最高值 2.4%。消费税税率基本保持平稳，在 0.8%—1.0% 的区间内微幅波动。从纳税义务占比来看，最高收入的 20% 群体呈现了较为明显的上升趋势。

表 5-23 1981—1990 年美国各收入群体的实际联邦税负和税收占比（%）

收入群体	1981 年	1982 年	1983 年	1984 年	1985 年	1986 年	1987 年	1988 年	1989 年	1990 年
实际联邦总税率										
最低 20%	8.3	8.2	9.1	10.2	9.8	9.6	8.7	8.5	7.9	8.9
次低 20%	14.7	13.8	13.7	14.6	14.8	14.8	14.0	14.3	13.9	14.6
中间 20%	19.2	17.9	17.5	18.0	18.1	18.0	17.6	17.9	17.9	17.9
次高 20%	22.1	20.6	20.1	20.4	20.4	20.5	20.2	20.6	20.5	20.6
最高 20%	26.9	24.4	23.9	24.3	24.0	23.8	25.8	25.6	25.2	25.1
全部 100%	22.4	20.7	20.4	21.0	20.9	20.9	21.6	21.8	21.5	21.5
最高 10%	28.2	25.3	24.8	25.2	24.7	24.3	27.2	26.7	26.3	26.1
最高 5%	29.4	26.0	25.6	26.1	25.4	24.6	28.5	27.8	27.2	27.0
最高 1%	31.8	27.7	27.7	28.2	27.0	25.5	31.2	29.7	28.9	28.8
个人所得税实际税率										
最低 20%	0.5	0.4	0.4	0.7	0.5	0.4	−0.6	−1.1	−1.6	−1.0
次低 20%	4.8	4.2	3.8	4.0	4.0	4.0	3.2	3.1	2.9	3.4
中间 20%	8.3	7.4	6.7	6.7	6.6	6.5	5.8	5.9	6.0	6.0
次高 20%	11.1	10.0	9.1	8.9	8.8	8.8	8.1	8.3	8.3	8.3
最高 20%	16.7	15.3	14.2	14.1	14.0	14.2	14.9	14.9	14.6	14.4
全部 100%	12.0	11.0	10.2	10.2	10.2	10.4	10.3	10.4	10.2	10.1
最高 10%	18.2	16.9	15.6	15.6	15.4	15.5	16.8	16.6	16.3	16.0
最高 5%	19.6	18.3	16.9	17.0	16.7	16.6	18.5	18.2	17.7	17.5
最高 1%	21.5	20.4	19.4	19.3	18.9	18.3	21.5	20.7	19.9	19.9
社会保险税实际税率										
最低 20%	5.9	5.9	6.1	6.5	6.6	6.7	6.4	6.9	7.1	7.3
次低 20%	8.1	8.0	7.9	8.4	8.8	8.8	8.6	9.0	8.9	9.3
中间 20%	9.1	8.9	8.9	9.2	9.5	9.4	9.4	9.7	9.8	9.9
次高 20%	9.1	9.1	9.1	9.3	9.6	9.7	9.8	10.2	10.0	10.3
最高 20%	6.1	6.3	6.3	6.4	6.5	6.1	6.7	6.6	6.6	6.9
全部 100%	7.5	7.5	7.5	7.5	7.8	7.9	8.0	8.1	8.1	8.4
最高 10%	4.8	5.1	5.1	5.1	5.1	4.6	5.3	5.1	5.1	5.4
最高 5%	3.4	3.7	3.7	3.7	3.7	3.2	3.8	3.6	3.7	4.0
最高 1%	1.3	1.6	1.5	1.4	1.3	1.0	1.5	1.3	1.4	1.5
公司所得税实际税率										
最低 20%	0.7	0.5	0.6	0.8	0.6	0.6	0.7	0.7	0.6	0.6
次低 20%	0.8	0.5	0.7	0.7	0.7	0.7	0.9	0.8	0.8	0.7
中间 20%	1.0	0.7	0.9	1.0	0.9	0.9	1.2	1.2	1.1	1.0
次高 20%	1.2	0.7	1.0	1.2	1.0	1.0	1.4	1.3	1.2	1.2
最高 20%	3.6	2.1	2.8	3.1	2.8	2.8	3.6	3.6	3.5	3.3
全部 100%	2.2	1.4	1.8	2.0	1.8	1.9	2.4	2.4	2.3	2.2
最高 10%	4.6	2.8	3.5	3.9	3.6	3.5	4.6	4.5	4.4	4.2
最高 5%	5.9	3.5	4.4	4.9	4.5	4.3	5.7	5.5	5.3	5.1
最高 1%	8.7	5.4	6.4	7.1	6.4	5.8	7.8	7.3	7.2	7.1
消费税实际税率										
最低 20%	1.3	1.4	2.0	2.3	2.2	2.0	2.1	2.0	1.8	2.0

续表

收入群体	1981年	1982年	1983年	1984年	1985年	1986年	1987年	1988年	1989年	1990年
次低20%	1.0	1.1	1.3	1.4	1.4	1.3	1.4	1.4	1.2	1.3
中间20%	0.9	0.9	1.1	1.1	1.1	1.1	1.1	1.1	1.0	1.0
次高20%	0.7	0.8	0.9	1.0	0.9	0.9	0.9	0.9	0.9	0.9
最高20%	0.6	0.6	0.7	0.7	0.7	0.6	0.7	0.6	0.6	0.6
全部100%	0.8	0.8	0.9	1.0	0.9	0.9	0.9	0.9	0.8	0.9
最高10%	0.5	0.5	0.6	0.6	0.6	0.6	0.6	0.5	0.5	0.5
最高5%	0.5	0.5	0.5	0.5	0.5	0.5	0.5	0.5	0.4	0.4
最高1%	0.4	0.4	0.4	0.4	0.4	0.4	0.4	0.4	0.3	0.3
联邦总纳税义务占比										
最低20%	2.0	2.1	2.2	2.4	2.3	2.1	1.8	1.7	1.6	1.9
次低20%	7.1	7.1	6.9	7.2	7.2	6.8	6.5	6.4	6.4	6.8
中间20%	13.6	13.6	13.3	13.2	13.2	12.7	12.4	12.2	12.6	12.6
次高20%	21.9	22.1	21.8	21.4	21.3	20.8	20.7	20.4	20.6	20.7
最高20%	55.2	55.0	55.7	55.6	55.8	57.5	58.4	59.1	58.7	57.9
全部100%	100.0	100.0	100.0	100.0	100.0	100.0	100.0	100.0	100.0	100.0
最高10%	38.6	38.0	39.0	39.3	39.5	41.6	42.2	43.2	42.5	41.7
最高5%	27.2	26.5	27.7	28.2	28.4	30.7	30.8	32.3	31.3	30.6
最高1%	12.9	12.8	14.0	14.7	14.8	17.1	16.2	18.1	16.7	16.2
个人所得税纳税义务占比										
最低20%	0.2	0.2	0.2	0.3	0.2	0.2	-0.3	-0.4	-0.7	-0.4
次低20%	4.2	4.0	3.8	4.1	4.0	3.7	3.1	2.9	2.8	3.3
中间20%	10.9	10.6	10.2	10.1	9.9	9.2	8.7	8.5	8.9	8.9
次高20%	20.6	20.2	19.7	19.2	19.0	18.0	17.5	17.2	17.6	17.8
最高20%	63.9	64.9	66.1	66.3	66.9	68.9	70.9	71.9	71.4	70.4
全部100%	100.0	100.0	100.0	100.0	100.0	100.0	100.0	100.0	100.0	100.0
最高10%	46.6	47.6	49.1	49.9	50.5	53.4	54.7	56.3	55.3	54.3
最高5%	33.9	35.0	36.6	37.7	38.3	41.6	42.1	44.5	42.9	42.1
最高1%	16.3	17.7	19.6	20.7	21.2	24.6	23.5	26.6	24.3	23.8
社会保险税纳税义务占比										
最低20%	4.3	4.1	4.0	4.2	4.0	3.9	3.5	3.6	3.8	4.0
次低20%	11.9	11.3	10.9	11.2	11.2	11.0	10.6	10.8	10.8	11.1
中间20%	19.2	18.7	18.3	18.3	18.3	18.1	18.0	17.8	18.2	17.8
次高20%	27.0	26.7	26.8	26.5	26.4	26.7	26.9	27.0	26.6	26.5
最高20%	37.5	39.2	39.9	39.7	39.9	40.2	40.8	40.7	40.4	40.5
全部100%	100.0	100.0	100.0	100.0	100.0	100.0	100.0	100.0	100.0	100.0
最高10%	19.9	21.2	21.8	21.4	21.6	21.6	22.0	22.0	22.0	22.2
最高5%	9.6	10.5	11.0	10.8	10.8	10.7	11.1	11.2	11.2	11.5
最高1%	1.6	2.0	2.0	2.0	1.9	1.9	2.1	2.1	2.2	2.2
公司所得税纳税义务占比										
最低20%	1.6	1.7	1.6	1.9	1.4	1.4	1.3	1.2	1.2	1.2
次低20%	3.8	4.0	3.8	3.8	3.7	3.3	3.8	3.4	3.6	3.2
中间20%	7.1	7.5	7.5	7.5	7.5	7.2	7.7	7.5	7.0	6.9
次高20%	11.9	12.1	12.2	12.7	12.3	11.7	12.8	11.6	11.7	11.6

续表

收入群体	1981年	1982年	1983年	1984年	1985年	1986年	1987年	1988年	1989年	1990年
最高20%	74.9	73.8	74.2	73.2	74.2	75.7	73.1	74.9	75.2	75.6
全部100%	100.0	100.0	100.0	100.0	100.0	100.0	100.0	100.0	100.0	100.0
最高10%	64.6	63.3	63.7	63.5	64.9	67.4	64.0	66.5	66.0	66.3
最高5%	55.4	54.9	55.2	55.1	56.9	59.3	55.3	58.4	57.4	57.4
最高1%	35.8	37.7	37.6	38.5	38.7	42.8	36.7	40.7	39.1	39.7
消费税纳税义务占比										
最低20%	9.6	9.7	10.8	11.6	11.2	10.2	10.1	9.7	9.6	10.6
次低20%	14.6	14.5	14.5	14.9	14.7	14.3	14.8	15.0	14.5	14.8
中间20%	18.4	18.2	17.8	17.6	17.5	17.7	18.1	17.9	18.2	18.2
次高20%	21.7	22.2	22.1	22.0	21.6	21.8	21.8	22.0	22.5	22.2
最高20%	34.9	34.8	34.2	33.3	34.3	36.0	34.7	35.1	34.7	33.8
全部100%	100.0	100.0	100.0	100.0	100.0	100.0	100.0	100.0	100.0	100.0
最高10%	21.3	20.8	20.4	20.0	21.2	23.1	21.5	21.7	20.8	20.2
最高5%	13.1	12.6	12.7	12.2	13.4	15.1	13.3	13.6	12.7	12.2
最高1%	4.6	4.4	4.6	4.5	5.0	6.4	5.0	5.4	4.5	4.2

资料来源：美国国会预算办公室，2003。

（四）对政府支出的影响

里根任职期间联邦政府支出并没有缩减。实际上，离任时的政府支出比他就职时高出68%。1981—1989年，国防支出翻了一番，从2 134亿美元到3 912亿美元。从五角大楼历史来看，1978—1987是其支出增长最高的时期。国防支出仍以消费类支出为主，最高增速为1981年的15.30%，最低增速为1989年的3.40%；投资支出增速从1982年最高值20.61%一路下降至1988年最低值-4.79%。非国防支出总额也保持增长态势，但无论是消费类还是投资类支出，都有个别年份出现负增长。里根任期后的1990年，联邦政府支出总额和增速与1989年相较，变化较为平和，具体见表5-24。

表5-24 　　　1981—1990年美国联邦政府的支出结构　　　单位：百万美元

年份	国防支出				非国防支出			
	消费支出	增速（%）	投资支出	增速（%）	消费支出	增速（%）	投资支出	增速（%）
1981	165 134	15.30%	48 238	20.06%	68 423	11.45%	32 185	7.03%
1982	187 222	13.38%	58 182	20.61%	71 164	4.01%	31 768	-1.30%
1983	202 286	8.05%	69 769	19.92%	77 734	9.23%	32 568	2.52%
1984	217 700	7.62%	81 064	16.19%	78 511	1.00%	34 530	6.02%
1985	234 079	7.52%	95 422	17.71%	86 300	9.92%	37 108	7.47%
1986	248 952	6.35%	103 408	8.37%	90 819	5.24%	38 479	3.69%
1987	261 624	5.09%	110 760	7.11%	88 717	-2.31%	41 683	8.33%
1988	276 648	5.74%	105 453	-4.79%	86 803	-2.16%	42 536	2.05%
1989	286 056	3.40%	105 172	-0.27%	96 829	11.55%	46 047	8.25%
1990	297 680	4.06%	107 327	2.05%	106 490	9.98%	50 880	10.50%

资料来源：美国经济分析局，2019。

从州和地方政府支出来看,消费类支出和投资类支出总额都在增长,但趋势有所不同。消费类支出增长趋势相对稳定,年均增速为 8.13%,各年度增速基本以为中枢上下波动。而投资类支出 1981 年即达到时段最高值 18.52%,紧接着在 1982 年达到最低值 0.12%,1983 年小幅上升至 2.74%,1984 和 1985 两年急剧升至 12.5% 左右,后续里根第二任期内增速维持在 10% 以下(如表 5-25 所示)。与肯尼迪任期相似,美国州和地方政府在服务型道路上继续拓展,公共服务支出属于民众刚需因而越来越高,而投资类支出根据各州基础设施建设等需求弹性较大,因而增速呈跳跃式变化。

表 5-25 1981—1990 年美国州和地方政府的支出结构 单位:百万美元

年份	消费支出总额	消费支出增速	投资支出总额	投资支出增速
1981	273 485	9.82%	66 916	18.52%
1982	296 144	8.29%	66 993	0.12%
1983	315 373	6.49%	68 827	2.74%
1984	338 518	7.34%	77 588	12.73%
1985	370 260	9.38%	87 347	12.58%
1986	398 218	7.55%	96 200	10.14%
1987	426 551	7.11%	102 194	6.23%
1988	457 004	7.14%	110 412	8.04%
1989	498 544	9.09%	119 214	7.97%
1990	544 016	9.12%	132 163	10.86%

资料来源:美国经济分析局,2019。

(五) 对预算盈余的影响

1981 年,政府预算赤字是 1 161 亿美元,GDP 占比为 3.7%;1983 年赤字突破 2 500 亿美元,GDP 占比达到战后峰值的 7.3%。1986 年赤字总额达到战后峰值的 2 699 亿美元,GDP 占比为 6.0%。1989 年里根离任时,赤字下降到 2 220 亿美元,GDP 占比为 4.0%。从赤字构成来看,联邦政府赤字在赤字总额中的占比呈现较大幅度波动,1981 年占比为 63.7%,1983 年抬升到 80.6%,1989 年又下降至 68.7%(如表 5-26 所示)。

表 5-26 1981—1990 年的美国政府盈余/赤字余额及 GDP 占比 单位:10 亿美元

财年	10 亿美元(按现价计算)					GDP 占比(%)		
	各级政府	联邦政府			州和地方政府	各级政府	联邦政府	州和地方政府
		总额	预算内	预算外				
1981	-116.1	-79.0	-73.9	-5.1	-37.1	-3.7	-2.5	-1.2
1982	-174.3	-128.0	-120.6	-7.4	-46.3	-5.3	-3.9	-1.4
1983	-257.7	-207.8	-207.7	-0.1	-49.9	-7.3	-5.9	-1.4
1984	-218.8	-185.4	-185.3	-0.1	-33.4	-5.5	-4.7	-0.8

续表

财年	10亿美元（按现价计算）					GDP占比（%）		
	各级政府	联邦政府			州和地方政府	各级政府	联邦政府	州和地方政府
		总额	预算内	预算外				
1985	-252.4	-212.3	-221.5	9.2	-40.1	-5.9	-5.0	-0.9
1986	-269.9	-221.2	-237.9	16.7	-48.6	-6.0	-4.9	-1.1
1987	-208.6	-149.7	-168.4	18.6	-58.9	-4.4	-3.1	-1.2
1988	-222.0	-155.2	—192.3	37.1	-66.8	-4.3	-3.0	-1.3
1989	-222.1	-152.6	-205.4	52.8	-69.4	-4.0	-2.7	-1.3
1990	-319.1	-221.0	-277.6	56.6	-98.1	-5.4	-3.7	-1.7

资料来源：美国行政管理和预算局，2019。

对于赤字的增长，里根一直抱有不小的顾虑。1982年1月26日，里根宣布他的第一份《国情咨文》的时候，有关削减开支提案的段落约占整个咨文的28%。在1983年的提案中里根还增加了对赤字增加严重后果的阐述。他警告说，赤字可能会削弱美国的经济复苏，而经济增长乏力可能因此"持续到无限的未来"。[①] 事实上，里根在其任期内一直提出削减支出，限制政府的原则不仅植根于里根的第一个预算提案，而且直到1989年离任，他每年都会展现削减预算的愿望并不断地向公众公布（如表5-27所示）。

表5-27　　　　　　　　　里根削减政府支出的提议

	1982年	1983年	1984年	1985年	1986年	1987年	1988年	1989年
支出削减总额（百万美元）	17.0	19.7	15.9	5.7	37.1	22.0	17.0	5.6
占总支出的比例	2.4%	2.6%	1.8%	0.6%	3.8%	2.2%	1.6%	0.5%
里根赤字预期	45.0	91.5	188.8	180.4	180.0	143.6	107.2	129.5

资料来源：The United States Budget in Brief：Fiscal Years 1982-1988.

根据里根自己的预测，第一个任期内赤字将迅速上升，1985财年开始下降，但实际上1985财年后的数字仍比他3年前就任时高出许多。为避免赤字增幅过大，里根曾建议1981年削减2.4%的政府支出；1982年随着赤字的增加，里根主张削减2.6%的政府支出。[②] 虽然里根自己遵循他的预算削减原则，但现实中国会对此并不买账。表5-28显示，里根提出的预算要求与国会的实际支出差距非常之大。每年国会支出都比里根提出的预算请求要高，整个任期内共计多出2090亿美元，年均超出260亿美元。国会喜欢宣称里根预算请求"一到就死"，也就是说预算方案一上国会就被否定。

[①] *Public Papers of the Presidents of the United States*：*Ronald Regan-1982*. Washington，D. C.：U. S. Government Printing Office，1983.

[②] E. D. Adams. 1993. *Regan and Cutting the Federal Budget*：*How Consistent was the Pursuit*？Master's Theses. University of Richmond. Sping 5-1993. pp1-74.

表 5-28　　　　　　　联邦政府支出：里根预算请求与国会支出　　　　　　单位：10 亿美元

财年	里根预算请求	国会支出	差额
1982	712	746	34
1983	773	808	35
1984	848	852	4
1985	925	946	21
1986	974	990	16
1987	994	1 004	10
1988	1 024	1 064	40
1989	1 094	1 143	49
超支总额			209
年均超支额			26

资料来源：Budget of the United States Government, various years。

大规模预算赤字的出现，许多人自然而然地归根于减税。供给学派学者林德赛（Lindsey，1990）作为第一个评估里根减税政策影响的学者，他的研究表明以净值计算，减税通过行为效应产生了约 25% 的静态税收损失回流。

"凯恩斯学派宣称如此大幅度的减税会有力地刺激需求，这是正确的。这一点供给学派从来没有否认但可能低估了。需求方税收反馈大致相等于供给方和货币效应共同产生的行为反馈。另一方面，事实证明了供给学派最主要的主张：减税使纳税人行为产生很大的改变。供给方和货币效应的共同作用补偿了三分之一强的《经济复苏和税收法案》预期的直接成本，这是非常有说服力的效应"。[①]

（六）对政府债务的影响

联邦政府债务从 1981 年的 9 948 亿美元快速增长到 1989 年的 28 678 亿美元，增长 2.88 倍。从 GDP 占比来看，从 1981 年的 31.8% 提高到了 1989 年的 51.6%。从债务结构来看，联邦政府账户持有债务从 GDP 占比 6.6% 上升到 1989 年的 12.2%，公众持有债务占比从 25.2% 提高到 39.4%。如此高的债务比率，给下一届总统带来巨大的偿债压力，里根任期结束后的 1990 年政府债务仍在持续上升。实际上，美国各界对赤字问题一直耿耿于怀，并将其作为削减预算的首要原因。Cato 研究所的鲍兹（Boaz，1982）曾指出：

"第一个理由是迫在眉睫的赤字规模，虽然我们在本财政年度结束前无法确定，但 1983 年和可预见的未来，我们似乎面临着每年 1 000 亿美元左右的赤字，这是迄今为止美国历史上最大的赤字。这些赤字必须以某种方式获得融资，要么是通过借款——从而将私人借款者挤出市场并提高利率——要么是货币化，但货币化又将导致美元贬值。而且随着

---

① L. B. Lindsey. 1990. *The Growth Experiment*: *How the New Tax Policy is Transforming the U. S. Economy*. New York: Basic Books, pp76.

市场预期未来通胀将会加剧,利率随之提高。为了降低利率,就必须削减赤字。"①

表 5-29　　　　　　　1981—1990 年的美国联邦政府债务及 GDP 占比

财年末	百万美元					GDP 占比(%)				
	债务总额	减:联邦政府账户持有债务	等于:公众持有债务			债务总额	减:联邦政府账户持有债务	等于:公众持有债务		
			总额	联邦储备系统	其他			总额	联邦储备系统	其他
1981	994 828	205 418	789 410	124 466	664 944	31.8	6.6	25.2	4.0	21.2
1982	1 137 315	212 740	924 575	134 497	790 078	34.3	6.4	27.9	4.1	23.8
1983	1 371 660	234 392	1 137 268	155 527	981 741	38.8	6.6	32.2	4.4	27.8
1984	1 564 586	257 611	1 306 975	155 122	1 151 853	39.6	6.5	33.1	3.9	29.2
1985	1 817 423	310 163	1 507 260	169 806	1 337 454	42.6	7.3	35.3	4.0	31.4
1986	2 120 501	379 878	1 740 623	190 855	1 549 767	46.8	8.4	38.5	4.0	34.2
1987	2 345 956	456 203	1 889 753	212 040	1 677 713	49.2	9.6	39.6	4.4	35.2
1988	2 601 104	549 487	2 051 616	229 218	1 822 398	50.6	10.7	39.9	4.5	35.5
1989	2 867 800	677 084	2 190 716	220 088	1 970 628	51.6	12.2	39.4	4.0	35.5
1990	3 206 290	794 733	2 411 558	234 410	2 177 147	54.4	13.5	40.9	4.0	36.9

资料来源:美国行政管理和预算局,2019。

三、对资本市场的影响

从银行业来看,里根执政时期美国的经济表现对于该行业应该是有利的,除了 1980—1982 年的经济紧缩。但事实是,美国银行业遭遇了发展危机。原因在于早在 20 世纪 70 年代,一些国内和国际因素的叠加给银行业注入了非常大的不稳定因素:主要货币汇率在允许浮动后变得不稳定;价格水平因石油禁运和其他外部冲击而大幅上升;利率因通货膨胀、通胀预期而变化很大,以及反通胀的美联储货币政策行动。不仅如此,20 世纪 70 年代末和 80 年代金融市场的发展也考验着银行业,如跨州银行业经营受到限制;允许新机构进入一度受保护的市场;建立了区域银行业契约;扩大了直接信贷市场。在市场利率高企的环境下,货币市场基金的发展和存款利率的放松管制对利息支出产生了上升压力,特别是对严重依赖存款融资的小型机构而言。根据统计,大多数储蓄机构在 20 世纪 80 年代初期都存在亏损:1981 年亏损达 46 亿美元,1982 年又增加到 43 亿美元;1981 年有 81 家储蓄机构倒闭,1982 年增加到 250 家。② 1980—1994 年,有 1 617 家由联邦存款保险公司承保的商业和储蓄银行关闭或获得联邦存款保险公司的财政援助。这一数字占 1979 年年底所有银行加上随后 15 年内所有特许银行总数的 9.14%,而前一个 15 年这一比例

---

① David Boaz. 1982. *The Reagan Budget*: *The Deficit that Didn't Have to Be*. Cato Institute Policy Analysis No. 13, pp1 - 20.
② [美] 杰瑞·马克汉姆,李涛、王湉凯译:《美国金融史(第三卷):从衍生品时代到新千年》,中国金融出版社 2018 年版,第 83 页。

（1965—1979年）仅为0.3%。① 在1980—1994年获得特许经营的新开业银行，到1994年年末的破产率达到16.2%；原本在1979年12月31日存续经营的银行，到1994年年末的破产率也达到了7.6%（如表5-30所示）。

表5-30　　　　　　　　破产率、新特许和现有银行数量

1980—1990年期间的新特许银行		
区域	1980—1994年破产数量（家）	1980—1994年破产比例（%）
西南	248	33.3
东南	26	4.3
东北	38	19.3
加利福尼亚	41	13.1
全美	420	16.2
截至1979年12月31日存续经营的银行		
区域	1980—1994年破产数量（家）	1980—1994年破产比例（%）
西南	538	21.4
东南	77	3.1
东北	89	8.5
加利福尼亚	31	12.8
全美	1 114	7.6

资料来源：美国联邦存款保险公司，1997。

虽然市场竞争加剧、技术创新和金融产品创新导致银行业市场份额下降，但造成其经营失败是有一些更深层次的内部原因：一是部分银行在经济扩张期的应对过于激进导致其贷款额度不断上升，经济紧缩期不良贷款急剧上升；二是部分银行面对技术和产品创新的挑战，将资金转移到了商业房地产领域，从贷款总额和商业房地产贷款占总资产的比率来看，破产银行承担的风险明显高于那些存续银行；三是新特许的银行缺乏经营经验，并在内外压力之下进入不熟悉的区域或市场，且从事了大量的投机活动；四是转化为控股形式的互助基金机构为满足股东期望，迅速扩大贷款组合并以高杠杆来提升每股收益，但最终因自身风险敞口过大而经营失败。

从证券业来看，1980—1986年该行业的整体收入增长了3倍，高达500亿美元。② 随后收入逐步稳定，并于1989年开始下降，直至6月出现亏损。1990年，证券业几家大公司的合计亏损约6.78亿美元。从股市来看，受经济长期扩张的引领，道琼斯指数在1982年8月—1986年12月由717点上升到1 896点；标普500指数连续5年实现了5位数的增长，其中包括1985年的26%的飙升。1986年9月11日和12日，市场经历了大幅波动；

---

① FDIC. *An Examination of the Banking Crises of the 1980s and Early 1990s*. published in Dec. 1998 and now available at https：//www.fdic.gov/bank/historical/history/. （accessed 31 March 2020）

② *Electronic Bulls and Bears*. Washington D. C.：U. S. Congress. Office of Technology Assessment. 1990，pp31.

12月，道琼斯指数曾单日下跌62点；1987年1月，首次触及2 000点。后续在美联储主席沃尔克（Paul A. Volcker）的货币疗法之下，股市继续上涨，直至1987年8月达到2 722点，随后两个月内下跌了1 000点。市场后续的反弹因股市1987年10月14日历史性的崩盘而终结，道琼斯指数在黑色星期一暴跌22.6%。紧接着，美国股市开始了历史上最惨烈下跌的一周，10月19日，道琼斯指数创下了两项历史记录，在点数上和百分比上都是最大的单日跌幅，当日道琼斯指数下跌了508.32点，股市蒸发超过5 000亿美元。

图5-30　1981—1990年的道琼斯和标普500指数

资料来源：WIND。

对于此次股灾，美国证监会的研究认为，由于程序交易和期货合约的杠杆作用而被放大，期货市场创造了另一个"合成"的股票市场期货价格引导了股票价格的走势，不规范的期货市场鼓励交易从而导致股票市场的波动性日益增加。[①] 为此，里根总统于1988年3月成立了由各市场监管机构组成的金融市场工作组。工作组建议当道琼斯指数下跌到一定幅度后可在一定时间内暂停市场交易，如果指数在第一次熔断后重新开放交易时继续下跌，则会再次停盘。

第四节　本章小结

里根总统的"经济复苏计划"与某些经济顾问和政府官员的观点截然不同，他放弃了认为政策制定者可以微调经济的观点，相反试图建立一个有利于私人部门增长的稳定环

---

① ［美］杰瑞·马克汉姆，李涛、王湣凯译：《美国金融史（第三卷）：从衍生品时代到新千年》，中国金融出版社2018年版，第171—172页。

境。这意味着降低通货膨胀、削减税收、放松监管以及缩小政府规模和范围,意味着恢复对工作、储蓄、投资的激励,也意味着美国将从进一步开放国际贸易的挑战中受益。① 从政策实施效果来看,表 5-31 显示了里根任期内与任期前后的经济数据差异:实际年均 GDP 增速较其前任增长 0.7%,较其后任高出 1.1%;中产家庭实际收入较其前任增长 0.8%,较其后任增长 1.1%;失业率较其前任下降 0.5%,较其后任下降 0.2%;通胀率较其前任下降 1.2%,较其后任下降 0.6%。

表 5-31　　　　　　　　里根任期内与任期前后的经济数据对比

	总统任期			为期一年的政策时滞		
	前任	里根任期	后任	前任	里根任期	后任
	1973—1980 年	1980—1988 年	1988—1995 年	1974—1981 年	1981—1989 年	1989—1995 年
	年度比例变化					
实际 GDP(1992 年美元计价)	2.4	3.1	2.0	2.8	3.2	2.1
实际 GDP,每位成年劳动力	0.5	1.7	1.1	0.9	1.9	0.8
中产家庭实际收入	0.0	0.8	-0.3	0.0	1.4	-0.6
城市总就业,每位成年劳动人口	0.3	0.5	0.2	0.2	0.7	0.1
企业总工作时长,每位成年劳动力	-0.5	0.5	0.2	-0.5	0.8	0.0
生产率(企业部门/每小时)	1.2	1.5	1.1	1.6	1.3	1.1
	年度百分比变化					
失业率	0.3	-0.2	0.0	0.2	-0.3	0.0
通胀率	0.4	-0.8	-0.2	-0.2	-0.5	-0.3
长期利率(穆迪 AAA 公司债)	0.6	-0.3	-0.3	0.8	-0.6	-0.3
个人储蓄率	-0.2	-0.4	0.0	0.0	-0.5	-0.1

资料来源:Niskanen 和 Moore,1996。

也有少部分经济学家认为,里根任期内的预算赤字抵消了 1981 年减税政策全部的刺激效应。但许多里根的政治对手也承认,如此快速地以低于原本想象的经济成本降低通货膨胀水平是了不起的成就。此外,在经历了 20 世纪 70 年代萎靡不振的经济之后,20 世纪 80 年代的经济增长和生产力的反弹至少部分来自减税政策的刺激作用。1989 年诺贝尔经济学奖得主保罗·萨缪尔森也说:"历史学家也会承认 20 世纪 80 年代的后半段是段经济胜利的历史。"②

---

① Connie Mack. 2020. *President Reagan's Economic Legacy:The Great Expansion*. Joint Economic Committee Staff Report,pp1-43.
② Paul Samuelson. *The '80s Are an Economic Success Story*. Christian Science Monitor. Oct. 4. 1989. DRP,1944,88.

第六章
克林顿减税政策及其评析

1993 年 1 月 20 日，比尔·克林顿（Bill Clinton）宣誓就任第 42 任美国总统，并于 1996 年 11 月获得连任，其就职期间推行的一系列经济政策被统称为"克林顿经济学"。相较于肯尼迪、尼克松、里根等的经济学，克林顿经济学在经济政策实践方面具有自身的特点，主要包括：（1）着眼于长期经济发展，鼓励投资，削减赤字；（2）主张对富人增税；（3）增加公共投资，加强基础设施建设，实行高新技术产业扶持政策；（4）强调对经济的结构调整。虽然克林顿和他的团队不是供给学派，但他们也不是凯恩斯主义学派，而是一种以新凯恩斯主义经济学为基础，借鉴了供给学派、理性预期学派、现代货币主义理论和观点的"新综合"。正如克林顿自己所说："我们的政策既不是随便的，也不是保守的；既不是共和党的，也不是民主党的。我们的政策是新的，是与以往不同的"，"是介于自由放任资本主义和福利国家之间的第三条路"。[①] 不过需要指出的是，强调供给政策是克林顿经济学很独特的一个组成部分，它很大程度上吸收了里根经济学供给管理政策有益成分，同时吸收了日本等东亚国家经济快速成长的经验（胡希宁，1998）[②]。

第一节 克林顿减税政策的历史背景

尽管里根上任后宣扬财政预算平衡，但在他任期内恰恰发生了美国有史以来最严重的财政赤字。依据供给学派的政策主张而实施的系列减税政策，虽然推动了 20 世纪 80 年代美国经济的强劲增长，但并没有达到里根政府的预期目的，财政赤字日益难以控制。而布什政府基本继承了里根政府的政策主张，同时由于经济衰退和海湾战争的影响，又将赤字推到了新的高峰。

---

① 傅殷才、文建东："凯恩斯主义复兴与克林顿经济学"，《武汉大学学报（哲学社会科学版）》1994 年第 1 期。
② 胡希宁："新凯恩斯主义、克林顿经济学与美国经济"，《财经科学》1998 年第 4 期。

一、政治约束

促使克林顿政府首次提出税收建议的关键政治和经济事实是现存和预计的赤字规模。多年的巨额联邦赤字削弱了投资者的信心，1992年2月消费者信心也达到1974年以来的最低水平。克林顿的竞选班底结论是，削减赤字的重大努力对美国经济的健康至关重要。① 克林顿自己也认识到，为了确保美国的长期增长和竞争力，他首先必须让美国走上一条更强大、更可持续的财政道路。他在总统竞选中就主张：

"为了美好的未来，我们必须弥补预算赤字和投资缺口……为了进行这些投资并削减国家债务，我们将通过削减支出、堵塞税收漏洞、要求富豪支付合理的税收来节省将近3 000亿美元。我们的计划将在四年的时间里把赤字规模减半，并且确保每年的赤字继续下降。"②

1993年1月克林顿就任时，预计当年联邦预算赤字将超过3 000亿美元，占GDP的5%。国会预算办公室预计，在可预见的未来，预算赤字的前景"严峻"。来自各政治派别的预算分析师认为，美国正走向债务危机。在国会联席会议的第一次讲话中克林顿再次强调，"我们花在偿还债务上的钱越多，我们在就业、教育和这个国家的未来上所需的税收就越少"。1993年2月，克林顿政府推出了第一个预算文件《推动美国变化的设想》，克林顿这样阐述了其经济策略：

"我的计划包括三个方面：在为长期经济增长奠定基础的同时，以经济激励推动就业机会；以长期公共投资来提高个人和公司的劳动生产率；以一个严肃、公平和平衡的赤字削减计划来阻止政府消耗创造创业和增加收入的私人投资。"③

克林顿政府将未来5年的预算表述如下：第一，为了削减7 040亿美元的总赤字，预算包括增加3 280亿美元的税收收入、削减3 290亿美元的非利息支出和削减460亿美元的债务还本付息额；第二，增加1 440亿美元的额外投资支出；第三，增加770亿美元的税收激励。其中税收提案具体包括：最高联邦税率提高至40%，增幅约为10个百分点；提高个人替代性最低税收；公司所得税率从34%提高到36%，拟增加450亿美元的外国公司所得税。提案还包含大幅提高对低收入人群的所得税抵免、对某些小企业实行投资税收抵免，对其他企业实行增量投资税收抵免。1993年3月，众议院通过了一项基于克林顿赤字削减计划框架的预算决议，随后还单独通过了一揽子刺激方案。但参议院仅仅通过了一项与众议院类似的预算决议，回避了一揽子刺激方案。参议院否决的原因有以下三个方面：一是1992年第四季度美国经济强劲增长，这一令人振奋的经济表现使得参议院认为出台刺激方案缺少必要性；二是经济学家们怀疑政府是否有能力设计出一个时效与使用范

---

① M. J. Graetz. 1993. Tax Policy at the Beginning of the Clinton Administration. *The Yale Journal of Regulation*, 10: 561-574.
② B. Clinton & A. Gore. 1992. *Putting People First*. New York: Times Books, pp7.
③ *Vision of Changes for America*, A. Washington, DC: Office of Management and Budget. 1993.

围都足够精准的财政刺激计划，促进美国经济稳定而非加剧经济波动；三是参众两院不同党派的政治观点差异过大也是导致该决议难以成形的重要原因。事实上，1992年布什总统曾提出刺激性的一揽子计划，核心内容是降低资本利得税，但招致了国会中民主党派的强烈反感，因为它被认为只对富人有利。而克林顿刺激计划则招致了共和党人的集体反对，声称包含增税的刺激计划只会使恶化经济成为现实。

层层受阻之后，克林顿于1993年4月中旬宣布收回一揽子刺激计划。5月和6月，众议院和参议院以微弱多数通过了独立预算计划，但会议进程结果仍然很不确定。8月，众议院以218票对216票险胜了《1993年综合预算协调法案》；第二天参议院以50票对50票通过了该法案。法案在36%和39.6%的税率之间又增加了一个级次，政府明确打算利用增加的税收来偿付国债并在5年内实现预算平衡。此前，在克林顿政府的广泛游说之下，民主党人已经开始相信，提高最高边际所得税率不会抑制经济增长；而共和党人相当团结一致，参众两院的每个共和党人都投票反对，最后是副总统戈尔的赞成票使得这一势均力敌的表决得以通过。

增税与不断壮大的供给侧改革背道而驰，供给学派部分学者对此予以了警告，众议院共和党领袖金里奇（Newt Gingrich）曾说："我认为增税会导致明年的经济衰退，这是民主党的衰退，每个民主党人都富有责任。"也有非供给学派的学者质疑增税，格兰茨（Graetz, 1993）[1]认为，在宏观调控目标获得成功、重税商品消费减少的情况下，税收收入也会下降。这表明，税率水平必须得到很好的调整，以便在调控目标和收入目标之间形成合理的折衷方案。但现实往往是，要么预期收入目标难以实现，要么调控（环境、健康等）效益被夸大，或者更可能两者兼而有之。供给经济学家费尔德斯坦（Feldstein, 1995）则指出：

"国会预算办公室的估计表明，增加的税收收入只有大约四分之一归因于克林顿的法定税率改变，其余部分归因于经济增长和不同GDP水平上的应税收入的增加。即使这四分之一的估计也是误导性的，因为它假设较高的边际税率对应税收入没有负面影响。常识和以往的经验表明，事实并非如此。较高的边际税率不仅通过降低劳动力供给把收入转变为非应税收入而且还鼓励增加税收扣除，从而降低应税收入。如果考虑这些行为的反应，那么克林顿改变法定税率带来的收入增加就有可能大幅度降低，甚至有可能表明边际税率的提高降低了税收收入。"[2]

虽然克林顿总统在第一任期内通过实施财政约束和削减赤字，成功地阻止了共和党人大幅度减税的要求，但增税政策并未从根本上解决美国财政的赤字问题，在经历一段通过扩大财政赤字反周期宏观经济刺激实践之后，克林顿政府依然面临较大财政赤字压力，于

---

[1] M. J. Graetz. 1993. Tax Policy at the Beginning of the Clinton Administration，*The Yale Journal of Regulation*，10：561 - 574.

[2] M. Feldstein & D. Feenberg. 1993. Higher Tax Rates with Little Revenue Gain：An Empirical Analysis of the Clinton Tax Plan. *Tax Notes*. March 22.

是减税再次被提上议事日程。优先被考虑的是小企业税收，克林顿政府认为小企业是美国经济中最有活力的市场单元，他们创造了美国绝大部分的就业机会；但为了遵从税法，记录保存和其他行为给小企业带来巨大的成本。税法应该更容易让小企业遵守并且尽可能减少企业负担，这样才能为美国经济带来更多的创新力和创造力，《1996年小企业就业保护法》正是这方面工作重要的第一步。而在1997年的整个夏季和秋季，克林顿政府的经济班底聚集在一起探讨税收改革方案、预算盈余时期的政策以及特定用途的支出项目改革这三个问题，其中根本性的减税改革被视为具有相当大的政治风险和经济风险。一方面，如果总统为某个主要税种的法案打开方便之门，那么政府改革过程中的控制权有可能落到国会手中。另一方面，即使能够获得大量的盈余资金，任何大力简化税法或鼓励储蓄的改革都将产生数以百万的受损者和受益者。[1] 基于这样的认知，克林顿总统的经济班底拟推出的减税改革是温和的，且改革优先秩序排在社会保障改革之后。事实上，克林顿执政的8年期间，在政府信奉的财政约束和共和党人信奉的较低税率之间存在很大矛盾，并产生了这一时期许多重要的政治冲突，包括1993年的赤字削减计划；1995年的突破债务上限；1997年的减税法案等等。[2] 尽管矛盾重重，克林顿政府始终坚持其赤字削减目标，遵守财政约束策略并最终造就预算盈余。

克林顿在任期内所采用的财政和货币政策组合，被称为"克林顿经济学"，其特点是预算赤字减少、利率低和全球化，全球化的主要形式是通过北美自由贸易协定（NAFTA），并鼓励中国加入世界贸易组织。对此，有学者（Romano，2006）[3] 称其为"第三条道路"，该条道路被理解为国家对经济全球化的综合反应，即以经济增长战略和公共财政管理战略来应对全球化进程。

二、经济困扰

1982年初开始的经济扩张在1990年7月结束，美国失业率在1990年12月上升到了6.1%，但1992年初经济随着利率的急剧下降而开始复苏，美联储随之将利率调降到30年以来的最低水平-3%，经济进入了新一轮的紧缩期。

（一）经济增长与需求要素贡献

受商业周期紧缩的拖累，1991年美国GDP出现了-0.1%的增速。因美联储货币政策的刺激，1992年GDP增速快速回升到了3.5%；在1997年减税政策出台之前，最高增速为1994年的4.0%。从需求要素贡献来看，私人消费依旧是美国经济的主动力，贡献率在

---

[1] ［美］道格拉斯·埃尔门多夫、杰弗里·利伯曼、戴维·威尔科克斯："90年代的财政政策与社会保障政策"，见杰弗里·法兰克尔、彼得·奥萨格编，徐卫宇等译：《美国90年代的经济政策》，中信集团出版社2004年版，第89—91页。

[2] ［美］罗伯特·鲁宾："对90年代的财政政策与社会保障政策的评论"，见：杰弗里·法兰克尔、彼得·奥萨格编，徐卫宇等译：《美国90年代的经济政策》，中信集团出版社2004年版，第59页。

[3] F. Romano. 2006. Clinton and Blair: The Economics of the Third Way, *Journal of Economics and Social Policy*, 10 (2): 1-19.

0.12%—2.51%；私人投资除1991年为负贡献之外，在样本区间内均为正贡献，最高贡献率为1994年的1.90%。商品和劳务进出口4年为负贡献，政府消费和投资贡献率均在0.26%以下（如图6-1所示）。可以说，在经历1990—1991年的经济紧缩之后，得益于美联储的低利率政策，克林顿第一任期的经济增速相对稳健。

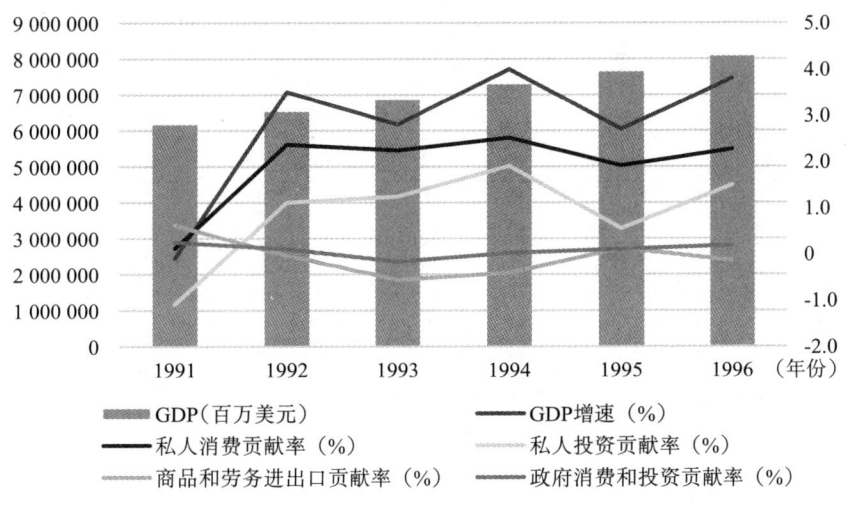

图 6-1　美国 1991—1996 年的 GDP 及各要素贡献率

资料来源：美国经济分析局，2019。

（二）经济增长与供给要素贡献

1997年克林顿减税政策推出之前，美国的多要素生产率指数仍保持上升趋势，从1991年的80.263上升到1996年的83.721。一如前述，多要素生产率的年度增速是更为可靠的观察指标，年度增速最高为1992年的2.9%，其余年份乏善可称，且两年出现负增长。这或许表明美国该时段的经济增长主要靠需求侧拉动，供给侧的动力尤显不足。

表 6-1　1991—1996 年美国多要素生产率及年度变化

年份	GDP 增速（%）	多要素生产率（指数=100）	多要素生产率较上年变化（%）
1991	-0.1	80.263	-0.4
1992	3.5	82.579	2.9
1993	2.8	82.287	-0.4
1994	4.0	82.678	0.5
1995	2.7	82.893	0.3
1996	3.8	83.721	1.0

资料来源：美国劳工统计局，2019。

鉴于1987年美国劳工统计局建立健全了美国的多要素生产率数据库，该年度后的数据更为全面，如新增了研发密集度贡献等指标。按照BLS测度的指数，研发密集度贡献、其他知识产权产品密集度贡献和其他资本服务密集度贡献仅有"微波化"的波动,波幅在 0.1%—0.5%;资本密集度贡献和信息资本密集度贡献指数波幅较大,波幅在 1.6%—2.2%,具体见表 6-2。以上数据表明,驱动该时段美国私人商业部门多要素生产率增长的更多是资本要素,从某个侧面反映了美国"经济金融化"的不断深化。

表 6-2　　　　1991—1996 年美国私人商业部门多要素生产率增长的源泉①

年份	劳动力构成贡献		资本密集度贡献		信息资本密集度贡献		研发密集度贡献		其他知识产权产品密集度贡献		其他资本服务密集度贡献	
	指数	%	指数	%	指数	%	指数	%	指数	%	指数	%
1991	93.9	0.5	81.2	1.8	91.9	0.3	97.6	0.2	95.7	0.3	94.6	1.0
1992	94.5	0.6	81.9	1.0	92.2	0.3	97.7	0.2	95.9	0.2	94.9	0.3
1993	94.9	0.4	82.1	0.2	92.4	0.2	97.8	0.1	96.0	0.1	94.7	-0.2
1994	95.1	0.3	82.1	0.0	92.6	0.2	97.8	0.0	96.1	0.1	94.3	-0.4
1995	95.4	0.2	82.7	0.7	93.0	0.4	97.8	0.1	96.3	0.1	94.4	0.1
1996	95.7	0.3	83.4	0.8	93.5	0.5	97.9	0.1	96.4	0.1	94.5	0.1

注:基准年份为 2012 年,指数 =100% 为指数较上年变化的百分比。
资料来源:美国劳工统计局,2019。

(三) 个人收入和支出

人均个人收入从 1991 年的 20 351 美元增长到 1996 年的 25 158 美元,增长 1.24 倍。年度增速较之 20 世纪 70 年代和 80 年代明显偏缓,最高值为 1992 年的 5.30%,部分由于人均收入的基数越来越大,高速增长也就越来越不容易。个人储蓄率也在下降,在个人收入中的比重最高为 9.4%,最低为 1996 年的 6.50%。个人消费仍保持增长势头,最高增速为 1994 年的 3.90%,最低增速为 1991 年的 0.20%(如图 6-2 所示)。

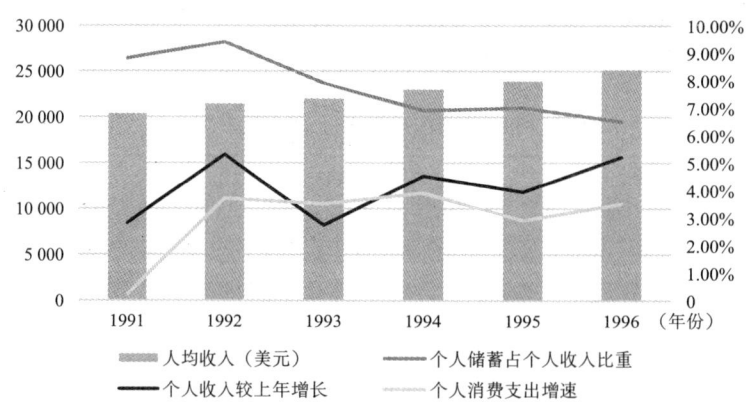

图 6-2　1991—1996 年美国个人收入和支出
资料来源:美国经济分析局,2019。

---

① 劳动力结构贡献 = 劳动力构成 × 其以现价美元计算的份额;资本密集度贡献 = 每小时资本服务 × 其以现价美元计算的份额;信息资本密集度贡献 = 信息处理设备和软件 × 其以现价美元计算的份额;研发密集度贡献 = 研究和开发 × 其以现价美元计算的份额;其他知识产权产品密集度贡献 = 其他如软件、艺术原创作品等知识产权 × 其以现价美元计算的份额;其他资本密集度服务贡献 = 其他资本服务 × 其以现价美元计算的份额。

(四) 政府收入和支出

各级政府收支占 GDP 的比重如图 6-3 所示,一如既往地支出趋势线始终处于收入趋势线上方,但非常明显的是两条趋势线的间距逐步缩小,充分表明克林顿缩减财政赤字的努力不断取得成效。就数值而言,政府收入在 GDP 的占比在 17.0% (1992 年和 1993 年数据)—18.3% (1996 年数据) 的区间内窄幅波动。政府支出在 GDP 的占比在 19.6% (1996 年数据)—21.7% (1991 年数据) 的区间内波动。

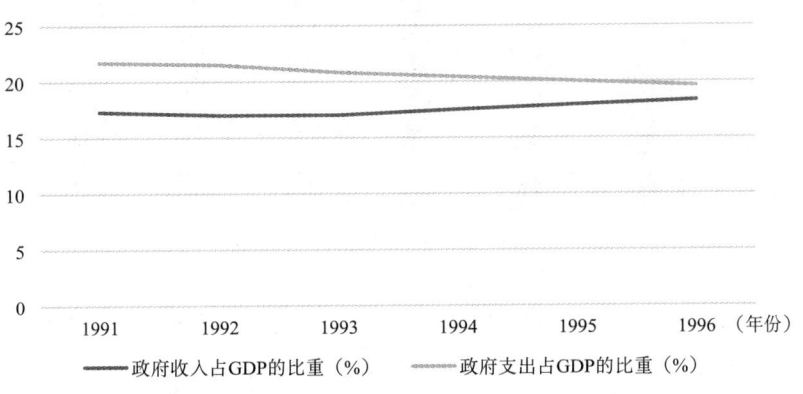

图 6-3 1991—1996 年美国政府收支占 GDP 的比重

资料来源:美国国会预算管理办公室,2019。

表 6-3 显示美国政府赤字在 1992 年攀升到 4 280 亿美元之后,持续下降至 1996 年的 2 391 亿美元,其中联邦政府赤字大幅下降至 1 740 亿美元,州和地方政府赤字较之 1991 年有所上升,增长了 87 亿美元。从 GDP 占比来看,1996 年各级政府赤字的 GDP 占比下降至 3.0%,其中联邦政府下降至 1.4%,实现了 30BP 以上的降幅。

表 6-3 1991—1996 年美国政府盈余或赤字余额及 GDP 占比

财年	10 亿美元 (按现价计算)					GDP 占比 (%)		
	各级政府	联邦政府			州和地方政府	各级政府	联邦政府	州和地方政府
		总额	预算内	预算外				
1991	-392.1	-269.2	-321.4	52.2	-122.9	-6.4	-4.4	-2.0
1992	-428.0	-290.3	-340.4	50.1	-137.7	-6.7	-4.5	-2.1
1993	-392.8	-255.1	-300.4	45.3	-137.8	-5.8	-3.8	-2.0
1994	-334.8	-203.2	-258.8	55.7	-131.6	-4.7	-2.8	-1.8
1995	-308.1	-164.0	-226.4	62.4	-144.1	-4.1	-2.2	-1.9
1996	-239.1	-107.4	-174.0	66.6	-131.6	-3.0	-1.4	-1.7

资料来源:美国国会预算管理办公室,2019。

(五) 进出口

商品和劳务出口额从 5 949 亿美元增长到 8 676 亿美元,增长 1.46 倍,年度增速最高为 1995 年的 10.3%,最低为 1993 年的 3.3%。进口额从 6 235 亿美元增长到 9 640 亿美元,增长 1.55 倍,年度增速最高为 1994 年的 13.4%,最低为 1991 年的 0.5%。数据表明,经济紧缩严重影响了美国进口,增幅急剧缩小(如图 6-4 所示)。

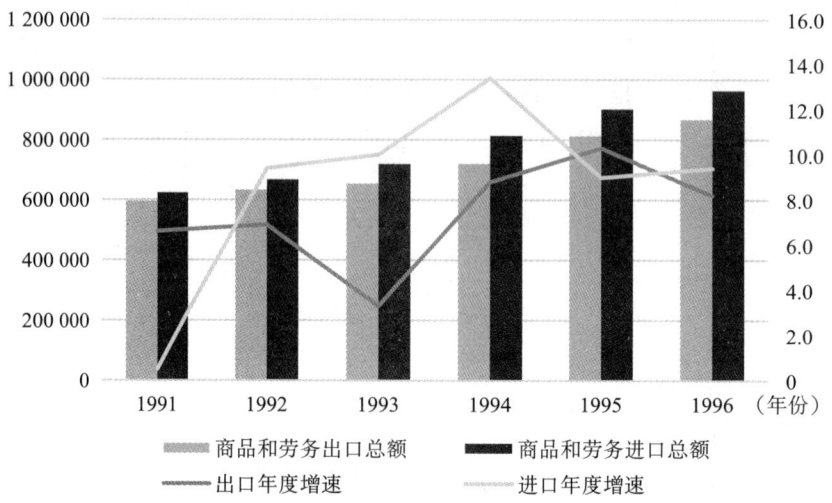

图 6-4 1991—1996 年美国的商品和劳务进出口额及增速

资料来源:美国经济分析局,2019。

(六)国内投资

固定资产投资、设备投资和私人商业部门投资受经济紧缩周期拖累在 1991 年均为负增长,但克林顿就任之后保持了相对稳定的增长。固定资产投资增速最低值为 1992 年的 5.50%,最高值为 1994 年的 9.82%;设备投资呈现大体一致的趋势最高增速为 1994 年的 12.05%,私人商业部门投资也于 1994 年实现最高增速 13.52%(如图 6-5 所示)。

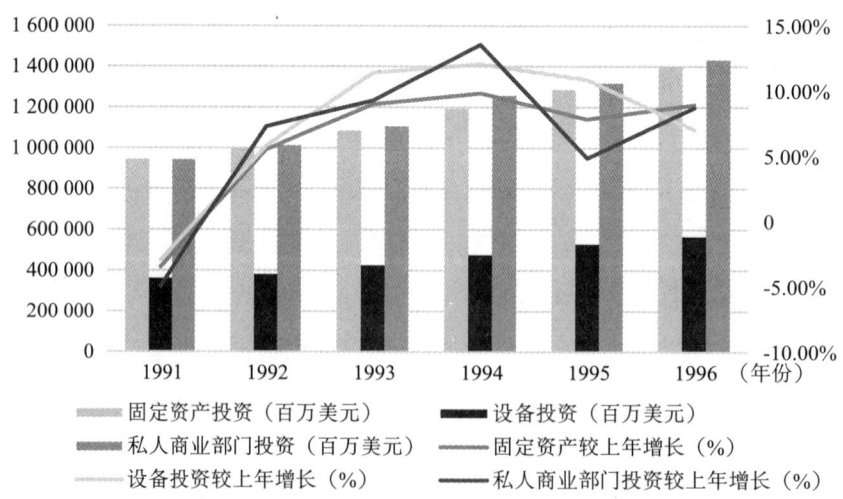

图 6-5 1991—1996 年美国的私人商业投资和固定资产投资

资料来源:美国经济分析局,2019。

（七）就业人数和失业率

1991年，美国失业率处于高位，达到7.3%。克林顿就任后的第一年，失业率并没有得到及时好转，反而上升至7.4%。后续受经济扩张刺激，失业率持续下降，1996年降至了5.4%，就业人数持续增加，1996年全职和兼职雇员人数达到1.25亿人（如图6-6所示）。

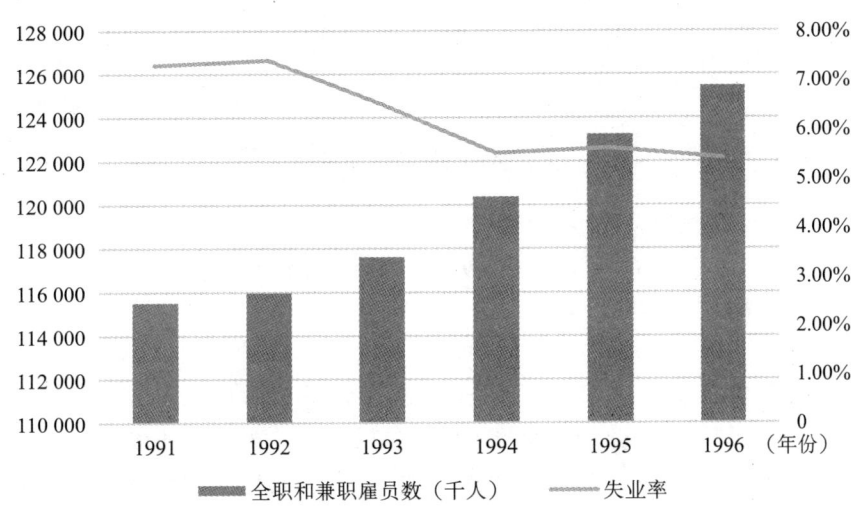

图6-6　1991—1996年美国失业率和雇员人数

资料来源：美国经济分析局，2019。

再看非农就业，至1996年12月就业人数达到1.21亿人。1991年非农就业曾出现过7个月负增长，其他年份除1992年2月、1993年3月和1995年5月出现偶然性负增长之外，其余月份均为正增长，且增幅最高达到0.41%。非农就业人数的增长除了经济扩张之外，以下因素也起到了重要的助推作用：一是各行业工作场所安全性的提高，如在采矿业，每10万矿工的年死亡率从1911—1915年的329人，减少到1996—1997年的25人；[1] 二是各行业工作环境的优化，如安装中空调的办公场所从1950年的零增加到1993年的68%，[2] 工作效率由此得以提高；三是女性就业率的提高，家庭中最小孩子在6—17岁的女性的劳动参与率从1975年的54.9%提高到1995年的76.4%（如图6-7所示）。[3]

（八）私人商业部门劳动生产率

美国劳工统计局采用的指数法显示，劳动生产率继续呈稳步上升趋势，从1991年的60.834提高到66.379，增幅为9.11%；单位劳动成本从1991年的77.504增长到1996年的83.288，增幅为7.47%。具体到两个指标的年度变化情况，劳动生产率在1992年

---

[1] Hamilton A. 1999. Improvements in Workplace Safety - United States, 1990—1999. *MMWR. Morbidity and mortality weekly report*, 48 (22): 461-9.

[2] [美] 罗伯特·戈登，张林山等译：《美国增长的起落》，中信出版集团2018年版，第484页。

[3] 同②，第489页。

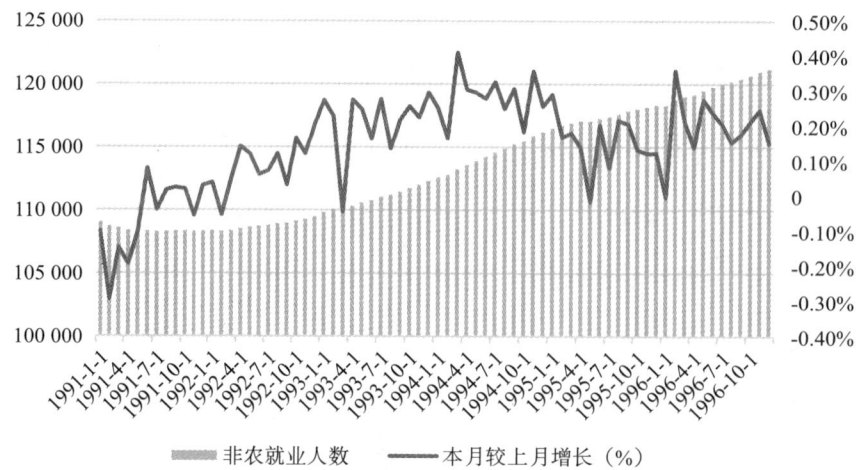

图 6-7　1991—1996 年美国非农部门就业

资料来源：美国圣路易斯联储，2019。

实现了 4.7% 的年均增速，1992 年单位成本也达到了该时段最高增速 2.6%。从整体看，考察时段一半的时间是劳动生产率的年度增速高于单位劳动成本的年度增速。与前述投资增长的驱动力一致，信息技术革命带来了劳动生产率的提升，比如 ATM 机的推出提高了银行业的工作效率，条形码扫描仪和授权设备提高了零售业的工作效率（如图 6-8 所示）。

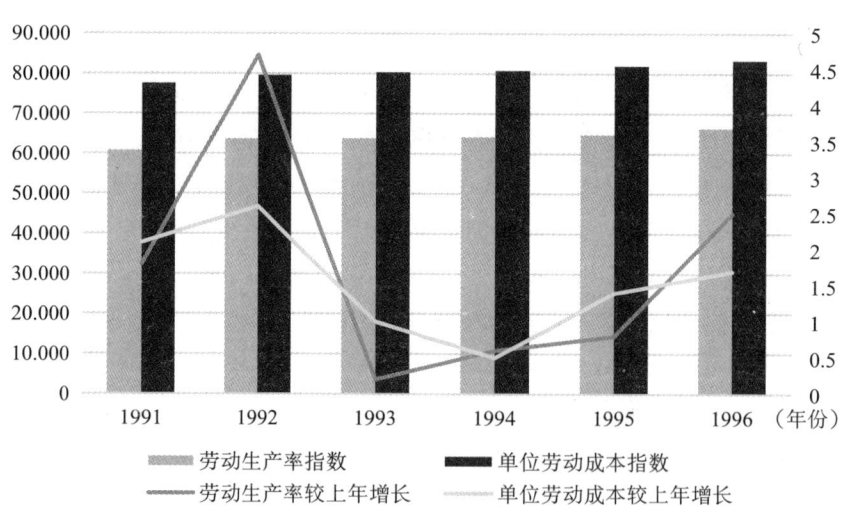

图 6-8　1991—1996 年美国的私人商业部门劳动生产率

资料来源：美国劳工统计局，2019。

（九）CPI 和通胀率

CPI 月度数据（季调）缓慢上行，从 1991 年 1 月的 134.70 上升到 1996 年 12 月的 159.10。月度通胀率除 3 个月负增长之外，其余月份均为正增长；各年通货膨胀率分别为

3.06%、2.9%、2.75%、2.67%、2.54% 和 3.32%。从整体来看，通胀处于较为适度的水平（如图 6-9 所示）。

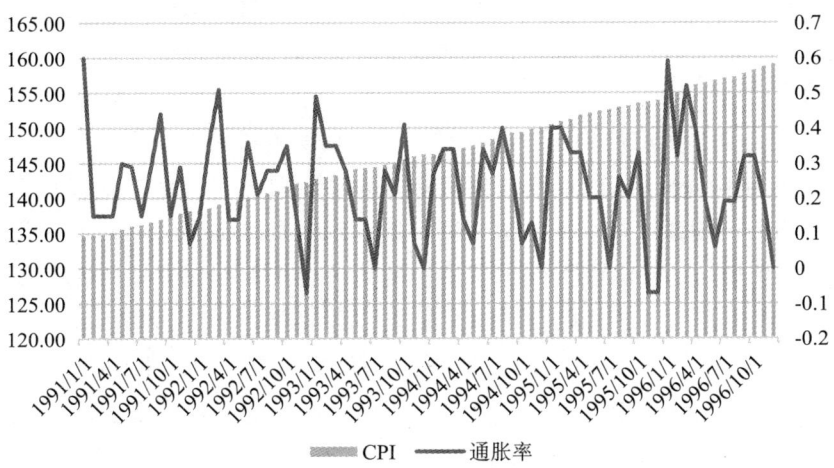

图 6-9　1991—1996 年的 CPI 和通胀率

资料来源：美国劳工统计局和美国圣路易斯联储，2019。

第二节　克林顿减税政策的主要内容

斯托伊尔勒（Steuerle，2002）认为到 20 世纪 90 年代，"税收政策不仅仅包括如何公平有效地征税的问题，而且已经发展成为宏观经济政策或财政政策的主要工具，更是消费和社会政策的主要工具"。[①] 克林顿政府的减税方案兼顾促进经济增长与扶助社会弱势群体两方面要求，是一种经济政策与社会政策的有机结合，如减税方案不仅有鼓励投资和小企业发展的措施，也有促进教育发展和改善儿童待遇和养老金制度的措施（陈敏强，2005）。[②]

一、政策出台过程

第 104 届国会期间举行《1996 年小企业就业保护法案》的听证会，参众两院全体委员会于 1995 年 1 月 5 日，10—12 日就"与美国签署合同"的收入条款举行了听证会，并分别于 1995 年 1 月 24—26 日、1 月 31 日和 2 月 1 日就"储蓄和投资条款"举行了听证会。监督小组委员会于 5 月 9 日举行了一次有关税收条款到期的聆讯。1996 年 5 月 14 日，

[①] C. E. Steuerle. 2004. *Contemporary U. S. Tax Policy*. Washington，D. C.：Urban Institute Press. pp95.
[②] 陈敏强："克林顿时期政策遗产评估的大展示——评《美国 90 年代的经济政策》宏观经济与贸易政策"，《国际经济评论》2005 年第 3 期。

法案被提交给众议院筹款委员会进行投票，委员会主席阿奇（Bill Archer）对法案进行了介绍，最后委员会以33票对3票通过了该法案。《1996年小企业就业保护法案》得以顺利通过的主要原因在于，委员们普遍认为该项法案将减少影响美国小企业成长和创造就业的干扰因素，且法案中的养老金改革将帮助数千万美国人为退休进行储蓄，同时使得这些退休储蓄更加安全。

1997年2月，克林顿政府推出了一项旨在5年内实现平衡的预算。在3月中旬众议院院长金里奇（Newt Gingrich）愿意考虑共和党的减税计划之前，克林顿政府和国会之间的协商处于停滞状态。预算谈判于4月初再度开始，5月1日几乎已达成了有关总体预算框架的协议。而实施协议的具体法案经过了多次的讨价还价，《1997年纳税人救助法案》和《1997年平衡预算法案》于7月底在参众两院以多数票获得通过，并于8月上旬被克林顿总统签署为法律。① 其中，《纳税人救助法案》提议减少资本利得税和遗产税，并给予每个孩子500美元的税收抵免以及大学学费和开支的税收抵免；法案还要求建立一个新的个人退休账户，即罗斯账户（Roth IRA）。

《1997年纳税人救助法案》（The Taxpayer Relief Act of 1997，缩写为TRA-97）虽然是第一次在美国以立法形式确立了儿童税收抵免，但相关提议已于前几年开始启动。1991年，为解决儿童面临的各种问题而成立的两党国家儿童问题委员会在提交总统的报告中建议，为所有18岁以下的儿童设立1 000美元的可退税儿童税收抵免。报告指出，工资增长缓慢、生活成本上升、普通家庭税负上升是导致有子女家庭经济负担加重的关键因素。1994年，儿童税收抵免被纳入共和党在1994年中期选举前发布的一份政策建议清单之中，即为18岁以下的儿童提供每人500美元不可退税的税收抵免，而对于调整后毛所得在20万美元以上的家庭（无论纳税申报状况如何），这项抵免将逐步取消。针对国会起草的法案，克林顿总统在1995年第104届国会通过的《中产阶级权利法案》中提出了自己的儿童税收抵免政策。根据这项提议，1996—1998年每名13岁以下儿童可获得300美元的抵免额，1998年以后增加到每名儿童500美元，抵免额开始逐步削减的起点阈值设定为60 000美元，同时抵免额根据通货膨胀指数来调整。根据美国财政部的估计，克林顿总统的提议在5年内将花费356亿美元，而《美国梦复兴法案》同一时期将花费1 070亿美元，相较而言减税的成本更低也更能被接受。

二、《1996年小企业就业保护法案》中的主要减税措施

《1996年小企业就业保护法案》提高了小企业的费用扣除标准和最低工资标准；增加了可以利用S公司进行投资的范围，包括允许一些银行和金融服务公司成为这类公司；设立了小企业专属的退休计划，使得它们能够与大公司竞争，以福利待遇吸引员工。

---

① ［美］道格拉斯·埃尔门多夫、杰弗里·利伯曼、戴维·威尔科克斯："90年代的财政政策与社会保障政策"，见杰弗里·法兰克尔、彼得·奥萨格编，徐卫宇等译：《美国90年代的经济政策》，中信集团出版社2004年版，第52页。

(一) 提高费用扣除标准

原法案下作为折旧费用扣除的替代品,小企业每年可获得 17 500 美元的费用扣除额。新法案将小企业费用扣除标准逐年提高至 2003 年的 25 000 美元,具体见表 6-4。标准的提高不仅降低了小企业用于贸易或经营的有形财产成本,而且废除了对费用性资产的折旧记录要求。法案还对雇员小费进行了调整,在原法案下小费被视为雇主支付工资的一部分,而调整后雇员收取的现金小费可不进行所得税申报,但从顾客处收到的与食品或饮料供应或服务相关的消费要计入纳税所得。

表 6-4 小企业的费用扣除标准

纳税年度	费用扣除额(美元)
1996	18 500
1997	19 000
1998	20 000
1999	21 000
2000	22 000
2001	23 000
2002	23 500
2003 年及以后	25 000

资料来源:Committee on Ways and Means House of Representatives,1996。

(二) 修改工作机会税收抵免

法案将"目标工作抵免"修改为"工作机会抵免",抵免额从 40% 降低到 35%。同时拓展了目标群体的范围,包括合格的 IV-A 计划接受者[①]、合格老兵、合格的前重罪犯、高危青年、再就业人员、合格的暑期青年雇员等。

法案同时修改了最低工资标准,将最低工资标准从当时的每小时 4.25 美元提高到每小时 5.15 美元(此后几年,美国联邦最低工资标准进一步提高),同时法案还要求公司对工人的加班补偿要更为慷慨。

(三) 修改 S 公司的待遇

根据美国国内收入局的界定,小企业可被视为"S 公司"。新法案将 S 公司的股东最多可有 35 人增加到 75 人,目的在于可使公司所有权被更多的家庭成员、雇员和投资者拥有。为减轻 S 公司的纳税负担,新法案规定在 1996 年 12 月 31 日之后的第一个纳税年度,S 公司于该年度开始时的累计收益和利润可扣减 1983 年 1 月 1 日之前任何一个纳税年度的累计收益和利润。新法案还允许 S 公司的股票由某些信托,如"选择小企业信托"(Electing Small Business Trusts,缩写为 ESBTs)持有。为有资格享受这种待遇,信托的所有受

---

① 指根据《社会保障法案》A 部分第四节,各州所批准的任何援助计划以及此类计划的后续方案。

益人必须是有资格成为 S 公司股东的个人或不动产。信托按照个人所得税的最高税率 39.6% 征税，应纳税所得额的确定需考虑 S 公司股东的所得、亏损或扣除费用；出售 S 公司股票的收益或亏损；以及在法律规定范围内各州或地方所得税和信托管理费用。

（四）创建"SIMPLE"养老计划

在《1996 年小企业就业保护法案》出台之前，美国小企业雇主的退休计划覆盖率大大低于大中型雇主。克林顿政府认为，小企业雇主不制定符合税法规定的养老计划的原因在于，与此类计划有关的规则很复杂，遵守规则的成本也很高；若要鼓励小企业雇主推行退休计划必须提供一个简单方案，不受制于复杂税收制度的约束。为此，新法案为小企业制定了"雇员储蓄激励匹配计划"（Savings Incentive Match Plan for Employees，缩写为"SIMPLE IRA"）的简化退休方案。在一年中的任何时候雇用 100 名或 100 名以下雇员的雇主，如果不想维持其他任何由雇主赞助的退休计划，均可采用"SIMPLE"计划。该计划既可以是每位雇员的个人退休账户，也可以是合格现金或其他养老计划的一部分（如"401K 计划"①）。"SIMPLE"计划不受适用于其他合格养老计划的非歧视性规则（如最重负担规则）的约束，并适用简化的报告要求。"SIMPLE"计划也可以作为 401K 计划的一部分，但该计划不必满足适用于 401K 计划的特殊非歧视性测试，也不受最重负担规则的约束。雇员向"SIMPLE"计划的缴款每年不得超过 6 000 美元，该限额是以 500 美元为增量进行通货膨胀指数化的结果。在一定限制内，向"SIMPLE"计划的缴款直到雇员提款时才予以征税。

三、《1997 年纳税人救助法案》中的主要减税措施

《1997 年纳税人救助法案》规定，自 1998 年开始，在以家庭为单位的个人所得税申报中，每位 17 岁以下儿童享有的免税额由原来的 400 美元提高到 500 美元；长期资本收益税的最高税率由原来的 28% 下降至 20%，最低税率从 15% 下降到 10%；永久豁免了罗斯个人退休账户的资本收益税；以家庭为单位出售 50 万美元的住房或单身个人出售 25 万美元的住房，若在过去 5 年内住满 2 年，就可以获得资本收益税的豁免，但该豁免每年只能享受一次。该法案还将遗产税的免税额由 1981 年的 60 万美元提高到 100 万美元。各项措施具体如下：

（一）新设儿童税收抵免

TRA-97 规定，纳税人所抚养的每位 17 岁以下儿童可获得 500 美元的税收抵免，刚开始施行的 1998 年设定为 400 美元。对于有资格获得儿童税收抵免的纳税人，法案设定了调整后毛所得（AGI）限额，如联合申报的已婚夫妇为 110 000 美元，单身个人为 75 000 美元，单独申报的已婚夫妇为 50 000 美元（如表 6-5 所示）。超过限额的调整后

---

① 在该计划之下，企业为雇员设立专门的 401K 账户，雇员每月从工资中拿出一定比例资金存入养老金账户，企业也按一定比例（不能超过雇员数额）存入资金。同时，企业向雇员提供不同的证券投资组合，雇员可任选一种进行投资。退休时，雇员可选择一次性领取、分期领取和转为存款等方式使用。

毛所得每增加1 000美元，抵免额相应减少50美元。抵免额不根据通货膨胀进行调整，且不可获得退税。

表6-5　　　　　　　　　　　儿童税收抵免的AGI限额

纳税人类型	AGI限额（美元）
联合申报的已婚夫妇	110 000
单身个人	75 000
单独申报的已婚夫妇	50 000

该项抵免预计在1999年和2000年分别减少160亿美元和190亿美元的联邦税收收入，但随后几年数额逐步下降。在第一个10年里，根据美国国会预算办公室的测算，预计总共减少1 883亿美元的联邦税收收入。以TRA-97为起点，后续法案都纳入了儿童税收抵免的内容，且抵免条款越来越有利于纳税人，主要体现在：一是提高了抵免额，如每位儿童提高到1 000美元；二是可获得通货膨胀指数调整；三是可获得退税（如表6-6所示）。比如，某个家庭的儿童税收抵免额为5 000美元，当年应纳所得税为2 000美元，该家庭可以获得至少3 000美元的退税款。

（二）提高教育税收抵免

TRA-97为纳税人的高等教育费用提供了两种抵免。美国机会税收抵免（American Opportunity Tax Credit）相当于入学后两年学费中第一笔1 000美元的100%，第二笔1 000美元的50%。终身学习抵免（Lifetime Learning Credit）相当于每年教育费用的20%，最高可达5 000美元（2002年后为10 000美元）。对于收入在8万—10万美元的联合申报人和收入在4万—5万美元的其他纳税人，这两项抵免都是不可退税和逐步减少的。如果纳税人教育基金账户中的资金仅仅用于学费、书本费、学习用品和设备费以及基本食宿费，则可享受免税待遇：在支付所有法案规定范围内的费用后，剩余款项必须在受益人年满30岁时予以分配，届时受益人获得的收益再被征税或罚款。但是，在受益人年满30岁之前，剩余款项可以转入受益人的家庭成员或转移到另一个免税的教育个人退休账户（IRA）。

此外，克林顿政府还提供了其他教育激励措施，包括建立教育IRA、有限的学生贷款利息扣除、从退休IRA中免费提款用于支付教育费用，以及对国家学费项目的税收优惠待遇。总体来看，两项教育税收抵免和其他教育激励措施对联邦税收收入的影响相对较小，根据国会预算管理委员会的测算到2007年共减少约1 000亿美元的联邦税收收入。

（三）修订遗产税和赠与税

根据原法案，遗产税或赠与税纳税人可以对税款申请统一抵免，以减少或消除他们所欠的金额。这种统一抵免在纳税人的一生中都适用，但纳税人一年中使用的越多，他或她在以后的几年中使用的就越少。TRA-97分步骤提高了统一抵免，从1998年的202 050美元提高到2006年的345 800美元。这一变化逐步增加了实际不征税的礼品或遗赠数额

表 6-6　美国税收法案中的儿童税收抵免

单位：美元

立法年份 主要内容	1997	1999	2001	2003	2004	2008	2009	2010	2013	2015	2017
每位儿童可获得的最高抵免额	1998年为400后续年份为500	*同1997年法案	2001—2004年为600 2005—2008年为800 2010年为1 000	2003—2004年为1 000	2005—2010年为1 000	*	*	2011—2012年为1 000	永久性为1 000	*	2 000
通货膨胀指数调整	否	*	*	*	*	*	*	*	*	*	否
可否退税	否	*	是	*	*	*	*	是 (2011—2012年)	是 (永久性)	*	*
每位儿童可退税的最高抵免额	不适用	*	与最高抵免额一致	*	*	*	*	*	*	*	1 400 (2018—2025年)
退税门槛值	不适用	*	10 000 (2001—2010年)	*	*	8 500 (2008年)	3 000 (2009—2010年)	3 000 (2011—2012年)	3 000 (2013—2017年) 10 000 (以后年度)	3 000 (永久性)	2 500 (2018—2025年)
通货膨胀指数调整	不适用	*	是 (2002—2010年)	*	*	否	否 (2009—2010年)	否	否 (2013—2017年) 是 (以后年度)	否	否

续表

主要内容 \ 立法年份	1997	1999	2001	2003	2004	2008	2009	2010	2013	2015	2017
退税率	不适用	*	10%（2001—2004年）15%（2005—2010年）	*	15%（2004—2010年）	*	*	15%（2011—2012年）	15%（永久性）	*	*
抵免逐步递减的门槛值	如表6-1所示	*	*	*	*	*	*	*	*	*	MFS 为 200 000 HOH 为 200 000 MFJ 为 400 000
递减率	5%	*	*	*	*	*	*	*	*	*	*
抵消 AMT	否	是（2000—2001年）	是（2002—2010年）	*	*	*	*	是（2011—2012）	是（永久性）	*	*
减少的税收收入	1998—2007年 1 883.8 亿美元	2000—2009年 28.9 亿美元	2001—2011年 1 717.8 亿美元	2003—2013年 324.9 亿美元	2005—2014年 637.7 亿美元	2009—2018年 31.3 亿美元	2009—2010年 148.3 亿美元	2011—2020年 914.4 亿美元	2013—2022年 4 050.1 亿美元	2016—2025年 878.4 亿美元	

资料来源：税收联合委员会，2018。

注：
(1) * 代表同前法案一致。
(2) AMT，Alternative Minimum Tax 代指替代最低税。
(3) MFS，Married Filing Separately 代指独立申报的已婚个人；HOH，Head of Household 代指家庭户主；MFJ，Married Filing Jointly 代指联合申报的已婚夫妇。

(从 1997 年的 60 万美元增加到 1998 年的 62.5 万美元、1999 年的 65 万美元、2000 年和 2001 年的 67.5 万美元、2002 年和 2003 年的 70 万美元、2004 年的 85 万美元、2005 年的 95 万美元和 2006 年的 100 万美元)。该法案对转让家族企业和农场提供了 130 万美元免税额。[①]

与以前的法律一样,统一抵免不做通货膨胀指数处理,但 TRA-97 因通货膨胀因素调整了遗产税和赠与税的其他条款。这些条款包括:每年 1 万美元的礼品限额、对家族企业现有估值的限制,以及隔代礼品和遗赠可享受 100 万美元免税的条款。整体来看,遗产税和赠与税相关条款的调整到 2002 年只会减少 60 亿美元的税收收入,但在 10 年内会减少 340 亿美元。由于 2004 年和 2005 年统一抵免增长幅度最大,2004 年以后,统一抵免变化带来的减税额迅速增长。

表 6-7　　　　　　　　　　　1995 年应税遗产的税收待遇

遗产价值的级次 (美元)	税单数量	税单的遗产总价值 (10 亿美元)	纳税义务 (%)
600 000—1 000 000	13 827	11.2	0.7
1 000 000—2 500 000	12 712	18.9	3.0
2 500 000—5 000 000	3 298	11.3	2.7
5 000 000—10 000 000	1 105	7.8	2.1
10 000 000—20 000 000	390	5.4	1.4
20 000 000 以上	231	12.7	2.0
全部应税遗产	31 563	67.2	11.8

资料来源:美国国会预算办公室,2000。

(四) 调减资本利得税税率

TRA-97 降低了 1997 年 5 月 6 日以后实现的资本利得的税率。在此之前,"个人经常性所得"适用税率为 15% 的纳税人其出售的资产需缴纳同等税率的资本利得税;适用税率为 28% 或更高的纳税人所持有超过一年的资产所获得的最高资本利得税率为 28%。TRA-97 将前述两个税率分别下调至 10% 和 20%,适用于持有年限超过 18 个月的资产。对于持有年限在 12—18 个月的资产仍适用 28% 的税率。但 1998 年的《国内收入局重组和改革法案》中消除了这一反常现象,取消了 28% 的税率档次,并规定所有持有年限超过 12 个月的资产都适用于新税率。持有年限为 12 个月或 12 个月以内资产所获得的短期资本利得继续按与"个人经常性所得"相同的税率征税。

根据 TRA-97,从 2001 年开始出售持有年限达 5 年以上资产获得的资本利得适用于 8% 和 18% 的税率。"个人经常性所得"税率为 15% 的纳税人适用 8% 的资本利得税税率,

---

[①] B. W. Johnson & J. M. Mikow. 1999. Federal Estate Tax Returns, 1995–1997. Statistics of Income Bulletin. 19 (1): 91–96.

其他纳税人适用于18%的资本利得税税率（如表6-8所示）。来自个人所得税申报表的数据显示，大约2/3的应税资本利得来自出售持有超过5年的资产。资产的聚集性出售表明，持有期足够长是为了享有长期税收待遇，一些纳税人推迟资产出售是为了获得享有长期资本利得的较低税率。

TRA-97还改变了出售房屋资本利得的税收待遇，法案允许联合申报的已婚夫妇享有每笔房屋出售最高达50万美元的扣除额，其他类型纳税人为25万美元。要获得该纳税扣除的资格，纳税人必须在过去5年中在该房屋内居住至少2年，并且在过去2年中没有因出售房屋而申请税收扣除。

根据国会预算管理办公室的预测，相关资本利得税条款的修订估计在10年内减少210亿美元的联邦税收收入。但前述修订又通过促使人们出售资产增加了联邦税收收入，1998年联邦税收收入因此增长了60亿美元，1999年约为1.5亿美元。

表 6-8　　　　　　　　　　资产持有期间资本利得的税收待遇

持有期限	占总利得的	税率	
（月）	比例	TRA-97之前	TRA-97之后
最高12个月	5	同一般所得	同一般所得
12—18个月	3	最高28%	最高28%①
18—60个月	25	最高28%	所得税税率级次为15%纳税人：10% 其他税率级次纳税人：20%
60个月以上	67	最高28%	2000年，同18—60个月的情形； 2001年开始，税率分别降低到8%和18%②

注：①根据《1998年国内收入局重组和改革法案》，取消了持有期限在12—18个月资产的资本利得税率。从1998年1月1日开始，持有期限在12—60个月资产的资本利得按照10%或20%征税。

② 8%适用于2001年个人所得税税率级次为15%的纳税人，18%适用于其他税率级次的纳税人。

资料来源：美国国会预算办公室，1999。

（五）调整个人退休账户

TRA-97对个人退休账户的税收待遇作出了两项重大改变：一是扩大了享有养老金缴费税收优惠待遇的人群类别；二是建立一种新的罗斯个人退休账户（ROTH IRA）。根据原法案，夫妇双方均没有参加养老金计划，或者配偶一方参加雇主资助养老金计划的夫妇，只有在调整后毛所得（AGI）低于40 000美元的情况下，每人才能从应纳税所得中扣除个人退休账户缴费（最高可扣除金额）中的2 000美元。扣除额随着AGI水平的提高逐步取消直至为零，如果夫妇俩的所得合计超过了50 000美元，就不能享受扣除待遇。对于养老金覆盖的个人，原法案规定AGI在25 000—35 000美元可享受IRA扣除。TRA-97对可扣除IRA的主要改变是逐步提高了AGI门槛，即联合申报的已婚夫妇在80 000—100 000美元（2007年开始适用），或者独立申报的单身个人在50 000—60 000美元（2005年开始适用）均可享有养老金缴费的扣除待遇（如表6-9所示）。

表6-9　　　　　　　　　不同年度个人或夫妇的AGI门槛值

纳税年度	独立申报的单身个人	联合申报的已婚夫妇
1998	30 000—40 000 美元	50 000—60 000 美元
1999	31 000—41 000 美元	51 000—61 000 美元
2000	32 000—42 000 美元	52 000—62 000 美元
2001	33 000—43 000 美元	53 000—63 000 美元
2002	34 000—44 000 美元	54 000—64 000 美元
2003	40 000—50 000 美元	60 000—70 000 美元
2004	45 000—55 0000 美元	65 000—75 000 美元
2005	50 000—60 000 美元	70 000—80 000 美元
2006	50 000—60 000 美元	75 000—85 000 美元
2007	50 000—60 000 美元	80 000—100 000 美元

个人退休账户是税前优惠，即个人退休账户中每一笔缴费和投资收益在提取之前均不予征税，而罗斯个人退休账户是税后优惠，即对个人退休账户中每一笔缴费予以征税，账户基金投资收益在退休账户开立5个纳税年度之后免税。罗斯个人退休账户计划的开设与缴费没有年龄限制，也没有最低限额提款要求。新条款改变了美国退休账户的税收待遇，根据美国国会预算办公室的问卷调查，TRA-97法案使享有该项税收优惠的家庭增加了18%（如表6-10所示）。

表6-10　　　　　　　享有IRA扣除待遇的纳税人变化情况

纳税人类别	家庭数（千户）	参与雇主资助的储蓄方案的数量（千个）	参与雇主资助的储蓄方案的比例（%）
TRA-97之前已获得资格			
无养老金的个人和已婚夫妇	59 950	0	0
有养老金的个人（所得低于35 000美元）	7 432	5 313	71.5
有养老金的已婚夫妇（所得低于50 000美元）	11 970	9 124	76.2
小计	79 352	14 437	18.2
根据TRA-97法案下获得资格			
有养老金的个人（所得在35 000—60 000美元）	3 722	2 935	78.9
有养老金的已婚夫妇（所得在50 000—100 000美元）	10 900	8 503	78.0
小计	14 622	11 438	78.2
TRA-97法案下所有获得资格的家庭			
没有养老金的个人和已婚夫妇	59 950	0	0

续表

纳税人类别	家庭数（千户）	参与雇主资助的储蓄方案的数量（千个）	参与雇主资助的储蓄方案的比例（%）
有养老金的个人（所得在 60 000 美元以下）	11 154	8 248	73.9
有养老金的已婚夫妇（所得在 100 000 美元以下）	22 870	17 627	77.1
小计	93 974	25 875	27.5
获得抵免资格的家庭增加比例	18.4%	79.2%	不适用

资料来源：美国国会预算办公室（CBO）根据 1995 年消费者金融问卷调查整理。

整体上，《1997 年纳税人救助法案》对税收制度进行了 800 多次修改。除了前述主要修改，还包括 2007 前实现医疗保险 100% 免税，农场和小企业享有更高免税额，2006 年将遗产税免税额从 60 万美元提高到 100 万美元，以及对一些房屋的销售利润实行免税等。至克林顿卸任时的 1999 年，个人所得税的个人免税和法定税率如表 6-11 所示。尽管一些学者认为克林顿时期的财税政策乏善可陈，但也有许多专家认为这项法律具有里程碑意义，并充分肯定克林顿对法案修订的坚持，因为它确实为许多纳税人节省了资金，并帮助美国成就了历史上最繁荣的经济扩张之一。

表 6-11 　　　　　　　　　　1999 年的联邦个人所得税率表　　　　　　　　　　单位：美元

个人免税额	2 750
标准扣除	
联合申报	7 200
单身个人	4 300
家庭户主	6 350
老年人或盲人加计扣除	
联合申报	850
单身/家庭户主	1 050

法定边际所得税税率，已婚夫妇联合申报	
应税所得	应纳税额
0—43 050	超过 0 部分的 15%
43 050—104 050	6 458 + 超过 43 050 部分的 28%
104 050—158 550	23 538 + 超过 104 050 部分的 31%
158 550—283 150	40 433 + 超过 158 550 部分的 36%
283 150 以上	85 289 + 超过 283 150 部分的 39.6%

法定边际所得税税率，单身个人独立申报	
应税所得	应纳税额
0—25 750	超过 0 部分的 15%
25 750—62 450	3 863 + 超过 25 750 部分的 28%
62，450—130 250	14 139 + 超过 62 450 部分的 31%
130 250—283 150	35 157 + 超过 130 250 部分的 36%
283 150 以上	90 201 + 超过 283 150 部分的 39.6%

续表

法定边际所得税税率,家庭户主申报	
应税所得	应纳税额
0—34 550	超过 0 部分的 15%
34 550—89 150	5 183 + 超过 34 550 部分的 28%
89 150—144 400	20 471 + 超过 89 150 部分的 31%
144 000—283 150	37 598 + 超过 144 440 部分的 36%
283 150 以上	87 548 + 超过 283 150 部分的 39.6%

法定边际所得税税率,已婚夫妇独立申报	
应税所得	应纳税额
0—21 525	超过 0 部分的 15%
21 525—52 025	3 228.75 + 超过 21 525 部分的 28%
52 025—79 275	11 768.75 + 超过 52 025 部分的 31%
79 275—141 575	20 216.25 + 超过 79 275 部分的 36%
141 575 以上	42 644.25 + 超过 141 575 部分的 39.6%

资料来源:Tax Foundation, 2013;Guenther, 2019。

第三节 克林顿减税政策的效果评析

根据美国财政部的初始预测,1997 年减税相对温和,第一年减税额仅为 GDP 的 0.11%,后续三年为 GDP 的 0.22%,至 2007 年,减税额大约为 300 亿美元。尽管减税规模有限,但倡议者们对本轮减税的经济刺激效果依然充满期待。从实际情况来看,克林顿减税效果超过预期。

一、对经济增长的影响

对于是增税还是减税促进了美国 20 世纪 90 年代的经济增长,学术界一直存在争议。高税率的支持者认为克林顿就任之后采取的"克林顿防御"措施带来了繁荣,事实也证明克林顿第一任期实现了 3.2% 的年均增速。但福斯特(Foster, 2008)等学者明确指出,是减税而非增税造就了 20 世纪 90 年代的美国繁荣。理由在于"增税之后,美国经济的确表现不错。但若考虑当时的整体条件,实际结果不如预期,真正的繁荣出现在这十年的后半段"。[1]福斯特等学者所提及的整体条件,是指 1993 年美国正处于新一轮商业周期从衰退步入复苏的起始阶段,经济复苏理所当然。

(一) 对 GDP 增速的影响

克林顿第二任期内的 GDP 年均增速达到 4.2%,比第一任期整整高出 1 个百分点,具

---

[1] J. D. Foster. 2008. *Tax Cuts, Not the Clinton Tax Hike, Produced the 1990s Boom*. WebMemo No. 1835. Published by Heritage Foundation, pp1 – 5.

体如图 6-10 所示。不仅如此，该时段美国的工业制造部门、服务部门和流通部门都获得了长足发展，至 2000 年电子和电力装备产业产值增加了 224%，机械工业增加了 107%，商业服务、通信、流通和交通产业产值的增幅均在 42%—68%。

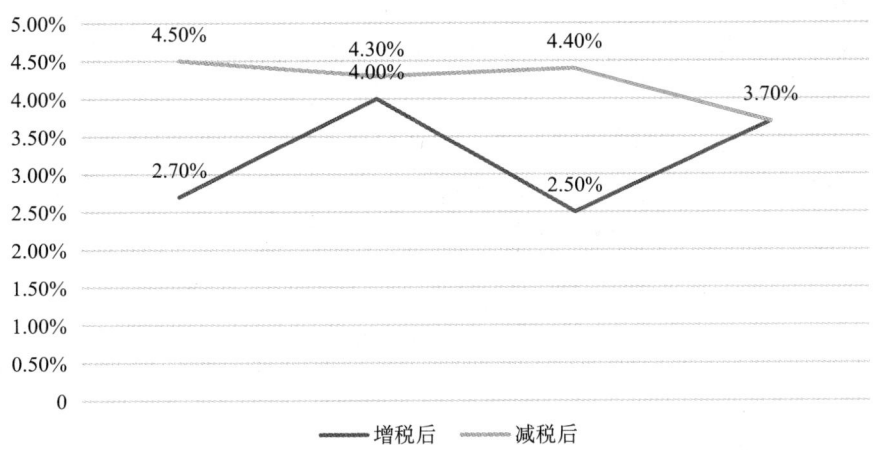

图 6-10　克林顿两个任期的 GDP 增速

资料来源：Foster, 2008。

从 GDP 的贡献要素来看，私人消费、私人投资、政府消费和投资的贡献率在此时段均为正。其中，私人消费贡献率最低为 1997 年的 2.45%，最高为 1998 年和 1999 年的 3.42%；私人投资贡献率最低为 2000 年的 1.31%，最高为 1997 年的 2.01%；政府消费和投资贡献率最低为 1997 年的 0.30%，最高为 1999 年的 0.58%。商品和劳务进出口贡献率依然为负，最低为 1999 年的 -0.87%，最高为 1997 年的 -0.31%，具体见图 6-11。

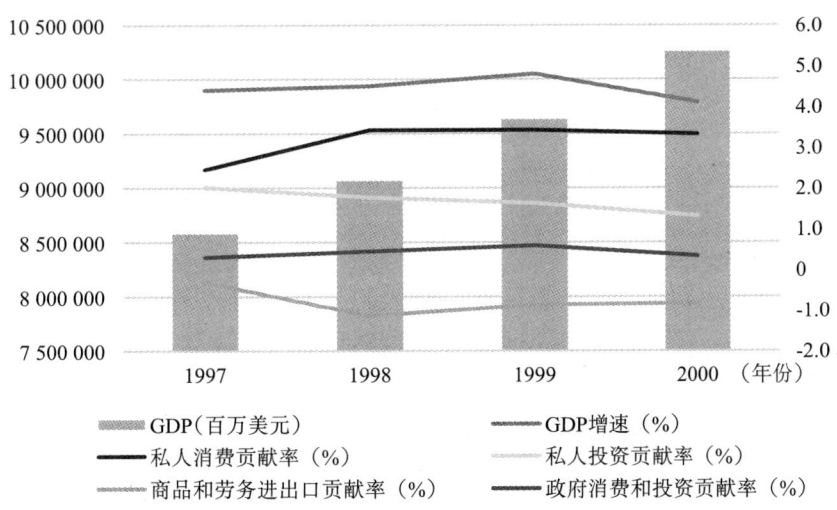

图 6-11　1997—2000 年美国的经济增长

资料来源：美国经济分析局，2019。

必须指出的是，美国20世纪90年代的经济扩张是公私部门共同推进的结果，公共部门减税政策发挥的重要作用毋庸置疑，私人部门则是信息技术引领的新经济促进了经济增长。乔根森（Jorgenson，2001）研究了以计算机、软件、通信设备和信息服务为核心的信息技术对经济增长的促进作用。一是随着信息技术生产商的效率提高，相同的投入创造了更多的信息技术设备和软件，这势必提高了信息技术行业的生产率，并有助于美国整体上多要素生产率的增长。二是对信息技术的投资促使利用信息技术的行业提高了生产能力，因为劳动力正在使用更多更好的设备，资本深化导致了劳动生产率的提高。如表6-12所示，1995—1999年这一时段信息技术对GDP的贡献远远超过其他任何时段，较之1990—1995时段也提高了0.57%。从投入来看，信息技术的资本投入1995—1999年较之1990—1995年提高了0.51%。

表6-12 GDP增长的源泉

	1948—1999年	1948—1973年	1973—1990年	1990—1995年	1995—1999年
产出					
GDP	3.46	3.99	2.86	2.36	4.08
信息技术的贡献	0.40	0.20	0.46	0.57	1.18
计算机	0.12	0.04	0.16	0.18	0.36
软件	0.08	0.02	0.09	0.15	0.39
通信设备	0.10	0.08	0.10	0.10	0.17
信息技术服务	0.10	0.06	0.10	0.15	0.25
非信息技术的贡献	3.06	3.79	2.40	1.79	2.91
非信息技术投资的贡献	0.72	1.06	0.34	0.23	0.83
非信息技术消费的贡献	2.34	2.73	2.06	1.56	2.08
投入					
GDI（国内总收入）	2.84	3.07	2.61	2.13	3.33
信息技术资本服务的贡献	0.34	0.16	0.40	0.48	0.99
计算机	0.15	0.04	0.20	0.22	0.55
软件	0.07	0.02	0.08	0.16	0.29
通信设备	0.11	0.10	0.12	0.10	0.14
非信息技术资本服务的贡献	1.36	1.77	1.05	0.61	1.07
劳动力服务的贡献	1.14	1.13	1.16	1.03	1.27
全要素生产率	0.61	0.92	0.25	0.24	0.75

资料来源：Jorgenson，2001。

（二）对个人收入和消费的影响

整个20世纪90年代的人均收入平均增速实现了4.63%，其中克林顿任期内年均增速为4.77%，第一任期年均增速为4.10%，第二任期年均增速高达5.45%，2000年更是实现了该时段的最高增速6.36%。或者说，实施减税之后个人收入上升显著。个人储蓄在可支配收入中的占比持续走低，从20世纪90年代初的9.4%下降到2000年的4.8%（如表

6-13 所示)。

表 6-13　　　　　　　1991—2000 年美国人均收入及储蓄率

时间	人均收入（美元）	个人收入较上年增长（%）	人均储蓄占人均可支配收入的比重
1991-10-1	20 351	2.80%	8.8%
1992-10-1	21 430	5.30%	9.4%
1993-10-1	22 014	2.72%	7.9%
1994-10-1	23 007	4.51%	6.9%
1995-10-1	23 913	3.94%	7.0%
1996-10-1	25 158	5.21%	6.5%
1997-10-1	26 520	5.41%	6.3%
1998-10-1	27 984	5.52%	6.8%
1999-10-1	29 250	4.52%	5.1%
2000-10-1	31 111	6.36%	4.8%

资料来源：美国圣路易斯联储，2019。

从实际工资水平来看，克林顿第一任期的年度增速明显低于第二任期年度增速（如图 6-12 所示）。1997 年，个人实际工资水平增速高达 2.5%，后续逐渐下降至 2000 年的 0.6%，但该增速仍然高于第一任期的最高增速 0.4%。这也表明，公司税收负担减轻之后，确实将一部分税前利润用于提高雇员的实际工资水平。必须指出的是，减税只是克林顿政府旨在实现劳有所得和缩小工资差距的手段之一，克林顿任职期间还持续通过劳工政策和教育政策的大量改革来促进工资水平的提升，并且将各种政策措施加以组合，最终通过立法正式发布。

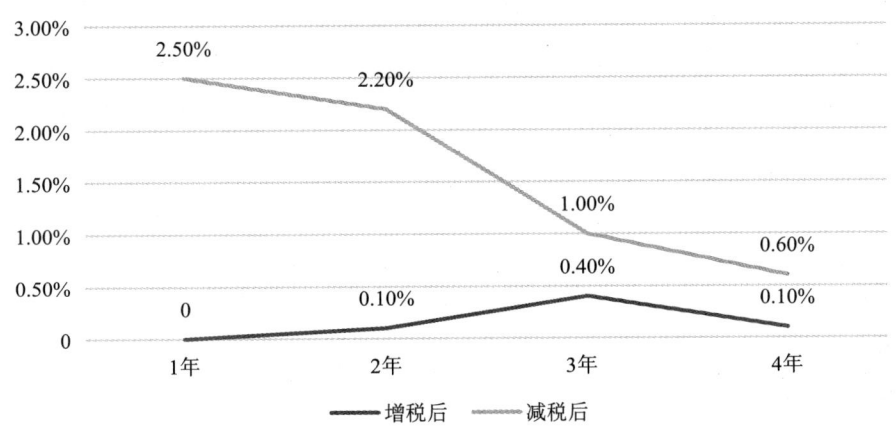

图 6-12　克林顿二个任期内的实际工资增速

资料来源：Foster，2008。

其中最受争议的劳工政策之一就是最低工资标准问题。克林顿总统在大选期间就赞成提高最低工资标准以实现劳有所得，弥补过去由于通货膨胀而造成的实际最低工资下降，

他在 1995 年的国情咨文中明确提议提高最低工资标准,其内容如下:

"现在,我已经研究了支持和反对提高最低工资标准的各种意见和论据。我认为这些证据的份量在于适度的增长并不会以牺牲就业为代价,而会促使人们回到劳动力市场上。但最为重要的是,即便我们去年通过了劳工家庭税收减免,靠每小时 4.25 美元的收入是无法维持生计的,尤其是有孩子要养活。过去,最低工资标准是两党共同支持的议题,我认为它应该还是。所以我需要你们真诚地听取意见,团结协作,想出办法使最低工作成为维持生计的工资。"①

在克林顿政府的推动下,全国最低小时工资在 1996 年 10 月 1 日提高到 4.75 美元,1997 年 9 月 1 日提高到了 5.15 美元。最低工资标准连同其他大量的小企业税收抵免以《1996 年小企业就业保护法案》予以明确。这些政策组合拳得到了包括美联储主席格林斯潘在内的普遍认可:"最低工资的提高对处于收入分配末端的人群影响并不小,他们的实际工资在经历多年的衰退之后,随着最低工资的提高而增长。"②

实际工资水平的提高带来了家庭可支配收入的增长。如表 6-14 所示,1997—2000 年家庭可支配收入年均增速高达 3.8%,高于 1991—1995 年的 2.4% 和 1995—1997 年的 2.8%。家庭消费同步增长,1997—2000 年消费年均增速达到了 4.9%,其他两个时段分别为 3.2% 和 3.4%。个人储蓄率则明显回落,从 1991—1995 年的 6.9% 下降到 1997—2000 年的 2.7%。该组数据至少表明两点:一是经济强劲之时,个人储蓄倾向下降,消费倾向上升;二是减税对于提高个人储蓄率是无效的,肯尼迪总统和里根总统执政期间也是如此。

表 6-14　　消费、可支配收入和储蓄的变化

时段	消费年均增速	可支配收入年均增速	个人储蓄率
1991—1995 年	3.2%	2.4%	6.9%
1995—1997 年	3.4%	2.8%	4.5%
1997-2000 年	4.9%	3.8%	2.7%

资料来源:美国经济分析局。

再观察不同的家庭收入群体。表 6-15 显示在最低收入的 2% 群体,最高收入的 2% 群体和中间收入的 6% 群体这三类群体中,中间收入群体在 20 世纪 90 年代中期到 2000 年这一时段年均收入增速最高,达到 0.9%,最高收入群体年均增速最低,为 0.5%。对照 20 世纪 80 年代中期到 90 年代中期这一时段,结果正好相反:中间收入群体的年均收入增速为 0.9%,最高收入群体的增速达到 1.6%。实际上,中间收入群体的收入增速在整个考察期维持不变,其他收入群体则在克林顿减税之后出现了收入增长的减速,尤其最高收入群体的年均收入增速下降了 1.1%,这或许表明税收起到了一定的收入分配公平的效果。

---

① State of the Union Address, Jan. 24, 1995.
② Peter Kilborn. 1997. After the Shouting: A Minimum Wage. *New York Times*, 1997-04-06, pp5.

若与 OECD 进行对比分析，前一考察时段两个经济体不同群体之间的收入增速差距并不明显，平均增速美国略高于 OECD。但到了后一考察时段，两个经济体之间拉开了差距，OECD 不同收入群体基本实现了同步增长，且平均增速达到了 1.9%。这或许表明，OECD 在推动不同群体之间的收入分配公平上，较之美国力度更大，持续更久。

表 6-15　　　　　　　　　　　不同时段家庭实际收入的变化

	20 世纪 80 年代中期到 90 年代中期				20 世纪 90 年代中期到 2000 年			
	最低 2%	中间 6%	最高 2%	平均	最低 2%	中间 6%	最高 2%	平均
美国	1.1%	0.9%	1.6%	1.2%	0.7%	0.9%	0.5%	0.7%
OECD	0.6%	0.8%	1.3%	1.0%	1.6%	2.0%	2.1%	1.9%

资料来源：OECD，2005。

减税还惠及养育孩子的单亲家庭，这是因为减免额和抵免额的提高增加了家庭税后收入。如表 6-16 所示，1988 年里根总统执政期间，抚养两个儿童的单亲母亲来自全日制最低工资工作的净所得为 2 325 美元，但不能享有政府的任何医疗保险或者医疗补助计划。到 1992 年老布什总统离任时，参加全日制最低工资工作的单亲母亲可以得到 4 142 美元的净所得，小于 9 岁的儿童可以享受政府的医疗保险。到 1999 年，同样情形下的净所得增加到 7 051 美元，且儿童仍可享受医疗补助计划。

表 6-16　　　　　　　　不同年份有两个小孩的单亲母亲的收入和福利

单位：美元

	1988 年		1992 年		1999 年	
	不工作	以最低工资水平参加全日制工作	不工作	以最低工资水平参加全日制工作	不工作	以最低工资水平参加全日制工作
总收入	0	9 813	0	10 497	0	10 712
工薪税	0	-737	0	-803	0	-819
贫困家庭援助和食品券	8 612	2 630	8 393	2 697	7 967	2 310
劳动所得的税收抵免	0	1 231	0	1 643	0	3 816
儿童照看费用	0	-2 000	0	-2 000	0	-2 000
儿童照看资助	0	0	0	500	0	1 000
可支配收入	8 612	10 937	8 393	12 535	7 967	15 018
政府支付的医疗保险（或医疗补助计划）	是	否	是	小于 9 岁的儿童	是	小于 16 岁儿童
来自工作的净所得		2 325		4 142		7 051

资料来源：布兰克和埃尔伍德，2001。

(三) 对国内投资的影响

整个20世纪90年代，美国私人商业部门的固定投资呈稳定增长的趋势，但克林顿第二任期的固定投资增速更高，对GDP的贡献也更大，1998年实现峰值增速11.8%，对GDP的贡献率同步达到峰值43.0%。从固定资产结构来看，减税后的1997—2000年，构成固定资产的三类投资均实现较为快速的增长。其中，信息处理投资设备（称为"IT设备投资"，简称ITI）表现最为抢眼，实现了20.3%的年均增速；信息处理设备以外的投资（称为"非IT设备投资"，简称NII）和建筑物投资则相对偏弱，年均增速分别为4.9%和3.6%（如表6-17所示）。

表6-17　　　　　　　　　不同该时段的企业固定资产投资增速

固定资产类别	1991—1992年	1992—1995年	1995—1997年	1997—2000年
信息处理设备	14.2%	14.2%	20.0%	20.3%
非信息处理设备	3.8%	9.9%	6.6%	4.9%
建筑物	-6.1%	2.1%	8.1%	3.6%
所有企业固定资产	3.4%	9.0%	11.1%	10.2%
信息处理设备（2001年美元）	8.9%	9.9%	11.4%	12.8%

注：所有增长率按1996年美元计价，最后一行以2001美元计价。
资料来源：美国经济分析局，2001。

从固定资产投资的产业分布来看，受益于信息技术革命的推动，美国产业结构进一步软化，服务业占比进一步提高，而第一和第二产业占比相对下降。产业结构的调整导致私人商业部门的固定资产投资随之变化，服务业成为投资重点，而农林渔业、建筑业、制造业等传统产业所占比重均呈现不同程度的下降（如表6-18所示）。若对比1999年和1995年各产业的固定资本净存量，包括交通运输、批发零售、金融保险等在内的广义服务业均呈现较快增长趋势，平均增幅达2.83%，而第一和第二产业的增幅均在2%以下。

表6-18　　　1990—1999年美国私人商业部门固定资本净存量产业分布　　　单位：10亿美元

产业	1990年	1995年	1999年
固定资本净存量总额	12 760	15 908	19 882
农林渔业	481	551	647
采矿业	431	455	535
建筑业	82	101	139
制造业	1 217	1 457	1 743
交通运输与公用事业	1 855	2 232	2 608
批发贸易	286	379	497
零售贸易	391	514	665
金融、保险、房地产业	7 466	9 481	12 032
服务业	552	739	1 015

资料来源：Statistical Abstract of the United States, 2001。

再从商业周期来观察，相较于其他四轮商业周期的峰值年度，2000 年固定资产投资占 GDP 的比重高达 15.2%，远远超过其他四轮商业周期。即使以现价美元计算，占比也是最高（如表 6-19 所示）。从克林顿就任总统开始，他本人和经济班底就认为私人部门应该在发展和配置国家信息基础设施的技术方面处于领导地位，政府的主要作用在于采取适宜的税收和监管政策、向私人部门进行商品和服务采购、进行知识产权保护以及促进针对国家基础设施的技术革新和应用。在政府鼓励和政策引导之下，私人商业部门对大量具有创新的互联网基础设施和应用技术进行了投资，直到 2000 年出现了峰值。

表 6-19　　　　　　　　　私人商业部门固定资产投资占 GDP 的比重

商业周期峰值年度	不变美元计价的固定资产占 GDP 比重	现价美元计价的固定资产占 GDP 比重
1969	8.4%	10.6%
1973	9.0%	11.1%
1979	10.0%	12.9%
1990	9.6%	10.9%
2000	15.2%	13.7%

资料来源：总统经济报告，1996。

（四）对就业和失业率的影响

1997 年全职和兼职就业人数达到 12 831 万人，较 1996 年增长 2.28%；2000 年全职和兼职就业人数达 13 723 万人，较 1996 年增长 9.38%。从整体来看，1997—2000 年，新增 1 150 万个就业岗位。3 月季调失业率基本一年一个小幅的下行台阶，从 1996 年的 5.0%—6.0% 的区间逐步下降至 2000 年的 3.7%—4.5% 的区间，达到了美国充分就业的预设值（如表 6-20 所示）。

表 6-20　　　　　　　　　1996—2000 年美国 U-3 季调失业率

年\月	1月	2月	3月	4月	5月	6月	7月	8月	9月	10月	11月	12月
1996	6.3%	6.0%	5.8%	5.4%	5.4%	5.5%	5.6%	5.1%	5.0%	4.9%	5.0%	5.0%
1997	5.9%	5.7%	5.5%	4.8%	4.7%	5.2%	5.0%	4.8%	4.7%	4.4%	4.3%	4.4%
1998	5.2%	5.0%	5.0%	4.1%	4.2%	4.7%	4.7%	4.5%	4.4%	4.2%	4.1%	4.0%
1999	4.8%	4.7%	4.4%	4.1%	4.0%	4.5%	4.5%	4.2%	4.1%	3.8%	3.8%	3.7%
2000	4.5%	4.4%	4.3%	3.7%	3.8%	4.1%	4.2%	4.1%	3.8%	3.6%	3.7%	3.7%

资料来源：美国圣路易斯联储，2019。

较低教育程度群体的就业情况如表 6-21 所示。该表按照性别和种族给出了 1989 年（上一次经济扩张的高峰），1993 年和 2000 年较低教育程度人群的劳动参与率。在克林顿执政期间，较低教育程度女性的劳动参与率显著提高，高中辍学女生的劳动参与率提高了

7%，从1993年的43.1%提高到2000年的50%；同时高中辍学黑人女生的劳动参与率上升了11%，从1993年的40.0%提高到2000年的51.1%。高中毕业女性的劳动参与率也同步上升，幅度略低于高中辍学女生。但无论是高中辍学还是高中毕业的男性，其劳动参与率并没有太大变化，甚至有所下降。

表6-21　　　　　　　　20—65岁不同人群的劳动参与率

	1989年	1993年	2000年
高中辍学			
女性			
总人数	44.5	43.1	50.0
黑人	43.6	40.0	51.1
白人/其他人种	45.2	43.9	49.0
西班牙裔	43.8	43.3	50.6
男性			
总人数	75.5	74.3	74.7
黑人	65.3	64.0	58.7
白人/其他人种	74.7	72.5	70.2
西班牙裔	86.7	85.0	87.4
高中毕业			
女性			
总人数	68.0	68.1	70.8
黑人	72.3	67.6	73.0
白人/其他人种	67.6	68.5	
西班牙裔	64.1	64.9	
男性			
总人数	88.2	86.8	85.3
黑人	83.3	79.2	78.2
白人/其他人种	88.8	88.0	86.0
西班牙裔	90.4	88.1	89.4

资料来源：布兰克和埃尔伍德，2001。

研究者们普遍认为（Blank等，2000；[①] O'Neil和Hill，2001[②]），劳动参与率的提高有相当大的一部分与个人劳动所得的税收抵免和政府的福利改革相关。这些举措共同推动了劳动回报的上升，从而鼓励更多的教育程度较低女性进入劳动力市场。舍尼和布兰克

[①] R. M. Blank, C. David. R. Philip. 2000. Financial Incentives for Increasing Work and Income Among Low-Income Families. In *Finding Jobs: Work and Welfare Reform*, ed. Rebecca Blank and David Card. New York. Russell Sage.

[②] J. O'Neil & H. M. Anne. 2001. *Gaining Ground? Measuring the Impact of Welfare Reform on Welfare and Work*. Civic Report No. 17, Center for Civic Innovation. New York：Manhattan Institute.

(Schoeni 和 Blank，2000)[①] 还发现，贫困家庭临时援助计划的实施对劳动参与率的影响相对较小，个人劳动所得的税收抵免和经济繁荣才是关键。不过要区分出两者的独立影响是不可能的，因为大多数福利改革具有行政性质，且与经济繁荣和税收抵免相互作用（Ellwood，2000）[②]。

（五）对劳动生产率的影响

20世纪80年代开始的劳动生产率增长趋缓，反映了资本深化程度降低、劳动质量下降和多要素生产率的增长减速。数据显示1948—1973年劳动生产率年均增速为2.82%，1973—1990年为1.26%。进入20世纪90年代上半段，劳动生产率趋缓的势头并没有遏制，劳动生产率年均增速仅为1.19%，而到了后半段增长加速，年均增速达到2.11%。对比1990—1995年和1995—1999年这两个时段，产出增长率上升了1.72%，原因是工作时间增加了0.81%，劳动生产率增加了0.92%（如表6-22所示）。劳动生产率增长的加速是由于资本深化和多要素生产率增长加快所致，1995—1999年较之1990—1995年资本深化的贡献增长了0.60%，多要素生产率的贡献增长了0.51%，抵消了0.20%的劳动质量负贡献（如表6-22所示）。

表6-22 美国1948—1999年劳动生产率及要素贡献的年均增速（%）

年份	1949—1999	1948—1973	1973—1990	1990—1995	1995—1999
	产出				
GDP	3.46	3.99	2.86	2.36	4.08
工作时长	1.37	1.16	1.59	1.17	1.98
平均劳动生产率	2.09	2.82	1.26	1.19	2.11
资本深化的贡献	1.13	1.45	0.79	0.64	1.24
信息技术	0.30	0.15	0.35	0.43	0.89
非信息技术	0.83	1.30	0.44	0.21	0.35
劳动力质量的贡献	0.34	0.46	0.22	0.32	0.12
多要素生产率	0.61	0.92	0.25	0.24	0.75
信息技术	0.16	0.06	0.19	0.25	0.50
非信息技术	0.45	0.86	0.06	-0.01	0.25
	其他				
劳动力投入	1.95	1.95	1.97	1.70	2.18
劳动力质量	0.58	0.79	0.38	0.53	0.20
资本投入	4.12	4.64	3.57	2.75	4.96
资本存量	3.37	4.21	2.74	1.82	2.73
资本质量	0.75	0.43	0.83	0.93	2.23

资料来源：Jorgenson，2001。

---

① R. F. Schoeni & R. M. Blank. 2000. What Has Welfare Reform Accomplished? Impacts on Welfare Participation, Employment, Income, Poverty and Family Structure. *NBER Working Paper No. W7627. Cambridge, MA: National Bureau of Economic Research.*

② D. T. Ellwood. 2000. The Impact of the Earned Income Tax Credit and Social Policy Reforms On Work, Marriage and Living Arrangements. *National Tax Journal*, 53（4）：1063-1106.

20世纪90年代后半段劳动生产率的加速增长具有三个重要特征：第一，具有不可预见性。根据总统经济顾问委员1996年的预测，非农部门的劳动生产率将从1995年第三季度到2002年年底以年均1.2%的速度增长，这一预测数据很大程度上是根据历史经验推断出来的：1973—1995年的年均生产率增速为1.4%，而1995年和1996年的数据并没有显示生产率增长的信号。戈登（Gordon，2002年）[①]指出，1997年的经济学家仍在寻求找出1973年后生产率增长放缓的原因："我们中参加1998年1月美国经济协会（American Economic Association）会议的生产率问题小组的人都不记得对生产率增长率增长的这种认识。相反，人们把注意力集中在解释1972年以来漫长而令人沮丧的生产率缓慢增长之上。"

第二，计算机及电子元件生产行业贡献了近半以上的劳动生产率增幅。根据美国劳工统计局的测算，20世纪90年代生产率增长的一半以上出现在计算机和电子元件生产领域（如图6-13所示）。由于芯片性能的急速提高，计算机行业的产出也急速增长；同时由于计算机制造业也广泛使用计算机，其结果是使整个行业生产率显著提高。这一结论得到了斯蒂罗（Stiroh，2002）[②]的证实，他研究了61个行业的汇总数据，发现高科技制造行业和电子行业在劳动生产率方面呈巨幅增长态势。

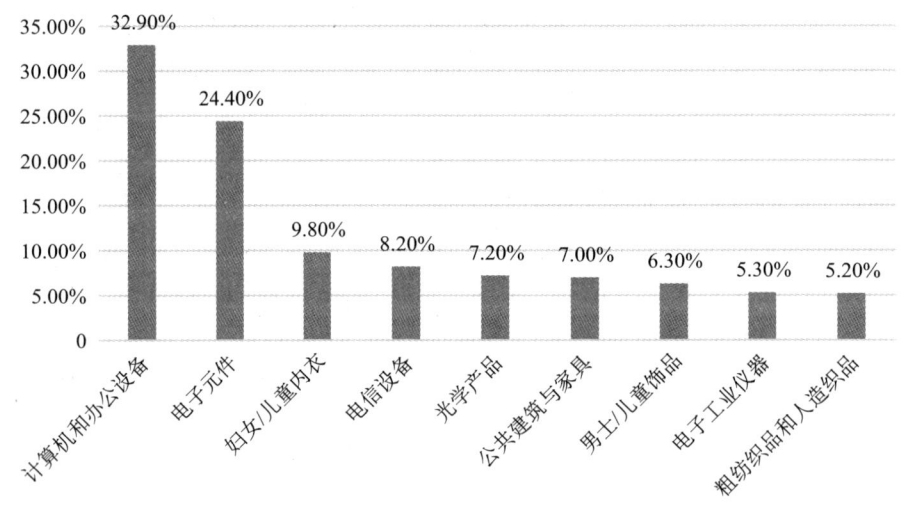

图6-13 制造业各子行业单位小时产出的变化率

资料来源：美国劳工统计局，2019。

第三，半导体价格的降幅持续上升，进而是信息和通信技术设备价格的降幅同步上升（如图6-14所示）。[③]为了应对信息和通信技术价格的下跌，商品和服务部门的生产商将

---

① R. J. Gordon. 2002. Productivity Growth and the New Economy：Comments. *Brookings Papers on Economic Activity*. 0 (2)：245 - 253.

② K. J. Stiroh. 2002. Reassessing the Impact of IT in the Production Function：A Meta - Analysis. *Federal Reserve Bank of New York Working Paper*. Nov. 19. pp1 - 40.

③ R. G. Anderson & K. L. Kliesen. 2006. The 1990s Acceleration in Labor Productivity：Causes and Measurement. *Federal Reserve Bank of St. Louis Review*，88（3）：181 - 202.

越来越多的资本投资转向信息和通信技术产品，在某些情况下减少了对更为传统的资本设备购买。弗里德曼（Friedman，2005）[①]等学者纷纷指出，在经历了一个酝酿期的滞后之后，信息和通信技术设备的较低成本促使企业"将一切数字化"并重组其商业实践。乔根森（Jorgenson，2001）[②]认为，"在1995—1999年期间，资本改善跃升至资本投入总额增长的44.9%，反映出资本结构调整非常迅速，以充分利用信息技术价格下跌的急剧加速"。

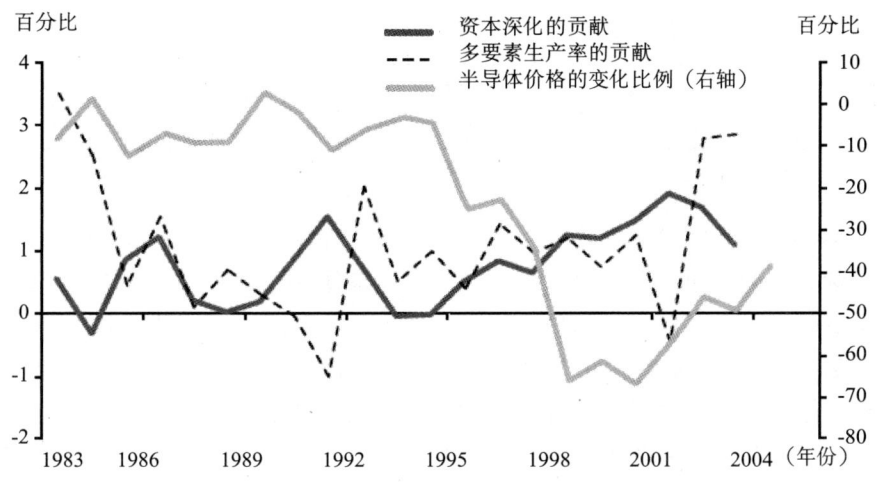

图 6-14 劳动生产率增长与半导体价格变化

资料来源：Anderson & Kliesen，2006。

（六）对通货膨胀的影响

减税之后美国通胀持续走低，从1996年的峰值3.32%下降到1997年的1.7%，再至1998年的1.61%，1999年回升至2.68%。至克林顿卸任时达到了3.39%，超过整个20世纪90年代的最高水平（如表6-23所示）。较低的通胀水平一直为美联储所追求，理由在于：如果一国享有较低且稳定的通货膨胀，较低而稳定的失业率，较高而稳定的增长，经济繁荣指日可待。结合其他二个指标，克林顿在第二任期确实实现了经济繁荣。

表 6-23   1997—2000 年美国的通胀率

月份	1997 年	1998 年	1999 年	2000 年
1月	3.0	1.6	1.7	2.7
2月	3.0	1.4	1.6	3.2
3月	2.8	1.4	1.7	3.8
4月	2.5	1.4	2.3	3.1

---

① T. L. Friedman. 2005. *The World is Flat*. New York：Farrar，Straus and Giroux.
② D. W. Jorgenson. 2001. U. S. Economic Growth in the Information Age. *Issues in Science and Technology*.

续表

月份	1997年	1998年	1999年	2000年
5月	2.2	1.7	2.1	3.2
6月	2.3	1.7	2.0	3.7
7月	2.2	1.6	2.1	3.7
8月	2.2	1.5	2.3	3.4
9月	2.1	1.5	2.6	3.5
10月	1.8	1.5	2.6	3.4
11月	1.7	1.6	2.7	3.4
12月	2.3	1.6	2.2	3.4
全年	1.7	1.61	2.68	3.39

资料来源：美国圣路易斯联储，2019。

如果将20世纪90年代与其他年代进行对比分析，采用年均通胀率指标，20世纪90年代并不特殊，且高于50年代和60年代。一旦考察标准差，90年代就显得与众不同（如表6-24所示）。曼昆（2001）①的研究显示，90年代通胀率比其他年代要稳定得多。这种差异在数值上是巨大的，90年代通胀率的波动性只有80年代的1/3，比60年代低24%。而根据通胀率的波动性进行排序，60年代是表现次优的年代，因此90年代是通货膨胀相当稳定的年代。进一步考察最高通货膨胀率，60年代最低，峰值为6.20%；90年代次之，峰值为6.29%。但60年代的最高通胀率发生在1969年11月，也就是该年代的末期，表明高通胀将持续进入70年代。与之相反，90年代最高通胀率发生在1990年10月，表明高通胀将逐渐变得温和。实际上，从1992年1月以后，通胀率一直维持在1.34%—3.32%这一相当狭窄的区间之内，直至2000年反弹至3.39%。

表6-24　　　　　　　　20世纪各个年代的通货膨胀率　　　　　　　　单位：%

年代	50年代	60年代	70年代	80年代	90年代
平均通胀率	2.07	2.33	7.09	5.66	3.00
通胀率的标准差	2.44	1.48	2.72	3.53	1.12
最高通胀率	9.36	6.20	13.29	14.76	6.29
最高通胀率所在月份	1950年2月	1969年11月	1979年11月	1980年3月	1990年10月

资料来源：美国劳工统计局和曼昆，2001。

二、对政府收支的影响

克林顿两个任期内一直强调和坚持对财政赤字的削减。为达成目标，克林顿政府通过

---

① ［美］格里高利·曼昆："90年代的货币政策"，见［美］杰弗里·法兰克尔、彼得·奥萨格编，徐卫宇等译：《美国90年代的经济政策》，中信集团出版社2004年版，第5页。

有效的财政约束增加私人部门储蓄与投资,以促进经济增长(陈敏强,2005)。[①] 对此,克林顿政府的前财政部长鲁宾曾说:

"克林顿当选美国总统时就判断,如果不削减财政赤字,经济就无法转到持续复苏的轨道上来;而且克林顿开始执政后仍前后一致地坚持这一经济增长策略。毫无疑问,1993年的计划和八年的财政约束政策对推动经济进入一个削减赤字促进经济增长、经济增长进一步推动赤字削减的良性循环。因此,这种政策对克林顿执政期间的经济繁荣和财政发展是重要的和不可缺少的。"

(一) 对税收收入的影响

《1997年纳税人救助法案》标志着16年来联邦税收的第一次大幅度削减,根据国会预算办公室的计划,该法案预计在1997—2007年使联邦政府税收收入减少约2 413亿美元,或每年略高于联邦政府税收收入的1%。若按照GDP占比来看,每年减税额度不足0.3%。总的来说,TRA-97的减税额不到1993年预算法案的增税额的一半(占GDP百分比),也不到1981年减税额的1/10。不过TRA-97的特别之处在于,其减税目标针对的是特定类型的纳税人和经济活动,其中主要是有儿童的家庭。因此,对儿童提供了最大幅度的税收减免:首先,到2002年大约为734亿美元,10年内为1 550亿美元,占该法案预计减税额的42%左右。其次是教育激励条款,1997—2002年共计减税394亿美元。同时TRA-97还有提高烟草税等增收条款,1997—2007年预计将为联邦政府增加1 317亿美元的收入。从整体来看,TRA-97产生的减税额在1997—2002年为800亿美元,在2003—2007年为1 615亿美元,后5年是前5年的两倍(如表6-25所示)。

表6-25 《1997年纳税人救助法案》对联邦政府税收收入的影响 单位:10亿美元

	1997年	1998年	1999年	2000年	2001年	2002年	1997—2002年
减少税收收入的条款							
儿童抵免	0	-2.7	-15.7	-18.6	-18.4	-18.1	-73.4
教育激励	0	-3.0	-8.0	-9.2	-9.7	-9.6	-39.4
减免遗产和赠与税	0	0	-0.9	-1.3	-1.9	-2.1	-6.4
调低资本利得税税率	1.3	6.4	0.2	-3.0	-2.9	-1.8	0.1
IRAS扩张	0	-0.4	-0.3	0.1	-0.3	-0.9	-1.8
下调替代性最低税	0	-0.3	-0.9	-2.0	-2.5	-2.6	-8.2
延长研发抵免	-0.2	-0.8	-0.6	-0.3	-0.2	-0.1	-2.2
调整家庭办公扣除额	0	0	-0.1	-0.2	-0.3	-0.3	-0.9
提高自由职业者健康保险抵扣额	0	0	0	0	-0.1	-0.2	-0.4
Amtrak融资	0	-1.2	-1.2	0	0	0	-2.3

---

① 陈敏强:"克林顿时期'政策遗产'评估的大展示——评《美国90年代的经济政策》宏观经济与贸易政策",《国际经济评论》2005年第3期。

续表

	1997年	1998年	1999年	2000年	2001年	2002年	1997—2002年
其他	0	-1.3	-1.3	-1.3	-1.2	-1.3	-6.4
小计	1.1	-3.2	-28.8	-35.8	-37.5	-36.9	-141.2
增加税收收入的条款							
调整机场和机场高速消费税	0	5.8	6.2	6.5	7.0	7.6	33.2
提高烟草税	0	0	0	1.2	1.7	2.3	5.2
其他消费税	0	0.3	0.3	0.3	0.3	0.3	1.5
延长FUTA附加税	0	0	1.1	1.8	1.8	1.7	6.4
其他	0	2.0	2.8	3.0	3.0	3.0	13.9
小计	0	8.1	10.4	12.7	13.8	14.8	60.2
改变纳税日期的条款	-1.0	-14.0	11.6	0	-3.0	7.4	1.0
总计	0.1	-9.1	-6.9	-23.0	-26.7	-14.6	-80.0
年份	2003	2004	2005	2006	2007	2003—2007年	1997—2007年
减少税收收入的条款							
儿童抵免	-17.7	-17.1	-16.3	-15.5	-14.8	-81.4	-154.9
教育激励	-10.9	-11.4	-11.9	-12.4	-1.29	-59.4	-98.8
减免遗产和赠与税	-2.7	-3.2	-5.8	-7.5	-8.9	-28.1	-34.5
调低资本利得税税率	-3.7	-4.0	-4.2	-4.4	-5.0	-21.3	-21.2
IRAS扩张	-1.8	-3.3	-3.8	-4.4	-5.0	-18.4	-20.2
下调替代性最低税	-2.8	-2.6	-2.4	-2.0	-1.9	-11.7	-20.0
延长研发抵免	0	0	0	0	0	0	-2.2
调整家庭办公扣除额	-0.3	-0.3	-0.3	-0.3	-0.3	-1.5	-2.4
提高自由职业者健康保险抵扣额	-0.6	-0.9	-0.6	-0.4	-0.6	-3.1	-3.5
Amtrak融资	0	0	0	0	0	0	-2.3
其他	-1.2	-1.3	-1.4	-1.4	-1.5	-6.9	-13.2
小计	-41.8	-44.1	-46.7	-48.4	-50.9	-231.9	-373.0
增加税收收入的条款							
调整机场和机场高速消费税	8.1	8.7	9.3	9.9	10.6	46.5	79.7
提高烟草税	2.3	2.3	2.3	2.3	2.3	11.5	16.7
其他消费税	0.3	0.4	0.3	0.3	0.3	1.6	3.1
延长FUTA附加税	0.7	-0.1	-0.1	-0.1	-0.1	0.4	6.7
其他	2.3	2.1	2.3	2.4	2.6	11.6	25.5
小计	13.7	13.3	14.0	14.7	15.6	71.4	131.7
改变纳税日期的条款	-1.0	0	0	0	0	-1.0	0
总计	-29.1	-30.8	-32.6	-33.7	35.3	-161.5	-241.3

资料来源：美国国会预算办公室税收联合委员会，2000。

若将《1997年纳税人救济法》与克林顿任期内的另一主要法案——《1993年统一综合预算协调法》的实际执行结果相比较，两者目标和效应的差别十分明显（如表6-26所示）。《1993年统一综合预算协调法案》起到明显的增税效果，产生的收入增量也越来越多，4年平均实现了每年470亿美元的增收，如果以2012年不变价计算，税收收入增量更大。税收收入增量占GDP的比重4年平均为0.63%，导致联邦政府收入变化的幅度4年平均为3.5%。显然，TRA-97确实起到一定的减税效应，4年年均减税额为132亿美元，远远低于1993年预算法案的年均增税额。相应地，占GDP的比重以及导致联邦政府税收收入的变化幅度都相对有限，前者仅为0.14%，后者达到0.7%。

表6-26　　　　　　　克林顿任期内两项主要法案的收入效应

法案名称	1	2	3	4	前两年平均	后四年平均
	现价（10亿美元）					
《1993年统一综合预算协调法案》	24.3	45.3	52.5	65.9	34.8	47.0
〈1997年纳税人救济法案〉	-9.4	-3.8	-18.6	-20.9	-6.6	-13.2
	2012年不变价（10亿美元）					
〈1993年统一综合预算协调法案〉	34.0	61.7	69.5	84.6	47.8	62.4
《1997年纳税人救济法案》	-12.3	-4.9	-23.5	-25.8	-8.6	-16.7
	收入效应占GDP的比例（%）					
《1993年统一综合预算协调法案》	0.36	0.64	0.70	0.83	0.50	0.63
《1997年纳税人救济法案》	-0.11	-0.04	-0.20	-0.22	-0.08	-0.14
	因法案导致的联邦政府税收收入变化（%）					
《1993年统一综合预算协调法案》	2.0	3.5	3.9	4.7	2.7	3.5
《1997年纳税人救济法案》	-0.6	-0.2	-1.0	-1.1	-0.4	-0.7

资料来源：美国财政部税收分析办公室，2013。

（二）对税收收入结构的影响

联邦个人所得税收入从4 636亿美元增长到2000年的9 996亿美元，增长2.16倍；年度增速最高为1996年的13.23%，最低为1991年的1.90%。其中，1996—1998年连续3年保持了10%以上的正增长，说明减税政策并没有压制个人所得税的增长势头。公司所得税收入从1991年的892亿美元增长到2000年的1 941亿美元，增长2.17倍，高于里根总统任期内的增幅。在克林顿任期内，除1998年受TRA-97影响出现-2.55%增速之外，其他年份均为正增长。尤其第一任期，公司所得税增速均在10%以上，最高为1993年的20.09%，远远高于GDP增速。产品税收入在1995年和1996年呈现负增长，其他年份均为正增长，最高增速为1994年的19.03%（如图6-15所示）。

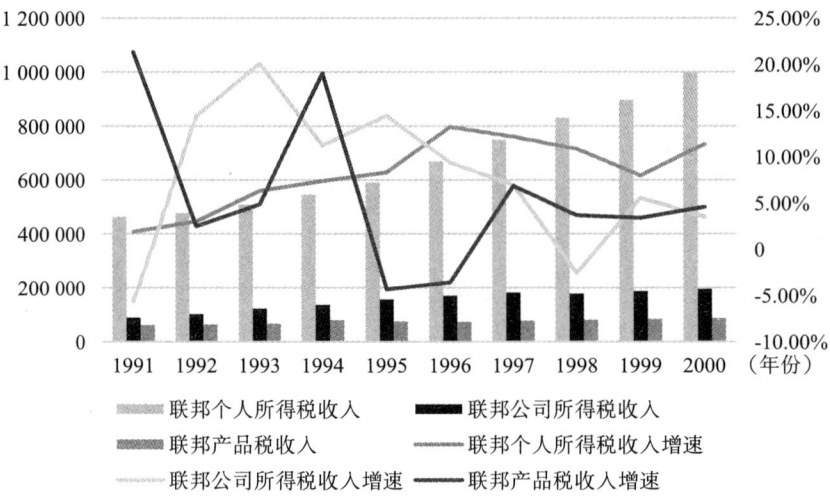

图 6-15　美国联邦政府 1991—2000 年的税收收入结构

资料来源：美国经济分析局，2019。

从州和地方政府税收收入来看，个人所得税和销售税受经济衰退影响，1991 年增速低于 2%。在克林顿任期内，个人所得税最高增速为 1998 年的 11.15%，销售税最高增速为 1994 年的 8.11%。消费税最高增速为 1992 年的 9.02%，最低增速为 1995 年的 2.94%（如图 6-16 所示）。从整体而言，受益于商业周期的长期扩张，州和地方政府税收收入持续呈现正增长，且各税种的增速基本高于经济增速。

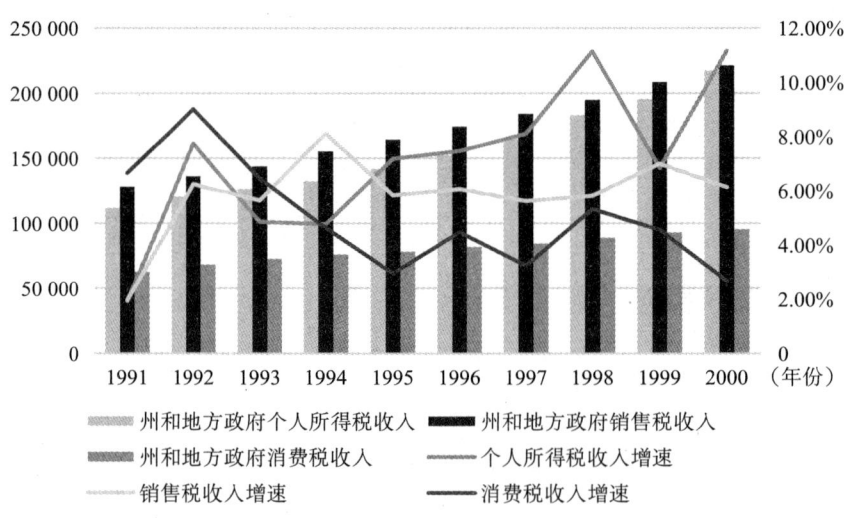

图 6-16　美国州和地方政府 1991—2000 年的税收收入结构

资料来源：美国经济分析局，2019。

（三）对税收负担的影响

TRA-97 对有儿童家庭的影响要比对没有儿童家庭的影响要大许多（如表 6-27 所示）。按照收入五分法划分的群体中，五个收入群体的有儿童家庭的实际税率都发生了较为明显的变化，具体而言：最低收入的 20% 群体，实际税率从零提高到 0.2%；次低收入的 20% 群体，实际税率从 15.2% 下降到 13.2%；中间收入的 20% 群体，实际税率从 21.5% 下降到 19.8%；次高收入的 20% 群体，实际税率从 23.8% 下降到 22.5%；最高收入的 20% 群体，其中 10% 从 26.1% 下降到 25.0，另外 10% 的群体从 30.9% 下降到 30.3%。对于老年人家庭和其他没有儿童的家庭来说，各收入群体的实际税率变化幅度很小，有的群体甚至维持了原有税率。综合来看，次低收入和中间收入群体的有儿童家庭得到了最大幅度的减税，但是他们的实际税率仍然超过了老年人家庭。最为明显的是，不管属于哪一类家庭的最低收入群体，其实际税率都有所提高，这说明该群体的福利因 TRA-97 受到了损害。

表 6-27　　　　　　　　　　不同收入阶层的实际税率（%）

五分法划分的 不同收入群体	有儿童的家庭		老年人家庭①		其他家庭②	
	TRA-97 前	TRA-97 后	TRA-97 前	TRA-97 后	TRA-97 前	TRA-97 后
最低的 20% 群体	0	0.2	2.9	3.1	13.1	13.8
次低的 20% 群体	15.2	13.2	5.6	5.8	18.3	18.5
中间的 20% 群体	21.5	19.8	10.4	10.6	21.8	21.8
次高的 20% 群体	23.8	22.5	15.2	15.2	23.8	23.8
最高的 20% 群体						
81%—90%	26.1	25.0	20.8	20.7	26.2	25.9
91%—100%	30.9	30.3	30.2	29.4	31.0	30.4
全部	23.7	22.5	19.6	19.4	26.8	26.5

注：①指户主 65 岁或以上且没有孩子的家庭，包括独自生活的个人。②户主小于 65 岁且没有孩子的家庭，包括独自生活的个人。

资料来源：美国国会预算办公室，2000。

导致最低收入群体的联邦实际总税负提升的原因，美国国会预算办公室给予了解释：从个人所得税来看，由于推行了可退税的抵免额，最低收入的 20% 群体实际得到了退税款而不是缴纳了所得税，个人所得税的实际联邦税率为负。但因为 TRA-97 增加了以航空旅行和烟草为征税对象的联邦消费税，联邦总税负（包括工薪税、消费税和个人所得税）被提高了。如表 6-28 所示，由于消费税的增加，最低收入的 20% 家庭实际税率小幅上升了 0.3 个百分点，即平均每年 30 美元。除最低收入的 20% 家庭其税后所得下降了 0.4% 之外，其他家庭税后所得的增幅在 0.8%—1.1%；全部群体的税后所得提高了 0.8%，实际联邦税率下降了 0.6%。

如果对照具体的年所得，年所得低于 10 000 美元的纳税人其税后所得下降了 0.6%；年所得在 10 000—20 000 美元的纳税人其税后所得下降了 0.2%。而年所得在 20 000 美元以上的纳税人，税后所得的增幅在 0.3%—1.3% 不等，其中年所得 200 000 美元的纳税人增幅最高，高达 1.3%。由此说明，TRA-97 法案起到了一定的减税效果，但受益最大的并非最低收入群体，而是高收入群体；其中年所得最高的1%群体其税收所得增幅高达1.6%，最高的5%群体增幅也达到了1.0%。

表6-28　　　　　　　　　　对不同收入群体的联邦税收负担影响

收入群体分类	联邦税收			税后所得			
	TRA-97之前的均值	TRA-97之后		整个百分比变化	TRA-97之前的均值（美元）	TRA-97之后的变化（%）	实际税率（%）	
		美元	百分比				TRA-97之前	TRA-97之后
收入群体按五等分组								
最低20%	370	30	8.3	-1.9	8 400	-0.4	4.2	4.5
次低20%	3 170	-210	-6.6	13.2	19 100	1.1	14.2	13.3
中间20%	7 270	-280	-3.9	17.7	29 700	0.9	19.7	18.9
次高20%	12 600	-330	-2.6	20.5	43 000	0.8	22.7	22.1
最高20%	38 600	-780	-2.0	50.7	93 300	0.8	29.3	28.7
全部	12 400	-310	-2.5	100.0	38 300	0.8	24.4	23.8
收入群体按百分比分类								
最高10%	56 900	-1 170	-2.1	38.3	127 700	0.9	30.8	30.2
最高5%	84 900	-1 850	-2.2	30.8	178.000	1.0	32.3	31.6
最高1%	245 000	-6 870	-2.8	21.9	441 900	1.6	35.7	34.7
81%—90%	19 800	-390	-2.0	12.4	58 000	0.7	25.5	25.0
91%—95%	28 200	-470	-1.7	7.5	76 000	0.6	27.1	26.6
96%—99%	46 900	-660	-1.4	8.9	115 400	0.6	28.9	28.5
收入群体按美元金额分类								
低于10 000	380	40	9.9	-1.6	5 720	-0.6	6.2	6.8
10 000—20 000	1 400	30	2.3	-1.6	13 400	-0.2	9.5	9.7
20 000—30 000	4 000	-70	-1.7	3.0	21 000	0.3	15.8	15.6
30 000—40 000	6 600	-210	-3.1	8.0	28 200	0.7	19.0	18.5
40 000—50 000	9 600	-300	-3.2	9.2	35 100	0.9	21.5	20.8
50 000—75 000	14 400	-440	-3.0	22.4	47 000	0.9	23.4	22.7
75 000—100 000	21 700	-640	-2.9	16.3	64 100	1.0	25.3	24.5
100 000—200 000	35 200	-820	-2.3	19.9	95 000	0.9	27.0	26.4
200 000以上	166 100	-4 080	-2.5	24.6	317 000	1.3	34.4	33.5
全部	12 400	-310	-2.5	100.0	38 300	0.8	24.4	23.8

资料来源：美国国会预算办公室，2000。

个人所得税的实际联邦税负因TRA-97而下降可通过表6-29予以证明。对于贫困群体而言，除了独立申报的单身个人和无抚育儿童的已婚夫妇的起征点没有改变之外，其他情况下的起征点都有所提高。举例而言，在没有TRA-97的情况下，一对需抚育两个儿童的已婚夫妇在没有缴纳任何所得税之前的年所得为25 541美元，因儿童税收抵免的存在将该起征点提高到了28 315美元。由于起征点足够高，需抚育儿童的贫困家庭不用再缴纳联邦所得税，而且有资格获得相当于或超过其社会保障和医疗保险工薪税的退税款。

表6-29　　　　　　　　　　1999年贫困群体联邦纳税义务的变化

	单身个人独立申报	联合申报的已婚夫妇					家庭户主	
		没有儿童	一个儿童	二个儿童	三个儿童	四个儿童	一个儿童	二个儿童
贫困线收入	8 677	11 156	13 410	16 895	19 822	22 261	11 483	13 423
所得税起征点								
TRA-97之前	8 114	12 700	21 375	25 430	26 575	27 718	19 627	23 932
TRA-97之后	8 114	12 700	22 980	28 200	30 952	37 036	21 240	26 707
贫困水平所得税								
TRA-97之前	125	0	-2 160	-2 882	-2 253	-1 752	-2 312	-3 613
TRA-97之后	125	0	-2 160	-2 882	-2 253	-1 752	-2 312	-3 613
贫困水平工薪税								
TRA-97之前	663	853	1 026	1 292	1 521	1 703	878	1 027
TRA-97之后	663	853	1 026	1 292	1 521	1 703	878	1 027
贫困水平税款合计								
TRA-97之前	788	853	-1 134	-1 590	-732	-49	-1 434	-2 586
TRA-97之后	788	853	-1 134	-1 590	-732	-49	-1 434	-2 586
贫困水平总税负								
TRA-97之前	9.1	7.7	-8.5	-9.4	-3.7	-0.2	-12.5	-19.3
TRA-97之后	9.1	7.7	-8.5	-9.4	-3.7	-0.2	-12.5	-19.3

资料来源：美国国会预算办公室，2000。

（四）对政府支出的影响

不同于其他总统任期内财政支出没有得到有效缩减，克林顿任期内始终坚持推行财政约束，尽可能缩减财政支出，他在1998年国情咨文中对国会所做的演讲再次证明了其本人对财政约束的重视：

"在这个会议厅里和全国的美国人都在追求一个新的繁荣战略：削减利率和刺激增长的财政纪律……今晚，我在你们面前宣布联邦赤字——曾经有十一个零之巨大——将仅仅只有一个零……如果我们保持我们的决心，我们将能实现预算平衡。我们不能再回到不明智的支出，或者没有针对性的减税，这些都是可能再次导致赤字的风险……我要求你们所有人都接受这项考验：只批准那些在不增加任何赤字情况下能够完成的优先事项。"①

表6-30的数据表明，无论是国防支出还是非国防支出，无论是消费支出还是投资支

---

① W. J. Clinton. *State of the Union Address*, January 1998.

出的年度增速都明显减缓，且负增长出现的频率较之其他总统任期要高许多。以国防消费支出为例，1992—1995 年呈现连续 4 年的负增长，1996 年和 1997 年接近零增长，1998 年又为负增长，1999 年克林顿面临离任时才提高至 4.24%。国防投资支出的情形大致相同，甚至年度增速更为缓慢。唯一实现各年度正增长的是非国防消费支出，表明联邦政府的支出结构也在发生变化，政府军事类消费更多让位于民用类消费。

在此尤其值得一提的是，克林顿任期内的非国防投资支出范围超出了公路维修和机场升级。在他的领导下，国会和政府很早就认识到建设现代信息技术的基础设施和改善传统基础设施同等重要，这一新兴领域的关键投资包括：一是社区技术中心。随着互联网革命的到来，有机会接触到新兴技术的人群和没有接触到新兴技术的人群之间正在形成"数字鸿沟"。为在一定程度上弥补差异，克林顿政府对社区技术中心的资助增加了两倍。二是扩展教育科技。1994 年联邦政府在教育科技上投入了 2 700 万美元，2000 年国会将该笔投资增长了 28 倍，达到 7.69 亿美元。作为《1996 年电信法案》的一部分，克林顿还赢得了"E-速度"提案的通过，这一方案是为学校和图书馆提供互联网资助。

表 6-30　　　　　　　1991—2000 年美国联邦政府的支出结构　　　　　　单位：百万美元

年份	国防支出				非国防支出			
	消费支出	增速（%）	投资支出	增速（%）	消费支出	增速（%）	投资支出	增速（%）
1991	312 731	5.06%	101 310	-5.61%	113 407	6.50%	55 489	9.06%
1992	309 293	-1.10%	97 171	-4.09%	122 766	8.25%	59 223	6.73%
1993	302 427	-2.22%	89 218	-8.18%	127 062	3.50%	61 461	3.78%
1994	296 339	-2.01%	85 775	-3.86%	132 984	4.66%	59 585	-3.05%
1995	292 194	-1.40%	84 965	-0.94%	136 779	2.85%	62 744	5.30%
1996	292 254	0.02%	85 008	0.05%	137 106	0.24%	64 792	3.26%
1997	293 010	0.26%	78 980	-7.09%	146 559	6.89%	64 740	-0.08%
1998	289 497	-1.20%	79 256	0.35%	148 342	1.22%	68 421	5.69%
1999	301 766	4.24%	81 488	2.82%	154 723	4.30%	73 370	7.23%
2000	309 155	2.45%	83 415	2.36%	167 159	8.04%	73 973	0.82%

资料来源：美国经济分析局，2019。

州和地方政府支出保持上升势头（如表 6-31 所示）。消费支出最高增速为 1999 年的 7.91%，最低为 1996 年的 4.32%；投资支出最高增速为 1999 年的 8.81%，最低增速为 1993 年的 1.06%。与里根总统任期情况相似，消费支出增速波幅较窄，而投资支出波幅较宽。从投资支出结构来看，包括建筑物、设备和知识产权类产品三大类，其中建筑物投资占整个投资支出的 80% 以上，设备投资占比在 15% 上下，知识产权类产品占比 5% 左右。因此，建筑物投资决定了整个投资支出的走势。根据联邦与州和地方的事权划分，州和地方政府必须承担区域内的基础设施建设职能，数据显示整个 20 世纪 90 年代这项职能得到了较为充分的履行。

表 6-31　　　　　1991—2000 年美国州和地方政府的支出结构　　　　　单位：百万美元

年份	消费支出总额	消费支出增速	投资支出总额	投资支出增速
1991	578 720	6.01%	137 295	3.88%
1992	616 324	6.50%	139 723	1.77%
1993	643 551	4.42%	141 203	1.06%
1994	678 778	5.47%	148 812	5.39%
1995	712 770	5.01%	159 979	7.50%
1996	743 529	4.32%	170 159	6.36%
1997	780 960	5.03%	182 884	7.48%
1998	829 769	6.25%	196 324	7.35%
1999	895 392	7.91%	213 620	8.81%
2000	961 681	7.40%	231 461	8.35%

资料来源：美国经济分析局，2019。

（五）对预算盈余的影响

1998—2001 财政年度，美国联邦政府终于拥有了预算盈余，分别为 693 亿美元、1 256 亿美元和 2 362 亿美元（如表 6-32 所示）。连续三年的预算盈余是美国联邦政府在 1970—2018 财政年度唯一的盈余时段。法兰克尔和奥萨格（Frankel 和 Orszag，2004）[①] 认为美国 20 世纪 90 年代的财政政策有三个关键的转折点：第一个是 1990 年的预算案；第二个是 1993 年的预算案；第三个是 1998—2000 年保持统一预算盈余以削减债务的预算案。1990 年的预算案向财政约束迈出了重大的一步，而克林顿总统任期内，始终强调财政约束并不断强化削减赤字的努力。伴随着收入和税收的强劲增长，曾经棘手的预算赤字问题，到 20 世纪 90 年代末已有大量盈余。

表 6-32　　　　　1991—2000 年的美国政府盈余/赤字余额及 GDP 占比　　　　　单位：10 亿美元

财年	10 亿美元（按现价计算）					GDP 占比（%）		
	各级政府	联邦政府			州和地方政府	各级政府	联邦政府	州和地方政府
		总额	预算内	预算外				
1991	-392.1	-269.2	-321.4	52.2	-122.9	-6.4	-4.4	-2.0
1992	-428.0	-290.3	-340.4	50.1	-137.7	-6.7	-4.5	-2.1
1993	-392.8	-255.1	-300.4	45.3	-137.8	-5.8	-3.8	-2.0
1994	-334.8	-203.2	-258.8	55.7	-131.6	-4.7	-2.8	-1.8
1995	-308.1	-164.0	-226.4	62.4	-144.1	-4.1	-2.2	-1.9
1996	-239.1	-107.4	-174.0	66.6	-131.6	-3.0	-1.4	-1.7

---

① 杰弗里·法兰克尔、彼得·奥萨格编，徐卫宇等译：《美国 90 年代的经济政策》，中信集团出版社 2004 年版，第 XXII 页。

续表

财年	10 亿美元（按现价计算）					GDP 占比（%）		
	各级政府	联邦政府			州和地方政府	各级政府	联邦政府	州和地方政府
		总额	预算内	预算外				
1997	-150.6	-21.9	-103.2	81.4	-128.7	-1.8	-0.3	-1.5
1998	-53.6	69.3	-29.9	99.2	-122.8	-0.6	0.8	-1.4
1999	-12.7	125.6	1.9	123.7	-138.3	-0.1	1.3	-1.5
2000	85.0	236.2	86.4	149.8	-151.2	0.8	2.3	-1.5

资料来源：美国国会预算管理办公室，2019。

如表 6-32 所示，联邦政府从 1992 年的 2 903 亿美元赤字逐步削减到 1997 年的 219 亿美元，1998 年出现盈余 693 亿美元，1999 年翻一番至 1 256 亿美元，2000 年进一步实现 2 362 亿美元的盈余。其中预算内投资在 1999 年实现 19 亿美元盈余，2000 年实现 864 亿美元盈余。

（六）对政府债务的影响

联邦政府债务总额缓慢增长，但公众持有债务在 1997 年达到该时段峰值后逐步下降。作为衡量美国联邦债务的主要指标，公众持有债务占 GDP 的比例从 1993 年的 47.9% 下降到 2000 年的 33.7%。在 1998—2001 年，公众持有的债务实际偿还了 4 530 亿美元，这在 1970—2018 年期间尚属首次（如表 6-33 所示）。

表 6-33　　　　　1991—2000 年的美国联邦政府债务及 GDP 占比

财年末	百万美元					GDP 占比（%）				
	债务总额	减：联邦政府账户持有债务	等于：公众持有债务			债务总额	减：联邦政府账户持有债务	等于：公众持有债务		
			总额	联邦储备系统	其他			总额	联邦储备系统	其他
1991	3 598 178	909 179	2 688 999	258 591	2 430 408	59.1	14.9	44.1	4.2	39.9
1992	4 001 787	1 002 050	2 999 737	296 397	2 703 341	62.4	15.6	46.8	4.6	42.1
1993	4 351 044	1 102 647	3 248 396	325 653	2 922 744	64.2	16.3	47.9	4.8	43.1
1994	4 643 307	1 210 242	3 433 065	355 150	3 077 915	64.7	16.9	47.8	4.9	42.9
1995	4 920 586	1 316 208	3 604 378	374 114	3 230 264	65.1	17.4	47.7	4.9	42.7
1996	5 181 465	1 447 392	3 734 073	390 924	3 343 149	65.2	18.2	47.0	4.9	42.0
1997	5 369 206	1 596 862	3 772 344	424 518	3 347 826	63.5	18.9	44.6	5.0	39.6
1998	5 478 189	1 757 090	3 721 099	458 182	3 262 917	61.3	19.7	41.7	5.1	36.5
1999	5 605 523	1 973 160	3 632 363	496 644	3 135 719	59.1	20.8	38.3	5.2	33.1
2000	5 628 700	2 218 896	3 409 804	511 413	2 898 391	55.6	21.9	33.7	5.1	28.6

资料来源：美国行政管理和预算局，2019。

三、对资本市场的影响

从银行业来看，1991—1998 年实现了连续七年的盈利，但传统的存贷款业务正在衰退,一些银行转向专注于交易活动、消费金融或其他收费类服务。同时,由于互联网技术的发展,"远程银行业务和数字先进等技术创新重新定义了金融服务的性质和形式,也重新定义了银行和非银行金融公司各自的角色。例如,数据处理公司 EDS 是美国排名第二的 ATM 的所有者和经营者"。① 美联储于 1996 年允许银行的非银行业子公司的总收入中来自债券承销和证券交易的比例从 10% 提高到 25%,借此实现银行和银行控股公司的"一站式"金融服务。得益于这种变化,银行业的并购与整合层出不穷,包括商业银行与商业银行之间,商业银行与投资银行之间,商业银行与证券公司之间。如 1997 年信孚银行(Bankers Trust)收购亚历山大·布朗(Alexander Brown)投资银行,美国合众银行收购排名第十一的证券公司 Piper Jaffray Co.;又如 1998 年美国西北银行收购富国银行,从而成为美国第七大银行。大量的并购导致了美国银行数量较之 1980 年下降了 40%,并购案例从 20 世纪 80 年代年均 225 起增加到 90 年代的年均 580 起(如图 6-17 所示)。

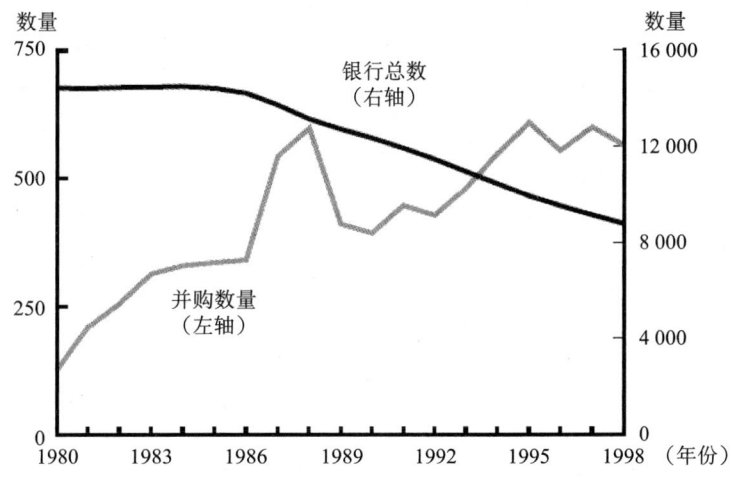

图 6-17　1980—1998 年美国的银行并购数与银行总数

资料来源:Elijah Brewer III 等,1999。

20 世纪 90 年代以来,随着经济全球化和金融自由化趋势的加速,以及国际银行业竞争的加剧,美国银行业掀起了史无前例的大规模并购浪潮,诸多银行纷纷通过实施并购战略,扩大经营规模,增强资本实力,提高竞争力和抗风险能力,以争取并确保自身在某个区域或全球获得主导地位。表 6-34 比较了截至 1980 年 12 月 31 日和 1998 年 12 月 31 日的美国商业银行数量和资产状况。银行总数减少到 8 704 家,其中资产在 100 亿美元的银行数量均在减少,唯有资产在 100 亿美元以上的银行从 18 家增加到 25 家。从资产规模来看,这 25 家银行的资产占整个商业银行资产总额的 42%,将近半壁江山。

---

① U. S. Treasury Department. 1995. *Memorandum for Members of the SEC Retary's Advisory Commission on Financial Services from Joan Affleck-Smith*,*Director*,*Office of Financial Institutional Policy*.

表 6-34　　　　　　　　不同年份商业银行数量及资产的对比

资产规模 （百万美元）	银行数量	占银行总数的比例	累计占比	总资产	
				累计占比	累计占比
A. 1980 年 12 月 31 日					
低于 25	7 233	49	49	5	4
25—50	3 566	24	73	6	11
50—100	2 048	14	87	7	18
100—500	1 496	10	97	15	33
500—1 000	195	1	98	7	40
1 000—5 000	192	1	99	19	59
5 000—10 000	21	—	99	7	66
10 000 以上	18	—	100	34	100
总计	14 769	100			
B. 1998 年 12 月 31 日					
低于 25	3 156	36	36	3	3
25—50	2 261	26	62	5	8
50—100	1 700	19	81	7	15
100—500	1 279	15	96	14	29
500—1 000	149	2	98	6	35
1 000—5 000	114	1	99	15	50
5 000—10 000	20	—	99	8	58
10 000 以上	25	—	100	42	100
总计	8 704	100			

资料来源：Elijah Brewer III 等，1999。

从证券业来看，由于互联网的崛起和经济的快速增长，美国股市迎来了直至 20 世纪末的一段繁荣时期。道琼斯指数在 1995 年 2 月攀升到了 4 000 点，随后 11 月触及 5 000 点。1996 年在道琼斯指数设立 100 周年之际，指数曾下跌了 53 点，但年内增长到了 6 000 点。1997 年 2 月 13 日受减税信号刺激突破了 7 000 点，7 月 16 日更是突破了 8 000 点，至此道琼斯指数相较于 1990 年的点位已增长了 5 600 点。1987—1997 年，道琼斯指数增长超过了 300%，从而被誉为"历史上最佳的 10 年涨幅"。[①] 克林顿总统在 1997 年曾表示，商业周期已经不再对经济产生影响，并且随着股票市场的蓬勃发展这一繁荣景象将会继续下去。但美联储主席格林斯潘曾在 1996 年年底警告说当心市场的"非理性繁荣"，1997 年又重申这一警告。1997 年 8 月 15 日，道琼斯指数下跌了 247.27 点，是史上单日第二大跌幅；10 月 14 日，科技板块股票遭受重挫。随后 1998 年 2 月 18 日，道琼斯指数达到

---

① What's News. *Wall Street Journal*，1997-12-31. pp1.

8 398.50 点;7 月 17 日再创历史新高 9 337.97 点;7 月 23 日受亚洲金融危机影响跌破 9 000 点。1999 年 1 月 6 日,道琼斯指数达到 9 500 点的新高;3 月 29 日,收盘价超过 1 万点,5 月 3 日突破 11 000 点,8 月 23 日上升到 11 299.76 点。①

可见,克林顿任期内造就了美国历史上最辉煌的牛市,道琼斯指数从 100 点上升到 1 000 点花费了 66 年时间,从 1 000 点上升到 10 000 点只用了 15 年时间,其中一半以上时段归属于克林顿任期。与此同时,标普 500 指数在克林顿任期内上涨了 210%,指数最高的 10 年中,克林顿就占据了两年,即 1995 年和 1997 年(如图 6-18 所示)。对于长期牛市的市场,市场和投资者都给予了十分乐观的预期,斯坦福大学经济学家霍尔(Robert Hall,2000)曾说:"我们已经发展成一个更加稳定的金融体系,这个新体系几乎完全依靠市场而不是银行。"②

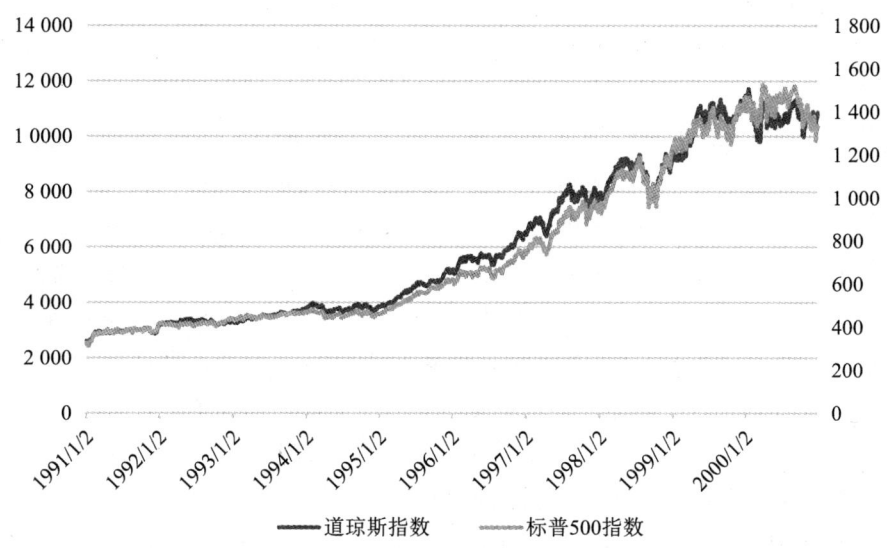

图 6-18　1991—2000 年美国的道琼斯指数和标普 500 指数

资料来源:WIND。

20 世纪最后 10 年的经济繁荣使资本市场产生了某种错误的幻觉,认为金融和经济终于克服了商业周期和金融周期。但美国二战以来的商业周期和金融周期的历史表明,市场的周期性波动和金融业的周期性在一次又一次的重演,经济会重复经历着扩张和衰退,股市会重复经历着牛市和熊市。如何避免和拯救衰退和危机一直以来都是美国政府所面临的重大议题。当然,历史也同时告知经济即使会发生不可避免的衰退,但终将会再次复苏。③

---

① [美]杰瑞·马克汉姆,李涛、王湣凯译:《美国金融史(第三卷)——从衍生品时代到新千年》,中国金融出版社 2018 年版,第 338、377 页。
② J. M. Schlesinger. 2000. Money – Go – Round:Why the Longest Boom? *Wall Street Journal*. 2000 – 02 – 01. pp. Al.
③ 同①。

第四节 本章小结

克林顿的经济思想在许多文件中予以了反复的阐释,美国经济顾问委员会(2001)[①]将其阐述为:

"我们的战略首先是基于对财政约束的承诺。通过先削减然后消除赤字,我们帮助创造了一个低利率、更大投资、更多就业、更高生产率和更高工资的良性循环……随着赤字成为盈余,这种良性循环不断运转……不断增加的盈余意味着政府,现在不是从私人投资中抽走资源,而是将它们释放。预算赤字迫使政府在私人资本市场借贷。这种借贷与(1)希望建造工厂和机器以提高工人生产力和增加收入的企业借贷,(2)希望购买新房、汽车和其他商品的家庭借贷相竞争。对资金的竞争往往会产生更高的利率。"

以财政约束为先导,克林顿的经济政策契合了当时美国的主要经济环境:一是信息化;二是全球化。信息化的主要表现在于硅谷产业园的兴起和发展,美国领先于全世界发展了现代信息技术产业,占据新世纪经济发展的先机。全球化的主要表现为美国各大制造业公司为降低成本,提高利润,纷纷将自己的制造产业由美国本土迁往亚洲新兴经济体以及大量跨国公司的兴起和发展。可以说,私人商业部门所主导的经济变革叠加公共部门出台的政策激励,共同促进了这10年美国经济的繁荣。综合来看,这些政策帮助美国经济摆脱了克林顿总统在任期开始时接手的缓慢增长和高失业率的泥潭。

从减税政策来看,最值得肯定和借鉴则是:"强化税收纪律是90年代最大的成功之处。它既是税收政策导致的结果,又是税收政策发展变化的主要原因。"[②] 实际上,对税收纪律的强化与对财政约束的坚持是一脉相承,或者说就是一个硬币的两面。

[①] Council of Economic Advisers. 2001. *Economic Report to the President*. Government Printing Office, Washington, DC.

[②] The Clinton/Gore Administration: Fiscal Discipline Produces the Largest Surplus in History. https://clintonwhitehouse5.archives.gov/textonly/WH/new/html/Tue_ Oct_ 24_ 155324_ 2000.html (accessed 31 March 2020).

第七章
小布什减税政策及其评析

2001年1月20日,乔治·沃克·布什(George W. Bush)正式就任美国第43任总统,并于2004年11月获得连任,直至2009年1月任期满卸任。小布什就任后的税收政策在其任期内起到了核心作用(Gale 和 Orszag,2004)[①],他签署的减税法案中采纳了供给经济学的诸多主张,因为小布什本人确信"供给经济学的确是增长的最佳方式"。[②] 不同于克林顿政府实施的是一种在税收上既有减税也有增税,在财政支出上既有节支又有增支,具有结构调整性质的政府干预方式(郭庆旺、刘晓路,2004),[③] 小布什政府实施的是全面减税政策,且对财政支出的控制缺乏力度。小布什政府的减税政策也并非20世纪80年代"里根经济学"的翻版,除了对供给侧的刺激,对需求侧的刺激目的也相当明显。不过强有力且有效的税收刺激所需要的是通过税收体制将钱给予那些打算花掉并迅速花掉这些钱的人:失业人员、急需资金的州和市政府以及低收入者(斯特格利茨,2003),[④] 但小布什的减税政策显然并没有做到这一点。

第一节 小布什减税政策的主要内容

小布什总统在任期内颁布了三项值得关注的税收立法:2001年立法分阶段大幅降低了所得税税率,调低并最终废除遗产税;2002年立法大大减轻了新商业投资的税收负担;2003年立法大幅降低了股息和资本利得税,并加速了2001年减税政策的逐步实施。不仅如此,小布什政府还提议将2001年和2003年的大部分减税措施永久化,并大幅扩大税收

---

① W. G. Gale & P. R. Orszag. *An Economic Assessment of Tax Policy in the Bush Administration*, 2001-2004, 45 B. C. L. Re. v. 1157 (2004), http://lawdigitalcommons.bc.edu/bclr/vol45/iss5/5. (accessed at May 26. 2020).
② [美] 罗伯特·阿特金森,杨晓、魏宁译:《美国供给侧模式启示录——经济政策的破解之道》,中国人民大学出版社2016年版,第64页。
③ 郭庆旺、刘晓路:"'布什减税'的作用机理及启示",《涉外税务》2004年第3期。
④ 周岳峰:"斯蒂格利茨批评布什的减税计划",《国外理论动态》2003年第8期。

优惠储蓄账户。在立法之外，小布什政府颁布了一些法规，使企业能够更容易地及时抵扣投资成本。从整体来看，这些政策和提议代表了美国税收政策结构的重大转变。

一、政策出台过程

20 世纪 90 年代末，美国经济迅速增长，投资也随着美国股市而激增。在如今被称为互联网泡沫的情况下，未经证实的商业概念型投机行为，如宠物网等也方兴未艾，导致美联储主席格林斯潘（Greenspan, 1998）不得不再次对"非理性繁荣"发出警告。小布什对这种经济状况也持谨慎态度，他在 1999 年 12 月概述经济政策的演讲中说道：

"我记得很多经济复苏本应该停滞，却没有；一些衰退本不应该发生，却发生了。我希望经济增长能够继续，但是这是无法保证的。一个总统必须向最好的努力，但是做最坏的准备。"①

2001 年小布什就任时，经济状况其实相对乐观。美国国会预算办公室预测，未来一年 GDP 增长约为 2.4%，2002—2011 年年均增长可达到 3%。② 而总统办公室 2001 年初公布的预算预测未来 10 年的预算盈余可达到 3 万亿美元（不包括社会保障），略低于国会预算办公室预测的 3.1 万亿美元。在此乐观基调之下，小布什坦言其经济计划的核心部分就是全面进行减税，他的主要观点在于：一是"政府拿了人们太多的钱"。1999 年年底税收占 GDP 的比例达到了二战以来的最高值，而政府会想方设法花掉这些钱，因为国会和克林顿总统同意在 2001 财年增加 16% 以上的自由支配支出。二是"担心会经历另一次泡沫，这次泡沫会出现在科技板块"。小布什总统的经济顾问林德赛（Lindsey）认为美国在 2001 年已步入新一轮紧缩期，减税将成为重要的刺激手段。

尽管减税方案的主要内容在小布什的整个竞选过程中都得到了宣传，并在 2000 年由国会共和党人提出，但减税进程正式始于 2001 年 2 月 8 日。小布什政府向国会提交了减税提案，其中削减个人所得税是重中之重，最高个人所得税税率拟从 39.6% 和 36% 下调到 33%，同时将 31% 和 28% 的税率下调到 25%，最低收入水平拟保持 15% 的税率，但针对收入为 6 000 美元的个人纳税人和 12 000 美元的已婚夫妇拟增加一档 10% 的税率。该提案还将把每名儿童的儿童税收抵免额从 500 美元增加到 1 000 美元，并完全取消遗产税，小布什认为"美国人在活着的时候已经付了足够多的税了，他们死后不应该继续缴税"。小布什还计划给普通家庭减税 1 600 美元，目的在于加大对低收入纳税人的激励，降低边际税率的同时提高收入分配的公平性。

减税提案公布之后，国会中的民主党人立即批评了小布什的提议。参议院少数党领袖达施勒（T. Daschle）和众议院少数党领袖格普哈特（R. Gephardt）在对减税的借款利息

---

① ［美］乔治·沃克·布什, 东西网译：《抉择时刻》, 中信出版社 2008 年版, 第 412 页。
② Congressional Budget Office. 2001. *The Budget and Economic Outlook：Fiscal Years* 2002 - 2011, available at http：// cbo. gov/publication/12958. （accessed 31 March 2020）.

成本，以及用于额外支出和债务削减的盈余进行估算后，主张减税总额不超过 9 000 亿美元。① 参议院中，两党势均力敌。共和党人指望得到民主党参议员米勒（Zell Miller）的支持，但几位共和党参议员对如此大规模减税的态度一直不确定。共和党参议员杰佛兹（S. Jeffords）和查菲（J. Chafee）宣称，提案中的减税幅度超出了他们所能支持的范围。美联储主席格林斯潘的态度是支持短期刺激经济的减税，前提是不会增加赤字。② 克林顿政府的财政部长鲁宾（R. Rubin）和美联储前主席沃尔克（P. Volcker）则主张小幅减税和短期减税。③

经济学家们和专业组织则开始进行预算盈余和减税成本的估测。经济学家奥尔巴赫（A. Auerbach）和盖尔（W. Gale）的研究表明，减税后联邦政府仍将有 2.3 万亿美元的预算盈余。④ 公民税收正义组织（Citizens for Tax Justice，缩写为 CTJ）估计 10 年期间减税成本约 1.9 万亿美元。⑤ 社会公众则对减税的公平性问题争议不休。CTJ 认为，减税额的 60% 将由最富有的 10% 的纳税人享有，43% 将由最富有的 1% 的纳税人享有，这部分群体的人均年收入超过 319 000 美元，年平均减税额则高达 46 000 美元。相比之下，60% 的纳税人只享受了年均 227 美元的减税额。⑥ 小布什政府对此予以了反驳：将低收入纳税人在全国税收总额所占的比例与他们在减税总额中所占的比例进行对比，低收入纳税人只缴纳了 2.5% 的所得税，但将获得 38% 的减税；而高收入纳税人缴纳了 43% 的所得税，只得到了 8.7% 的减税。⑦进而指出，那种认为低收入纳税人没有从减税中获益或者获益太少的观点完全是错误的。

2001 年 3 月，美国经济进入新一轮商业周期的衰退期，经济下滑使得减税凸显得更为迫切，小布什督促国会加快减税进程，并于 6 月签署了《2001 年经济增长和税收减免协调法案》（The Economic Growth and Tax Relief Reconciliation Act of 2001，缩写为 EGTR-RA），整个法案的减税额预计达到 1.35 万亿美元，这也是里根在第一个任期内签署减税法案后数额最大的减税。就在小布什"乐观地认为消费者和小企业家会拿减税的钱进行消费，帮助经济走出衰退期"时，"9·11"事件爆发了。恐怖袭击全面影响了美国经济：旅游业和酒店业遭受严重破坏，多家航空公司宣布破产，制造商和小企业解雇了很多员工。到 2001 年年底，超过 100 万的美国人失去了工作，经济全面陷入衰退。《2002 年就业和员工援助法案》（The Job Creation and Worker Assistance Act of 2002，缩写为 JCWAA）随之出台。但 2002 年的经济复苏却比大多数衰退时期都要慢，2003 年 1 月，小布什再次督

---

① M. J. Graetz. supra note 17, at 178–179.
② R. W. Stevenson. 2001. In Policy Change, Greenspan Backs a Broad Tax Cut. *New York Times*. 2001-01-26.
③ The President's Agenda for Tax Relief 4, supra note 14.
④ Auerbach & Gale, supra note, at 9.
⑤ Citizens for Tax Justice, supra note 11. The estimate did not include an AMT adjustment.
⑥ Citizens for Tax Justice, supra note 11. CTJ's analysis of the actual proposal was similarly regressive. Citizens for Tax Justice, supra note 16.
⑦ *President's Tax Relief Plan Gives Greatest Relief to Lowest Income Taxpayers*, White House Press Secretary, 2001-03-08. Available at http://www.whitehouse.gov/news/releases/2001.

促国会加速 2001 年开始却还没有完全生效的减税法案，同时计划通过进一步的减税法案，鼓励企业投资并创造就业。

不同于 2001 年减税最终得到了两党的多数支持，2003 年推行的减税遭受了强大的阻力。反对者来自两派，左派谴责该计划是为富人减税，其他人则认为减税将导致增加赤字。小布什政府对此回应道，减税计划在执行时，实际上增加了最富裕人群的所得税税负；虽然减税短期内会增加赤字，但针对资本利得和股息的减税会刺激经济增长，经济增长带来的税收加上对政府支出的控制，会有助于减少赤字。最终法案在参议院以 231 票对 200 票通过。2003 年 5 月底，小布什总统正式签署了《2003 年就业与增长救济协调法案案》（The Jobs and Growth Relief Reconciliation Act of 2003，缩写为 JGRRA）。随后，为使 2003 年法案的许多条款能延伸到 2010 年，又出台了《2004 年工作家庭税收减免法》（The Working Family Tax Relief Act of 2004，缩写为 WFTRA）。同年还出台了《2004 年美国就业机会创造法案》（American Jobs Creation Act of 2004，缩写为 AJCA），该法案取消了直接出口补贴，同时增加了一些商业减税措施。

从整体来看，小布什政府采取了渐进式的供给减税策略，因为他们认识到一次性降低税率是行不通的，正如美国税制改革组的负责人格列夫（Grover，2003）所言：

"布什政府很明智，并没有在一个法案中推行根本的税制改革。他缓慢而谨慎地进行改革，并且每次都会减税。他走了五步来进行单一税率改革，从而以一次性征收所得税。他废除了遗产税、资本利得税，扩大了个人退休账户来免除所有储蓄税，实行企业投资全部费用化，取消了冗长的折旧明细表，废除了替代性最低税。……小布什每一次减税政策的通过和实施，都是我们朝着更深入税制改革的推进。"①

小布什任期内五次减税法案的内容繁多且各有侧重，如 2001 年法案着力于降低和简化个人所得税；2002 年法案减轻了新企业的投资税；2003 年法案进一步深化了 2001 年法案，同时鼓励小企业再投资并对州和地方政府予以财政减免等。其中 2001 年和 2003 年法案影响面最广，减税力度最大，本节选择这两项法案做详细介绍。

二、《2001 年经济增长和税收减免协调法案》中的主要减税措施

EGTRRA 降低了所得税率，废除了遗产税，改变了对子女、婚姻、储蓄和教育的征税，并决定在 2010 年取消（或"日落"）所有减免条款。

（一）下调个人所得税税率

个人所得税税率随着时间的推移会有不同程度的下降。最高税率从 39.6% 降至 35%，28%、31% 和 36% 的税率分别下降了 3 个百分点。2001 年 7 月 1 日和 2002 年 1 月 1 日，这四个税率级次各自降低了 0.5%；2004 年年初又降低了 1%。到 2006 年，最高税率下降了 2.6%，其他三个级次都下降了 1%，具体见表 7-1。

---

① Grover Norquist. Step-by-Step Tax Reform. *Washington Post*. 9 June 2003. https：//www.washingtonpost.com . (accessed 28 July 2020) .

表 7-1　　　　　　　　　　　不同纳税年度的税率变化情况

纳税时间	原税率将被新税率所替代			
	28%	31%	36%	39.6%
2001 年	27.5%	30.5%	35.5%	39.1%
2002 年和 2003 年	27.0%	30.0%	35.0%	38.6%
2004 年和 2005 年	26.0%	29.0%	34.0%	37.6%
2006 年及以后	25.0%	28.0%	33.0%	35.0%

资料来源：Gale 和 Potter，2002。

2001 纳税年度，EGTRRA 将个人免税额从 2000 年的 2 800 美元提高到 2 900 美元。已婚夫妇、单身个人和家庭户主的标准扣除额分别从 7 350 美元、4 400 美元和 6 450 美元提高到 7 600 美元、4 550 美元和 6 650 美元。不仅如此，法案拟将已婚夫妇联合申报的标准扣除额提高到单身个人独立申报的标准扣除额的两倍，这项改革计划在 2005—2009 年的 5 年内分阶段实施，但随后的法案加快了这一进程。对于老年人和盲人的加计标准扣除在联合申报情况下提高到 900 美元。EGTRRA 实施第一年的个人免税、标准扣除和法定税率见表 7-2。

表 7-2　　　　　　　　　2001 年的联邦个人所得税率表　　　　　　　　　单位：美元

个人免税额	2 900
标准扣除	
联合申报	7 600
单身个人	4 550
家庭户主	6 650
老年人或盲人加计扣除	
联合申报	900
单身/家庭户主	1 100
法定边际所得税税率，已婚夫妇联合申报	
应税所得	应纳税额
0 – 45 200	超过 0 部分的 15%
45 200 – 109 250	6 780 + 超过 45 200 部分的 27.5%
109 250 – 166 500	24 394 + 超过 109 250 部分的 30.5%
166 500 – 297 350	41 855 + 超过 166 500 部分的 35.5%
297 350 以上	88 307 + 超过 297 350 部分的 39.1%
法定边际所得税税率，单身个人独立申报	
应税所得	应纳税额
0 – 27 050	超过 0 部分的 15%
27 050 – 65 550	4 058 + 超过 27 050 部分的 27.5%
65 550 – 136 750	14 646 + 超过 65 550 部分的 30.5%
136 750 – 297 350	36 362 + 超过 136 750 部分的 35.5%
297 350 以上	93 375 + 超过 297 350 部分的 39.1%

续表

法定边际所得税税率，家庭户主申报	
应税所得	应纳税额
0 – 36 250	超过 0 部分的 15%
36 250 – 93 650	5 438 + 超过 36 250 部分的 27.5%
93 650 – 151 650	21 223 + 超过 93 650 部分的 30.5%
151 650 – 297 350	38 913 + 超过 151 650 部分的 35.5%
297 350 以上	90 637 + 超过 297 350 部分的 39.1%
法定边际所得税税率，已婚夫妇独立申报	
应税所得	应纳税额
0 – 22 600	超过 0 部分的 15%
22 600 – 54 625	3 390 + 超过 22 600 部分的 27.5%
54 625 – 83 250	12 197 + 超过 54 625 部分的 30.5%
83 250 – 148 675	20 928 + 超过 83 250 部分的 35.5%
148 675 以上	44 154 + 超过 148 675 部分的 39.1%

资料来源：Tax Foundation，2013；Guenther，2019。

法案还设立了一个新的10%税率。2001年作为过渡期，法案专门设置了一项"减税税收抵免"，模仿10%税率级次对大多数纳税人的实际影响，以向纳税人一次性支付"退税款"的方式来实现税率下调的目标。具体退税额是当年度个人所得税纳税义务的最低限额——已婚夫妇600美元，单身个人300美元，户主500美元。2002年则开始正式实施10%税率，适用对象是年应税所得为12 000美元的已婚夫妇，6 000美元的单身个人和10 000美元的户主。2007年，应税所得提高到单身个人7 000美元，已婚夫妇14 000美元，2009年还纳入了税收指数化。2002年的个人减免额和法定税率情况见表7-3。

表7-3　　　　　　　　　　2002年的联邦个人所得税率表　　　　　　　　　　单位：美元

个人免税额	3 000
标准扣除	
联合申报	7 850
单身个人	4 700
家庭户主	6 900
老年人或盲人加计扣除	
联合申报	900
单身/家庭户主	1 150
法定边际所得税税率，已婚夫妇联合申报	
应税所得	应纳税额
0 – 12 000	超过 0 部分的 10%
12 000 – 46 700	1 200 + 超过 12 000 部分的 15%
46 700 – 112 850	6 405 + 超过 46 700 部分的 27%
112 850 – 171 950	24 266 + 超过 112 850 部分的 30%
171 950 – 307 050	41 996 + 超过 171 950 部分的 35%
307 050 以上	89 281 + 超过 307 050 部分的 38.6%

续表

法定边际所得税税率，单身个人独立申报	
应税所得	应纳税额
0 – 6 000	超过 0 部分的 10%
6 000 – 27 950	600 + 超过 6 000 部分的 15%
27 950 – 67 700	3 893 + 超过 27 950 部分的 27%
67 700 – 141 250	14 626 + 超过 67 700 部分的 30%
141 250 – 307 050	36 691 + 超过 141 250 部分的 35%
超过 307 050	94 721 + 超过 307 050 部分的 38.6%
法定边际所得税税率，家庭户主申报	
应税所得	应纳税额
0 – 10 000	超过 0 部分的 10%
10 000 – 37 450	1 000 + 超过 10 000 部分的 15%
37 450 – 96 700	5 118 + 超过 37 450 部分的 27%
96 700 – 156 600	21 116 + 超过 96 700 部分的 30%
156 600 – 307 050	39 086 + 超过 156 600 部分的 35%
超过 307 050	91 744 + 超过 307 050 部分的 38.6%
法定边际所得税税率，已婚夫妇独立申报	
应税所得	应纳税额
0 – 6 000	超过 0 部分的 10%
6 000 – 23 350	600 + 超过 6 000 部分的 15%
23 350 – 56 425	3 203 + 超过 23 350 部分的 27%
56 425 – 85 975	12 133 + 超过 56 425 部分的 30%
85 975 – 153 525	20 998 + 超过 85 975 部分的 35%
超过 153 525	44 640 + 超过 153 525 部分的 38.6%

资料来源：Tax Foundation, 2013；Guenther, 2019。

（二）提高儿童税收抵免额

法案将儿童税收抵免额逐步提高到 2010 年的 1 000 美元。具体而言，2001—2004 年，抵免额为 600 美元；2005—2008 年，抵免额为 700 美元；2009 年，抵免额为 800 美元（如表 7 – 4 所示）。2001—2004 年，抵免额将根据纳税人收入水平予以扣减，纳税人调整后毛所得（AGI）在 10 000 美元以上部分每达到一个 1 000 美元就扣减抵免额的 10%，即 60 美元，后续年度按照 15% 的比例予以扣减。2002 年开始，10 000 美元的 AGI 门槛可以享受通货膨胀指数化调整。同时，抵免额不再受替代性最低税收的限制。

表 7 – 4   不断提高的儿童抵免额   单位：美元

纳税年度	每位儿童的抵免额
2001，2002，2003，2004	600
2005，2006，2007，2008	700
2009	800
2010 及以后	1 000

对于"被扶养人照顾抵免"(Dependent Care Credit),即对于13岁以下儿童,或者没有能力照顾自己的配偶,虽然不能享受退税待遇,但用于托儿服务及类似服务的费用标准从2 400美元提高到了3 000美元,最多可达到两人合计6 000美元的费用扣除限额,抵免比率也从30%提到了35%。也就是说,纳税人可享有的"被扶养人照顾抵免"最高可达到2 100美元(6 000美元×35%)。

(三) 缓解婚姻惩罚

EGTRRA 从若干方面缓解了婚姻惩罚问题。已婚夫妇的标准扣除额逐年提高,2005年为单身个人标准扣除额的174%;2006年提高了10%,为184%;2007年和2008年每年提高了3%,2009年再次提高了10%,达到了200%。也就是说,2009年独立申报的单身个人其标准扣除额为5 700美元,联合申报的已婚人士则为11 400美元,具体如表7-5所示。

表 7-5　　　　　　　　　　逐步提高的已婚夫妇标准扣除额

纳税年度	适用比例(%)
2005	174
2006	184
2007	187
2008	190
2009 及以后	200

联合申报的已婚夫妇适用于15%税率的应税所得额逐年提高,2005年为单身个人的180%,2006年上升到187%,2007年再次上升到193%,直至2008年达到单身个人的两倍,并且可享有税收指数化调整。也就是说,2008年适用于15%税率的独立申报的单身个人其应税所得为8 025—32 550美元,联合申报的已婚夫妇则为16 050—65 100美元,具体如表7-6所示。

表 7-6　　　　　　　　　　逐步提高的已婚夫妇应税所得额

纳税年度	适用比例(%)
2005	180
2006	187
2007	193
2008 及以后	200

(四) 加强教育资助

对于独立申报且应税所得额低于65 000美元、联合申报且应税所得额低于130 000美元的纳税人,法案提高了高等教育费用的扣除额。2002年和2003年为3 000美元,2004年和2005年为4 000美元。联合申报且应税所得额在130 000—160 000美元的纳税人,2004年和2005年的扣除额为2 500美元。自2002年起,教育个人退休账户(IRAs)的缴款限额从 500 美元提高到 2 000 美元，合格费用的界定范围扩大到小学和中学。预付学费计划则允许提款享受免税待遇，只要资金的确用于教育。另外，法案对于学生贷款的扣除额更加慷慨，同时扩大了雇主为雇员提供的教育援助的扣除范围。

（五）设置日落条款

EGTRRA 最新颖的方面是关于整个法案在 2010 年年底"日落"的规定，即法案中所有尚未逐步取消的条款都将被废止，税法将恢复到 EGTRRA 从未存在的状态。例如，2001 年 7 月 1 日开始分阶段下调边际所得税税率，2006 年 1 月 1 日该项条款全部履行完毕，到 2010 年 12 月 31 日再撤销该条款，税率重新恢复到 2001 年 7 月 1 日之前尚未减免的水平。又如 2001 年 1 月 1 日开始分阶段提高儿童税收抵免额，直至 2010 年 1 月 1 日才达到 1 000 美元的最终目标水平，2010 年 12 月 31 日该项条款也予以撤销，真正实施 1 000 美元儿童抵免额的时长只有 1 年，具体如表 7-7 所示。该条款出台后备受争议。吉尔和波特（Gale 和 Potter，2002）认为，[1] 日落条款是众多旨在掩盖 EGTRRA 长期成本的条款之一，其他还包括许多条款不仅开始实施的日期较晚且分阶段实施的进度较慢，另外还有一些条款被提前终止。

表 7-7　　　　　　　　相关条款的实施和废止时间一览表

条款	分阶段开始	分阶段完成	分阶段撤销	完整实施年度
降低边际所得税税率	2001/07/01	2006/01/01	2010/12/31	5
增设 10% 税率级次	2001/01/01	2001/01/01	2010/12/31	10
提高儿童税收抵免	2001/01/01	2010/01/01	2010/12/31	1
已婚夫妇福利				
提高标准扣除	2005/01/01	2009/01/01	2010/12/31	2
扩大 15% 税率级次	2005/01/01	2008/01/01	2010/12/31	3
教育福利				
教育费用扣除	2002/01/01	2004/01/01	2010/12/31	1
教育 IRAs 的缴款限额	2002/01/01	2002/01/01	2010/12/31	9
预付学费计划	2002/01/01	2004/01/01	2010/12/31	7
学生贷款扣除	2002/01/01	2002/01/01	2010/12/31	9
养老金和 IRA 条款				
IRA 缴款限额	2002/01/01	2008/01/01	2010/12/31	3
401（K）缴款限额	2002/01/01	2006/01/01	2010/12/31	5
罗斯 401（K）	2006/01/01	2006/01/01	2010/12/31	5
不可退税抵免	2002/01/01	2002/01/01	2010/12/31	9
废止分项限制				
扣除和个人免税	2006/01/01	2010/01/01	2010/12/31	1
提高替代性最低税收免税额	2001/01/01	2001/01/01	2004/12/31	4
废除遗产税	2002/01/01	2010/01/01	2010/12/31	1

资料来源：Gale 和 Potter，2002。

---

[1] W. G. Gale & S. R. Potter. 2002. An Economic Evaluation of the Economic Growth and Tax Relief Reconciliation Act of 2001. *National Tax Journal*. 55 (1): 133–186.

三、《2003 年就业和增长税收减免协调法案》中的主要减税措施

JCTRRA 是美国历史上较大规模的减税法案之一,预计减税额度达 3 330 亿美元。供给经济学的支持者认为此次减税将创造经济和就业增长;① 而 JCTRRA 的反对者则认为该法案将增加正在迅速上涨的联邦政府赤字,从而给后代带来严重的经济问题。②

(一) 加快实施个人所得税的各项减免条款

JCTRRA 对 EGTRRA 确定的各项个人所得税减免条款进行了修订,主要目的是提前实施各项减免优惠措施。

其一,关于税率级次。原计划于 2008 年实施的 10% 税率条款提前到 2003 年开始实施,适用对象为应税所得额为 7 000 美元的独立申报单身个人,10 000 美元的家庭户主,14 000 美元的联合申报已婚夫妇。2004 年之后,再恢复到原税法之下的税率水平。2010 年,根据前述"日落条款"完全取消 10% 的税率级次。原计划于 2006 年实施的四个低税率提前到 2003 年实施,即 28% 下调到 25%;31% 下调到 28%;36% 下调到 33%;39.6% 下调到 35%。2011 年开始,联邦个人所得税再恢复到 EGTRRA 法案出台之前的税率水平(如表 7-8 所示)。

表 7-8　　2003 年 JCTRRA 下的个人所得税税率

纳税年度	原税率将被新税率所替代			
	28%	31%	36%	39.6%
2001	27.5%	30.5%	35.5%	39.1%
2002	27.0%	30.0%	35.0%	38.6%
2003	25.0%	28.0%	33.0%	35.0%
2004	25.0%	28.0%	33.0%	35.0%
2005—2010	25.0%	28.0%	33.0%	35.0%
2011 及以后	28.0%	31.0%	36.0%	39.6%

资料来源:Prudential Financial,2003。

其二,关于婚姻惩罚。2003 年和 2004 年,JCTRRA 通过两种方式加速了对婚姻惩罚的减免,一是已婚夫妇联合申报的标准扣除额提高到单身个人 200%;二是联合申报的已婚夫妇适用于 15% 税率的应税所得额也提高到单身个人的 200%。2004 年以后,对婚姻惩罚的减免又恢复到原法案下的水平。这意味着已婚夫妇联合申报的标准扣除额从相当于单身个人独立申报的 200% 依次转变到 2005 年的 174%,2006 年的 184%,2007 年的 187%,再到 2008 年的 190%,2009 年年初又恢复到 200%。适用于 15% 税率的已婚夫妇联合申报的应税所得额从相当于单身个人独立申报的 200% 依次转变到 2005 年的 180%,2006 年的

---

① R. W. Stevenson. Bush Signs Tax Cut Bill, Dismissing All Criticism. *New York Times*. 2003-05-29, p. A18.
② R. Michaelson. Why Bush's Tax Policy is Unacceptable. *Tax Notes* No. 141. 2003-10-06.

187%，2007 年的 193%，2008 年初又恢复到 200%。2010 年之后，婚姻惩罚的减免全部予以取消。

其三，关于儿童税收抵免。原计划于 2010 年实施的 1 000 美元儿童税收抵免额提前到 2003 或 2004 年实施，优惠对象为截至 2003 年 12 月 31 日未满 17 岁的儿童。2004 年以后，儿童税收抵免将恢复到原法案规定的水平，即 2005—2008 年为 700 美元，2009 年为 800 美元，2010 年为 1 000 美元，2011 年再次恢复到 500 美元。

其四，关于替代性最低税收。尽管 JCTRRA 没有下调替代性最低税收的税率，但提高了纳税人的最低免税额。2003 年和 2004 年，独立申报的单身个人或家庭户主的免税额从 35 750 美元提高到 40 250 美元；联合申报的已婚夫妇从 49 000 美元提高到 58 000 美元。2004 年之后，免税额再次恢复到 2003 年之前的法定水平。

(二) 降低股息和资本利得税

其一，对于资本利得的减免措施。此前，持有期超过一年的资产所获得的资本利得最高按照 20% 征税，个人所得税适用税率为 10% 或 15% 的纳税人则适用 10% 的资本利得税税率。持有期超过 5 年的资产所获得的资本利得适用 18% 的较低资本利得税税率，个人所得税适用税率为 10% 和 15% 的纳税人其资本利得税税率为 8%。根据 2003 年 JCTRRA 法案，持有期超过一年的资产其资本利得税税率从 20% 降到 15%，个人所得税适用税率为 10% 或 15% 的纳税人其资本利得税税率从 10% 降到 5%。2008 年，个人所得税适用税率为 10% 或 15% 的纳税人其资本利得税从 5% 降至零。新税率适用于 2003 年 5 月 6 日之后的资产销售、交易和支付等行为。2008 年之后，2003 年以前的适用税率和相关规定将重新生效，持有期超过 5 年资产所享用的低税率也予以取消，重新恢复到 2003 年之前的法定税率水平。

其二，对于股息的减免措施。此前，股息按照个人所得税税率纳税。根据 2003 年法案，大多数股息将按照与资本利得相同的税率征税。自然人纳税人的股息一般适用税率为 15%，个人所得税适用税率为 10% 或 15% 的纳税人其股息税率为 5%。该项措施的有效日期是从 2003 年 1 月 1 日—2008 年 12 月 31 日；2008 年，5% 的股息税率进一步下调到零，但 15% 的税率仍然有效。2008 年以后，2003 年以前的税率和规定将重新生效。而对于公司纳税人，2003 年 1 月 1 日—2008 年 12 月 31 日，大多数美国公司和某些外国公司的股息税率从 35% 下降至 15%，具体见表 7-9。

表 7-9　　　　　　　　　2003 年 JCTRRA 下的资本利得和股息税率

纳税年度	10.0%	20.0%	8.0%①	18.0%
2003—2007②	5.0%	15.0%	取消至 2008 年	取消至 2008 年
2008③	0	15.0%		
2009 及以后	10.0%	20.0%	8.0%	18.0%

注：① 适用于个人所得税税率为 15% 及以下的纳税人；② 2003 年 5 月 6 日之后开始适用新税率；③ 2008 年之后，股息按照正常的个人所得税征税，长期资本利得恢复到 2003 年法案之前的水平。

资料来源：Prudential Financial，2003。

(三) 加强对企业的经营激励

为鼓励企业提高投资积极性，JCTRRA 提高了小企业新投资的扣除费用。从 2003 年开始，小企业可获得即时扣除的投资费用从 25 000 美元增加到 100 000 美元，且该费用可根据当年的通货膨胀率予以调整。对于企业在 2003 年 5 月 5 日—2005 年 1 月 1 日购置并投入使用的资产，第一年可获得折旧红利，折旧扣除额从 30% 提高到 50%。法案同时要求纳税人要在 2005 年 1 月 1 日之前将 30% 的折旧红利用于购置资产并投入使用。

第二节 小布什减税政策的效果评价

虽然小布什的系列税制改革被视为"有策略有智慧"，但对于减税法案的实施效果存在不少争论。阿特金森（Atkinson，2016）[1] 认为，"作为短期刺激政策，小布什的减税政策相当无效，因为减税分阶段进行，而大部分减税政策实行时，经济已经恢复。而且减税的重点在有钱人身上，他们最不可能把这部分钱用于产品和服务的消费"。

一、对经济增长的影响

"911"事件后，受减税法案刺激，美国经济进入新一轮的经济扩张周期，本轮扩张周期在 2007 年 12 月达到峰值。虽然扩张的时长达到 73 个月，但整体来看，经济扩张的力度相对有限。

（一）对 GDP 增速的影响

小布什总统任期内的 GDP 增速呈现了一条倒"U 型"曲线。第一任期受减税政策的刺激较为明显，GDP 增速从就任时的 1.0% 提高到 2004 年的 3.8%。第二任期则从 2005 年的 3.5% 逐步下降到 2008 年的 -0.1%。从需求要素贡献来看，私人消费仍然是美国经济增长的主要动力，私人投资与 GDP 保持了几乎一致的曲线趋势，政府消费和投资增速以及商品和劳务净出口增速继续保持低位，但在 2008 年略有回升。

2007 年第四季度，美国经济达到本轮商业扩张期的峰值，但 2007 年 12 月底开始的经济衰退是大萧条以来最严重的衰退。2008 年第一季度—2009 年第二季度，经济剧烈萎缩，实际 GDP 下降了 5.1%。从 2008 年第三季度开始，GDP 增速连续为负，2008 年第四季度增速甚至跌至 -8.4%。这也表明，始于美国的次贷危机对其经济产生了巨大的负面冲击，演变成全球金融危机之后冲击更是加剧，系列减税政策所带来的经济增长效应被完全抵消。

---

[1] ［美］罗伯特·阿特金森，杨晓、魏宁译：《美国供给侧模式启示录——经济政策的破解之道》，中国人民大学出版社 2016 年版，第 76 页。

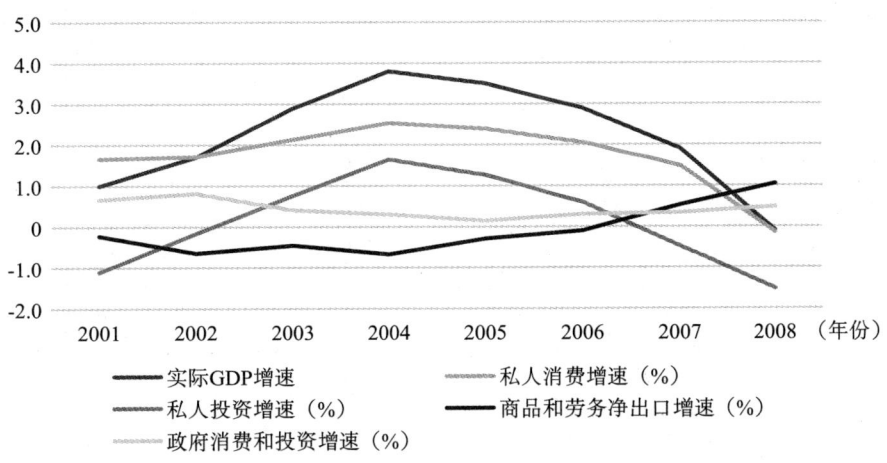

图 7-1　2001—2008 年美国的 GDP 增速及需求要素贡献

资料来源：美国经济分析局，2019。

表 7-10　　　　　　　　2007—2009 年的季度 GDP 及增速　　　　　　单位：百万美元

时间	GDP 季度总值（季调数据）	GDP 季度增速（%）
2007 年第四季度	14 681 501	2.5
2008 年第一季度	14 651 039	-2.3
2008 年第二季度	14 805 611	2.1
2008 年第三季度	14 835 187	-2.1
2008 年第四季度	14 559 543	-8.4
2009 年第一季度	14 394 547	-4.4
2009 年第二季度	14 352 850	-0.6

资料来源：美国经济分析局，2019。

（二）对个人人均收入和消费的影响

小布什任期内人均收入年均增速为 3.33%，低于里根和克林顿任期内的水平，主要是由于商业周期的衰退期、"9·11 事件"冲击和 2008 国际金融危机等因素的叠加影响。系列减税政策出台之后，人均收入增速有了明显变化，从 2001 年小布什上任时的 1.31% 提高到 2004 年的 5.64%，后续年度增速维持在 4% 以上，直至 2008 年大幅跌落至 0.51%。人均储蓄占人均可支配收入的比重在第二任期内低于第一任期，最低值为 2005 年的 3.2%。

表 7–11　　　　　　　　2001—2008 年美国人均收入及储蓄率

时间	人均收入（美元）	个人收入较上年增长（%）	人均储蓄占人均可支配收入的比重
2001 年 10 月 1 日	31 518	1.31%	5.0%
2002 年 10 月 1 日	32 023	1.60%	5.8%
2003 年 10 月 1 日	33 171	3.58%	5.6%
2004 年 10 月 1 日	35 042	5.64%	5.2%
2005 年 10 月 1 日	36 648	4.58%	3.2%
2006 年 10 月 1 日	38 620	5.38%	3.8%
2007 年 10 月 1 日	40 185	4.05%	3.7%
2008 年 10 月 1 日	40 391	0.51%	5.0%

资料来源：Federal Reserve Bank of St. Louis，2019。

减税给各收入阶层的税后收入带来的影响如表 7–12 所示。亨格福德（Hungerford，2010）[1]测算了每项减税措施延长到 2012 年的 Suits 指数，指数为负，表明低收入家庭的税收份额超过了收入份额，税收负担是累退的；指数为正，则表明税收负担是累进的。表中第二列和第三列显示了个人所得税税率调低后的分配效应。延长 10%、25% 和 28% 税率的实施期有利于所有纳税人的收入分配，因为 Suits 指数为正的 0.0895。但继续实施 33% 和 35% 税率，其分配收益完全局限于最富有的 5% 的纳税人，而最富有的 1% 的纳税人其税收收入将增加约 2%（约 21 500 美元）。延长 PEP 和 Pease 的废除期限，继续实施下调后的资本利得税率和股息税率，也将使高收入纳税人（最富有的 5% 群体）受益，因为 Suits 指数均为负值。而减少婚姻惩罚的 Suits 指数仅为 0.1048，这意味着该项措施的收益累进性微乎其微。但若延长税收抵免政策，却能惠及收入分配中 80% 以下的纳税人，高达 0.6733 的 Suites 指数表明收入分配具有较强的累进性。

表 7–12　　　　　　　　减税后各收入群体的税后所得变化　　　　　　　　（单位:%）

收入类别	减税后税率：10%，25%，28%	减税后税率：33%，35%	撤销 PEP 或 PEASE[1]	减税后的资本利得税税率	减税后的股息税税率	减少的婚姻惩罚	扩展的税收抵免
最低 20%	0.1	0.0	0.0	0.0	0.0	0.2	0.9
次低 20%	1.0	0.0	0.0	0.0	0.0	0.3	1.3
中间 20%	1.3	0.0	0.0	0.1	0.0	0.1	0.7
次高 20%	1.3	0.0	0.0	0.1	0.0	0.4	0.4
最高 80%—90%	1.6	0.0	0.0	0.1	0.1	0.7	0.1

[1] T. L. Hungerford. 2010. The Bush Tax Cuts and the Economy. Washington D. C.：Congressional Research Service. http：//digitalcommons. ilr. cornell. edu/key_ workplace/768.

续表

收入类别	减税后税率：10%，25%，28%	减税后税率：33%，35%	撤销 PEP 或 PEASE①	减税后的资本利得税税率	减税后的股息税税率	减少的婚姻惩罚	扩展的税收抵免
最高 90%—95%	1.8	0.0	0.0	0.2	0.1	0.5	0.0
最高 95%—99%	1.5	0.1	0.3	0.4	0.2	0.3	0.0
最高 1%	0.3	1.9	0.9	1.3	0.8	0.1	0.0
全部	1.2	0.3	0.2	0.3	0.2	0.3	0.3
Suits 指数	0.0895	-0.7979	-0.7325	-0.5768	-0.6641	0.1048	0.6733

注：①PEP 是指 Personal Exemption Phaseout，即个人免税分阶段结束；Pease 指 the Limitation of Itemized Deduction，即分项扣除限额。

资料来源：Hungerford，2010。

从个人消费支出来看，2001—2008 年的年均增速为 2.6%。最高增速为 2004 年的 3.8%，最低增速为 2008 年的 -0.2%。从消费支出构成来看，耐用消费品增速除了 2004 年以外，其余年份增速均低于 1%，其中 2008 年为 -0.69%，远远低于里根时期的 5% 以上的增速。服务类消费相对较为稳定，最高增速为 2005 年的 2.1%，最低增速则是 2008 年的 0.83%（如图 7-2 所示）。一方面，个人收入和实际工资水平在上涨；另一方面个人储蓄和个人消费支出呈逐步下降趋势，收入去向如何值得关注。美国经济分析局的数据显示，个人利息支出自 2004 年增速达到 5.93% 之后，2005—2007 年均为 10% 的增速，这说明了两种可能：一种是因为收入状况好转，个人加速了还贷进程；另一种是个人购置住房或其他资产的负债额不断提高，导致利息支出激增。小布什卸任后对房市的"繁荣"曾这样描述：

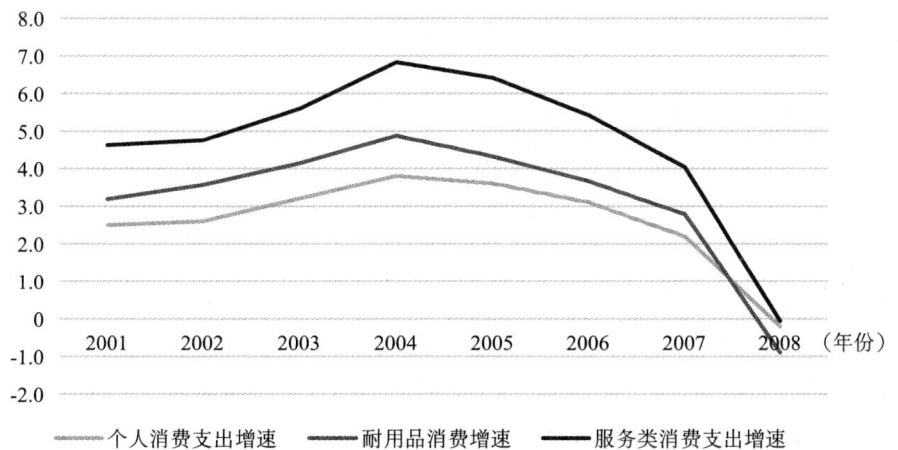

图 7-2 2001—2008 年美国个人消费支出增速

资料来源：美国经济分析局，2019。

"房市发展到顶点时,房屋拥有率达到了历史最高值,几乎达到了70%。我曾支持过增加房屋拥有率的政策,包括给低收入和第一次买房的人提供首付帮助。看到房屋拥有率提高我很高兴。但是当前的繁荣掩盖了潜在的风险。全球现金的集中,宽松的货币政策,繁荣的房屋市场,抵押资产无法满足的贪婪,华尔街复杂的金融资产重整,以及金融机构中的杠杆共同作用,创造了一个卡片搭起来的房子。只要最底层的卡片——也就是不断上涨的房价——被抽出,这个危险的结构注定是要倒塌的。"①

(三) 对国内投资的影响

小布什任期内的固定资产投资增速波动较为明显,最低增速为2008年的-5.01%,最高增速为2005年的11.73%,年均增速为3.13%。设备投资增速最低增速为2002年的-7.29%,最高为2005年的10.11%,年均增速为1.47%。2003年开始的固定资产投资和设备投资正增长,尤其是2004—2006年的高速增长,得益于资本利得税的减税政策(如表7-13所示)。

表7-13　　　　　　2001—2008年美国固定资产投资和设备投资

年份	固定资产投资（百万美元）	固定资产投资增速（%）	设备投资（百万美元）	设备投资增速（%）
2001	1 973 126	-0.54%	711 517	-7.12%
2002	1 910 443	-3.18%	659 640	-7.29%
2003	2 012 961	5.37%	670 618	1.66%
2004	2 217 186	10.15%	721 896	7.65%
2005	2 477 207	11.73%	794 894	10.11%
2006	2 631 965	6.25%	862 283	8.48%
2007	2 639 060	0.27%	893 432	3.61%
2008	2 506 855	-5.01%	845 381	-5.38%

资料来源：美国经济分析局,2019。

根据经济学理论,资本成本的下降会刺激资本需求量的增加,在其他条件相同的情况下,降低某种投入成本会促使企业更多地使用该种投入。穆尔和格瑞姆（Moore和Grimm,2008）②的研究表明,资本利得税减税对资本形成产生了积极的结果:企业资本存量（包括公司和非公司）的规模相对于住房、耐用消费品、州和地方政府的资本存量规模有所扩大。在总股本既定模型中,这些结果意味着企业资本存量增加而其他要素资本存量下降。而在总股本增长模型中,企业资本存量的增长速度会比其他资本存量更快。

刺激投资的另一重收益就是带动了经济扩张,图7-3显示1999—2006年美国非居民设备和软件投资增速与实际GDP增速具有极强的关联性,这也是现实经济对经济学理论

---

① [美]乔治·沃克·布什,东西网译:《抉择时刻》,中信出版社2008年版,第418—419页。
② S. Moore & T. Grimm. 2008. The Bush Capital Gains Tax Cut after Four Years: More Growth, More Investment, More Revenues. *NCPA Policy Report* No. 307. pp1-31. https://www.nacp.org/pub/st/st307.

的一种佐证。对此,美国国会联合经济委员会主席萨克逊(Saxton,2006)曾评述道:

"2001年末开始的复苏缺乏活力,因为投资仍在下降。然而,从2003年开始,引入了一种新的政策组合,即宽松的货币政策与强化的投资税收优惠相结合。2003年《就业和增长税收减免协调法案》(JGTRRA)包含了几项投资激励措施,并扩大了2002年税收法案中的激励措施。JGTRRA和2002年的税收法案旨在鼓励平衡型的经济增长。随后的经济反弹和过去三年创造的570万个就业机会表明,JCTRRA是有效的。"①

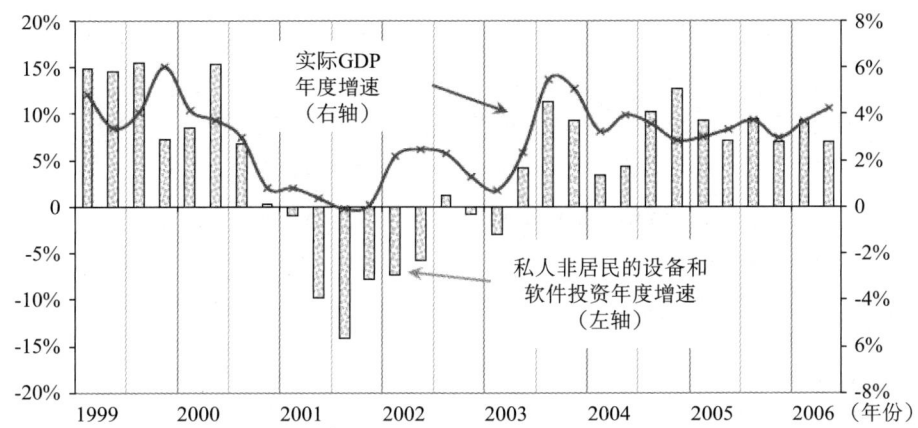

图7-3 1999—2006年美国私人非居民设备和软件投资增速与实际GDP增速

资料来源:Saxton,2006。

(四) 对就业和失业率的影响

从非农就业来看,2001年1月为1.33亿人,2008年12月达到1.34亿人,增长1.01倍。月度增速受前述提及的商业周期进入衰退阶段影响,2001年1月至2003年8月期间,除6个月为正增长外,其余26个月均为负增长。2003年下半年非农就业形势逐步好转,实现了连续46个月正增长,最高增速为2005年4月的0.272%。2008年2月则又进入连续负增长阶段,最低增速为2008年11月的-0.533%,具体如图7-4所示。

从失业率来看,小布什任期内的自然失业率在4.9%—5.2%的区间;经3月季调失业率在4.2%—7.1%的区间。整体来看,2001年下半年—2005年上半年的3月季调失业率高于自然失业率水平,此后基本低于自然失业率直至2008年国际金融危机的爆发。小布什2001年1月就任时,3月季调失业率为4.7%,后因经济衰退期逐步攀升到2003年1月6.5%。随着减税和就业激励政策的陆续推出,2004年4月下降至5.4%,2005年4月继续降到4.9%,后续则以4.5%为中枢上下波动,2008年1月上升至5.4%之后持续走高,

---

① J. Saxton. 2006. Taxes, Investment and Economic Expansion: The Case for the Jobs and Growth Tax Relief Reconciliation Act of 2003. *Joint Economic Committee Research Report* #109-45, pp1-2. https://www.jec.senate.gov/public/_cache/files/6a03a9ab-99e7-4742-9ee7-36b846922f70/taxes-investment-and-economic-expansion---sept-2006.pdf.

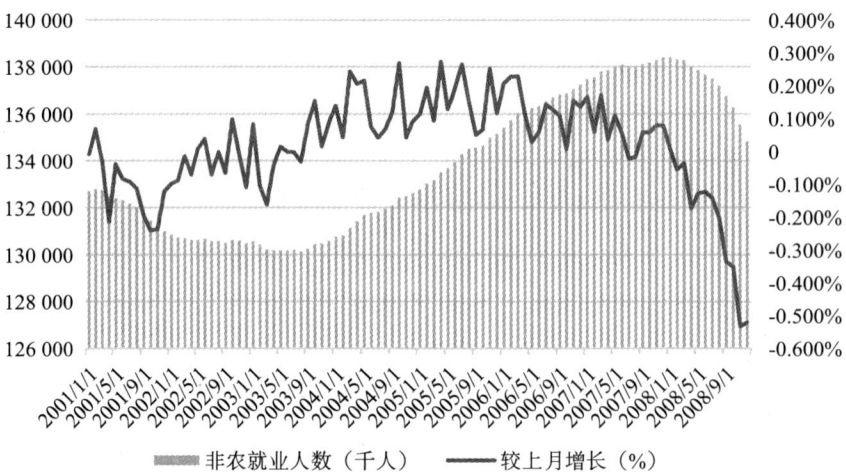

图 7-4　2001—2008 年美国非农就业人数和月度环比增速

资料来源：美国圣路易斯联储，2019。

直至 12 月的 7.1%，具体如图 7-5 所示。

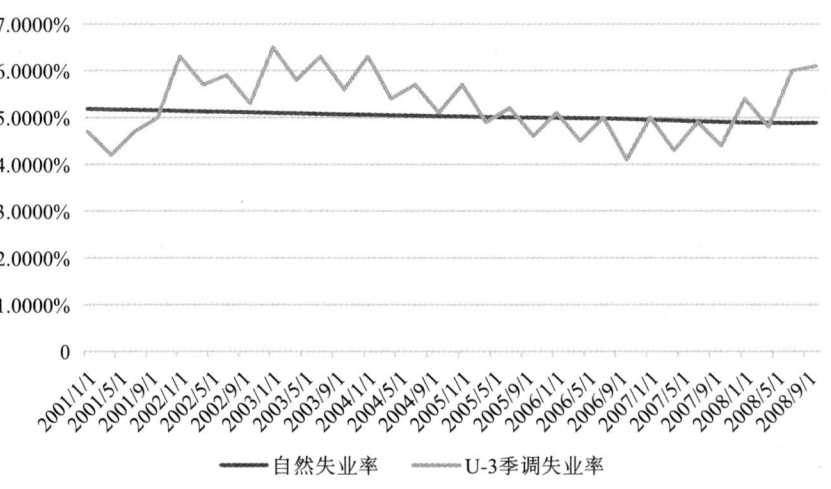

图 7-5　2001—2008 年美国的失业率变化

资料来源：美国圣路易斯联储，2019。

尤其需指出的是，较之于其他经济商业周期的衰退期，2007—2009 年的就业状况或许更糟（如图 7-6 所示），该图将三次衰退期的就业趋势进行了对比。从就业水平来看，2007—2009 年的数值与 1973—1975 年、1981—1982 年这两次持续时间相似的深度衰退和长期衰退相比，整体上明显低于 1973—1975 年，部分时段高于 1981—1982 年。从就业水平的恢复来看，1973—1975 年和 1981—1982 年的就业水平在衰退结束后（见图中的垂直线）的一两个月内开始上升，而在 2007—2009 年的经济衰退中，衰退结束后的 6 个月就业指数才触底，略有恢复之后自 2010 年 5 月开始继续下降，直至 2010 年 7 月才恢复到

2007年12月的94%左右（Hungerford，2010）。[①]

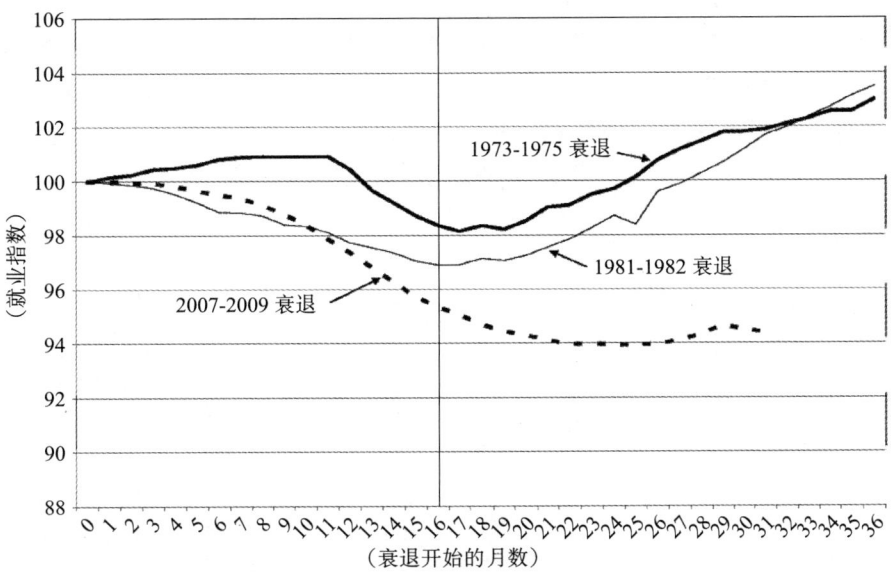

图7-6 不同衰退期的就业水平比较

资料来源：Hungerford，2010。

2008年的就业状况更加恶化。16岁及以上劳动力在第四季度就业人口率为61.3%，比2007年第四季度的62.8%下降了1.5%，这也是自1987年第一季度以来的最低水平。失业率上升到6.9%，失业人数达到1 060万人，比2007年第四季度提高2.1%和增加330万人。2008年失业率的增长幅度大于2001年经济衰退期间的增幅，是1982年以来第四季度至第四季度的环比最大增幅（如表7-14所示）。

表7-14　　　　　　　　　2008年美国16岁及以上人群的就业情况　　　　　　　　　单位：千人

就业特征	2007年	2008年				第四季度
	第四季度	第一季度	第二季度	第三季度	第四季度	环比变化
民间劳动力	153 625	153 738	154 281	154 650	154 648	1 023
劳动参与率	66.0%	66.0%	66.1	66.1%	65.9%	-0.1%
就业人群	146 276	146 138	145 989	145 299	144 046	-2 230
就业人口率	62.8%	62.8%	62.5%	62.1%	61.3%	-1.5%
失业人群	7 349	7 599	8 291	9 350	10 602	3 253
失业率	4.8%	4.9	5.4%	6.0%	6.9%	2.1%

资料来源：美国劳工统计局，2009。

[①] T. L. Hungerford. 2010. *The Bush Tax Cuts and the Economy*. Washington, DC: Congressional Research Service. http://digitalcommons.ilr.cornell.edu/key_workplace/768.

(五) 对劳动生产率的影响

继续采用美国劳工统计局的数据,以 2012 年为基准年,2001—2008 年美国劳动生产率指数从 77.59 上升到 92.57。从年度增速来看,小布什任期内全部实现正增长,峰值为 2002 年的 4.4%。从趋势线来看,自 2002 年之后持续走低,2008 年低至 1.1%。但较之于里根任期内的年度最低增速 -0.6% 和克林顿任期内的年度最低增速 0.2%,小布什任期内的劳动生产率获得相对更快的增长,尤其在基数越来越高的前提之下。

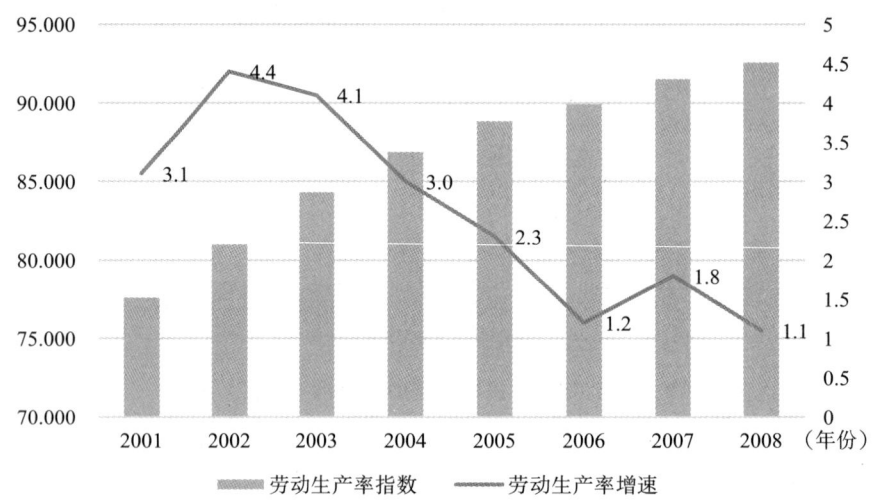

图 7-7 2001—2008 年美国非农私人商业部门的劳动生产率

资料来源:美国劳工统计局,2019。

表现较优的劳动生产率很大程度上受益于制造业的贡献,虽然制造业在美国整个产业结构中的占比在下降,但源于前述提到的信息化驱动下的制造业产业升级,美国制造业产出获得了新的上升动力。二战以来美国商业部门的劳动生产率大致经历了三个阶段:1948—1973 年增长较快;1973—1994 年增长较慢;1995 年左右开始增长较快。例如,在 1949—1972 年,非农商业部门的劳动生产率年均增速为 3%,但在 1973—1994 年,尽管制造业的生产率增长依然强劲,但整个商业部门的增速不到上一阶段的一半;1973 年后生产率增长放缓的主要原因在于服务业和非耐用制造业的放缓。而 1995 年之后,耐用制造业的生产率增长已经跃升到平均每年约 5.75% 的速度,是 1949—1972 年的两倍(如表 7-15 所示)。

表 7-15　　　　　　　　　　商业部门平均劳动生产率的变化

	不同时段			
	1949—1972 年	1973—1994 年	1995—2005 年	1949—2005 年
每小时产出				
商业部门	3.23	1.58	2.76	2.49
非农商业	2.77	1.48	2.69	2.25
制造业	2.58	2.59	4.44	2.94

续表

	不同时段			
	1949—1972 年	1973—1994 年	1995—2005 年	1949—2005 年
耐用品制造业	2.64	3.02	5.86	3.40
非耐用品制造业	2.83	1.90	2.85	2.47
非金融企业商业	2.61	1.40	3.34	2.21
产出				
商业部门	4.10	3.18	3.61	3.65
非农商业	4.22	3.17	3.64	3.70
制造业	3.74	2.51	2.38	3.00
耐用品制造业	4.21	2.87	4.19	3.68
非耐用品制造业	3.48	1.90	0.16	2.22
非金融企业商业	5.51	3.23	4.27	4.17
时长				
商业部门	0.84	1.57	0.83	1.12
非农商业	1.41	1.66	0.92	1.41
制造业	1.14	-0.08	-1.97	0.05
耐用品制造业	1.53	-0.15	-1.58	0.27
非耐用品制造业	0.63	0.00	-2.61	-0.25
非金融企业商业	2.86	1.81	0.90	1.92

资料来源：美国劳工统计局，2005。

巴里（Baily，2008）[①]的研究也得出了大致相同的结论。强有力的市场竞争环境、商业和技术的结合机会共同促进了劳动生产率的快速增长，这种情况从20世纪90年代一直延续至国际金融危机之前。如图7-8所示，高科技制造业、批发零售业、金融和商业服务业对该时段的劳动生产率提升作出了重要贡献。

（六）对通货膨胀的影响

2001—2008年，年度通胀率最高为2007年的4.08%，最低为2008年的0.09%，其余年份中两年达到3%以上，两年在2%以上，两年在1%以上。2008年的通胀率也是美国自1954年以来的极端值，一方面原因在于能源价格下跌导致CPI增速下降；另一方面受国际金融危机影响，物价连续下跌。显然，在美国经济陷入新一轮商业周期深度衰退大约一整年之际，通货紧缩已成为一个令政府和市场共同担忧的问题。

[①] M. N. Baily. 2008. *Productivity and Potential Growth in the US and Europe*. The Brookings Institution. https://www.brookings.edu/wp-content/uploads/2016/06/0208_productivity_baily.pdf.

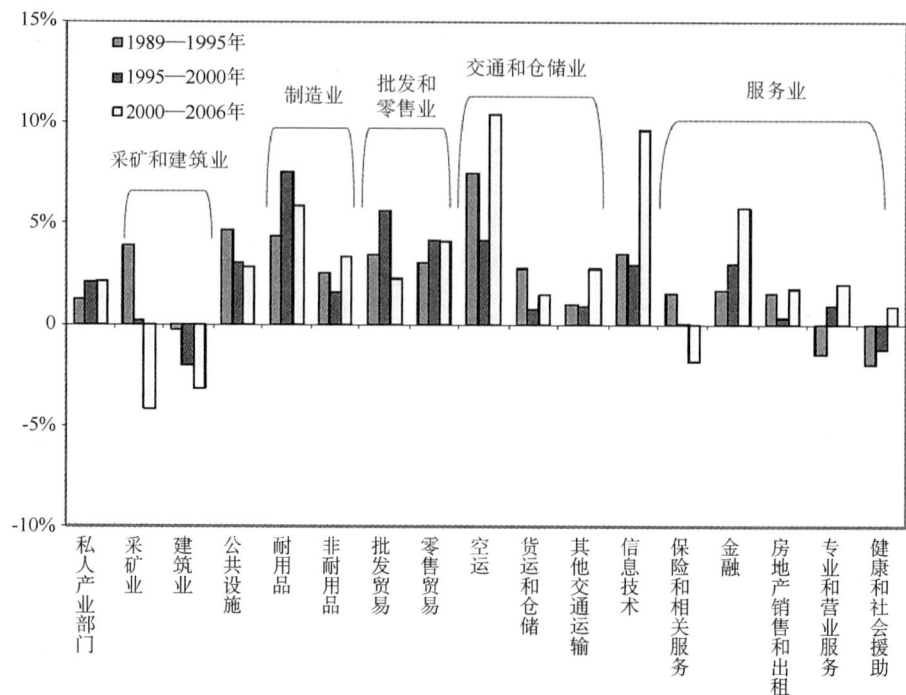

图 7-8　1995 年之后美国劳动生产率的大幅提升

资料来源：Baily，2008。

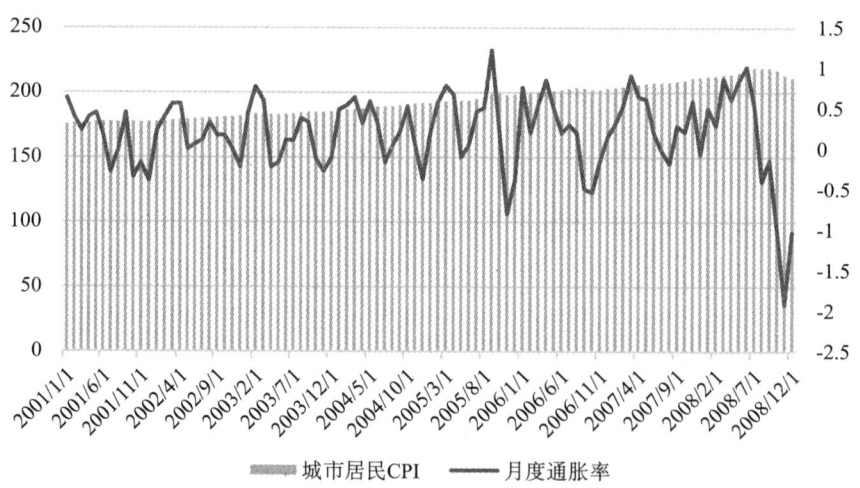

图 7-9　2001—2008 年美国月度通胀率和城市居民 CPI

资料来源：美国经济分析局，美国圣路易斯联储，2019。

注：CPI 指数以 1982－1984＝100

二、对政府收支的影响

系列减税措施所产生的收入效应较为明显，加之不断扩张的政府支出，导致克林顿和老布什努力之下的联邦预算赤字再度失控，对此，格林斯潘（Greenspan，2019）评论道：

"他将减税和一把'富有同情心'的支出计划花束结合在一起,使他成为继得克萨斯州林登·约翰逊之后最大的财政支出者。这项最不幸的决策发生在2003年,当时它将医疗保险覆盖范围扩大到处方药,这是该计划历史上最昂贵的扩张。……国会高兴地加入了挥霍大军:由于政客拼命用公共资金购买选票,所以'专项拨款'的总数从1996年的3 023项增至2005年的16 000项。"①

(一)对税收收入的影响

从各级政府税收收入来看,减税政策正式施行的当年,全国税收收入总额和联邦政府税收收入均呈下降趋势,分别下降了-1.86%和-4.79%;2002年下降幅度更大,分别为-7.66%和-14.15%。2003开始进入正增长通道,最高增速出现在2005年,全国税收收入总额和联邦政府税收收入分别增长了15.46%和19.92%。2008年则再次出现负增长,两个指标分别为-3.61%和-7.35%。州和地方政府税收收入在考察区间内一直为正增长,最高增速为2005年的10.65%,最低增速为2008年的0.94%。

从联邦、州和地方政府占全国税收收入总额的比重来看,联邦政府占比逐渐降低,州和地方政府占比逐渐提高。具体而言,2001年全国税收收入总额为21 411亿美元,联邦政府税收收入为12 268亿美元,占比57.3%,州和地方政府税收收入为9 143亿美元,占比42.7%。2005年全国税收收入总额为25 410亿美元,联邦政府税收收入为13 678亿美元,占比53.8%;州和地方政府税收收入为11 732亿美元,占比46.2%。2008年全国税收收入总额为28 236亿美元,联邦政府税收收入为14 895亿美元,占比52.8%;州和地方政府税收收入为13 341亿美元,占比47.2%(如图7-10所示)。

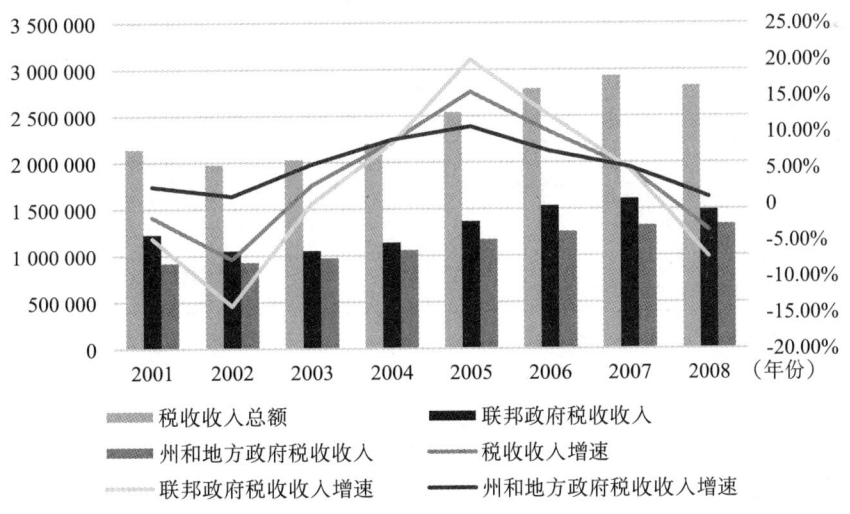

图7-10 2001—2008年美国各级政府税收收入及增速

资料来源:美国经济分析局,2019。

---

① [美]艾伦·格林斯潘、阿德里安·伍德尔里奇,束宇译:《繁荣与衰退:一部美国经济发展史》,中信出版集团2019年版,第346页。

虽然美国财政部认为（Tempalski，2006）[①]，随着21世纪初以来一些立法（如2001年的EGTRRA））中使用"日落"条款和分阶段实施方法的急剧增加，很难比较这些税收法案真正的长期收入效应，但仍可通过税收收入的预测数来进行一定的比较分析，表7-16比较了小布什任期内三项主要法案的收入效应。在法案实施的第一年，无论以现价美元还是1992年不变美元计算，2003年JGTRRA产生的减税额最高，在GDP的占比也最高。但以法案实施4年的平均收入效应来看，2001年EGTRRA以现价美元计价的平均减税额达到819亿美元，以不变美元计价则为652亿美元，GDP占比为0.71%，导致联邦政府税收收入减少3.6%。

表7-16 小布什任期内三项主要法案的收入效应

法案名称	法案执行的年度数量				前2年平均	后4年平均
	1	2	3	4		
现价（10亿美元）						
《2001年经济增长和税收减免协调法案》	-34.4	-85.5	-104.0	-107.7	-60.0	-81.9
《2002年就业创造和工人援助法案》	-46.0	-27.3	3.8	20.8	-36.7	-12.2
《2003年就业和增长税收减免协调法案》	-136.6	-78.0	-8.9	-1.4	-107.3	-56.2
1992年不变价（10亿美元）						
《2001年经济增长和税收减免协调法案》	-28.3	-69.1	-82.6	-80.8	-48.7	-65.2
《2002年就业创造和工人援助法案》	-37.7	-22.0	3.0	16.2	-29.9	-10.1
《2003年就业和增长税收减免协调法案》	-110.2	-62.1	-7.0	-1.1	-86.1	-45.1
收入效应占GDP的比例（%）						
《2001年经济增长和税收减免协调法案》	-0.33	-0.77	-0.89	-0.84	-0.55	-0.71
《2002年就业创造和工人援助法案》	-0.42	-0.24	0.03	0.16	-0.33	-0.12
《2003年就业和增长税收减免协调法案》	-1.19	-0.65	-0.07	-0.01	-0.92	-0.48
因法案导致的联邦政府税收收入变化（%）						
《2001年经济增长和税收减免协调法案》	-1.7	-3.9	-4.4	-4.2	-2.8	-3.6
《2002年就业创造和工人援助法案》	-2.4	-1.3	0.2	0.9	-1.9	-0.7
《2003年就业和增长税收减免协调法案》	-6.3	-3.4	-0.4	-0.1	-4.8	-2.5

资料来源：美国财政部税收分析办公室，2013。

（二）对税收收入结构的影响

在联邦政府税收收入结构中，个人所得税（含预提税）作为最重要的收入来源自2001年来连续3年负增长，其中2002年降幅高达-16.44%。2004—2008年转为正增长，最高增速为2005年的16.71%，最低增速为2008年的0.49%。联邦公司所得税4年负增长，4年正增长，最低增速为2008年的-38.47%，次低增速为2001年的-29.12%；最

[①] J. Tempalski. 2006. Revenue Effects of Major Tax Bills. OTA Working Paper 81. pp1-24. https：//www.treasury.gov/resource-center/tax-policy/tax-analysis/Documents/WP81-Table2013.pdf.

高增速为2003年的39.55%，次高增速为2005年的37.59%。两种所得税呈现负增长的原因有所不同，个人所得税主要受减税政策中税率下调、抵免增加等措施的影响，公司所得税则主要受经济紧缩的影响。公司所得税呈现负增长的4年分别为2001—2002年，2007—2008年，均为商业周期的紧缩期。2003年JGTRRA出台之后，公司所得税却取得了该时段的最高增速，这也表明加速折旧等企业优惠措施并不会影响公司所得税的征收，反而因投资带动经济增长，进而培育了税源，增加了税收（如图7－11所示）。

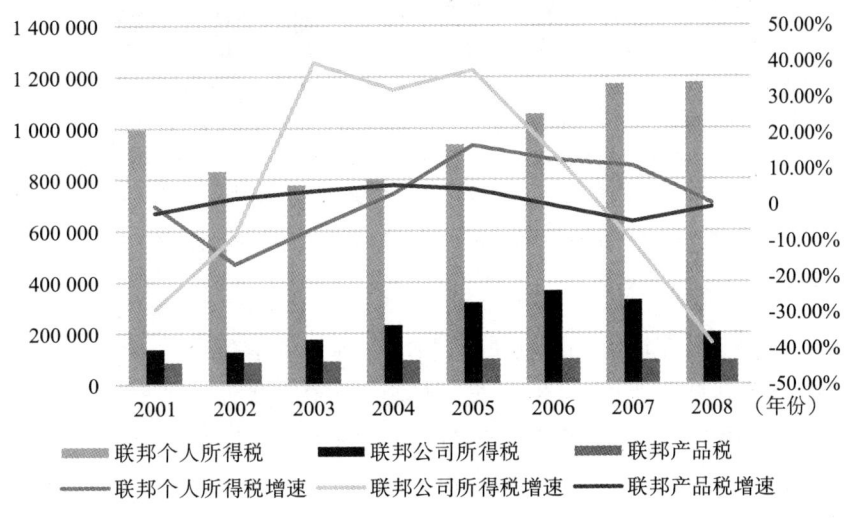

图7－11　2001—2008年美国联邦政府税收收入结构

资料来源：美国经济分析局，2019。

从州和地方政府税收收入结构来看，2001年个人所得税收入为2 233亿美元，2008年达到3 041亿美元，增长1.36倍。年度增速除了2002年为－10.77%之外，其余年份均实现正增长，最高增速为2005年的12.5%。2001年财产税收入为2 680亿美元，2008年达到4 157亿美元，增长1.55倍。年度增速最高为2002年的7.91%，最低为2008年的2.97%。消费税在8年期间也全部实现了正增长，最高增速为2005年的8.53%，最低为2008年的0.02%。另外，个人所得税与财产税之间的收入差距越来越大，2001年个人所得税收入比财产税收入少447亿美元，2008年两者差额达到1 116亿美元，是2001年差额的2.5倍，或许表明财产税在州和地方政府的税收收入结构中占据越来越重要的地位。

（三）对税收负担的影响

EGTRRA作为小布什任期内系列减税政策的重头戏，对税收负担的影响最受关注，而2002年实施的JCWAA也对税收负担产生了叠加影响。政策实施一年之后，实际联邦税率下降了0.7个百分点，从2001年的21.4%下降到2002年的20.7%，主要是因为个人所得税实际税率下降了0.7%，公司所得税实际税率下降0.3%，社会保险实际税率有所提高（如表7－17所示）。究其原因，税法的调整和收入的变化共同导致了实际税率的下降。EGTRRA降低了税率并提高了抵免额，而JCWAA增加了扣除额，这些措施共同促使了实

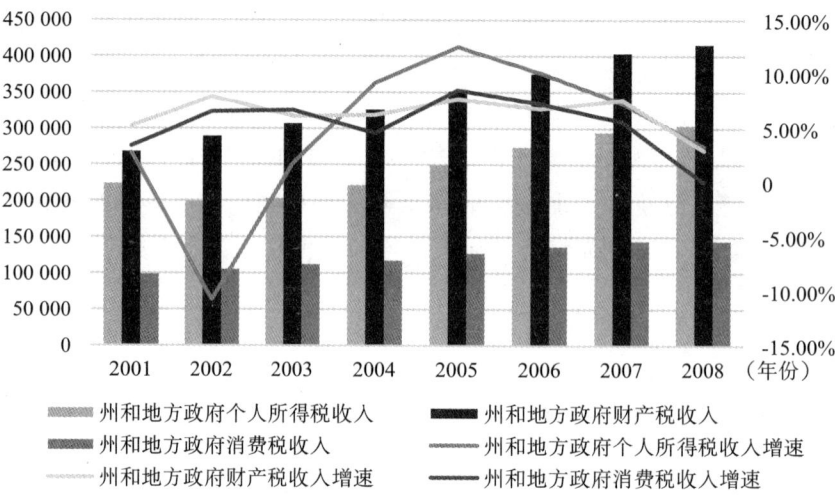

图 7-12 2001—2008 年美国州和地方政府税收收入结构

资料来源：美国经济分析局，2019。

际所得税率的下降。同时，家庭总收入相应下降，资本利得收入从 3 260 亿美元降至 2 390 亿美元，应税利息所得从 1 980 亿美元降至 1.690 亿美元，工资和薪金作为家庭最主要的收入来源，基本没有变化。另外，EGTRRA 的特点是应税所得级距、个人免税额和标准扣除额都与通胀率挂钩。收入减少加之扣除总额提高，导致更大比例的家庭收入适用于较低的法定税率，从而降低了实际税率。公司所得税实际税率的下降主要反映了 JCWAA 对企业折旧的调整。社会保险税实际税率的提高源于两个因素：一是 2002 年工资总额中的更大比例低于社会保险税审定的应纳税最高限额，相应增加了工资所得的工薪税；二是 2002 年工资收入在个人总收入中的占比高于 2001 年，进一步推高了按总收入百分比计算的社会保险税实际税率。

表 7-17　　　　　　　　　　2001 年和 2002 年的实际联邦税率和收入占比

收入类别	家庭数量（百万）②	平均收入①		实际税率（%）				
		税前	税后	所有联邦税收	个人所得税	社会保险税	公司所得税	消费税
2001 年								
最低 20%	22.2	15 200	14 400	5.2	-5.6	8.3	0.3	2.2
次低 20%	21.1	34 700	30 700	11.5	0.3	9.4	0.4	1.4
中间 20%	21.6	52 300	44 400	15.1	3.8	9.5	0.7	1.1
次高 20%	21.5	76 800	62 000	19.2	7.2	10.4	0.7	0.9
最高 20%	22.5	185 400	135 900	26.7	16.3	7.1	2.8	0.5
全部	109.4	72 900	57 300	21.4	10.4	8.4	1.8	0.8
最高 10%	11.4	262 800	188 000	28.5	18.7	5.8	3.5	0.5
最高 5%	5.7	385 400	269 800	30.0	20.8	4.5	4.3	0.4
最高 1%	1.1	1 064,800	715 000	32.9	24.1	2.3	6.2	0.2

续表

收入类别	家庭数量（百万）	平均收入		实际税率（%）				
		税前	税后	所有联邦税收	个人所得税	社会保险税	公司所得税	消费税
2002 年								
最低 20%	22.6	14 400	13 800	4.6	-6.0	8.1	0.3	2.3
次低 20%	21.5	33 600	29 900	10.8	-0.2	9.3	0.3	1.4
中间 20%	22.3	51 100	43 700	14.4	3.5	9.3	0.5	1.1
次高 20%	21.7	75 900	61 700	18.7	6.8	10.5	0.5	0.9
最高 20%	22.8	175 900	130 000	26.1	15.6	7.5	2.5	0.5
全部	111.4	69 800	55 300	20.7	9.7	8.7	1.5	0.9
最高 10%	11.6	244 500	176 200	27.9	18.0	6.3	3.2	0.5
最高 5%	5.8	350 700	247 200	29.5	20.1	4.9	4.1	0.4
最高 1%	1.1	938 100	631 700	32.7	23.8	2.5	6.1	0.3

收入类别	家庭数占比（%）	收入占比（%）		纳税义务占比（%）				
		税前	税后	所有联邦税收	个人所得税	社会保险税	公司所得税	消费税
2001 年								
最低 20%	20.3	4.2	5.1	1.0	-2.3	4.2	0.8	11.1
次低 20%	19.3	9.2	10.3	4.9	0.3	10.3	2.1	14.7
中间 20%	19.8	14.2	15.4	10.0	5.2	16.0	5.4	18.1
次高 20%	19.6	20.7	21.3	18.5	14.3	25.6	7.7	122.3
最高 20%	20.0	52.4	48.9	65.3	82.5	43.9	82.6	33.5
全部	100.0	100.0	100.0	100.0	100.0	100.0	100.0	100.0
最高 10%	10.4	37.6	34.2	50.0	67.7	26.0	74.8	20.1
最高 5%	5.2	27.5	24.5	38.5	55.2	14.6	67.8	12.2
最高 1%	1.0	14.8	12.6	22.7	34.4	4.0	51.8	4.2
2002 年								
最低 20%	20.3	4.2	5.1	0.9	-2.6	3.9	0.7	11.2
次低 20%	19.3	9.3	10.4	4.8	-0.2	9.9	1.9	15.1
中间 20%	20.0	14.7	15.8	10.2	5.3	15.8	5.2	18.7
次高 20%	19.5	21.2	21.7	19.1	14.8	25.6	7.4	22.2
最高 20%	20.4	51.5	48.0	64.8	82.8	44.6	82.9	32.3
全部	100.0	100.0	100.0	100.0	100.0	100.0	100.0	100.0
最高 10%	10.4	36.4	33.1	49.0	67.4	26.6	75.8	19.3
最高 5%	5.2	26.2	23.3	37.3	54.5	14.9	69.4	11.7
最高 1%	1.0	13.4	11.4	21.1	33.0	3.9	53.5	4.1

注：①以 2002 年美元计价；②"家庭"由共享一个住房单元的人组成，而不管他们之间的关系如何。
资料来源：美国国会预算办公室，2005。

再往后看，EGTRRA 对工薪所得、利息股息和资本利得的平均边际税率的影响或将持续到 2010 年（如表 7-18 所示）。奥尔巴赫（Auerbach，2012）[①] 基于纳税申报表的实际数量，在假设物价每年增长 3%，人口每年增长 1.2%，人均收入每年增长 1% 的前提下开展了测算。数据对比显示，EGTRRA 之下的工薪所得边际税率最高降幅为 2.58%，利息股息边际税率的最高降幅为 3.33%，资本利得边际税率的最高降幅为 1.09%。

表 7-18　　　　　　　　　EGRTTA 和旧法之下的边际税率　　　　　　　　单位:%

年份	原法案			EGTRRA			变化			
	工薪所得	利息股息	资本利得	工薪所得	利息股息	资本利得	工薪所得	利息股息	资本利得	收入/NNP
2001	25.22	26.26	20.01	24.43	25.08	20.30	-0.79	-1.18	0.29	-0.45
2002	25.32	26.21	20.00	23.95	24.49	20.30	-1.36	-1.72	0.30	-0.70
2003	25.39	26.34	20.04	24.04	24.06	20.28	-1.35	-1.75	0.24	-0.75
2004	25.47	26.43	20.05	23.54	24.16	20.45	-1.93	-2.27	0.41	-0.81
2005	25.53	26.40	20.11	23.52	24.12	20.49	-2.01	-2.28	0.38	-0.86
2006	25.61	26.32	19.98	23.04	23.37	20.59	-2.58	-2.96	0.61	-1.04
2007	25.71	26.65	20.17	23.16	23.32	20.39	-2.55	-3.33	0.22	-1.09
2008	25.75	26.59	20.12	23.24	23.35	20.52	-2.51	-3.24	0.41	-1.09
2009	25.80	26.50	20.04	23.37	23.40	20.40	-2.43	-3.09	0.36	-1.08
2010	25.84	26.59	20.11	23.45	23.38	20.44	-2.38	-3.21	0.33	-1.09

资料来源：Auerbach，2002 和 NBER TAXIM MODEL。

从不同的收入群体来看，富裕人群的确承担了更多的税收。2000 年，最高收入的 60% 群体缴纳了所有的所得税，低收入的 40% 群体分文未纳。实际上，税收立法者在推行 2001 年和 2003 年减税立法时面临很大的挑战，对此立法者通过前述将最低税率从 15% 下调到 10%，增加了儿童税收抵免等举措将原本零税负的纳税人群转变为接受财政补贴的人群。到 2004 年，低收入的 40% 群体缴纳的个人所得税从零下降到 -4%，意味着 1/5 家庭收受了美国国内收入局的补贴（如图 7-13 所示）。相比之下，最高 20% 的收入人群承担的个人所得税由 81% 增加到 85%，税负小幅上升。

再将数据扩展到所有联邦税收，表 7-19 显示 2004 年最低收入的 20% 群体的纳税义务在减税后下降了 0.2%，最高收入的 20% 群体的纳税义务在减税后提高了 2.3%。若对最高收入的 20% 群体进行细分，最高 20%—5% 的收入群体所承担的纳税义务从 22.8% 提高到 26.5%，最高 5%—1% 的收入群体其纳税义务从 18.9% 下降到 15.1%，最高 1% 的收入群体其纳税义务从 37.1% 下降到 26.2%。这与克林顿减税的结果有类似之处，低收入群体的确从减税中受益，但受益程度远远比不上最富裕的人群。收入最低的 20% 群体所

[①] A. J. Auerbach. 2002. National Bureau of Economic Research. *NBER Working Paper* 9012, pp1-43. http://www.nber.org/papers/w9012. (accessed 31 March 2120).

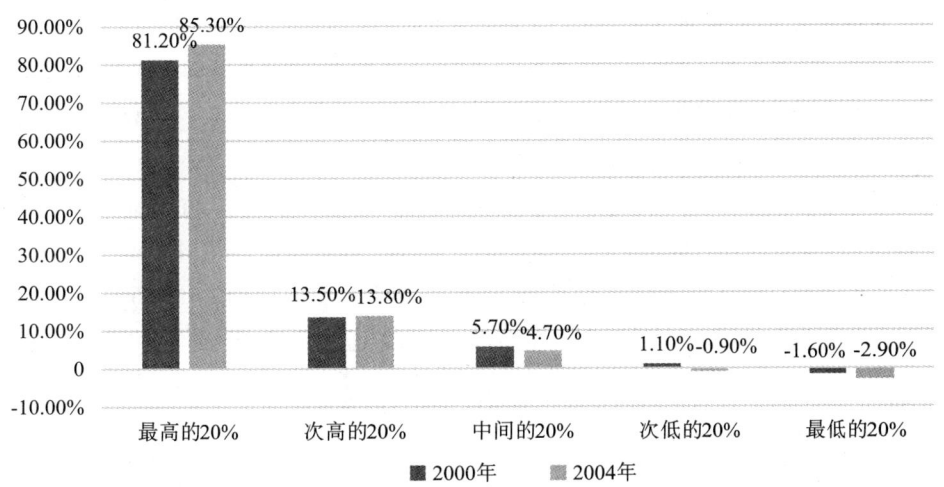

图 7-13 2000 年和 2004 年各收入群体缴纳的所得税比重

资料来源：美国国会预算办公室，2006。

享有的 0.2% 降幅与收入最高的 5%—1% 群体所享有的 3.8% 降幅、收入最高的 1% 群体所享有的 10.9% 降幅，差距相当大。或者说，减税政策虽然增加了低收入群体的收入，但又加剧了美国的收入分配不平等。理论上，政府的再分配政策应该起到缓解不公平的效果，显然小布什政府的减税政策并没有达到这一根本目标，反而与目标背道而驰。从这个角度来看，减税政策的设计是失效和失败的。

表 7-19 减税前后各收入群体的纳税义务分摊情况

收入群体划分	小布什减税前	小布什减税后		
	纳税义务分摊	2004 年减税额（美元）	纳税义务分摊	减税额分摊
最低的 20%，0-14 415 美元	0.50%	1 976 256 511	0.30%	1.20%
次低的 20%，14 416-25 499 美元	2.30%	7 177 358 834	1.90%	4.20%
中间的 20%，25 500-41 640 美元	5.90%	15 905 120 495	5.20%	9.40%
次高的 20%，41 641-68 295 美元	12.60%	29 559 373 144	11.60%	17.50%
最高的 20%，68 296 美元及以上	78.70%	114 633 332 724	81.00%	67.70%
纳税人整体税负	100.00%	169 251 441 709	100.00%	100.00%
最高的 20%		最高的 20%		
前 10%，68 296-97 685 美元	11.90%	26 272 973 354	11.20%	15.50%
后 10%，97 686-136 162 美元	10.80%	18 560 111 502	10.80%	11.00%
其中的 20%—5%，68 296-136 162 美元	22.80%	44 833 048 756	22.00%	26.50%
其中的 5%—1%，136 163-335 474 美元	18.90%	25 482 868 099	19.70%	15.10%
其中的 1%，335 475 美元及以上	37.10%	44 317 415 869	39.30%	26.20%
最高 20% 群体的整体税负	78.70%	114 633 332 724	81.00%	67.70%

资料来源：Tax Foundation Individual Tax Model，2004。

(四) 对政府支出的影响

从联邦政府支出来看，得益于克林顿和老布什任期内积累的财政盈余，小布什整个任期内的支出预算显得颇为慷慨。表 7-20 显示所有类别支出连续 8 年正增长。首先从各类支出的总额来看，国防消费支出占据半壁以上，2008 年达到 5 832 亿美元；其次是非国防消费支出，2008 年达到 2 957 亿美元。从各类支出的增速来看，国防消费支出曾有 3 年增速超过 10%，最高增速为 2003 年的 14.69%；国防投资增速八年增速均在 5% 以上，最高增速为 2002 年的 14.54%。非国防消费支出最高增速为 2002 年的 11.95%，最低为 2007 年的 3.25%；非国防投资支出增长相对较缓，最高增速为 2002 年的 7.30%。

表 7-20　　2001—2008 年美国联邦政府的支出结构　　单位：百万美元

年份	国防支出				非国防支出			
	消费支出	增速（%）	投资支出	增速（%）	消费支出	增速（%）	投资支出	增速（%）
2001	325 495	5.29%	87 667	5.10%	180 714	8.11%	76 176	2.98%
2002	358 518	10.15%	100 414	14.54%	202 314	11.95%	81 737	7.30%
2003	411 179	14.69%	110 042	9.59%	219 919	8.70%	85 121	4.14%
2004	448 923	9.18%	120 955	9.92%	234 403	6.59%	87 463	2.75%
2005	477 972	6.47%	131 466	8.69%	247 477	5.58%	90 548	3.53%
2006	501 268	4.87%	139 547	6.15%	263 782	6.59%	96 095	6.13%
2007	528 119	5.36%	151 145	8.31%	272 353	3.25%	98 892	2.91%
2008	583 201	10.43%	167 135	10.58%	295 695	8.57%	104 554	5.73%

资料来源：美国经济分析局，2019。

较之于克林顿政府实施的减税政策，小布什减税最重要的问题是没有同步削减政府支出。事实上，小布什任期内经历了一场历史性的支出狂潮：2001—2009 年，联邦政府支出占 GDP 的比重从 18.2% 跃升到 25.2%，这是自二战以来以 8 年为考察时段的最大幅度增长。[1] 相比之下，在肯尼迪减税实施 8 年后，政府支出占 GDP 的比重只增加了 1.1%；里根减税实施 8 年后，政府支出占 GDP 的比重实际下降了 1.1%。

减税而不削减开支会带来两个问题：一个涉及经济激励；另一个涉及政治激励。对于前者，没有削减政府支出的减税实际不是真正的减税，而是税收延期。从某种程度上讲，居民是具有远见的。他们意识到赤字的存在需要未来的增税来解决，于是不得不放弃当前消费，以便为不可避免的增税进行储蓄。在这种情况下，政府借贷将排挤或取代私人消费和投资，降低减税的效果。[2] 对于后者，一些选民可能会被欺骗，认为政府开支比实际开支要便宜，即意大利经济学家普维亚尼（Amilcare Puviani, 1903）提出的"财政幻觉"。

---

[1] M. Mitchell & A. Castillo. 2012. *What Went Wrong with the Bush Tax Cuts*. Mercatus Center. 2012-11-28.
[2] 即李嘉图均衡，其现代阐释见 Robert Barro. 1974. Are Government Bonds Net Wealth? *Journal of Political Economy*. 82 (6): 1095-1117。

布坎南（Buchanan，1999）[①]认为，递延所得税的不透明性导致人们不恰当地折扣政府服务的成本，因此要求比平时更多的服务。这一现象导致糟糕的政策催生更多的坏政策；考虑不周的税收改革诱使选民要求更多的政府服务，而这些服务在未来需要用更高的税收来支付。从小布什的财政支出政策来看，这一论断在某种程度上得到了印证。

州和地方政府支出同样保持正增长态势（如表7-21所示）。消费支出最高增速为2001年的7.23%，最低为2003年的2.92%；投资支出最高增速为2007年的8.48%，最低增速为2003年的2.88%。较之克林顿总统任期，州和地方政府支出绝大部分的年度增速略低一些。这一方面表明克林顿任期内的"财政约束"在州和地方政府层面没有太大影响；另一方面表明小布什任期内的州和地方政府在支出行为上相对谨慎。

表7-21　　　　　2001—2008年美国州和地方政府的支出结构　　　　单位：百万美元

年份	消费支出总额	消费支出增速	投资支出总额	投资支出增速
2001	1 031 183	7.23%	248 040	7.16%
2002	1 084 209	5.14%	261 525	5.44%
2003	1 115 889	2.92%	269 058	2.88%
2004	1 169 360	4.79%	277 785	3.24%
2005	1 237 257	5.81%	291 273	4.86%
2006	1 308 292	5.74%	315 251	8.23%
2007	1 398 349	6.88%	341 987	8.48%
2008	1 473 499	5.37%	357 906	4.65%

资料来源：美国经济分析局，2019。

（五）对预算盈余的影响

从各级政府来看，大规模减税叠加无约束支出的结果是赤字再度发生，2001年不仅消耗了2000年的850亿美元预算结余，而且产生了新的赤字——896亿美元。2002年赤字额急剧上升了五倍达到4 652亿美元；2003年再度升至7 097亿美元，相当于克林顿任期内1995—1999年5年的赤字总和。2004年开始小幅下降，直至2008年攀升到8 115亿美元。从联邦政府来看，整个预算除2001年因2000年庞大的盈余基数（2 362亿美元）仍保持盈余状态（1 282亿美元）之外，其余年份均为赤字；预算内资金则均为赤字，尤其2001年在花费了2000年864亿美元的盈余之后，还出现324亿美元的赤字。从州和地方政府来看，克林顿任期内赤字落于1 228亿—1 512亿美元的区间，而小布什任期内这一区间扩展到了2 178亿—3 321亿美元，赤字规模明显扩大。各级政府赤字占GDP的比重最高为2003年的6.3%，最低为2001年的0.9%，均值为4.225%，较之克林顿任期内3.25%的均值高出了一个百分点（如表7-22所示）。

[①] James Buchannan. 1999. *Public Finance in Democratic Process*：*Fiscal Institutions and Individual Choice*. Indianapolis：Liberty Fund.

表 7-22　　2001—2008 年的美国政府盈余/赤字余额及 GDP 占比

单位：10 亿美元

财年	10 亿美元（按现价计算）					GDP 占比（%）		
	各级政府	联邦政府			州和地方政府	各级政府	联邦政府	州和地方政府
		总额	预算内	预算外				
2001	-89.6	128.2	-32.4	160.7	-217.8	-0.9	1.2	-2.1
2002	-465.2	-157.8	-317.4	159.7	-307.4	-4.3	-1.5	-2.8
2003	-709.7	-377.6	-538.4	160.8	-332.1	-6.3	-3.3	-2.9
2004	-704.9	-412.7	-568.0	155.2	-292.1	-5.9	-3.4	-2.4
2005	-568.8	-318.3	-493.6	175.3	-250.5	-4.4	-2.5	-2.0
2006	-477.4	-248.2	-434.5	186.3	-229.2	-3.5	-1.8	-1.7
2007	-435.4	-160.7	-342.2	181.5	-274.7	-3.0	-1.1	-1.9
2008	-811.5	-458.6	-641.8	183.3	-353.0	-5.5	-3.1	-2.4

资料来源：美国行政管理和预算局，2019。

减税通过增加预算赤字来筹集资金，这就意味着减税政策中并没有增加其他收入或减少开支来抵消收入损失的重要条款。同样，如果减税政策如期到期而不采取其他行动，增加税收将减少预算赤字。不包括额外的还本付息成本，到 2004 年因两大减税法案导致的赤字增量相当于 GDP 的 2.25%。[1] 假设原计划到期的替代性最低税收减免被永久延期，减税成本在 2011 年约为 GDP 的 2.5%，2012 年为 GDP 的 3.5%，其中不包括额外的偿债成本；若允许替代性最低税收减免条款按时到期，预计 2011 年减税成本约为 GDP 的 0.75%，2012 年为 GDP 的 1.5%。[2]

图 7-14 进一步比较了 1990—2009 年经周期调整的联邦预算赤字的年度变化，周期性调整后的预算赤字被视作预算赤字年度政策变动规模的代表。历史记录表明，当经济中其他支出（无论是消费、投资还是净出口）强劲时，赤字降低不一定会导致整体经济增长低于平均水平。1993—2000 年，除 1999 年外，每年经周期性调整的预算赤字都略有减少，但经济增长依然强劲。而且美联储还可配合使用货币政策来抵消任何因削减赤字而导致的紧缩效应。但在小布什总统任期内，这样的政策组合变得尤为困难，因为美联储已经用尽了传统的政策工具，将隔夜利率降至零，并大规模使用非正统的工具刺激政府支出（Labonte，2010）[3]。受财政政策与货币政策的双重刺激，赤字规模愈发难以控制。

---

[1] 美国国会研究服务办公室（Congressional Research Service）根据联合税收委员会（Joint Tax Committee）数据测算。

[2] 美国国会研究服务办公室（Congressional Research Service）根据国会预算办公室的数据测算。

[3] M. Labonte. 2010. What Effects Would the Expiration of the 2001 and 2003 Tax Cuts Have on the Economy. *CRS Report for Congress*, No. 7-5700. www.crs.gov.

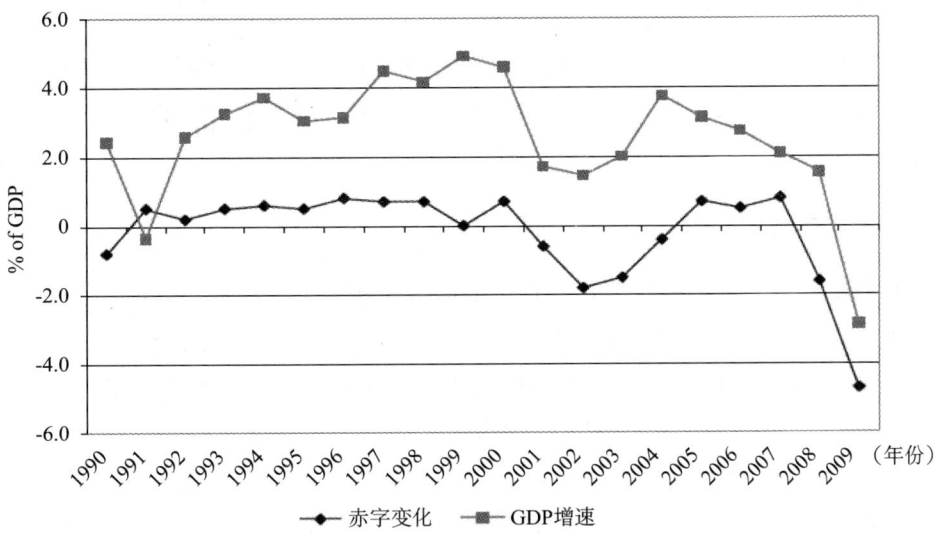

图 7 - 14 1990—2009 年的财政赤字与 GDP

资料来源：Labonte, 2010。

（六）对政府债务的影响

美国联邦政府债务总额继续增长，公众持有债务也不例外。但公众持有债务占 GDP 的比例经历了短暂下降再上升的过程，从 2000 年的 33.7% 下降到 2001 年的 31.5%。2002 年开始逐渐上升，直至 2008 年的 39.4%。联邦政府持有债务则一直保持上升趋势，GDP 占比从 2000 年的 21.9% 上升到 2001 年的 23.3%，直至 2008 年的 28.4%（如表 7 - 23 所示）。

表 7 - 23　2001—2008 年的美国联邦政府债务及 GDP 占比

财年末	百万美元					GDP 占比（%）				
	债务总额	减：联邦政府账户持有债务	等于：公众持有债务			债务总额	减：联邦政府账户持有债务	等于：公众持有债务		
			总额	联邦储备系统	其他			总额	联邦储备系统	其他
2001	5 769 881	2 450 266	3 319 615	534 135	2 785 480	54.8	23.3	31.5	5.1	26.5
2002	6 198 401	2 657 974	3 540 427	604 191	2 936 235	57.2	24.5	32.7	5.6	27.1
2003	6 760 014	2 846 570	3 913 443	656 116	3 257 327	59.9	25.2	34.7	5.8	28.9
2004	7 354 657	3 059 113	4 295 544	700 341	3 595 203	61.2	25.4	35.7	5.8	29.9
2005	7 905 300	3 313 088	4 592 212	736 360	3 855 852	61.6	25.8	35.8	5.7	30.0
2006	8 451 350	3 622 378	4 828 972	768 924	4 060 048	62.0	26.6	35.4	5.6	29.8
2007	8 950 744	3 915 615	5 035 129	779 632	4 255 497	62.6	27.4	35.2	5.5	29.8
2008	9 986 082	4 183 032	5 803 050	491 127	5 311 923	67.7	28.4	39.4	3.3	36.0

资料来源：美国行政管理和预算局，2019。

显然，小布什任期内联邦政府债务持续增加，这对美国经济产生了诸多负面影响，不仅挤压了私人投资，也会压缩福利支出。对于美国政府而言，巨额债务也会限制决策者应对经济情况能作出的反应，因为再次采用扩张性财政政策的空间和选择宏观政策搭配的余地都将受到较大限制。

三、对资本市场的影响

美联储持有的低利率预期以及小布什政府的减税措施共同撑起了该时段的股市（马克汉姆，2018）。[①] 具体来看，受商业周期新一轮衰退影响，道琼斯指数于2001年3月14日跌破10 000点至9 973.46点，接着受减税法案宣布和出台的连续刺激于4月10日开始稳步在10 000点以上。直至"9·11"事件爆发后9月17日重新开市，道琼斯指数跌至8 920.7点。恐怖袭击对美国经济和股市造成了灾难性的后果，雪上加霜的是，大规模的会计丑闻接踵而至，从安然到泰科，从世界通信到环球电信。一方面，安然丑闻引发了公众对上市公司高管获得巨额薪酬的愤怒，各种公司治理改革应运而生，旨在遏制过度薪酬，加强高管薪酬管理；另一方面，为了应对安然等公司丑闻，2002年美国国会通过了《萨班斯—奥克斯利法案》，但遗憾的是该法案并没有能成功遏制住资本市场层出不穷的会计假账、金融欺诈、市场操控等问题。

2003年减税政策宣布之后，道琼斯指数在新一年的头三天创下了新记录。减税立法的即时效应也使得许多已经支付股息的公司进一步提高股利率，一些公司宣布他们将首次支付股息。卡托研究所（Cato Institute）的一项研究发现，从2003年5月开始，标普500指数的公司股息增加了330亿美元。微软公司在小布什颁布减税政策后发放了股息，并于2004年进一步特别发放股息320亿美元。2003年5月底，经济呈现相对强劲的复苏势头，股市出现上涨（如图7-15所示）。5月30日，道琼斯指数达到8 850.26点，6月4日收盘于9 000点以上，是自2002年8月以来的首次突破。6月16日，道琼斯指数达到9 318.96点，国债收益率达到45年以来最低水平，30年抵押贷款利率下降到5.54%，也是40多年来的最低水平。但是，所有者权益与个人住宅的居住价值比例也创下了历史最低水平，这表明消费者正在利用他们的住宅制造杠杆，[②] 次贷危机的导火索在此时已经显现，只是没有受到应有的关注。

但减税政策并非万能。2007年美国次贷危机爆发之后，国会和小布什政府迅速通过了1 600亿美元的一揽子刺激计划，其中包括联合申报的纳税人可获得1 200美元退税额，独立申报的纳税人可获得600美元退税额，但这些措施几乎没有产生任何即时效应。2008年9月，雷曼兄弟公司破产，国会再次通过7 000亿美元的紧急救助计划，也没有能够成功

---

① ［美］杰瑞·马克汉姆，韩姝译：《美国金融史（第六卷）——金融危机与大衰退》，中国金融出版社2018年版，第56页。

② ［美］杰瑞·马克汉姆，韩姝译：《美国金融史（第四卷）——从安然事件到金融改革》，中国金融出版社2018年版，第625页。

图 7-15　2001—2008 年美国的道琼斯指数和标普 500 指数

资料来源：WIND，2020。

阻止随后的股市恐慌，2008 年 12 月 31 日，道琼斯指数以 8 766.39 点惨淡收盘。

第三节　本章小结

小布什推行的供给侧减税若以减税前后的供给侧指标来衡量，结果并不理想（如表 7-24 所示）。除劳动生产率增长外，所有主要经济指标都是减税前好于减税后。1993—2000 年，年均 GDP 增速达到了 3.9%，2003—2007 年，年均 GDP 增速仅有 2.7%；家庭实际收入增长中位数两个时段相差了 1.1%，私人部门就业率相差了 1.5%，营业投资增速相差了 4.7%。如果再将经济衰退和部分法案实施的年份纳入比较当中，除了个人储蓄和劳动生产率之外，减税前的经济表现将比减税后的表现要亮丽许多。

表 7-24　减税前后的经济指标对比①

	1993—2000 年	2003—2007 年
GDP 增速	3.9%	2.7%
家庭实际收入增长中位数	1.7%	0.6%
私人部门就业率	2.7%	1.2%
每周工时	34.4	33.8

---

①　为了减少经济周期对结果的影响，表中省略了 2001 年、2002 年、2008 年和 2009 年这四个衰退年份。2001 年和 2002 年的数据被排除在外是因为当时减税没有完全实施到位；2008 年和 2009 年被排除在外是因为这两年因金融危机出台了非常规的减税措施。

续表

	1993—2000 年	2003—2007 年
就业—人口比率	63.4%	62.7%
失业率	5.2%	5.2%
个人储蓄占可支配收入比重	4.6%	2.6%
营业投资增速	10.3%	5.6%
劳动生产率增速	2.0%	2.2%

资料来源：美国经济分析局和美国劳工局，2010。

对这一结果该如何解释？一种解释是，减税导致了经济表现的恶化，因为收入效应对工作和储蓄的影响占据了主导地位，或者是因为预算赤字增加对经济的负面影响。另一种解释是，在其他因素导致经济表现相对不佳的时候，减税并没有产生足够显著的影响，无法在数据中体现出来。按照这种解释，减税可能会对经济产生小的积极影响、小的负面影响或没有影响（Labonte，2010）。[①]美联储前主席格林斯潘（2019）给出的解释更为深刻并更令人信服，他认为：

"美国经济放缓或许折射出一些更深层次的问题：用于反映经济健康程度的重要指标，比如生产力增长率和投资增长率，都在金融危机爆发之前已经开始放缓。2000—2009 年，实际 GDP 年均值增长了 1.8%，相比之下，1990—1999 年的年均增长率为 3.2%。……1998—2004 年，美国经济出现了一次快速增长的局面，但现在看来，这次增长只是一个长期下行周期中的一次短暂的特例，而不是代表科技力量驱动的经济增长新时代的到来。"[②]

[①] M. Labonte. 2010. What Effects Would the Expiration of the 2001 and 2003 Tax Cuts Have on the Economy. *CRS Report for Congress*, No. 7 - 5700. www.crs.gov.

[②] [美] 艾伦·格林斯潘、阿德里安·伍尔德里奇，束宇译：《繁荣与衰退——一部美国经济发展史》，中信出版集团 2019 年版，第 359 页。

第八章
奥巴马减税政策及其评析

2009年1月20日，贝拉克·侯赛因·奥巴马（Barack H. Obama）正式就任美国第44任总统，并于2012年11月获得连任，直至2017年1月正式卸任。奥巴马就任之时，美国正面临着自20世纪30年代经济大萧条以来最严重的金融危机。对此，奥巴马政府开出了两剂药方应对经济衰退：一是在小布什政府救市方案基础上，推出全面的金融市场稳定计划，拯救陷入困境的金融机构，同时推行量化宽松政策；二是实施经济刺激计划，签署了《2009年美国复苏与再投资法案》，涵盖2 370亿美元的个人税收减免和510亿美元的企业税收优惠。奥巴马的政策组合既延续了小布什政府追捧的供给经济学的主张，同时也采纳了货币主义、理性预期等学派的政策建议。多学派政策组合的运用加强了政策实施效果，正如《奥巴马政治经济学》一书中所述："奥巴马希望通过政府对经济和民生的积极干预来领导美国走出金融危机，重新恢复美国资本主义的活力。"[①] 一些评论家则认为奥巴马经济学其实是一种政治战略，旨在通过政府与强势企业的合作，从而制定新的经济法规、新的税收政策以及新的补贴制度（卡里，2011）[②]。从整体来看，奥巴马政府是从供需两侧同时入手，既着力于短期内挽救经济，又着眼于培育长期经济潜力。

第一节 奥巴马减税政策的主要内容

小布什政府出台的大部分减税政策根据"日落条款"将在2010年到期，若不及时通过新的税收法案对原有政策进行明确，税收政策将面临"真空期"（朱志刚，2011）[③]。同时，金融危机后的经济增长乏力、居高不下的失业率，都迫切要求奥巴马政府启动新一轮财政刺激，而"减税"是既能刺激经济又能争取选民的一条捷径。

[①] 王勇、白云真、王洋、刘玮：《奥巴马政治经济学》，中国人民大学出版社2015年版，第45页。
[②] [美]蒂莫西·P.卡里，杨莉等译：《奥巴马经济学》，深圳出版发行集团2011年版，第3—4页。
[③] 朱志刚："奥巴马减税——不得不说的事"，《涉外税务》2011年第2期。

一、政策出台过程

大多数经济预测者都低估了 2008 年金融危机对美国经济造成的冲击,很大程度上是因为美国自 20 世纪大萧条以来没有经历过系统性金融危机。当时的预测也受到了相当大的不确定性影响,即对世界其他地区的溢出效应,以及在联邦基金利率已经达到零之后,美国经济将如何应对其他宏观经济政策的干预。如表 8-1 所示,以 2008 年 12 月为例,蓝筹股经济预测小组预测,2009 年上半年 GDP 将以每年 1.4% 的速度下降,该预测值不到实际 2.9% 年化降幅的一半。此外,蓝筹股预测小组估计,2009 年第二季度失业率将升至 7.7%,远低于 9.3% 的实际失业率。其他指标也显示出类似的严重恶化情况。

表 8-1　　　　　　金融危机后预测和实际的 GDP 增速及失业率

	实际 GDP 增速			失业率		
	蓝筹股	专业预测人士问卷调查	实际	蓝筹股	专业预测人士问卷调查	实际
2008Q4	-4.1	-2.9	-8.3	6.7	6.6	6.9
2009Q1	-2.4	-1.1	-5.4	7.3	7.0	8.3
2009Q2	-0.4	0.8	-0.4	7.7	7.4	9.3

资料来源:蓝筹股经济预测指数,专业预测人士问卷调查,美国劳工统计局,美国经济分析局,2013。

在奥巴马就任前,国会和小布什政府曾于 2008 年 2 月颁布了一套经济刺激方案,目的旨在通过向消费者提供临时资助来应对短期衰退,但这并没有扭转日益严重的经济困境。9 月 26 日,众议院以 264 票对 158 票的表决通过了一项经济刺激法案,即《2008 年创造就业和失业救济法案》。同一天,参议院以 52 票对 42 票的表决结果否决了继续审议类似经济刺激措施的动议。刺激措施由参议院拨款委员会提出,涉及大约 600 亿美元的追加拨款,用于基础设施、能源开发、失业补偿、就业培训、医疗补助和食品券援助等项目。11 月 17 日—12 月 11 日,参议院多数党领袖里德(H. Reid)和参议员伯德(R. C. Byrd)提出了一项扩大的经济刺激提案。根据该提案,政府需增加 1 003 亿美元的基础设施支出以及开展其他一系列经济刺激和复苏活动。直至第 110 届国会届满,参众两院均未就经济刺激立法采取任何进一步行动。

事实上,在意识到经济挑战的全面性之前,美国的财政扩张政策一直遵循着斯珀林(Sperling,2007)、埃尔门多夫和弗曼(Elmendorf 和 Furman,2008)倡导的"3T"原则,即及时性、针对性和临时性。[①] 然而,到 2008 年年底,经济衰退已经演变成一场重大的金融危机,财政政策需要新的指导方法,即前财政部长萨默斯(L. Summers)所说的"迅速、实质和可持续"。[②] 这三个原则指导了新政府的财政决策。首先,财政努力要能迅速

---

① "3T"的原文是 Timely, Targeted, Temporary。
② Speech at the Wall Street Journal CEO Council conference in Washington D. C., Nov 19, 2008.

实施，这与前几任总统的经济计划不同，后者通常要到就职 6 个月或更长时间后才能通过。其次，鉴于经济问题的范围非常大，它应该是实质性的。最后，这应该是一项持续的努力，不仅在头两年有大量的财政支出，而且其后应继续提供一些临时性资助。萨默斯认为，新决策需要多种手段的搭配使用，其中一些政策手段需要更快的速度，如减税和其他临时援助，政府要能将现金交到急需资金的家庭手中。其他相对滞后的方法往往具有更大的反周期效果和更长远的经济效益，如基础设施投资和创新。同时要注意的是，在这些政策措施结束之时不会对联邦政府的预算赤字产生长期影响。2009 年，在第 111 届国会召开之初，奥巴马和国会领导人将调整财政政策和通过经济复苏法案作为首要任务。

2009 年 1 月 26 日，众议院拨款委员会主席奥贝（D. Obey）介绍了《2009 年美国复苏与再投资法案》（The American Recovery and Reinvestment Act of 2009，缩写为 ARRA）。该法案实质是众议院几个委员会已批准的独立法案的综合体，主要内容包括：

一是《2009 年美国复苏和再投资税收法案》，主要包含了税收收入和其他减免条款，由众议院筹款委员会于 1 月 22 日进行了投票。该法案也被提交给众议院能源和商业委员会、教育和劳工委员会、金融服务委员会和科学技术委员会，但上述委员会无权对该法案进行进一步审议；

二是《能源、商业复苏和再投资法案》，包含了发展宽带通信、能源和健康等条款，于 1 月 22 日由众议院能源和商业委员会制定，并获得一致同意。法案也被提交众议院教育和劳工委员会、科学技术委员会、筹款委员会，但上述委员会无权对该法案进行进一步审议；

三是《2009 年美国复苏和再投资法案》，包含了政府拨款的相关规则和规定，由众议院拨款委员会于 1 月 21 日进行了投票，并以 35 票对 22 票予以通过。

众议院于 2009 年 1 月 27 日遵循特别规则开始审议《2009 年美国复苏与再投资法案》，并以 224 票对 199 票同意其为一个"值得考虑的事项"。1 月 28 日，众议院采用了第二项特别规则，即在"自动执行"功能下自动对基本法案进行了几项修改，并禁止提出进一步的修正案。但有 11 项修正案除外，如历史上的黑人学院和大学校园建筑的翻修和保护；国家购物中心振兴基金的筹资；以及计划生育等。① 众议院随后接受了 11 项修正案中的八项（由议员奥伯斯塔、马基、舒斯特、纳德勒、沃特斯、基塞尔、普拉茨和蒂格提出）②，并拒绝了其他三项修正案（由议员纽格鲍尔、弗莱克和坎普提出）③。众议院于 1 月 28 日以 244 票赞成、188 票反对的表决结果通过了经修正的法案。

参议院对法案的审议历时 8 天，从 2 月 2 日开始，到 2 月 10 日结束（参议院在 2 月 8 日星期日没有开会）。参议院共审议了 42 项修正案，通过 22 项，否决 13 项；7 项被撤回。

---

① CRS. 2009. American Recovery and Reinvestment Act of 2009: Summary and Legislative History. *CRS Report R40537*, pp1-47. https://crsreports.congress.gov.
② 英文名依次为：Oberstar, Markey, Shuster, Nadler, Waters, Kissell, Platts and Teague。
③ 英文名依次为：Neugebauer, Flake and Camp。

2月10日，参议院以61票对37票通过了法案。同日，参众两院同意就该法案举行一次两院大会，并于12日提交了会议报告。参众两院的与会代表就每个主要部分的立场达成了妥协从而将该法案对赤字的总体影响减少到7 870亿美元，远低于参众两院提出的水平。2月13日，众议院以232票对195票，参议院以63票对38票通过了会议报告。2月17日，奥巴马总统签署了《2009年美国复苏与再投资法案》（American Recovery and Reinvestment Act of 2009，缩写为ARRA），使之正式成为法律生效。

根据盖洛普的民意调查，66%的受访者表示支持为所有美国人减税，包括年收入为25万美元以上的家庭；66%的美国人支持为失业者延长领取失业救济金的举措。对于法案的可能效果，美国政界和学界则一直争论不休，支持者认为，只有通过减税和增支，才能在短期内拉升经济；而反对者担忧赤字将越来越不受控制，未来还是需要通过增税来弥补赤字。

二、主要政策内容

《2009年美国复苏与再投资法案》的立法目标主要包括：保护和创造就业机会，促进经济复苏；帮助那些受经济衰退影响最大的人群；提供必要的投资，通过促进科学和卫生领域的技术进步来提高经济效率；投资于交通、环境保护和其他能带来长期经济效益的基础设施；稳定州和地方政府的预算，避免基本公共服务的减少或使服务减少最小化，避免州和地方政府税收的增加或使增税最小化。

从法案的资金规模来看，国会预算办公室预测到2019年ARRA的财政支出总额将达8 320亿美元，其中690亿美元被分配到替代性最低税收的常规补丁中。法案中的这一部分是长期措施的延续，被国会视为持续的财政政策，而不是专门为应对经济衰退的影响而设计的临时财政刺激措施。因此，排除AMT常规补丁，ARRA共提供了7 630亿美元的财政刺激。

从法案的构成来看，国会预算办公室最初的成本预测显示，ARRA资金的主要用途体现在减税（2 120亿美元）、强制性项目（如医疗补助和失业救济金2 960亿美元），以及自由支配支出（2 790亿美元）等方面。救助范围则极其广泛，包括了从对个人的直接援助到对基础设施、教育、职业培训、能源和卫生信息技术的投资等各个领域。图8-1显示了ARRA的五个功能类别：公共投资支出、个人税收减免、州财政纾困、对直接受影响个人的援助和营业税收激励。

从法案的实施时间来看，2009年3月13日开始向各州发放医疗补助金，4月1日开始下调个人所得预提税，全美几乎立即感受到了ARRA的早期影响。至2009年第三季度，大约1/4的财政支出和减税措施已经实施，其余则在之后的四个季度之内展开。截至2013年9月30日，联邦政府已为法案项目承担了8 046亿美元（如表8-2所示）。

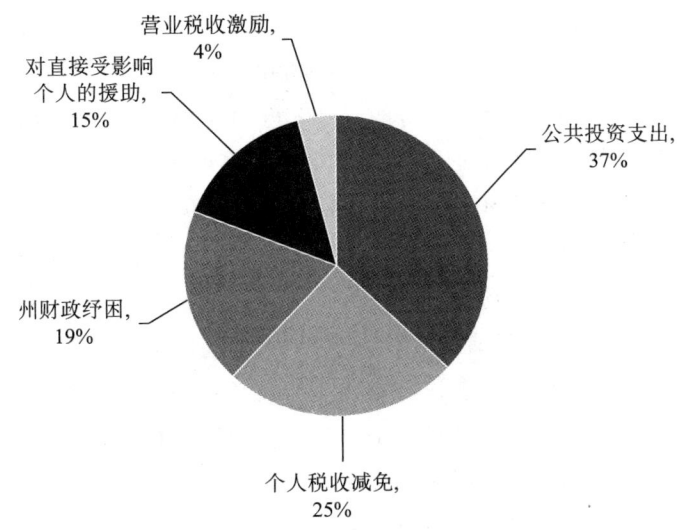

图 8-1 ARRA 的功能分类

资料来源：美国国会预算管理办公室，美国财政部税收分析办公室，2014。

表 8-2　　　　　　　　　　　ARRA 的财政影响　　　　　　　　单位：10 亿美元

	2009 年	2010 年	2011 年	2012 年	2013 年	全部
财政支出	110.7	197.1	112.7	56.8	35.0	512.4
债务	256.3	196.1	41.2	21.8	18.5	533.8
减税	69.8	188.7	37.2	-5.4	1.9	292.2
支出和减税合计	180.5	385.8	149.9	51.4	37.0	804.6

资料来源：美国国会预算办公室，美国财政部税收分析办公室，2014。

具体到各类功能性支出，个人税收减免、对各州的援助以及对直接受经济衰退影响个人的援助是第一批生效的项目，在 2009 年的财政支出占比较大，但 2010 年之后逐渐减少，2012 年和 2013 年只留存了少量开支，而公共投资成为了支出的重头戏，具体如表 8-3 所示。

表 8-3　　　　　　　　　2009—2013 年 ARRA 的功能性支出

	2009 年	2010 年	2011 年	2012 年	2013 年	全部
个人税收减免	42.9	91.3	46. -5.96	0.4	0.4	181.7
AMT 减免	13.8	69.6	-14.4	0.0	0.0	69.0
营业税激励	23.1	18.2	-5.9	-3.7	-2.9	28.8
州财政减免	43.8	63.3	26.0	6.0	4.0	143.0
对直接受影响个人的援助	31.8	49.5	15.5	8.8	5.9	111.5
公共投资支出	25.1	94.0	82.0	39.9	29.6	270.5
合计	180.5	385.8	149.9	51.4	37.0	804.6

资料来源：美国国会预算办公室，美国财政部税收分析办公室，2014。

（一）个人所得税减免措施

一是实施"劳有所得的税收抵免"。对于家庭和个人，ARRA颁布实施了"劳有所得的税收抵免"，抵免额在纳税人劳动所得的6.2%与400美元（联合申报情形下为800美元）之间选择数额较低者。一般情形下，每个雇员最多可得到400美元的税收抵免，而所得低于6 451美元的雇员只能得到其所得6.2%的税收抵免（相当于社会保障税的部分）。对于调整后毛所得超过75 000美元的纳税人（联合申报情形下为150 000美元），抵免额会予以扣减，即400美元减去所得高于75 000美元部分的2%，或者800美元减去所得高于150 000部分的2%。一年内没有雇主代扣税款的纳税人也可以在2009年的纳税申报表中申请该项抵免。私人养老金收受者没有资格获得该项抵免，除非他们有劳动所得。根据美国国会预算办公室的预测，该项抵免在10年预计耗资1 162亿美元。

二是临时提高劳动所得的税收抵免。ARRA将有三个或三个以上儿童的工薪家庭的所得税抵免从40%提高到45%。根据原有法律，有两个或两个以上儿童的工薪家庭有资格享受税收抵免，最高可达家庭劳动所得的第一笔12 570美元。原法案之下，对于调整后毛所得超过16 420美元的单身个人和超过19 540美元的已婚夫妇，该项抵免将逐步扣减直至为零。但ARRA将联合申报已婚夫妇（不考虑儿童数量）获得抵免的AGI门槛提高了1 880美元。法案还将婚姻惩罚减少至5 000美元，且2010年可根据通货膨胀率对5 000美元进行指数调整。

三是临时提高儿童税收抵免的可退税部分。ARRA在2009年和2010年放宽了享有可退税儿童税收抵免的家庭资格。允许有符合条件的17岁以下儿童的家庭享受联邦所得税的儿童税收减免，对于有3个或3个以上儿童的家庭，抵免可享受退税优惠。抵免是否享有可退税待遇还取决于家庭收入的最低水平，2008年的收入门槛为12 550美元。ARRA将其降低到3 000美元。该举措的目的是允许更多的纳税人享有儿童税收抵免待遇，并增加他们的税后收入。根据美国国会预算办公室的预测，2009—2019年，该项抵免预计耗资148亿美元。

四是增加临时性税收扣除。为了应对美国汽车制造商的销售滞后和财务困境，ARRA允许对2009年之前购买新车、轻型卡车、休闲车和摩托车所缴纳的州和地方销售税及消费税进行临时扣除，但扣除额仅限于汽车购置价格中49 500美元这部分所缴纳的税款。对于调整后毛所得超过125 000美元单身个人和250 000美元的联合申报已婚夫妇，该项扣除将逐步扣减。

五是提高替代性最低税收的免税额。ARRA仅在2009年增加了替代性最低税收的免税额。AMT最初目的是确保每个人至少缴纳最低税额，同时仍然保留税法中的经济和社会激励措施。AMT为计算个人所得税提供了一套替代性规则，原法案下的免税额没有考虑通货膨胀。因此，美国政府几乎每年都会对免税额进行临时调整，也被称为打补丁。对于2009纳税年度，ARRA将免税额分别上调至46 700美元（单身个人）和70 950美元（联合申报已婚夫妇）。

经上述调整后，2009年美国联邦个人所得税税率表如8-4所示。

表8-4　　　　　　　　　　　　2009年的联邦个人所得税税率表　　　　　　　　　　　单位：美元

个人免税额	3 650
标准扣除	
联合申报	11 400
单身个人和已婚独立申报	5 700
家庭户主	8 350

法定边际所得税税率，已婚联合申报	
应税所得	应纳税额
0－16 700	超过0部分的10%
16 701－67 900	1 670 + 超过16 700部分的15%
67 901－137 050	9 350 + 超过67 900部分的25%
137 051－208 850	26 638 + 超过137 050部分的28%
208 851－372 950	46 743 + 超过208 850部分的33%
372 951以上	100 895 + 超过372 950部分的35%

法定边际所得税税率，单身个人申报	
应税所得	应纳税额
0－8 351	超过0部分的10%
8 351－33 950	835 + 超过8 350部分的15%
33 951－82 250	4 675 + 超过33 950部分的25%
82 251－171 550	16 750 + 超过82 250部分的28%
171 551－372 950	41 754 + 超过171 550部分的33%
超过372 951	108 216 + 超过372 950部分的35%

法定边际所得税税率，家庭户主申报	
应税所得	应纳税额
0－11 951	超过0部分的10%
11 951－45 500	1 195 + 超过11 950部分的15%
45 501－117 450	6 278 + 超过45 500部分的25%
117 451－190 200	24 215 + 超过117 450部分的28%
190 201－372 950	44 585 + 超过190 200部分的33%
超过372 951	104 893 + 超过372 950部分的35%

法定边际所得税税率，已婚独立申报	
应税所得	应纳税额
0－8 351	超过0部分的10%
8 351－33 950	835 + 超过8 350部分的15%
33 951－68 525	4 675 + 超过33 950部分的25%
68 526－104 425	13 319 + 超过68 525部分的28%
104 426－186 475	23 371 + 超过104 425部分的33%
超过186 476	50 448 + 超过186 475部分的35%

资料来源：Bible Money Matters, 2019。

（二）教育税收激励措施

ARRA 还扩大了 2009 年和 2010 年的教育税收抵免，增加了抵免额并使其部分可享受退税待遇。这一临时版本的税收抵免，也被称为美国教育机会税收抵免（American Education Opportunity Tax Credit）。该项抵免适用于高中毕业后前 4 年的大学教育，纳税人在纳税年度内获得的可退税抵免额为以下两项的总和：一是不超过 2 000 美元（含 2 000 美元）的学费及相关费用的 100%；二是超过 2 000 美元但不足 4 000 美元（含 4 000 美元）这部分费用的 25%。如果单身个人的调整后毛所得超过 80 000 美元（联合申报的已婚夫妇为 160 000 美元），超过部分按照 10 000 美元（联合申报为 20 000 美元）的百分比逐步扣减。例如，一对联合申报的已婚夫妇其调整后毛所得为 172 000 美元，抵免额将减少 60%[①]，只能按 40% 享受。如果单身个人的调整后毛所得超过 900 000 美元（联合申报的已婚夫妇为 180 000 美元），就没有资格享有该项税收抵免。根据美国国会预算办公室的预测，这些修订措施在 10 年内将耗资 139.07 亿美元。

另外，ARRA 还扩展第 529 节计划（Section 529 Programs），也称为合格教育储蓄计划（Qualified Education Savings Plans，缩写为 ESP）的适用范围。这是一个由各州政府提供的教育税收优惠储蓄计划，涵盖众多合格教育费用，如学费、食宿费、强制性费用和书本费等。ARRA 将合格教育费用的范围扩大到了计算机技术及设备费用、互联网接入及相关服务费用等方面。在 ESP 之下，投资人开户后开始存入资金并指定受益人，州政府挑选某个经纪管理公司来执行和处理投资者的账户。开户人可以选择某个投资组合，通过投资于不同的股票和债券组合来获取投资收益。各州都设置了自己独立的 ESP 计划，每个计划有不同的投资策略、管理费用和税务优惠、惩罚措施等，表现较好的 ESP 计划年化收益率可以达到 5% 左右，费用约为年收益的 0.13%—0.15%。

（三）实施首次购房者的税收抵免

ARRA 修改并扩展了《2008 年住房和经济复苏法案》中颁布的首次购房者抵免。原法案之下的购房抵免可享受退税待遇，但纳税人须在 15 年内以等额分期付款的方式，或在房屋出售时将根据规定收到的任何款项退还给政府。或者说 2008 年法案之下的抵免相当于首次购房者从政府获得 10% 的住房购置价值（最高 7 500 美元）的无息贷款，且只适用于 2008 年 4 月 9 日当天或之后至 2009 年 7 月 1 日之前购买的住房。ARRA 取消了 2009 年 1 月 1 日之后首次购房者的还款义务，并将抵免的最高限额提高到 8 000 美元，同时将享受抵免的购房期限延长至 2009 年 12 月 1 日。

（四）推行能源税收激励

ARRA 包括 200 多亿美元的能源税收优惠，其中可再生能源 141 亿美元；能效 23 亿美元；交通运输 22 亿美元；制造业 16 亿美元；州和地方政府能源债券 14 亿美元。

一是可再生能源的税收抵免。可再生能源条款包括对替代性能源投资和替代性能源生

---

① 计算公式如下：$(172\ 000 - 160\ 000) \div 20\ 000 = 0.6$

产的激励措施。特别是 ARRA 扩大了能源生产税收抵免,该项抵免适用于风力设施和其他符合条件的设施,如沼气、地热、水力发电等。考虑到此类设施从动工建设到投入使用再到开始运营的时间长度,ARRA 将申请抵免的期限延长至 3 年。

ARRA 还对能源投资税收抵免的其他规定进行了修改。比如,清洁可再生能源债券(Clean Renewable Energy Bonds,缩写为 CREBs),法案新授权 16 亿美元 CREBs 债券用于非盈利性实体的融资支持,资金使用范围限定于风能发电、地热开发、小型灌溉、水力发电、沼气、海洋可再生能源利用和城市垃圾燃烧等设施建设。法案还规定了 16 亿美元债券的分配方式:1/3 用于州和地方政府;1/3 用于公共电力供应商;1/3 用于电力合作社。又如合格节能债券(Qualified Energy Conservation Bonds,缩写为 QECBs),法案新授权 24 亿美元 QECBs 用于资助州和地方政府的节能减排项目、温室气体减排计划和绿色社区计划。

二是提高能效的税收抵免。ARRA 还包含了对现有住宅和住宅能效进行改进的激励措施。具体来说,ARRA 扩大了家庭能效提升的投资税收抵免,家庭购买节能产品可享受不同的抵免额:风机 50 美元;炉子和锅炉 150 美元;外立面改良 300 美元。ARRA 还为各种住宅能效和可再生能源设备提供 30% 的投资税收抵免,即家庭购买太阳能电力或水设备、燃料电池、风力设备和地热泵设备,购置成本包括劳动成本在内的 30% 可享受抵免。

三是交通工具的税收抵免。ARRA 修改了购买充电式汽车(插电式混合动力车和纯电动汽车)的税收抵免。在 ARRA 之前,轻型车辆的抵免上限为 7 500 美元,重型车辆的抵免上限为 15 000 美元。当有资格获得该项抵免的汽车在美国的总销量达到 25 万辆时,抵免开始逐步取消。ARRA 则修改了此项规定,将每辆轻型车和总重 14 000 磅的重型车辆的抵免额限定在 7 500 美元,还将 25 万辆汽车的总限额替换为每个汽车制造商 20 万辆的限额。同时,取消了重型车辆的抵免待遇(2009 年之后实施),为低速四轮车、两轮和三轮电动车设立了 2 500 美元的抵免额。对于改造为电池动力的汽车,则提供 4 000 美元的税收抵免待遇。

(五)实行营业税收激励

为鼓励经营,ARRA 增加了一些投资税收优惠政策,同时增加了一些针对资本收购的临时条款。根据 ARRA,公司纳税人于 2009 年投入使用的折旧资产其总成本中的 250 000 美元可费用化或作为当期费用扣除。法案还允许公司纳税人在 2009 年申请奖金折旧津贴,数额相当于当年投入使用的合格资产成本的 50%。

ARRA 调整了适用于净经营亏损(Net Operating Loss,缩写为 NOL)的某些规则。当用营业净亏损冲抵以前年度的已缴税款时,被称为亏损的向前结转;当用营业净亏损冲抵未来纳税义务时,被称为亏损的向后结转。原法案之下,大多数公司纳税人享有 2 年的向后结转期和 20 年的向前结转期。ARRA 则规定 2008 年发生的净亏损,向后结转可延长至 5 年,该条款适用于年应税所得额低于 1 500 万美元的公司纳税人。

三、ARRA 法案的跟进举措

虽然 ARRA 是 2008 年金融危机后美国为创造就业机会和刺激经济而采取的第一个也是最大的财政行动，但后续许多措施都是在 ARRA 基础上扩展和发展的。ARRA 的部分内容得以延续和扩充，是为了满足经济发展的持续需求，包括紧急失业救济、企业投资加速折旧、教师补助以及对各州医疗补助的援助等。对 ARRA 进行扩展的措施相当繁多，如 2011 年和 2012 年提高了临时工薪税的减免幅度，比其所取代的"劳有所得税收抵免"高出近 50%；又如企业在计算其纳税义务时，投资成本可获得更多的扣除额等。表 8-5 中所列举的法案均是建立在 ARRA 的目标之上，并成为金融危机后美国财政刺激体系的一部分，如 2009 年夏季颁布的旧车换现金计划，2010 年秋季颁布的小企业减税和抵免法，2011 年秋季颁布的退伍军人雇佣激励措施等。总的来说，表 8-5 中列出的各项法案在 2012 年年底前共提供了 6 740 亿美元的反周期财政支持，这笔资金还不包括一些常规的或预期将实施的减税政策，如继续推行 2001 年和 2003 年的减税措施等。

表 8-5　　　　　　　　　　ARRA 之后的财政支持政策

	2009—2012 年	2009—2019 年
2009 年颁布实施的法案		
《工人、房屋所有权和商业援助法案》	35	24
《2009 年补充拨款法案》	3	3
《2010 年国防拨款法案》	18	18
2010 年颁布实施的法案		
《2010 年临时延期法案》	9	9
《雇佣激励恢复就业法案》	13	15
《2010 年持续延续法案》	16	16
《2010 年失业救济法案》	33	34
《联邦航空局安全改进法案》	26	12
《小企业就业法案》	68	10
《减税、失业保险再授权和创造就业机会法案》	309	237
2011 年颁布实施的法案		
《临时工薪税减税延续法案》	28	29
《退伍军人就业税收法案》	0	-0
2012 年颁布实施的法案		
《2012 年中产阶级减税和创造就业法案》	98	123
《2012 年美国纳税人救济法案》	17	178
合计	674	709

资料来源：美国国会预算办公室，税收联合委员会，2014。

图 8-2 显示了 ARRA 及后续各项立法的财政突破结果。其中，个人税收减免占比 31%，对直接受影响个人的援助占比 20%，营业税收激励占比 19%，公共投资支出占比 18%，州财政纾困占比 12%。不仅如此，奥巴马还曾提出了未能通过国会立法的一些经济

措施，比如 2011 年 9 月曾提出《美国就业法案》（American Jobs Act），该法案拟投资 4 470 亿美元，用于基础设施建设、教师岗位补贴、小企业税收抵免等方面。

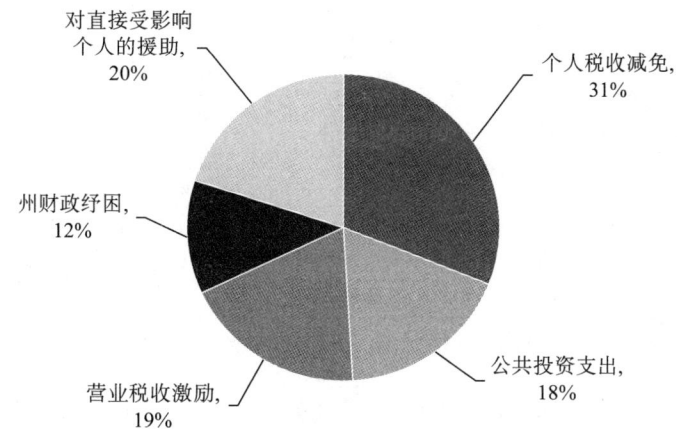

图 8-2　ARRA 和后续财政措施的功能型分类

资料来源：美国国会预算管理办公室，美国财政部税收分析办公室，2014。

第二节　奥巴马减税政策的效果评价

奥巴马政府推出的减税政策，与问题资产救助计划，能源推广和改进法案，降息、量化宽松的货币政策紧密结合，在 2009 年上半年终止了金融危机的进一步蔓延，及时控制了金融风险。但此后的经济复苏并没有走上高速增长的通道，而是维持着相对温和的经济扩张势头。

一、对经济增长的影响

以 2008 年金融危机为转折点，"世界经济面临着长期维持低增长的平庸时代的威胁"（IMF，2010）。尽管奥巴马政府的减税政策力度颇大，货币政策持续量化宽松，美国经济增长受制于动能不足，整体趋于平缓。

（一）对 GDP 增速的影响

《2009 年美国复苏与再投资法案》颁布实施后，美国总统经济顾问委员会（Council Economic Advisors，缩写为 CEA）等机构对其经济增长效应进行了评估。CEA 的乘数模型显示 ARRA 所制定的针对性措施将使 GDP 增速在 2011 年年中到 2012 年年末这一期间内实现每季度 1.0% 到 1.5% 的增长。叠加随后出台的其他财政措施，或可将 GDP 增速提高至 2.4% 以上。国会预算办公室进行了悲观和乐观两种情景假设，其中 2010 年 GDP 恢复最为快速，增速也将最高（如表 8-6 所示）。

表 8-6　　　　　　　　　　　　ARRA 对 GDP 影响的估计

	比例				
	2009 年	2010 年	2011 年	2012 年	2013 年
总统经济顾问委员会	+1.1	+2.4	+1.8	+0.8	+0.3
国会预算办公室：悲观情景	+0.4	+0.7	+0.4	+0.1	+0.1
国会预算办公室：乐观情景	+1.7	+4.1	+2.3	+0.8	+0.3
高盛	+0.9	+2.3	+1.3	-	-
HIS 环球透视	+0.8	+2.2	+1.6	+0.6	
JP 摩根大通	+1.4	+3.4	+1.7	0.0	
宏观经济咨询公司	+0.7	+2.0	+2.1	+1.1	
穆迪经济网	+1.1	+2.6	+1.7	+0.4	-

资料来源：美国国会预算办公室，2012。

但也有研究机构如 Heritage Foundation（2012）指责奥巴马的税收计划对于 GDP 总量而言并非好事。根据他们的预测，受 ARRA 及后续财政措施影响，2013—2022 年 GDP 总值年均减少 1 962 亿美元，该数据以 2005 年美元计价，并经过通货膨胀调整，① 具体见图 8-3。

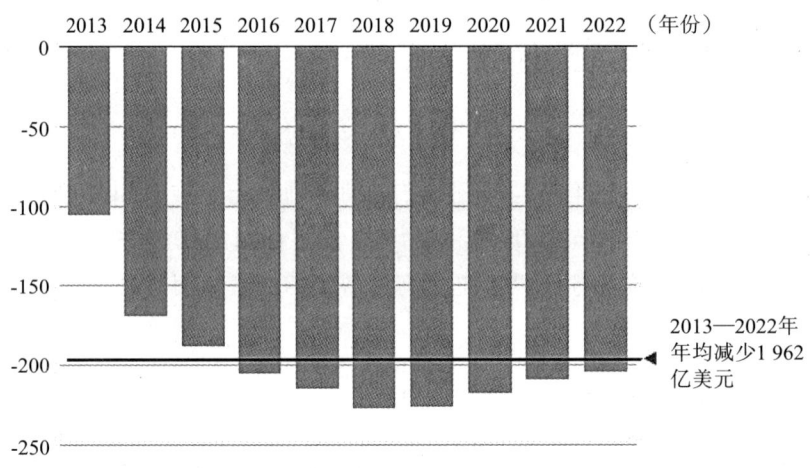

图 8-3　奥巴马政府税收计划对 GDP 总量的影响

资料来源：Heritage Foundation，2012。

从实际 GDP 增速来看，奥巴马任期内的年均增速为 1.59%，最高增速为 2015 年的 2.9%，最低增速为 2009 年的 -2.5%。需求要素贡献仍以私人消费为主导，年均增速为 1.43%，略低于 GDP 增速。私人投资年均增速为 0.44%，净出口为 -0.47%，政府消费

---

① W. W. Beach, J. L. Ligon & G. Nell. 2012. The Economic and Fiscal Effects of the Obama Tax Plan. *Backgrounder* No. 2752, The Heritage Foundation, pp1 – 11.

和投资为 -0.56%（如图 8-4 所示）。从整体来看，美国虽然从 2009 年 6 月开始进入新一轮商业周期的复苏期，但复苏相对较弱。

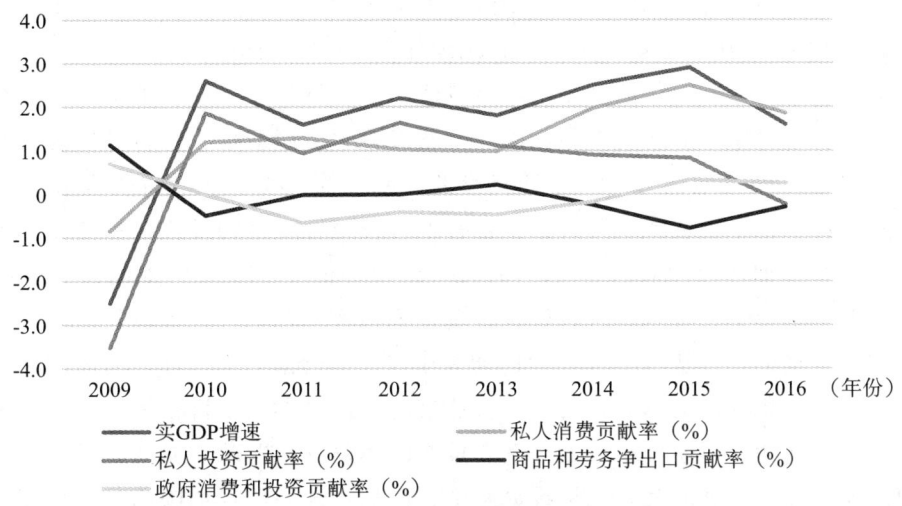

图 8-4　2009—2016 年美国的 GDP 增速及需求要素贡献

资料来源：美国经济分析局，2019。

从供给要素来看，凯特利等学者（Keightley, Labonte 和 Stupak, 2016）[①] 用增长会计法进行了结构性分析，并对比了金融危机前后美国经济增长的动力变化。与其他学者的研究结论一致，1948—2007 年，不同时段每小时产出的差异主要是由多要素生产率增长的变化驱动的。1948—1973 年，每小时产出表现出强劲的增长，这主要是由生产率增长的推动。1974—1995 年，美国经历了生产率和经济增长的放缓，至今经济学家们尚未就导致本时段生产率下降的原因达成共识。此后经济增长恢复到接近 20 世纪 50 年代和 60 年代的水平，但又随着大衰退的开始再次放缓。与以往时段不同的是，自 2008 年以来的经济增长放缓，其特点是生产率和资本投资均出现了明显的下降（如表 8-7 所示）。

表 8-7　1948—2015 年非农商业部门的结构性要素分解

时期	每小时产出	= 多要素生产率	+ 人力资本	+ 物质资本	工作时长
1948—2015 年	2.2%	1.1%	0.2%	0.8%	1.3%
1948—1973 年	2.8%	1.8%	0.2%	0.8%	1.4%
1974—1995 年	1.5%	0.6%	0.1%	0.7%	1.7%
1996—2000 年	2.2%	1.1%	0.2%	1.0%	2.1%
2001—2007 年	2.2%	1.3%	0.2%	0.7%	0.1%
2008—2015 年	1.1%	0.6%	0.2%	0.3%	0.1%

资料来源：美国劳工统计局，2016。

---

① M. P. Keightely, M. Labonte & J. M. Stupak. 2016. Slow Growth in the Current U. S. Economic Expansion. *CRS Report*, No. 7-7500, pp1-28.

表 8-7 显示，2008—2015 年，工作时长的年均增速已降至 0.1%，而 1948—2000 年的年均增速超过 1%。从劳动力供给来看，下降的原因部分可归结于周期性因素，即缺乏适合的工作机会，另一部分原因则是由于劳动力结构的变化，处于黄金工作年龄（25—54 岁）的人群占比从 2001 年开始下降，而接近退休年龄或已经退休（55 岁及以上）的人群占比开始上升，整个劳动力供给开始下降。从劳动力质量来看，金融危机后并没有明显变化，甚至整体受教育水平处于历史最高阶段。从多要素生产率来看，表中数据显示 2008—2015 年多因素生产率的增长与 1974—1995 年相一致，为 1948 年以来的最低水平。对此的一个相关解释是，如果创造或发明的数量是有限的，随着时间的推移，每增加一项发明或发现就可能变得更加困难（Keightley，Labonte 和 Stupak，2016）。[1] 因此，在供需两侧都受到明显抑制的情形下，美国经济在较长时期呈现弱增长态势（姚淑海等，2016）。[2]

在此需要一提的是，从 ARRA 出台的初衷来看，部分条款有着非常明确的指向，即为美国长期经济增长积淀潜力，后续的一些就业措施也包含了大量旨在加强长期经济增长潜力的条款。政府认为，对于危机后的经济，重要的不仅仅是财政刺激的数量，还有它的质量；政府干预不仅仅是即时和短期地推动经济，而是要开展一定期限的公共投资，这样即使在法案授权的直接财政支出逐步取消之后，也能够提高整个美国经济的生产力和整体能力。如表 8-8 所示，ARRA 在资本、劳动力和技术这三大经济增长要素上共投入 3 006 亿美元，覆盖范围从物质资本到人力资本，从传统产业到新兴科技，旨在为美国经济的可持续发展夯实广泛的基础。

表 8-8　　ARRA 的长期增长投资：按类别划分　　单位：10 亿美元

增长要素	成本预测（2009—2019 年）
资本	
交通基础设施建设	30.0
环境清理与保护	28.0
房屋建造	23.9
公共安全与国防	8.9
经济发展	14.6
备注：营业税收激励	11.7
劳动力	
佩尔奖学金	17.3
特殊教育	12.2
帮助弱势儿童	13.0
其他人力资本投资	10.3

---

[1] M. P. Keightely, M. Labonte & J. M. Stupak. 2016. Slow Growth in the Current U. S. Economic Expansion. *CRS Report*, No. 7-7500. June 2016. pp1-28.

[2] 姚淑海、杨长湧、李大伟："世界经济处于弱复苏周期"，《中国发展观察》2016 年第 15 期。

续表

增长要素	成本预测（2009—2019年）
技术	
科学研究	18.3
清洁能源	78.5
医疗与医疗技术	32.0
宽带	6.9
其他	6.7
合计	300.6

资料来源：美国国会预算办公室，美国财政部税收分析办公室，2014。

（二）对个人收入和消费的影响

根据美国经济分析局的统计数据，ARRA为95%的劳动者提供了减税，如果没有这些减税措施，2009年的家庭实际可支配收入总额将减少3 540亿美元。如图8-5所示，受益于"劳有所得税收抵免"，2009年和2010年的实际可支配收入总额都高于没有ARRA之下的情形，该措施让绝大多数中低收入家庭在21世纪最严重的经济衰退中保持了既有的购买力。2011年和2012年，更大幅度的工薪税减免取代了"劳有所得税收抵免"，新的减免规定使得1.6亿名劳动者从中受益。另外，共有2 400万劳动者享受了延长失业救济的待遇，加上其家庭成员，大约超过7 000万人受益于失业救济条款，其中包括1 700万名儿童。根据美国人口普查局的预测，2008—2012年，失业救济使1 100万人摆脱了贫困。

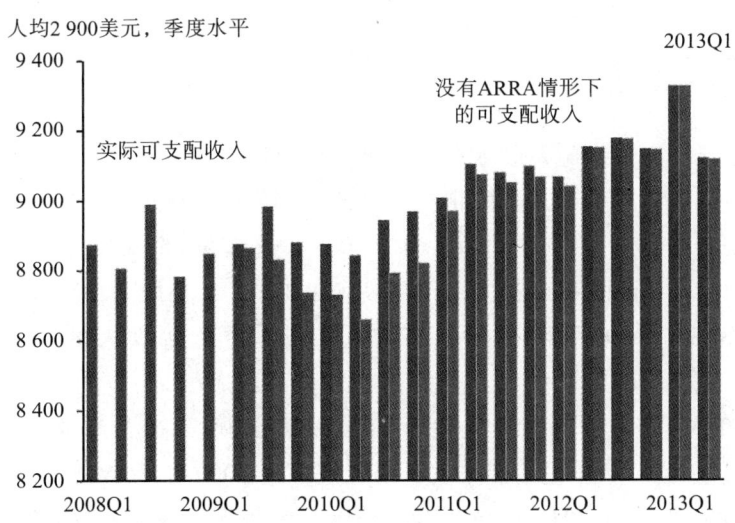

图8-5　ARRA和没有ARRA情形下的家庭可支配收入

资料来源：美国经济分析局，2014。

税收理论认为，减税在刺激需求方面通常不如政府直接支出有效，但如果减税对象是那些最有可能马上花掉钱的人，即中低收入者，比对高收入者减税会更有效果。如果对"劳有所得税收抵免"在不同收入水平纳税人中的分布情况进行考察，会发现虽然这项提案旨在使资金流入低收入群体，但它的累进性有待提高。如表8-9所示，最低收入的20%群体人均减税额为271美元，但最高收入的15%群体人均减税额高达668美元；最高收入的20%群体获得了25%的抵免收益，而低收入的60%群体只能获得48%的抵免收益。可见，减税措施的设计极其具有挑战性，政府的方案设计需要使该项措施更具有针对性，也就是让那些最需要帮助、最有可能亟需消费的家庭受益。

表8-9　　　　　　　　　　2009年"劳有所得税收抵免"的影响

收入群体	减税总额（10亿美元）	平均减税额（美元）	在减税总额中的占比	减税（%）
最低20%	-7.7	-271	12.2%	63
次低20%	-10.2	-357	16.1%	71
中间20%	-12.8	-448	20.2%	81
次高20%	-16.7	-587	26.4%	87
最高15%	-14.3	-668	22.5%	85
最高4%	-1.6	-283	2.5%	40
最高1%	-0.0	-7	0.0%	1
全部	-63.4	-438	100.0%	74
补注：				
低收入的60%	-30.7	-359	48.4%	71
高收入的20%	-15.9	-558	25.1%	72

资料来源：ITEP Microsimulation Model, January 2009.

如果再考虑转移支付措施，收入分配的累进性有所提高。2015年受减税和转移支付双重影响后的美国各收入群体收入分配情况如图8-6所示。最低收入的20%群体在政府刺激措施之前的收入占比为3.70%，之后为7.30%，差幅为360BP。次低收入的20%群体占比提高了2.3%，中间收入的20%群体提高了1.1%，次高收入的20%群体占比保持不变，最高收入的81%—90%群体占比下降了3.3%，最高收入的1%群体占比下降了3.4%。

从2009—2016年的美国人均收入来看，2016年人均收入达到50 411美元，为2009年39 332美元的1.28倍。从年度增速来看，毫无意外地2009年为负增长，随后连续三年实现了4.5%以上的正增长。2013年受"财政悬崖"纷争和大规模财政紧缩影响增速降到了-0.09%，2014年大幅升至5.91%，2015年开始增速逐年放缓。储蓄率相较于小布什任期内明显提高，峰值为2012年的8.9%。主要原因一方面是得益于ARRA下可支配收入的明显提高；另一方面受金融危机冲击，家庭"未雨绸缪"的安全意识普遍强化，从而更加

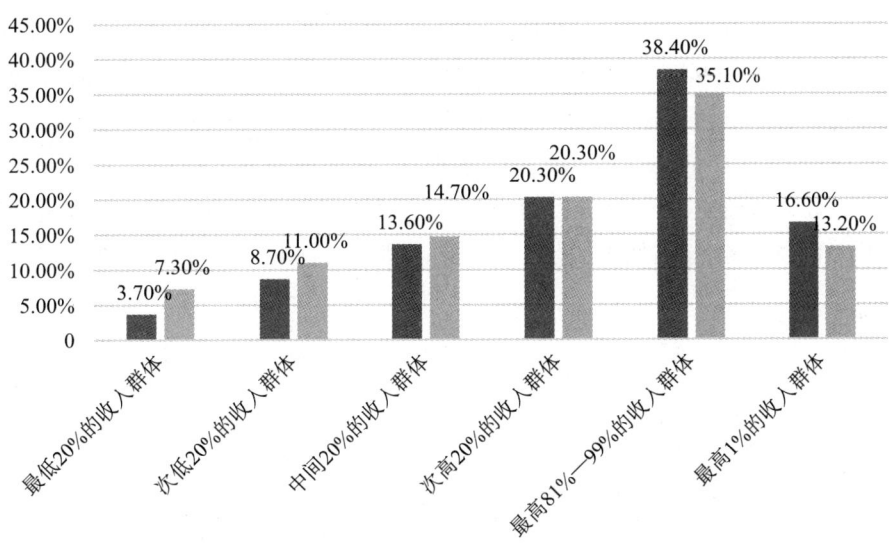

图 8-6　2015 年美国各收入群体的收入分配情况

资料来源：美国国会预算办公室，《家庭收入分配，2015》。

谨慎地选择消费行为，减少生活支出并为未来进行预防性储蓄，个人储蓄存款总额曾连续 17 个月月均增速达到 50% 以上。另外，实际利率上升提高了储蓄收益，2008 年美国通胀率高达 5%，联邦基金名义利率虽为 2% 左右，但实际利率为 -3.59%。随后通胀转为通缩，虽然名义利率一路下调，但实际利率持续上升，这也相对提高了居民储蓄收益（吴国起，赵光磊，2009），① 进而带动了家庭的储蓄热情。

表 8-10　　　　　　　　　　2009—2016 年美国人均收入及储蓄率

时间	人均收入（美元）	个人收入较上年增长（%）	人均储蓄占人均可支配收入的比重
2009 年 10 月 1 日	39 332	-2.62	6.1%
2010 年 10 月 1 日	41 205	4.76	6.5%
2011 年 10 月 1 日	43 077	4.54	7.2%
2012 年 10 月 1 日	45 671	6.02	8.9%
2013 年 10 月 1 日	45 242	-0.09	6.4%
2014 年 10 月 1 日	47 917	5.91	7.3%
2015 年 10 月 1 日	49 314	2.92	7.6%
2016 年 10 月 1 日	50 411	2.22	6.8%

资料来源：Federal Reserve Bank of St. Louis，2019。

---

① 吴国起、赵光磊："金融危机以来美国居民储蓄率变动及其影响"，《中国财政》2009 年第 17 期。

从个人消费支出来看,2009—2016 年的年均增速为 1.825%,低于小布什任期内的 2.6%。最高增速为 2015 年的 3.7%,最低增速为 2009 年的 -1.3%。从消费支出结构来看,耐用消费品增速继续处于 1% 以下区间,其中 2009 年为 -0.67%。服务类消费更为谨慎,最高增速为 2015 年的 2.2%,最低增速则是 2009 年的 -0.22%(如图 8-7 所示)。整体而言,金融危机给美国"信贷驱动消费"的模式带来实质性收敛,更多消费者开始有计划地购买产品和服务,感性购物的比例下降,理性购物的比例开始增加。

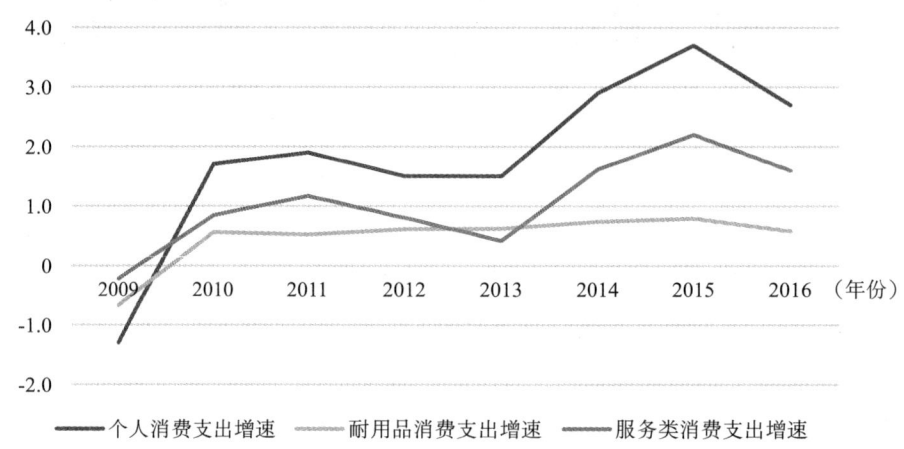

图 8-7 2009—2016 年美国个人消费支出增速

资料来源:美国经济分析局,2019。

2014 年 OECD(经济合作与发展组织)曾发表了一份关于美国政府解决收入差距扩大的报告。报告认为,奥巴马政府解决收入差距扩大的措施主要有四点:投资人力资本;促进广泛就业;通过财税手段改善收入分配格局;提供更为有效的公共服务。2016 年美国政府财政预算体现了上述内容,白宫把该年度预算视为"中产阶级经济学"的体现。[①] 但收入分配不平等问题始终困扰着美国经济,往后看也成为激化美国社会矛盾的重要因素之一。

(三)对国内投资的影响

私人资本激励理论认为,在系统性金融危机时期,企业可能无法通过资本市场获得足够的资金进行投资,或者可能由于不确定性而过度阻碍投资。一如前述,为了克服危机后的私人投资障碍,ARRA 和后续系列措施实际上为企业提供了无息贷款,尤其是临时性的红利折旧政策可以显著提高投资(House 和 Shapiro,2008)。[②] 在低利率环境下,这些措施对联邦政府带来的净现值成本很低,但为贷款受限的公司提供了投资支持。

基于红利折旧政策的理念,奥巴马曾于 2010 年秋季提议对商业投资实行 100% 的费用

---

① CBO. Fact Sheet: Middle Class Economics. The President's Fiscal Year 2016 Budget. February 02 2015.
② C. L. House & M. D. Shapiro. 2008. Temporary Investment Tax Incentive Theory with Evidence from Bonus Depreciation. *American Economic Review*, 98 (3): 737–768.

化,这一提案于 2010 年 12 月获得国会通过,成为美国历史上最大的临时性企业投资税收激励措施。从统计数据来看,2009 年美国私人固定资产投资遭遇了二战以来最大降幅,投资增速为 -17.01%,设备投资同样呈现负增长,为 -5.38%(如表 8-11 所示)。但受益于前述提及的系列企业投资激励措施,2010 年双双步入正增长通道,尤其设备投资实现了本时段最高年度增速 15.93%。固定资产投资最高增速为 2012 年的 11.56%,此后基本逐年下降,直至 2016 年的 1.87%。

表 8-11　　　　　　2009—2016 年美国私人固定资产投资和设备投资

年份	固定资产投资（百万美元）	固定资产投资增速（%）	设备投资（百万美元）	设备投资增速（%）
2009	2 080 435	-17.01	670 261	-5.38
2010	2 111 555	1.50	777 027	15.93
2011	2 286 300	8.28	881 274	13.42
2012	2 550 542	11.56	983 401	11.59
2013	2 721 483	6.70	1 027 048	4.44
2014	2 954 442	8.56	1 090 778	6.21
2015	3 083 247	4.36	1 118 344	2.53
2016	3 140 947	1.87	1 090 911	-2.45

资料来源:美国经济分析局,2019。

再看非住宅和住宅投资。这两类投资一般呈现周期性格局,2010 年开始逐步改善,但整体低于历史平均水平,也低于前一轮商业周期扩张阶段的水平(如图 8-8 所示)。若将金融危机前后的投资相比较,2008—2015 年,实物投资的年均增速不及 1948 年以来其他任何时期增速的一半,总投资额占 GDP 的比例也比 1947—2007 年(年均占比为 22%)低了 5% 左右。

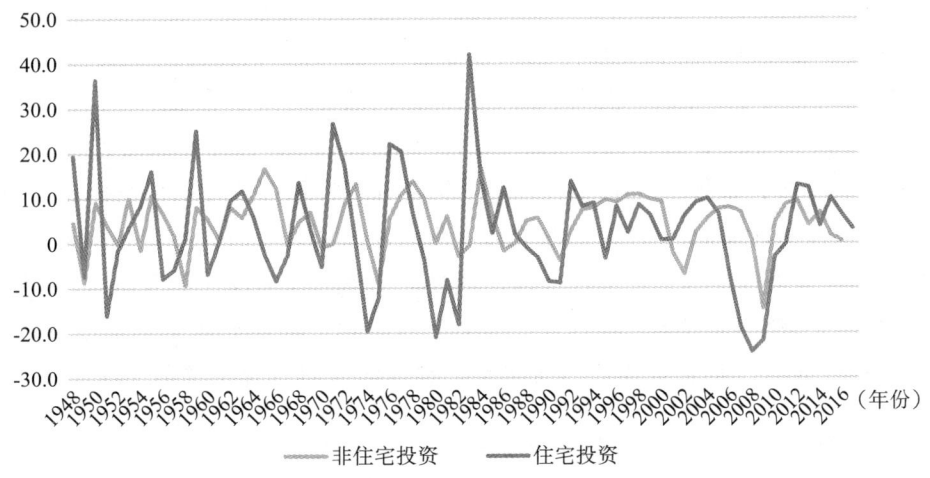

图 8-8　1948—2016 年美国的住宅和非住宅投资

资料来源:美国经济分析局,2019。

在 ARRA 中，清洁能源是 900 多亿美元政府投资和税收优惠的重点。投资目的在于帮助创造新的就业机会，减少对外国石油的依赖，加强国家安全，并通过应对气候变化改善环境。根据 CEA（2010）的估算，清洁能源投资在 2012 年之前直接或间接地创造或节省约 65 万个工作年。而且由于法案对清洁能源的扩大投资和税收激励，自 2008 年以来可再生风能、太阳能和地热能对美国能源供应的贡献保持增长态势（如图 8-9 所示）。艾迪（Aldy，2013）的研究则表明，2008—2012 年，全美风力净发电量增长了 145%，太阳能热发电和光伏发电的净发电量翻了两番多。与此同时，电力部门的二氧化碳排放量下降了约 14%，尽管总发电量只下降了 2%。①

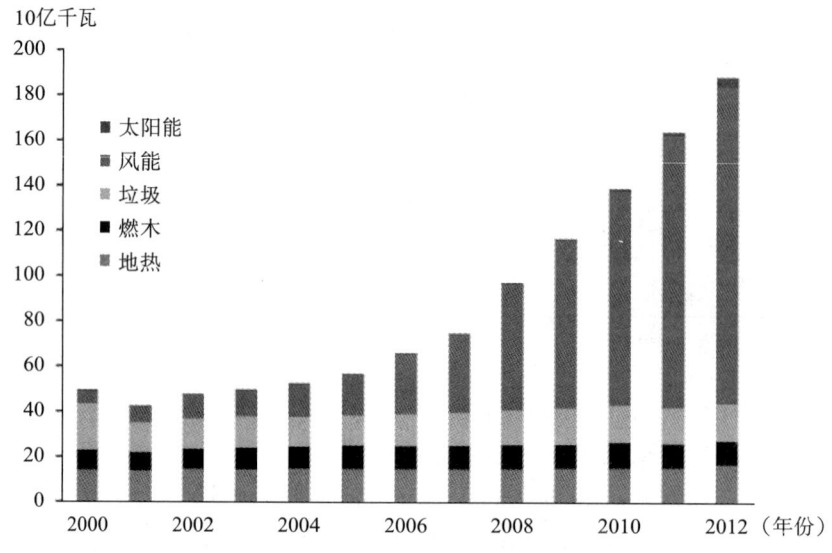

图 8-9 2000—2012 年可再生能源发电量

资料来源：Energy Information Administration，Monthly Energy Review。

但政府对绿色能源的青睐在实际运行中或"成为一场特殊利益的盛宴"，"随着特殊利益集团参与调控式的掠夺，小企业、纳税人以及消费者都面临着更高的价格、更多的调控和更重的税金"（卡里，2011）。② 究其原因，卡里（Cary，2011）认为：

"这一事实折射出绿色奥巴马经济学的一个根本性问题：它并未在我们现有的化石燃料基础上增添新的绿色能源，而只是希望用绿色能源来取代它们。换言之，奥巴马并未试图扩大生产，而只是改变生产方式。而且，运用更多的就业来维持现有的生产水平，就意味着非自动化的生产。特别是，绿色工作意味着用人力劳动取代碳纽带过去承载的劳动。……大量费用的增加代表着经济的无谓损失。但对那些有关系的企业而言，它却意味着

---

① J. E. Aldy. 2013. A Preliminary Assessment of the American Recovery and Reinvestment Act's Clean Energy Package. *Review of Environmental Economic and Policy*, 7（1）：136-155.
② ［美］蒂莫西·P. 卡里，杨莉等译：《奥巴马经济学》，深圳出版发行集团 2011 年版，第 3-4 页。

赢利。"①

（四）对就业和失业率的影响

从非农就业情况来看，2009 年 1 月为 1.34 人，2016 年 12 月达到 1.45 亿人，增长 1.08 倍。月度增速在 2009 年期间全部为负增长，2010 年有 5 个月为负增长，此后直至奥巴马卸任一直为正增长。具体见图 8 - 10。

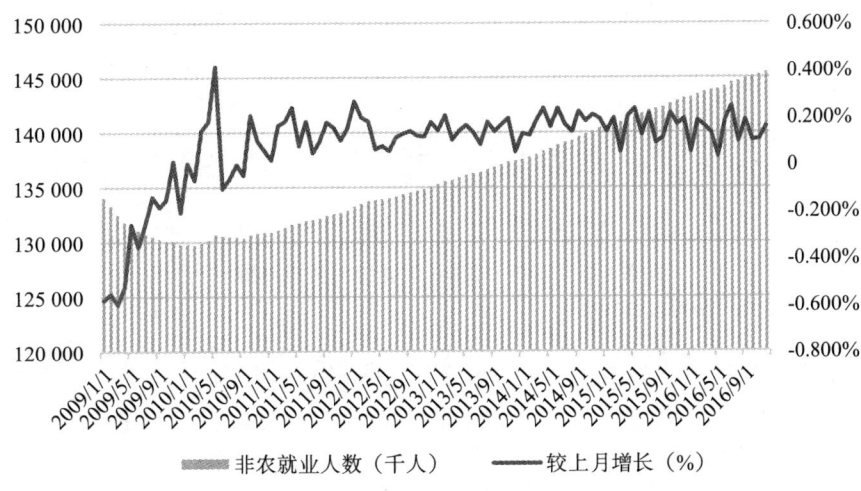

图 8 - 10　2009—2016 年美国非农就业人数和月度环比增速

资料来源：美国圣路易斯联储，2019。

从失业率来看，奥巴马任期内的自然失业率在 4.6%—5.1% 的区间；经 3 月季调失业率在 4.7%—10.6% 的区间。整体来看，季调失业率在 2009—2014 年均处于高位，2015 年开始逐步贴近自然失业率直至持平，具体如图 8 - 11 所示。失业率的逐步走低得益于 ARRA 中的延长失业救济条款，该条款除了给直接受经济衰退影响的家庭提供收入援助和免于贫困之外，还影响了劳动力市场。一方面，失业救济部分阻止了长期失业者退出劳动力市场。实施延长失业救济计划后，长期失业者退出劳动力市场的比例大大降低，罗斯坦（Rothstein，2011）②的研究发现，由于延长福利而导致失业率小幅上升，大部分可以归因于这一现象。虽然长期失业者的就业率仍然很低，但让他们留在劳动力市场增加了最终恢复工作的机会，从而成为长期经济增长潜力的一部分。

（五）对产出的影响

美国国会预算办公室使用模型和历史关系的证据来确定 ARRA 中几类支出和税收条款的"乘数"效应（如表 8 - 12 所示）。每个乘数代表着既定政策对一美元产出的直接和间接效应。直接效应包括对经济活动的直接（或第一轮）的影响，如联邦政府购买商品和服

---

① ［美］蒂莫西·P. 卡里，杨莉等译：《奥巴马经济学》，深圳出版发行集团 2011 年版，第 103 页。
② J. Rothstein. 2011. Unemployment Insurance and Job Search in the Great Recession. *Brookings Papers on Economic Activity*, *Economic Studies Program*, *The Brookings Institution*, 43（2）: 143 - 213.

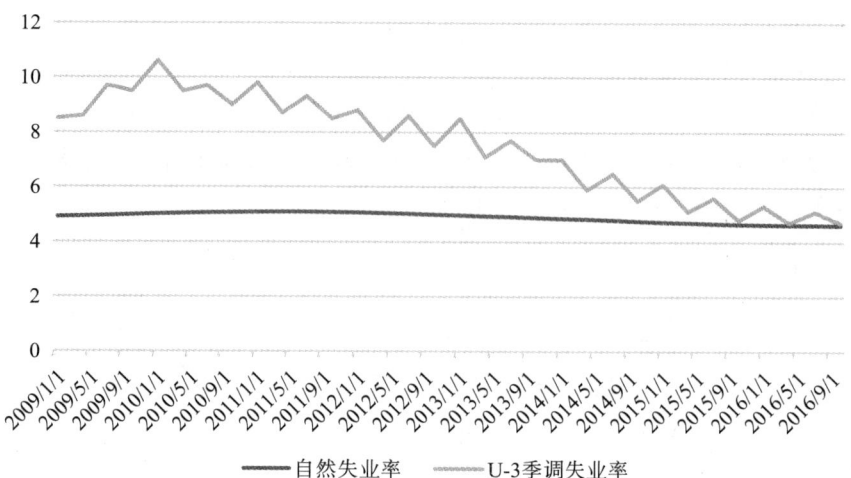

图 8 - 11　2009—2016 年美国的失业率变化

资料来源：美国圣路易斯联储，2019。

务直接增加了产出，产出乘数在 0.5—2.5 之间。而减税、增加转移支付以及增加对州和地方政府的援助等条款，其直接效应的大小取决于政策对受援者行为的影响。假设某人收到一美元的转移支付并花费了 80 美分（节约了另外的 20 美分），产量会随着时间的推移而增加，以满足该笔支出产生的额外需求，对产出的直接影响就是 80 美分。再假设向某个州政府拨付一美元，或许会促使该州政府在雇员工资上多花费 50 美分（但不会导致州的财政支出或收入发生其他变化，其余 50 美分用于减少借款或建立未雨绸缪的基金），对产出的直接影响是 50 美分。[①] 当然，政策也可能产生间接效应，从而增强或抵消直接效应。比如某项政策创造了就业机会，而就业人员用新增收入用于消费，直接效应就会增强。再如当对某类商品或某项服务的需求增加后，促使企业追加投资来扩大生产时，直接效应也会增强。

表 8 - 12　　　　　　　　　　ARRA 的预计产出乘数效应

政府行为类别	预计产出乘数		ARRA 的主要条款[②]
	低值	高值	
联邦政府购买商品和服务	0.5	2.5	A 分部，第二编：其他；第四编：能源效率和可再生能源；第四编：技术创新贷款项目；第四编：其他能源项目；第五编：联邦建筑基金；第八编：美国国立卫生研究院；第八编：其他卫生和公共服务部门

---

① CBO. 2015. *Estimated Impact of the American Recovery and Reinvestment Act on Employment and Economic Output in 2014*. Feb. 2015. pp1 - 10.

② 美国税法法案的基本结构为：部（Division），编（title）、子编（subtitle）、章（chapter）、子章（subchapter）、部分（part）、子部分（subpart）、节（section）。在基本单位"节"以下也有编号，从大到小的顺序分别为：分节（subsection）、段（paragraph）、分段（paragraph）、条款（clause）、分条款（subclause）。

续表

政府行为类别	预计产出乘数 低值	预计产出乘数 高值	ARRA 的主要条款①
向州和地方政府开展基础设施建设的转移支付	0.4	2.2	A 分部，第七编：州洁净水和饮用水周转基金；第十一编：其他住房补助；第十二编：高速公路修建；第十二编：其他交通
向州和地方政府的其他转移支付	0.4	1.8	A 分部，第八编：弱势群体教育；第八编：特殊教育；第九编：州财政稳定基金 B 分部，第五编：州财政救济基金
给个人的转移支付	0.4	2.1	A 分部，第一编：补充营养援助计划；第八编：学生资助 B 分部，第一编：可退税的税收抵免；第二编：失业救济；第三编：医疗保险援助
退休人员的一次性支付	0.2	1.0	B 分部，第二编：经济复苏支付
中低收入人群的两年期减税	0.3	1.5	B 分部，第一编：工作支付抵免；美国人工作机会税收抵免
高收入人群的一年期减税	0.1	0.6	提高个人替代性最低税收的免税额
首次购房者贷款延期	0.2	0.8	首次购房者贷款延期
影响现金流的公司税条款	0	0.4	递延和按比例计入的以债务重组清偿公司债务后的所得；所有权变更后某些固有损失限制的澄清条款；经济复苏区域债券；学校建设债券

注：三项预算成本不超过 50 亿美元的税收条款其经济影响很难用乘数效应来概括，因此没有包括在该表中。三项条款分别是"将每个第 45 节的合格设施的投入使用期延长三年""将 2009 年购置某类资产可获得的特殊津贴延长一年""医疗信息技术"。总预算费用超过 70 亿美元的部分条款也未显示在表中。

资料来源：美国国会预算办公室，2015。

国会预算办公室还审定了家庭、企业和政府对各种减税和转移支付的反馈证据，以评估 ARRA 中各项政策对产出的直接影响。比如，一次性现金支付对家庭购买行为的影响可能小于可支配收入长期变化所带来的影响，因为一次性支付对终生可支配收入的影响较小。与高收入家庭相比，可支配收入的增加可能会促进低收入家庭的购买行为。产生差异的部分原因在于较大比例的低收入家庭无法获得他们想要的借款数额，而一次性现金支付在某种程度上满足了他们的购买愿望。

（六）对劳动生产率的影响

ARRA 对于劳动生产率的作用在于，一方面减税增加了个人收入，从而为他们参与各项技能培训等提供了费用支持；另一方面失业救济对劳动生产率产生了积极影响，因为它

---

① 美国税法法案的基本结构为：部（Division）、编（title）、子编（subtitle）、章（chapter）、子章（subchapter）、部分（part）、子部分（subpart）、节（section）。在基本单位"节"以下也有编号，从大到小的顺序分别为：分节（subsection）、段（paragraph）、分段（paragraph）、条款（clause）、分条款（subclause）。

给人们时间去寻找更适合他们技能的工作（Chetty，2008）①。2009—2016 年美国劳动生产率指数从 96.37 上升到 102.93。从年度增速来看，最高增速为 2009 年的 4.1%，最低增速为 2011 年的 -0.2%，其中 4 个年份的增速低于 1%（如图 8-12 所示）。趋势线显示除 2009 年和 2011 年的增速相对抢眼之外，其他年份都在低位徘徊。劳动生产率的状况由社会生产力的发展水平决定的，指数的高低代表发展水平的高低，但增速更能反映具体年度在自然、人力和技术等因素影响下的劳动产出情况。这些具体因素包括劳动者平均熟练程度、科学技术发展程度、劳动组织和生产管理的好坏、生产资料的规模与效能、生产过程的社会结合、自然资源的利用程度等，较低的增速表明这些影响因子自身受到了限制，或许是科学技术成果运用于生产有待普及，或许是劳动者平均熟练程度有待提高。

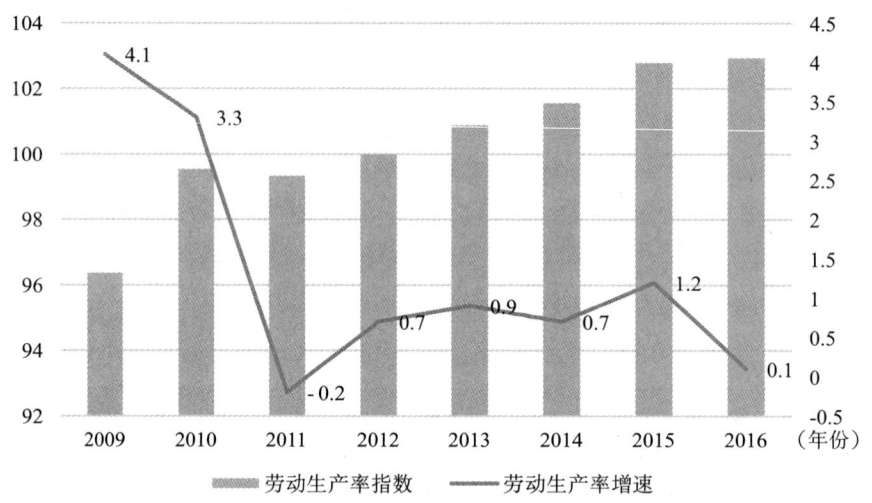

图 8-12　2009—2016 年美国非农私人商业部门劳动生产率

资料来源：美国劳工统计局，2019。

对此，格林斯潘和伍尔德里奇（Greenspan 和 Wooldridge，2019）表明了自己的担忧："尽管政府成功地阻断了危机，但随后的经济复苏历程十分缓慢和无力。……造成这种现象的原因或许是美国的竞争力早在雷曼兄弟倒闭之前就出现了问题。"②

（七）对通货膨胀的影响

2009—2016 年，年度通胀率最高为 2011 年的 3.2%，最低为 2009 年的 -0.4%（如图 8-13 所示）。金融危机后的量化宽松货币政策对本时段的通胀产生了深刻影响。美联储的第一轮量化宽松政策使得金融市场流动性得到了一定程度的缓解，避免金融机构的连续倒闭风潮，同时使投资者信心逐步恢复，通胀随之也逐步恢复，2009 年 12 月达到了

---

① R. Chetty. 2008. Moral Hazard vs. Liquidity and Optimal Unemployment Insurance. *Journal of Political Economy*, 116 (2)：173-234.

② ［美］艾伦·格林斯潘、阿德里安·伍德尔里奇，束宇译：《繁荣与衰退：一部美国经济发展史》，中信出版集团 2019 年版，第 359 页。

2.6%。第二轮量化宽松政策以加强购买中长期国债购买力为特征,2011年5月开始通胀率大幅走高至3.6%,且后续月份维持在高位。第三轮量化宽松直指按揭市场,随着经济的逐步企稳,失业率的稳定下行,通胀率较好地维持在2%左右,也符合美联储量化宽松的目标。① 2014年10月底,美联储宣布结束资产购买计划,持续6年的量化宽松货币政策暂时告于一个段落,后续美联储通过缩表和加息开始进入缓慢的货币正常化过程。

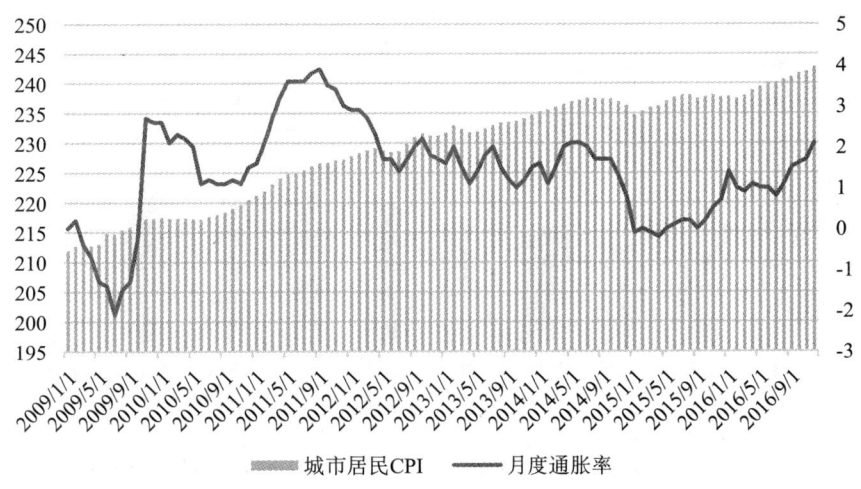

图 8 – 13 2001—2008 年美国月度通胀率和城市居民 CPI

注：CPI 指数以 1982 – 1984 = 100
资料来源：美国经济分析局，美国圣路易斯联储，2019。

二、对政府收支的影响

虽然各级政府的税收收入在金融危机后保持了较低增速的增长,但奥巴马第二任期内面临着严峻的债务和赤字形势,也面临着增税减支和重塑财政预算平衡的艰巨任务。2013年,美国开始对高收入人群实行增税,同时大幅度削减国防预算,减少海外驻军,严格控制养老费用支出,以期控制赤字和债务的增长势头。

（一）对税收收入的影响

2009年,美国税收收入在全国层面、联邦政府层面、州和地方政府层面税收均呈下降趋势,分别下降了 -15.38%、-24.56% 和 -5.12%,创二战以来最大降幅。但随后进入增长通道,全国税收收入总额在2011年实现奥巴马任期内的最高增速10.26%,联邦政府收入在2011年实现最高增速16.08%。但无论是全国税收收入总额还是联邦政府税收收入,从2013年开始增速逐步减缓,直至2016年仅收获1.36%和0.66%的增速。州和地方政府税收收入呈低速增长态势,大多数年份同时低于税收收入总额增速和联邦税收收入增速（如图8-14所示）。从联邦、州和地方政府占全国税收收入总额的比重来看,与小布

---

① 钟正生:"量化宽松的极限与未来",《清华金融评论》2016年第12期。

什任期相反，联邦政府占比逐步上升，州和地方政府占比逐渐下降。2001年全国税收收入总额为 23 894 亿美元，联邦政府税收收入为 11 237 亿美元，占比 47.0%，州和地方政府税收收入为 12 658 亿美元，占比 53.0%。2016年全国税收收入总额为 36 630 亿美元，联邦政府税收收入为 20 345 亿美元，占比 55.5%；州和地方政府税收收入为 16 285 亿美元，占比 44.5%（如图 8 – 14 所示）。

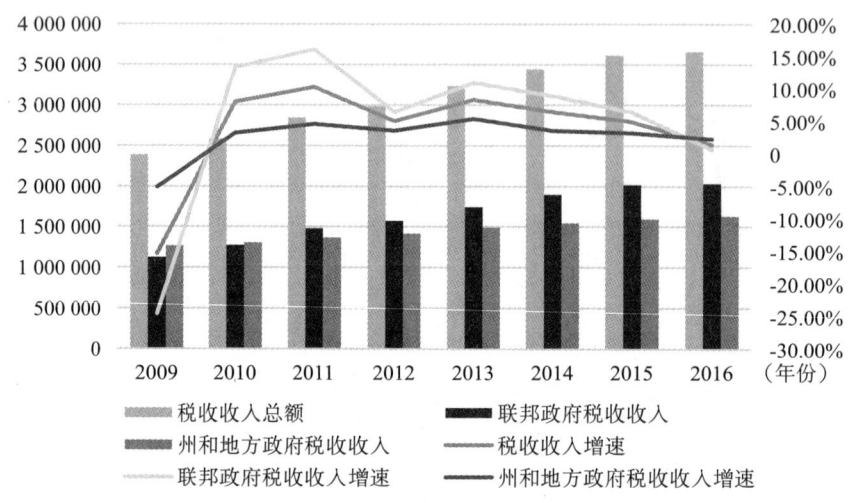

图 8 – 14　2001—2008 年美国各级政府税收收入及增速

资料来源：美国经济分析局，2019。

上述数据和趋势再次证明了供给学派关于减税虽短期减少了税收收入，但中长期却能增加税收收入的观点。联邦、州和地方政府之间占比的变化，从某个侧面反映了奥巴马任期内将"政府做强"的努力，这也可以从他加强对经济各个层面、各个部门（如华尔街、能源、医疗卫生、货币等）的监管力度中窥见一斑。

（二）对税收收入结构的影响

联邦政府税收收入最主要的来源个人所得税在 2009 年呈现 – 26.45% 的增速，一方面是经济衰退的深度影响；另一方面也是减税使然。2010 年开始转负为正，2011 年达到奥巴马任期内的最高增速 19.83%，后续年份增速波动较大，直至 2016 年降至 1.14%（如图 8 – 15 所示）。公司所得税在 2009 年（– 24.26%）、2015 年（– 2.96%）和 2016 年（– 0.76）均为负增长；最高增速为 2010 年的 43.43%，主要是由于基数偏低，加之政府的大量财政激励之后公司盈利的改善。但必须清楚的是，奥巴马"所奉行的强势企业与强势政府合作的政策"使得国内强势企业从政府财政激励措施中受益更多，更有利于一些巨型企业的发展和获利。对此，卡里（Cary，2011）曾指责："企业利润对美国而言不是坏事。但通过政府强制性规定和补贴得到的利润并不能创造财富，这笔钱往往是向上进行重新分配。"①

---

① ［美］蒂莫西·P. 卡里，杨莉等译：《奥巴马经济学》，深圳出版发行集团 2011 年版，第 111 页。

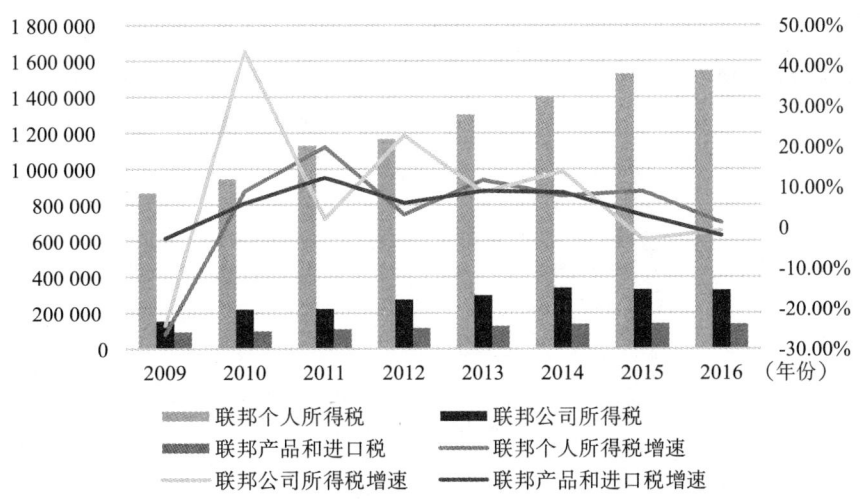

图 8-15　2009—2016 年美国联邦政府税收收入结构

资料来源：美国经济分析局，2019。

从州和地方政府来看，个人所得税税收收入毫无疑问地在 2009 年出现 -14.85% 的负增长。随后进入正增长通道，最高增速为 2011 年的 10.65%，后续年度增速高低不齐，直至 2016 年几乎出现增长停滞（增速为 0.22%）。消费税税收收入增速表现相对平稳，波幅在 -0.02%—7.51%。但自 2011 年达到考察时段最高增速之后，以 3% 为中枢上下波动（如图 8-16 所示）。这与前述对个人消费的分析相互呼应，表明个人消费受制于收入水平、消费理念、商品价格等诸多因素，呈现收敛态势，税收收入低速增长也在情理之中。

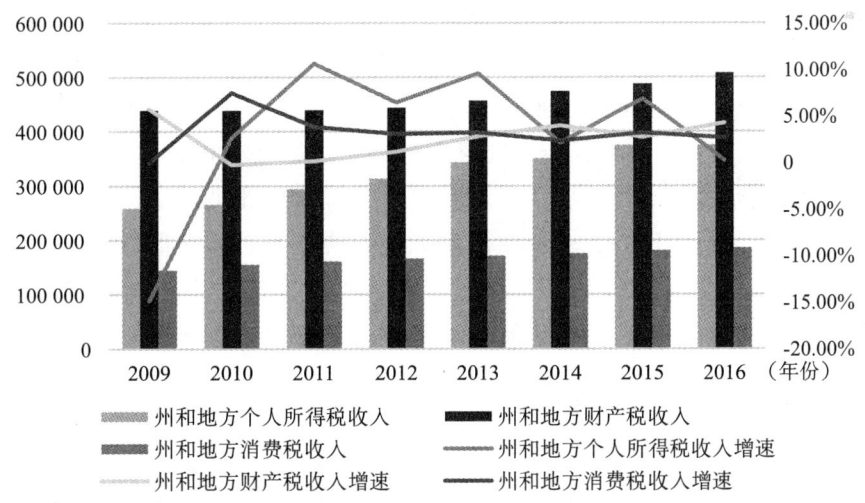

图 8-16　2009—2016 年美国州和地方政府税收收入结构

资料来源：美国经济分析局，2019。

作为州和地方政府最为重要来源的财产税收入，在所有 2009 年财税指标中可谓一枝独秀，该年度实现了 5.76% 的增长，且是奥巴马任期内的最高增速。随后财产税增速相当有限，这表明金融危机后美国房地产市场进入低迷期，房产价格逐步下跌，直接影响到州和地方政府财产税的增长。图 8-17 显示了美国 1970 年第一季度以来美国居民住房市场的价格指数。以 2010 为基准年，危机前最高指数为 2006 年第一季度的 154.62，连续下跌至 2011 年第二季度的 93.73 后缓慢复苏，至 2019 年第三季度反弹至 130.32，但仍未能恢复到危机前的水平。

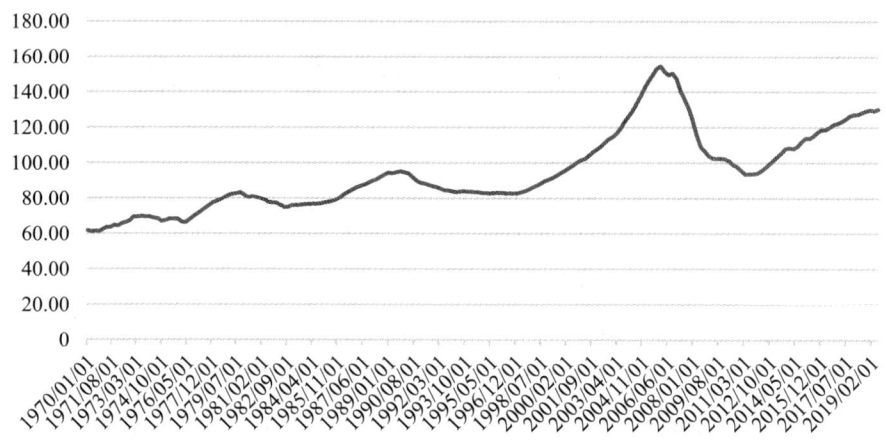

图 8-17　1970—2019 年美国居民住房价格指数（非季调数据）

资料来源：美国圣路易斯联储，2020。

（三）对税收负担的影响

联邦平均税率①从 2007 年占家庭收入的 19.9% 下降到 2008 年的 18.0%，2009 年继续下降到 17.4%（如表 8-13 所示）。2009 年，个人所得税平均税率②下降至 7.2%，比 2007 年下降了 2 个百分点；社会保险税平均税率③上升 0.7%，在家庭收入中占比达到 8.0%。个人所得税平均税率通常高于社会保险税平均税率（即工薪税），但在 2009 年却相对较低。有两个因素可以解释这个不同寻常的结果（CBO，2012）④：一是由于工薪税的税基仅限于工资性收入，非工资收入（如利息、股息和资本利得）的急剧下降减少了所得税，而非工薪税。二是 ARRA 对 2009 年的个人所得税进行若干次的调整，法案引入了新的可退税抵免并扩大了现有抵免额。2007—2009 年，公司所得税平均税率⑤也下降了 1.4%，2009 年为 1.5%。这一变化既反映了 2008 年公司利润的大幅下滑，也反映了政府于 2008 年和 2009 年所采取的降低公司所得税的立法努力。

---

①　家庭联邦纳税义务除以家庭税前收入。税前收入是市场收入和政府转移支付的总和。市场收入包括劳动收入、经营收入、资本利得、资本收入（不包括资本利得）、因过去服务获得的退休收入以及其他来源收入。政府转移支付是从社会保险和其他政府资助项目获得的现金支付和实物福利。
②　家庭个人所得税纳税义务除以家庭税前收入。
③　家庭工薪税纳税义务除以家庭税前收入。
④　CBO. 2012. The Distribution of Household Income and Federal Taxes, 2008 and 2009. July 2012, pp1-38. https://www.cbo.gov/sites/default/files/cbofiles/attachments/43373-06-11-HouseholdIncomeandFedTaxes.pdf.
⑤　分配给家庭的公司所得税税收除以家庭税前收入。

表 8-13　　2007—2009 年不同收入群体的联邦平均税率

收入群体	全部联邦税	个人所得税	社会保险税	公司所得税	消费税
2009 年					
最低 20%	1.0	-9.3	8.3	0.5	1.5
次低 20%	6.8	-2.6	7.9	0.5	0.9
中间 20%	11.1	1.3	8.4	0.6	0.8
次高 20%	15.1	4.6	9.1	0.7	0.6
最高 20%	23.2	13.4	7.2	2.3	0.4
全部	17.4	7.2	8.0	1.5	0.6
81%—90%	18.8	7.7	9.7	0.9	0.5
91%—95%	21.1	10.3	9.2	1.1	0.5
96%—99%	24.1	14.6	7.4	1.7	0.4
最高 1%	28.9	21.0	2.5	5.2	0.2
2008 年					
最低 20%	1.5	-9.1	8.6	0.6	1.3
次低 20%	7.3	-2.5	8.3	0.6	0.9
中间 20%	11.6	1.2	8.9	0.8	0.7
次高 20%	15.6	4.7	9.4	0.9	0.6
最高 20%	23.6	14.0	6.5	2.7	0.4
全部	18.0	7.8	7.8	1.8	0.6
81%—90%	19.1	7.9	9.6	1.1	0.5
91%—95%	21.7	10.8	9.1	1.4	0.4
96%—99%	24.7	15.4	6.8	2.1	0.4
最高 1%	28.1	20.4	2.0	5.5	0.2
2007 年					
最低 20%	5.1	-5.8	8.7	1.0	1.2
次低 20%	10.3	-0.1	8.6	1.0	0.8
中间 20%	14.0	3.1	8.9	1.3	0.7
次高 20%	17.5	6.1	9.3	1.5	0.6
最高 20%	24.7	14.4	5.8	4.1	0.3
全部	19.9	9.2	7.3	2.9	0.5
81%—90%	20.6	8.9	9.4	1.8	0.5
91%—95%	22.5	11.2	8.5	2.3	0.4
96%—99%	25.4	15.5	6.0	3.5	0.3
最高 1%	28.3	19.4	1.6	7.2	0.1

资料来源：美国国会预算办公室，2012。

从不同的收入群体来看，最低收入的 20% 群体的联邦平均税率从 5.1% 降至 1.0%，降幅为 410BP；次低收入的 20% 群体的联邦平均税率从 10.3 降至 6.8%，降幅为 350BP；最高收入的 20% 群体的联邦总税率从 24.7% 降至 23.2%，降幅为 150BP；最高收入的 1% 群体的联邦平均税率从 28.3% 升至 28.9%，升幅为 60BP。以上数据表明，ARRA 实施后，按五分法划分的各 20% 收入群体的联邦平均税率均有不同幅度的下降，收入越低，降幅越大。若将最高收入的 20% 群体予以细分，前 81%—90%、前 91%—95%、前 96%—99% 的收入群体的联邦总税率也都呈现下降趋势，唯一的例外是前 1% 的收入群体的联邦平均税率有所提高。从具体税种来看，个人所得税、社会保险税和公司所得税的平均税率呈下降趋势，消费税则小幅上升。

再进一步观察各收入群体的联邦纳税义务占比情况。最低收入的群体的纳税义务占比从 2007 年 1.2% 降至 2009 年的 0.3%，降幅为 90BP；中间收入的 20% 群体的纳税义务占比在 2007 年和 2009 年持平，但结构发现了些微变化；最高收入的 20% 群体的联邦纳税义务占比略有提升，从 2007 年的 67.8% 升至 2009 年的 67.9%。最高 1% 收入群体却明显下降，从 2007 年的 26.7% 降至 2009 年的 22.3%，前 81%—90%、前 91%—95%、前 96%—99% 的收入群体的纳税义务占比均呈现上升趋势（如表 8-14 所示）。数据再次表明，最高收入的 1% 群体在历次减税中都是最终和最大的受益者。

表 8-14　　　　　　　2007—2009 年不同收入群体的联邦纳税义务占比

收入群体	全部联邦税	个人所得税	社会保险税	公司所得税	消费税
2009 年					
最低 20%	0.3	-6.6	5.3	1.8	12.2
次低 20%	3.8	-3.5	9.7	3.2	15.1
中间 20%	9.4	2.7	15.4	5.8	18.8
次高 20%	18.3	13.4	24.0	10.2	21.3
最高 20%	67.9	94.1	45.3	77.2	32.1
全部	100.0	100.0	100.0	100.0	100.0
81%—90%	16.1	15.9	17.9	8.7	12.5
91%—95%	12.2	14.3	11.6	7.4	7.5
96%—99%	17.3	25.2	11.6	14.1	7.7
最高 1%	22.3	38.7	4.2	47.1	4.4
2008 年					
最低 20%	0.4	-5.8	5.5	1.7	11.9
次低 20%	3.8	-3.0	10.0	3.2	14.6
中间 20%	8.9	2.2	15.8	5.7	18.1
次高 20%	17.4	12.1	24.3	9.9	20.9
最高 20%	69.2	94.6	44.1	78.0	34.1
全部	100.0	100.0	100.0	100.0	100.0
81%—90%	15.1	14.5	17.6	8.5	12.6
91%—95%	11.8	13.5	11.4	7.3	7.7
96%—99%	17.3	24.8	11.0	14.4	8.1
最高 1%	25.0	41.8	4.2	47.8	5.7

续表

收入群体	全部联邦税	个人所得税	社会保险税	公司所得税	消费税
2007 年					
最低 20%	1.2	-3.0	5.6	1.7	10.9
次低 20%	4.7	-0.1	10.5	3.2	14.2
中间 20%	9.4	4.6	16.2	5.8	18.3
次高 20%	16.8	12.6	24.4	9.9	22.2
最高 20%	67.8	86.0	43.1	78.5	34.2
全部	100.0	100.0	100.0	100.0	100.0
81%—90%	14.2	13.3	17.6	8.6	13.5
91%—95%	10.7	11.6	11.1	7.7	7.9
96%—99%	16.2	21.5	10.4	15.6	8.0
最高 1%	26.7	39.6	4.1	46.7	4.8

资料来源：美国国会预算办公室，2012。

把考察期延长到 2015 年，各收入群体的联邦平均税率进一步发生了变化（如图 8-18 所示）。最低收入的 20% 群体的个人所得税平均税率为 -11.6%、工薪税（社会保险税）为 9.8%，公司所得税为 0.9%，消费税为 2.4%。较之 2009 年，除个人所得税之外，其他各税种的平均税率都有一定程度提高。最高收入的 20% 群体的个人所得税平均税率为 16.2%，工薪税为 6.5%，公司所得税为 3.5%，消费税为 0.4%。较之 2009 年，个人所得税和公司所得税税率有所提高，消费税税率持平，而工薪税税率下降。

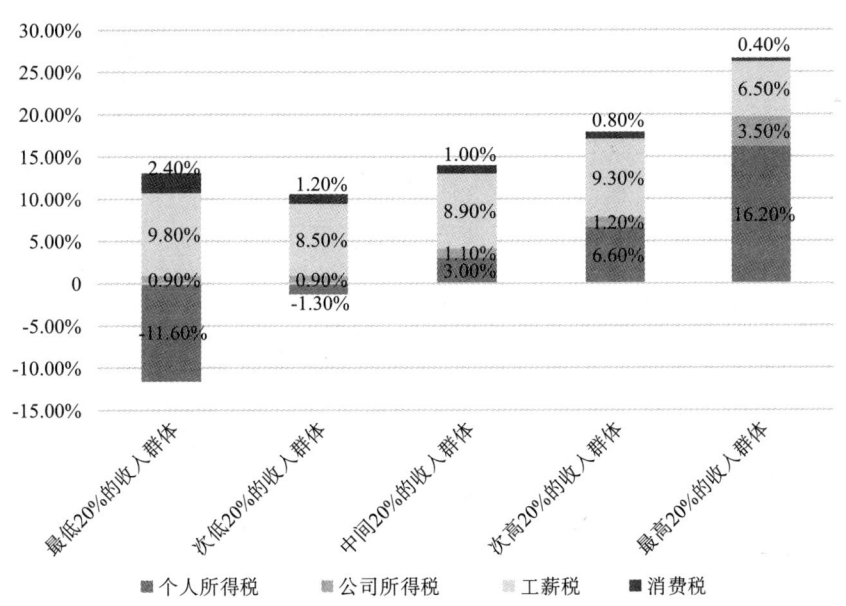

图 8-18 2015 年不同收入群体的联邦平均税率

资料来源：美国国会预算办公室，《家庭收入分配，2015》。

以上数据变化反映了奥巴马政府主要以减税和个人转移支付为手段来减轻纳税人税收负担和公平收入分配的努力。低收入家庭税负的下降以及税后收入的增加很大程度上是由于扩大了税收抵免和为其购买医疗保险提供的财政援助。高收入家庭实际税率的提高主要是因为经常性所得、资本利得和股息所得税率上调,同时恢复个人免税额的逐步扣减、分项扣除限额和遗产税。美国财政部税收分析办公室(2016)的研究认为,① 奥巴马任期内的所得税累进性在增强,且对收入分配起到一定的公平效果。但是由于税前的初次分配极为倾斜,税后二次分配仍然相当不平衡。表 8-15 比较了政策变化对收入不平等历史性趋势的影响,按照国会预算办公室统计口径的收入标准,奥巴马政府颁布的税收法案抵消了持续 40 年之久的收入不平等的 8%—29%。表中第一列显示了奥巴马之前的税收法案和现行政策下税后所得的基尼系数估计值,数据显示基尼系数下降了约 0.009。这一数据为 1979—2007 年收入不平等增幅的 8%,1979—2013 年收入不平等增幅的 11%。第二列比较了第 90 百分位与第 20 百分位的家庭收入,已颁布的税收法案抵消了 27%—29% 的收入不平等。最后一列则显示已颁布的政策将最高收入的 1% 群体的税后收入集中度降低了 13%—22%。再看低收入家庭,1979—2013 年,最低收入的 20% 家庭的税后收入平均每年仅增长 1.14%。而奥巴马政府颁布的税收法案使收入最低的 10% 家庭的税后收入增加了 9.7%,这相当于这一群体额外增加了 8 年的平均收入。

表 8-15　　　　　　　　奥巴马政府税收法案前后的收入不公平　　　　(以 2017 年收入水平计算)

政策情景	不公平指数				
	基尼系数	P90/P20	P99/P20	最高 1%/中间 20%	最高 1% 占比
现金收入	0.571	7.25	23.47	32.36	18.80
税后所得 政策实施前	0.536	5.83	18.26	25.59	16.50
政策实施后	0.527	5.63	17.38	23.57	15.40
政策效果 (1)现有政策	-0.009	-0.20	-0.89	-2.02	-1.10
收入不公平趋势 (2)指数变化, 1979—2007 年	0.107	0.69	6.10	15.78	9.3
(3)指数变化 1979—2003 年	0.084	0.75	4.94	9.17	5.0
政策对趋势的影响 已颁布的税收调整: (1)/(2)	-8%	-29%	-15%	-13%	-12%
已颁布的税收调整 (1)/(3)	-11%	-27%	-18%	-22%	-22%

资料来源:美国财政部税收分析办公室,2016。

---

① U. S Department of the Treasury. 2016. *Reducing Income Inequality Through Progressive Tax Policy: The Effects of Recent Tax Changes on Inequality*. 2016-09-26, pp1-10.

（四）对政府支出的影响

鉴于 ARRA 拨款和减税数额的巨大，美国国会办公室和财政部曾评估了该法案对联邦政府支出的影响（如表 8-16 所示）。增加的大额支出集中在 2009—2011 年，分别为 1 140 亿、2 350 亿和 1 470 亿美元。其中因减税（表中可退税的税收抵免）增加的支出在 2009—2019 年的 10 年间累计达到 970 亿美元。

表 8-16　　　　　　　　　　ARRA 对政府支出的影响预测　　　　　　　单位：10 亿美元

年份	2009	2010	2011	2012	2013	2014	2015	2016—2019	2009—2019
卫生和公共服务部									
医疗	32	40	12	4	3	2	2	4	99
其他	2	12	11	7	8	7	2	3	53
可退税的税收抵免	3	45	38	6	5	0	0	0	97
失业救济	28	33	3	0	0	0	0	0	64
补充营养援助计划	5	11	12	8	6	6	0	0	48
教育部									
国家稳定基金	12	23	12	2	1	1	1	0	54
其他	9	19	11	3	1	1	0	0	44
交通部	4	17	11	5	3	1	2	3	46
能源部	1	8	11	8	3	1	1	1	34
美国建筑基金	0	1	4	4	4	4	4	16	36
社会保障局	13	0	0	0	0	0	0	0	14
其他	7	25	21	12	6	2	1	0	74
总支出	114	235	147	59	41	26	14	28	663
收入	-65	-167	2	13	4	7	9	24	-173
总赤字效应	-179	-401	-145	-47	-37	-19	-5	-4	-836

资料来源：美国国会预算办公室，美国财政部，2015。

具体到各级政府的支出结构来看（如表 8-17 所示），国防支出在 2009 年均为正增长，但增幅远远低于小布什任期的头两年；2012 年后则开始负增长或零增长。非国防支出也是正负增长相互交替，而小布什任期内均为正增长。对比奥巴马两个任期的支出增长情况，不难发现在第二个任期他更加注重削减国防支出，不论是消费类还是投资类支出，同时增加非国防支出。

表 8-17　　　　　　　2008—2016 年美国联邦政府的支出结构　　　　　　　单位：百万美元

年份	国防支出				非国防支出			
	消费支出	增速（%）	投资支出	增速（%）	消费支出	增速（%）	投资支出	增速（%）
2009	614 309	5.33	173 256	3.66	321 258	8.65	109 366	4.60
2010	651 766	6.10	176 205	1.70	348 903	8.61	121 045	10.68

续表

年份	国防支出				非国防支出			
	消费支出	增速（%）	投资支出	增速（%）	消费支出	增速（%）	投资支出	增速（%）
2011	661 984	1.57	171 994	-2.39	341 281	-2.18	123 671	2.17
2012	650 338	-1.76	163 837	-4.74	348 913	2.24	123 452	-0.18
2013	611 205	-6.02	153 015	-6.61	345 725	-0.91	116 632	-5.52
2014	597 754	-2.20	144 778	-5.38	352 569	1.98	119 074	2.09
2015	586 980	-1.80	142 568	-1.53	368 861	4.62	122 472	2.85
2016	587 205	0.04	140 110	-1.72	380 349	3.11	124 547	1.69

资料来源：美国经济分析局，2019。

从州和地方政府来看，支出总额虽然保持了增长态势，但年度增速明显表明该时段的增长相对较弱。消费支出年均增速为1.75%，投资支出年均增速为0.35%，远远低于小布什任期的5.49%和5.62%。这与前述分析的州和地方政府税收收入增长处于低速通道密切相关，尽管联邦政府出台了财政救济措施以缓解州和地方政府财政压力，但"巧妇难为无米之炊"，收入增长有限加之债务压力，支出必然受到压缩。

表8-18　　　　　2009—2016年美国州和地方政府的支出结构　　　　　单位：百万美元

年份	消费支出总额	消费支出增速（%）	投资支出总额	投资支出增速（%）
2009	1 495 035	1.46	360 287	0.67
2010	1 509 474	0.97	347 254	-3.62
2011	1 508 489	-0.07	340 953	-1.81
2012	1 516 729	0.55	333 742	-2.11
2013	1 575 076	3.85	330 755	-0.90
2014	1 614 877	2.53	337 989	2.19
2015	1 656 865	2.60	356 464	5.47
2016	1 691 935	2.12	366 834	2.91

资料来源：美国经济分析局，2019。

（五）对预算盈余的影响

除了奥巴马政府的减税政策外，此前颁布的法案也有内置条款，允许在经济恶化时自动提供支持。比如，当收入下降时，个人所得税的缴纳会相应减少；当失业率上升时，失业保险的支出也在增加。这些被称为"自动稳定器"的自动反应不仅可以减轻经济衰退的人力成本，还可以帮助平缓商业周期（Auerbach和Feenberg，2000；[①] Follette和Lutz，

[①] A. J. Auerbach & D. R. Feenberg. 2000. The Significance of Federal Taxes as Automatic Stabilizers. *Journal of Economic Perspective*. 14（3）：37-56.

2010[①]）。与过去几十年的情况一样，自动稳定器在美国此轮的经济衰退和复苏中也发挥了重要作用。尽管国会预算办公室（2014年）估计，大多数财政扩张措施来自颁布实施的立法或自由裁量的财政政策，但自动稳定器约占2009财年逆周期财政扩张的1/4，此后比例更大（如图8-19所示）。

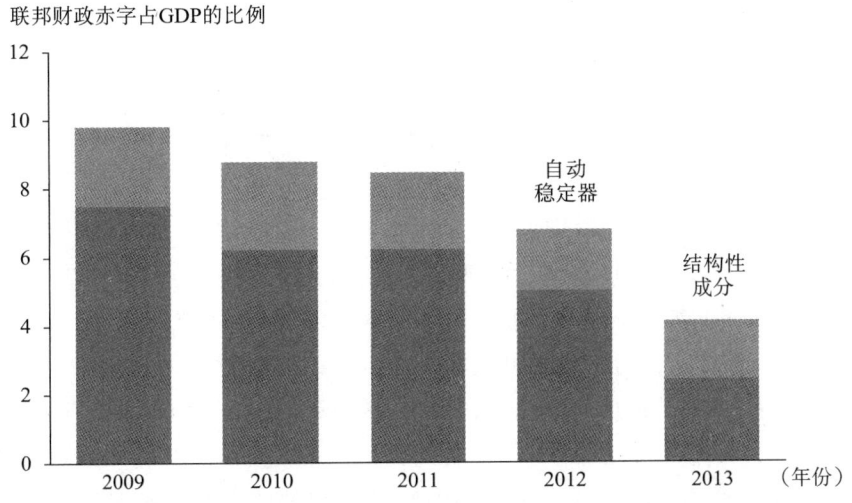

图8-19　2009—2013年的自动稳定器和预算平衡

资料来源：美国经济分析局，国民收入和产品账户；美国国会预算办公室，《预算和经济展望：2014－2024》。

表8-19显示了奥巴马任期内的财政赤字情况。2009年赤字总额高达19 014亿美元，比2008年的8 115亿美元跃升了2.34倍，占GDP比重达到13.2%。随后4年财政赤字继续在10 000亿美元以上盘踞，直至2014年下降至8 276亿美元，占GDP比重同步下降到4.8%。但到了2016年，财政赤字有所反弹，GDP占比上升到5.1%。赤字总额中联邦政府赤字占比逐步下降，从2009年的74.3%降至2016年的62.3%，降幅约120BP。

表8-19　　　　　2009—2016年的美国政府盈余/赤字余额及GDP占比

单位：10亿美元

财年	10亿美元（按现价计算）					GDP占比（%）		
	各级政府	联邦政府			州和地方政府	各级政府	联邦政府	州和地方政府
		总额	预算内	预算外				
2009	-1 901.4	-1 412.7	-1 549.7	137.0	-488.8	-13.2	-9.8	-3.4
2010	-1 762.6	-1 294.4	-1 371.4	77.0	-468.2	-11.9	-8.7	-3.2
2011	-1 706.6	-1 299.6	-1 366.8	67.2	-407.0	-11.1	-8.4	-2.6
2012	-1 472.0	-1 076.6	-1 138.5	61.9	-395.4	-9.2	-6.7	-2.5

---

① G. Follette & B. Lutz. 2010. Fiscal Policy in the United States: Automatic Stabilizers, Discretionary Fiscal Policy Actions and the Economy. *FEDS Working Papers*. 2010-43, pp1-40.

续表

财年	10亿美元（按现价计算）					GDP占比（%）		
	各级政府	联邦政府			州和地方政府	各级政府	联邦政府	州和地方政府
		总额	预算内	预算外				
2013	-1 042.8	-679.8	-719.2	39.5	-363.1	-6.3	-4.1	-2.2
2014	-827.6	-484.8	-514.3	29.5	-342.8	-4.8	-2.8	-2.0
2015	-784.8	-442.0	-469.3	27.3	-342.8	-4.3	-2.4	-1.9
2016	-937.9	-584.7	-620.2	35.5	-353.3	-5.1	-3.2	-1.9

资料来源：美国行政管理和预算局，2019。

捉襟见肘的美国财政问题还体现在"财政悬崖"之上。所谓"财政悬崖"，由美联储主席伯南克于2012年2月7日在国会听证会上首次提出，是指美国将在2013年1月1日同时出现税收增加与开支减少局面。如果国会两党不能在2012年达成协议规避这一局面，自动削减赤字机制将启动，增税减支措施将自动生效，从而使支出曲线看上去如悬崖。根据国会预算办公室2012年3月的预测，2013年美国将增加5 320亿美元税收，同时减少1 360亿美元支出，这些资金占2013年产出的比重达到5.1%，将使GDP增速从4.4%降至0.5%，并增加200万的失业人口。但与财政悬崖相关的政策选择是艰难的，这是由于经济和预算的长短期目标之间存在明显的冲突。短期内，由于预算赤字减少而导致需求减少，可能会损害本已脆弱的复苏；长远看，亟需削减预算赤字以解决预计不可持续的债务水平（Gravelle，2012）。[①]

2012年下半年，民主党和共和党均提出了针对2001年、2003年和2009年减税措施和AMT的替代计划（如表8-20和表8-21所示）。[②] 两个计划之间的主要区别在于：共和党的提案中包含490亿美元的个人所得税减免（已婚夫妇和单身个人的收入分别为250 000和200 000美元）和310亿美元的遗产税减免，总体来看，该提案有利于高收入的纳税人。民主党的提案是继续延长2009年立法中的270亿美元减税措施，主要是针对扩大教育、儿童和工薪所得的税收抵免。这些抵免规定按照法案原有设计将随着家庭和个人收入的增加而逐步扣减直至不能享受抵免，从而有利于中低收入的纳税人。共和党的提案中还提出为期两年的替代性最低税收补丁（AMT Patch），而民主党的提案则为一年期补丁。总体来看，民主党的提案拟消除2013财年与政策相关的"财政悬崖"的1/3，共和党的提案在包含一年期AMT补丁的情况下将消除大约40%的"财政悬崖"，两年期AMT补丁的情况下将消除45%的"财政悬崖"。后续参议院财政委员会综合考虑了两党的提案，针对2013财年和2014财年延长了50项税收条款的适用期，主要包括2年期AMT补

[①] J. G. Gravelle. 2012. The "Fiscal Cliff": Macroeconomic Consequences of Tax Increases and Spending Cuts. *CRS Report for Congress*. 7-5700. 2012-09-20. pp1-22.

[②] 表中PEP是Personal Exemption Phase-out的缩写；PEASE是因议员Donald J. Pease的提议而命名，实则指设置分项扣除限额来提高税收；第179节支出是指以更高限额允许设备投资的即时扣除。

丁，第 179 节费用扣除，研发税收抵免，国外融资所得递延纳税等，共计在 2013—2022 财年消除 2 051 亿美元的"财政悬崖"。

表 8-20　　　　　　　收入损失——民主党关于"财政悬崖"的提案　　　　单位：10 亿美元

条款	2013 财年	2014 财年	2013—2022 财年
2001—2003 年法案的延展	62	66	130
10% 的税率级次	31	13	44
25%/28% 和部分 33% 税率级次	13	65	19
PEP 和 PEASE	低于 5 亿美元	低于 5 亿美元	11
儿童税收抵免	4	32	36
婚姻惩罚	5	5	9
其他	1	2	3
资本利得	3	(2)	2
股息	5	10	15
2009 年法案的延展	3	25	27
第 179 节的费用扣除	4	3	1
1 年期 AMT 补丁	99	(7)	92
总计	167	87	250

资料来源：Joint Committee on Taxation, JCS-65-12, "Estimated Revenue Effects Of S. 3412, The Middle Class Tax Cut," July 27, 2012, at https：//www.jct.gov/publications.html? func = startdown&id = 4477.

表 8-21　　　　　　　收入损失——共和党关于"财政悬崖"的提案　　　　单位：10 亿美元

条款	2013 财年	2014 财年	2013—2022 财年
2001—2003 年延展	105	90	210
10% 的税率级次	31	13	44
25%/28% 税率级次	13	5	18
33% 和 35% 税率级次	22	10	32
PEP 和 PEASE	6	5	11
儿童税收抵免	6	32	36
婚姻惩罚	4	5	9
其他	1	2	3
资本利得	14	(17)	10
股息	5	10	16
消费税	4	23	31
第 179 节的费用扣除	2	2	1
1 年期 AMT 补丁	99	(7)	92
2 年期 AMT 补丁	122	78	193
总计（1 年期补丁）	205	80	302
总计（2 年期补丁）	208	169	403

资料来源：Joint Committee on Taxation, JCS-64-12, "Estimated Revenue Effects Of H. R. 8, The 'Job Protection And Recession Prevention Act Of 2012,'" July 24, 2012, at https：//www.jct.gov/publications.html? func = startdown&id = 4476.

（六）对政府债务的影响

政府债务与财政赤字密切相关，减税与增支并行导致财政赤字扩大，进而导致债务扩张。如表8-22显示，联邦政府债务总额增长迅速，2009年较之2008年增长了18.92%，2016年较之2009年增长了64.53%。尤其是公众持有的债务在GDP中的占比持续提高，从2009年的52.3%提高到2016年的76.4%，为二战以来的最高值。

表 8-22　　　　　　　2009—2016 年的美国联邦政府债务及 GDP 占比

财年末	百万美元					GDP 占比（%）				
	债务总额	减：联邦政府账户持有债务	等于：公众持有债务			债务总额	减：联邦政府账户持有债务	等于：公众持有债务		
			总额	联邦储备系统	其他			总额	联邦储备系统	其他
2009	11 875 851	4 331 144	7 544 707	769 160	6 775 547	82.3	30.0	52.3	5.3	46.9
2010	13 528 807	4 509 926	9 018 882	811 669	8 207 213	91.2	30.4	60.8	5.5	55.3
2011	14 764 222	4 636 035	10 128 187	1 664 660	8 463 527	95.8	30.1	65.8	10.8	54.9
2012	16 050 921	4 769 790	11 281 131	1 645 285	9 635 846	100.0	29.7	70.3	10.2	60.0
2013	16 719 434	4 736 721	11 982 713	2 072 283	9 910 430	100.7	28.5	72.2	12.5	59.7
2014	17 794 483	5 014 584	12 779 899	2 451 743	10 328 156	102.6	28.9	73.7	14.1	59.6
2015	18 120 106	5 003 414	13 116 692	2 461 947	10 654 745	100.1	27.6	72.5	13.6	58.9
2016	19 539 450	5 371 826	14 167 624	2 463 456	11 704 168	105.3	29.0	76.4	13.3	63.1

资料来源：美国行政管理和预算局，2019。

三、对资本市场的影响

2009年首个交易日，道琼斯指数上涨258.30点，以9 034.69点收盘。但在新年的第一个交易周，标准普尔500指数下跌了4.8%。受经济衰退拖累、原油价格下跌、企业利润下跌等诸多因素交织的影响，3月2日道琼斯指数下挫299.66点，降至6 763.29点，为1997年的最低值。对此，奥巴马认为，"如果你注重长期愿景"，此时是投资者进入股市的好机会。[①] 随后指数开始小幅上涨，受富国银行等公司第一季度季报的盈利拉动，4月3日道琼斯指数上涨246.27点，收于8 083.38点，但整个第二季度受失业率、新建住房开工量、次级贷款等数据影响市场波动仍然较大，如4月20日下探至8 000点以下，4月30日又收于8 185.73点。进入7月，财政刺激政策的效果逐步显现，当月失业率处于9个月来的最低值，住宅销售也大幅上升。美联储7月29日公布，对区域经济的调查表明，经济状况正在趋于稳定。道琼斯指数在7月31日收于9 171.61点。第三季度受"一揽子"刺激计划中旧车换现金的税收抵免激励和泰森食品等公司盈利增长报告的鼓励，标普500指数超过了1 000点，道琼斯指数报收于9 712.28点。10月14日，摩根大通宣布第三季度盈利35.9亿美元，道琼斯指数当天突破10 000点（如图8-20所示）。其他公司如德意志银

---

① E. L. Andrews & J. Calmes. Fed Chairman Tacitly Backs Calls for Spending. *New York Times*, 2009-03-04.

行、瑞士信贷等也报告了盈利数据，但利润多来自刺激方案下的税收优惠。这也表明，奥巴马政府的减税政策对于提振市场信心，增加企业盈利，进而稳定资本市场发挥了一定的积极作用。对此，奥巴马也曾回应："我们在正确的方向上。"

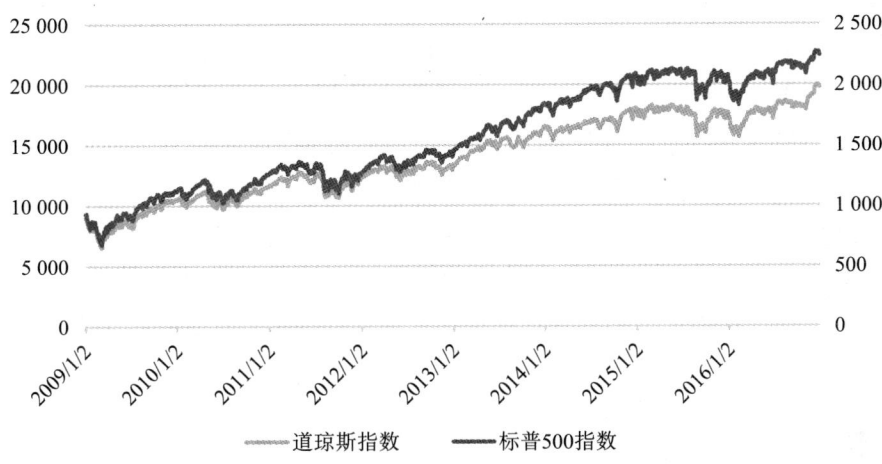

图 8－20　2009—2016 年美国的道琼斯指数和标普 500 指数

资料来源：WIND。

迈过 2009 年之后，美国股市进入了长达 10 年的牛市，期间当然包括由各种事件引发的下探或暴跌，但整体迎来了历史上最长的牛市。当然，造就这轮长期牛市的最大动力是美联储在金融危机后接连推出的几轮量化宽松货币政策，以及全球各国央行也随之推出的各种过度宽松的货币政策，向市场流入大量的流动性。当全球金融市场的流动性充斥时，大量的资金流入美国股市，这成为推动美国股市快速上涨的最大动力（易宪容，2018）。[①] 但同时也要看到，美国政府自金融危机以来，推出了不少提振本国的宏观政策，尤其是 2008—2009 年的财政刺激政策，从而使其企业盈利快速增长，消费者信心持续提振。如 2010 年 4 月，在首次购房税优惠政策的持续支持下，美国新房销售上升了 14.8%，4 月 12 日道琼斯指数突破 11000 点。因此，即使面对外部环境的不确定性和不稳定性，也没有让美国牛市走势受阻。

第三节　本章小结

金融危机对美国经济造成了沉重的打击，也是奥巴马政府意识到过于依靠市场力量或仅仅依靠货币政策，不仅不能帮助美国摆脱经济危机，而且很可能会陷入更深的危机之

[①] 易宪容："美国历史最长的牛市还会持续吗？"，《金融投资报》，2018 年 8 月 25 日，第 12 版。

中。费尔德斯坦(2009)曾指出：

"许多经济学家都清楚地认识到，当前的危机与以往的衰退不同，货币政策不会有效地让我们恢复充分就业，到2007年底，人们对美联储无力防止严重衰退的预期，促使我们中的一些人主张采取财政刺激措施。"①

美国在经历了里根政府和小布什政府推行的供给学派指导下的减税之后，到奥巴马政府出台减税政策之时，学派之争论、政党之矛盾在共同应对金融危机面前不再那么凸显。重要的是根据"最具针对性"原则（苏京春、王琰，2019）②，即在特定时代背景和经济挑战之下，选择什么样的减税政策才可以起到挽救经济的效果？财政和货币政策如何搭配才能有效实现充分就业与物价稳定的调控目标？

从短期看，美国应对2008年金融危机的扩张性财政政策虽然使其摆脱了危机掣肘，但长期来看，巨额财政赤字可能会导致国家债务危机，从而引发新一轮的经济衰退，这几乎成为美国经济学界的一种"共识"（杨全社等，2020）。③

---

① M. Feldstein. 2009. Rethinking the Role of Fiscal Policy. *American Economic Review*. 99 (2): 556–559.
② 苏京春、王琰："美国二战后六轮减税的逻辑及演进中的宏观调控——兼论对我国供给侧结构性改革与宏观调控抉择的启示"，《华中师范大学学报》（人文社会科学版）2019年第7期。
③ 杨全社、杨英杰、皇甫建华、李依玲："美国金融危机以来财税政策演变及其实施效果评价"，《经济研究参考》2020年第1期。

第九章
特朗普减税政策及其评价

2017年1月20日，美国第45任总统唐纳德·J. 特朗普（Donald J. Trump）宣布就职。特朗普自参选美国总统以来就充满争议，他在就职演说中一再强调让美国再次强大，"强调美国至上的决策原则，宣称于贸易、税收、移民、外交的每一项决策，都会为了美国工人和美国家庭的利益而做出"。① 作为1986年以来美国最大规模的税制调整，也是2008年金融危机以来、奥巴马医改后的重大政治博弈，特朗普减税是新自由主义思潮在经济领域的实践。与里根减税、小布什减税和奥巴马减税类似，特朗普减税的主要目的之一就是利用减税降低投资成本，提高资本收益，从而促进经济增长和增加就业。但美国经济自金融危机以来，周期性与结构性矛盾相交织，尤其是经济金融化问题日趋严重，这些都为特朗普减税的实施效果带来了诸多的不确定性。

第一节 特朗普减税政策的主要内容

特朗普就任之时，美国经济仍处于商业周期和金融周期的扩张阶段，不似其他总统就任时正面临经济衰退或者经济危机。从美国税制来看，与主要国家对比，美国政府实施减税具有一定的空间。根据世界银行的统计，G20国家中，美国个人所得税税率居中，公司所得税税率偏高，而特朗普希冀以减税带来经济繁荣，有利于"让美国再次伟大"目标的实现。

一、政策出台过程

2017年11月2日，众议院筹款委员会主席布雷迪（K. Brady）发布了一项税收改革计划，即《减税和就业法案》。该计划拟通过降低工资、投资和营业所得的税率、扩大税基和简化税制等途径来改革个人所得税法。该计划拟将公司所得税税率降低到20%，并使

---

① 转引自杨志勇："特朗普税制改革主张评析"，《国际税收》2017年第2期，第32—34页。

美国从一个世界性的税收体系转向地域管辖权的税收体系。11月9日，众议院筹款委员会投票通过了该法案，并将其提交给众议院。11月16日众议院以227票对205票的结果予以了通过，其中13名共和党人投反对票，没有一个民主党人投赞成票。同一天，参议院财政委员会通过了该法案。11月28日，参议院预算委员会也通过该法案。

税改内容公布后引发了激烈的争议。2017年11月，芝加哥大学咨询了40多名经济学家，如果众议院或参议院的法案通过，10年后美国GDP是否会大幅上升？调研结果如下：52%的人不同意或强烈反对，36%的人不确定，只有2%的人同意（Krugman，2017）。[1]美国税收政策中心（The Tax Policy Center，2017）估计，根据众议院法案，2027年的GDP将比现行法案之下高出0.3%，而宾夕法尼亚沃顿商学院的预算模型估计，参众两院法案对GDP的拉动作用约为0.3%—0.9%。这些预测都与政府声称的到2027年GDP增长10%（每年约1%）和参议员麦康奈尔（M. McConnell）估计的增长4.1%相反。[2]但也有不同的预测结论，如税收基金会（Tax Foundation，2017）的研究分析表明，该项税收改革计划将降低劳动力和投资的边际税率，促使GDP长期增长3.5%，工资增长2.7%，同时增加890 000个全职工作岗位。[3]

美国著名经济学家克鲁格曼（Krugman，2017）则对"公司减税将刺激投资和提高工资"的政府观点进行了反驳，他认为，外国投资者持有美国约35%的股票，因此高达7 000亿美元的减税将流向海外，因为公司税后所得将以股票回购和股息的形式流向这些投资者。[4]而一些公司的首席执行官表示，减税并不是投资决策的重要因素，大幅增加资本支出需要外国资本流入，使美元走强，增加贸易赤字，并可能造成多达250万个制造业和辅助性就业岗位的损失。

必须指出的是，参众两院的两个版本之间存在重大差异，部分原因是参议院的协调规则要求修订后的法案在10年内产生的赤字不超过1.5万亿美元，并且此后对赤字的影响要控制在最小范围之内。[5][6] 其他差异主要体现在：

- 众议院版本的法案中有四个所得税级次，从12%到39.6%，而参议院版本的法案则保留了7个等级，从10%到38.5%；
- 众议院版本建议立即削减公司所得税，而参议院版本计划将其推迟至2019年；
- 众议院版本建议将个人所得税和公司所得税都定为"永久性"（即没有固定的到期日），而参议院版本中大部分的个人所得税条款都有到期日；
- 众议院版本没有废除健康保险个人授权，而参议院法案和最终法案提出废除；

---

[1] Paul Krugman. *Tax Cuts and the Trade Deficit* [N]. The New York Times. November 14, 2017.
[2] *The Republican Tax on the Future* [N]. Editorial. The New York Times. November 25 2017.
[3] Tax Foundation. 2017. *Details and Analysis of the 2017 Tax Cuts and Jobs Act*. Special Report No. 239. Nov. 2017. pp1–13.
[4] Paul Krugman. *Everybody Hates the Trump Tax Plan* [N]. The New York Times. November 16 2017.
[5] Levitz. Eric. *The GOP Tax Plan is Dead – Unless the Filibuster Dies*. New York.
[6] 伯德规则允许参议员阻止立法，如果它会使赤字在10年后大幅增加。

- 众议院版本取消了已缴州、地方和销售税的扣除额,并将财产扣除额限制在10 000美元。参议院版本最初取消了州和地方财产税减免,但在后续法案修订中,与众议院版本保持了一致;
- 众议院版本允许父母为未出生子女的大学教育进行储蓄,但参议院版本没有包括这一条款;
- 众议院版本将抵押贷款利息的扣除额限制在第一笔50万美元的抵押贷款债务上,而参议院版本为100万美元;
- 众议院版本废除了约翰逊修正案,参议院版本和最终法案都没有废除约翰逊修正案;
- 众议院版本禁止使用免税市政债券资助职业体育场馆,而参议院的版本和最后法案都没有做出禁止规定。

在参议院投票之前的两院联席会议中,对参议院版本进行了与众议院版本之间的协调性修改。12月2日,参议院以51票比49票通过了减税法案。联席会议版本于12月15日发布,与参议院版本相比,它只有相对较小的差异。个人所得税和中间实体的减税政策将在10年后到期,而公司所得税的变化则是永久性的。众议院于12月19日通过了法案的倒数第二个版本。[①] 由于该法案的一些条款违反了参议院的程序规则,这意味着众议院需要在删除反对条款的情况下重新投票。参议院于12月20日以51票对48票通过了最终法案;除参议员麦凯恩(J. McCain)因健康原因缺席外,参议院所有共和党党员都投了赞成票。同一天,众议院重新投票,并以224票对201票获得通过。特朗普总统随后于2017年12月22日签署了《2018年减税和就业法案》(Tax Cuts and Jobs Act 2018,缩写为TCJA),使之正式成为法律生效,他在签署仪式上说:"这是一份有利于中产阶级及创造就业的法案。"

二、主要政策内容

特朗普减税提出了四个税制改革目标,即对中产阶级减税、简化税税制、阻止公司倒置(Corporate Inversion)、鼓励海外利润回流美国,TCJA涉及的主要减税内容如下:

(一) 减免个人所得税

一是增加个人所得税的税率级次,并降低应税所得额的级距。本次税改从6级税率增加到7级税率,分别是10%、12%、22%、24%、32%、35%和37%,应税所得额的级距相应有所调低。从整体来看,是朝着宽税基、低税率的模式在调整。大幅度提高标准扣除额,2018年已婚夫妇联合申报从13 000美元提高到24 000美元,已婚夫妇独立申报和单身个人独立申报从6 500美元提高到12 000美元,家庭户主从9 550美元提高到18 000美元,后续年度扣除额还将进行通货膨胀指数调整。65岁以上老人或盲人的加计扣除也有所提高。个人

---

① A. Rappeport, T. Kaplan. *Republican Tax Bill Passes Senate in 51 - 48 Vote* [N]. New York Times. December 19 2017.

免税额、标准扣除额和加计扣除的减免调整措施到 2025 年自动终止，具体见表 9-1。

表 9-1   2018 年的联邦个人所得税税率表   单位：美元

个人免税额	取消
标准扣除	
联合申报	24 000
单身个人和已婚独立申报	12 000
家庭户主	18 000
加计扣除	
65 岁以上老人或盲人	未婚个人或家庭户主为 1 600
	联合申报或单独申报的已婚夫妇 1 300（每人）
法定边际所得税税率，已婚夫妇联合申报	
应税所得	应纳税额
0 – 19 050	超过 0 部分的 10%
19 051 – 77 400	1 905 + 超过 19 050 部分的 12%
77 401 – 165 000	8 970 + 超过 77 400 部分的 22%
165 001 – 315 000	28 179 + 超过 165 000 部分的 24%
315 001 – 400 000	64 179 + 超过 315 000 部分的 32%
400 001 – 600 000	91 379 + 超过 400 000 部分的 35%
超过 600 001	161 379 + 超过 600 000 部分的 37%
法定边际所得税税率，单身个人独立申报	
应税所得	应纳税额
0 – 9 525	超过 0 部分的 10%
9 526 – 38 700	952.50 + 超过 9 525 部分的 12%
38 701 – 82 500	4 453.50 + 超过 38 700 部分的 22%
82 501 – 157 500	14 089.50 + 超过 82 500 部分的 24%
157 501 – 200 000	32 089.50 + 超过 157 500 部分的 32%
200 001 – 500 000	45 689.50 + 超过 200 000 部分的 35%
500 001 以上	150 689.50 + 超过 500 000 部分的 37%
法定边际所得税税率，家庭户主申报	
应税所得	应纳税额
0 – 13 600	超过 0 部分的 10%
13 601 – 51 800	1 360 + 超过 13 600 部分的 12%
51 801 – 82 500	5 944 + 超过 51 800 部分的 22%
82 501 – 157 500	12 698 + 超过 82 500 部分的 24%
157 501 – 200 000	30 698 + 超过 157 500 部分的 32%
200 001 – 500 000	44 298 + 超过 200 000 部分的 35%
超过 500 001	149 298 + 超过 500 000 部分的 37%
法定边际所得税税率，已婚夫妇独立申报	
应税所得	应纳税额
0 – 9 525	超过 0 部分的 10%
9 526 – 38 700	952.50 + 超过 9 525 部分的 12%
38 701 – 82 500	4 453.50 + 超过 38 700 部分的 22%
82 501 – 157 500	14 089.50 + 超过 82 500 部分的 24%
157 501 – 200 000	32 089.50 + 超过 157 000 部分的 32%
200 001 – 300 000	45 689.50 + 超过 200 000 部分的 35%
超过 300 001	80 689.50 + 超过 300 000 部分的 37%

资料来源：National Association of Tax Professionals，2017。

各项个人所得税扣除额的年度变化情况如表9-2所示。标准扣除额和加计扣除额均按照通货膨胀指数进行了年度调整,2025年已婚联合申报、单身个人申报和已婚独立申报、家庭户主申报的标准扣除额达到了27 900美元、13 950美元和20 900美元;单身或家庭户主申报、已婚联合或独立申报的加计扣除额分别为1 850美元和1 500美元。根据TCJA的规定,2026年开始恢复个人免税额并下调标准扣除额,但加计扣除额继续提高。2030年,个人免税额为5 300美元,已婚联合申报、单身个人申报和已婚独立申报、家庭户主申报的标准扣除额分别下降至16 700美元、8 000美元和11 750美元,单身或家庭户主申报、已婚联合或独立申报的加计扣除额提高到了2 050美元和1 650美元。

表9-2　　　　　2017—2030年美国个人所得税的免税额和扣除额　　　　　单位:美元

年份	个人免税额	标准扣除额				加计	
		已婚夫妇联合申报	单身个人独立申报	家庭户主申报	已婚夫妇独立申报	单身/家庭户主申报	已婚夫妇联合/独立申报
2017	4 050	12 700	6 350	9 350	6 350	1 550	1 250
2018	0	24 000	12 000	18 000	12 000	1 600	1 300
2019	0	24 400	12 200	18 350	12 200	1 650	1 300
2020	0	24 800	12 400	18 650	12 400	1 650	1 300
2021	0	25 400	12 700	19 050	12 700	1 700	1 350
2022	0	26 000	13 000	19 500	13 000	1 750	1 400
2023	0	26 600	13 300	20 000	13 300	1 800	1 400
2024	0	27 300	13 650	20 450	13 650	1 800	1 450
2025	0	27 900	13 950	20 900	13 950	1 850	1 500
2026	4 900	15 400	7 700	11 300	7 700	1 900	1 500
2027	5 000	15 700	7 850	11 500	7 850	1 950	1 550
2028	5 100	16 000	8 000	11 750	8 000	2 000	1 600
2029	5 200	16 300	8 150	12 000	8 150	2 000	1 600
2030	5 300	16 700	8 350	12 250	8 350	2 050	1 650

资料来源:美国国会预算办公室,2020。

二是提高替代性最低税收的免税额。2018年,联合申报的已婚夫妇所适用的AMT免税额从84 500美元提高到109 400美元,独立申报的已婚夫妇从42 200提高到54 700美元。独立申报的单身个人和家庭户主从54 300美元提高到70 300美元(如表9-3所示)。与标准扣除额一样,AMT免税额持续提高,直至2025年达到最高值,已婚夫妇联合申报提高至127 200美元,单身个人和家庭户主申报提高至80 000美元,已婚夫妇独立申报提高至63 600美元。2026年AMT免税额大幅下降,2027年开始又逐步提高,但年度增幅低于2025年之前的各个年度。2030年,已婚夫妇联合申报的AMT免税额为110 400美元,已婚夫妇独立申报为55 200美元,单身个人和家庭户主申报为71 000美元,大致与不考虑通胀情形下的 2019 年免税标准持平。

表 9-3　　　　　　　　　　2017—2030 年最低替代税收免税额

申报分类	已婚夫妇联合申报	单身个人独立申报	家庭户主申报	已婚夫妇独立申报
2017 年	84 500	54 300	54 300	42 200
2018 年	109 400	70 300	70 300	54 700
2019 年	111 700	71 700	71 700	55 800
2020 年	113 400	72 900	72 900	56 700
2021 年	115 900	74 500	74 500	58 000
2022 年	118 700	76 300	76 300	59 300
2023 年	121 600	78 100	78 100	60 800
2024 年	124 500	80 000	80 000	62 200
2025 年	127 200	81 700	81 700	63 600
2026 年	101 900	65 500	65 500	51 000
2027 年	104 000	66 800	66 800	52 000
2028 年	106 100	68 200	68 200	53 100
2029 年	108 300	69 600	69 600	54 100
2030 年	110 400	71 000	71 000	55 200

资料来源：美国国会预算办公室，2020。

TCJA 还同时调整最低替代税收免税额的限制门槛（如表 9-4 所示）。2018 年应税所得达到 1 000 000 美元的已婚联合申报夫妇（2017 年为 164 100 美元），应税所得为 500 000 美元的单身个人和家庭户主（2017 年为 123 100 美元），应税所得为 500 000 美元的已婚独立申报夫妇（2017 年为 80 500 美元）才被取消享受免税额的资格。应税所得的限制门槛也随着年度而提高，直至 2025 年已婚联合申报夫妇，单身个人、家庭户主和已婚独立申报夫妇分别提高到 1 162，500 美元和 581 300 美元。2026 年门槛大幅调低之后于 2027 年开始逐步提高，至 2030 年，已婚联合申报夫妇、单身个人和家庭户主、已婚独立申报夫妇的应税所得若已分别达到 21 300 美元、157 000 美元和 105 200 美元，则无法享受 AMT 免税额的税收优惠待遇。

表 9-4　　　　　　　　　　AMT 免税额的限制门槛　　　　　　　　　　单位：美元

年份	已婚夫妇联合申报	单身个人独立申报	家庭户主申报	已婚夫妇独立申报
2017	160 900	127 000	120 700	80 500
2018	1 000 000	500 000	500 000	500 000
2019	1 020 600	510 300	510 300	510 300
2020	1 036 800	518 400	518 400	518 400
2021	1 059 700	529 900	529 900	529 900
2022	1 084 800	542 400	542 400	542 400

续表

年份	已婚夫妇联合申报	单身个人独立申报	家庭户主申报	已婚夫妇独立申报
2023	1 111 400	555 700	555 700	555 700
2024	1 137 600	568 800	568 800	568 800
2025	1 162 500	581 300	581 300	581 300
2026	194 200	145 600	145 600	97 100
2027	198 100	148 600	148 600	99 100
2028	202 200	151 600	151 600	101 100
2029	206 200	154 700	154 700	103 100
2030	210 300	157 700	157 700	105 200

资料来源：美国国会预算办公室，2020。

三是提高儿童税收抵免额。2018年，每位17岁以下合格儿童的税收抵免额从2017年的1 000美元提高到2 000美元。同时，增加其他被抚养人的抵免额，每人为500美元；抵免额按照纳税人工薪所得在2 500美元以上部分的15%予以退税，最高可退税1 400美元，具体如表9-5所示。2 000美元的抵免标准一直持续到2025年，从2026年开始恢复至1 000美元。其他被抚养人享有的500美元抵免标准一直延续到2028年，随后予以取消。每位儿童享有的最高退税额在2018—2021年为1 400美元，2022—2024年为1 500美元，2025年达到1 600美元，2026—2030年回归为零美元。

表9-5　2017—2030年美国个人所得税的儿童抵免额　　单位：美元

年份	17岁以下儿童抵免额	其他被抚养人的抵免额	每位儿童最高退税额	退税开始于	退税率（%）
2017	1 000	0	0	3 000	15.0
2018	2 000	500	1 400	2 500	15.0
2019	2 000	500	1 400	2 500	15.0
2020	2 000	500	1 400	2 500	15.0
2021	2 000	500	1 400	2 500	15.0
2022	2 000	500	1 500	2 500	15.0
2023	2 000	500	1 500	2 500	15.0
2024	2 000	500	1 500	2 500	15.0
2025	2 000	500	1 600	2 500	15.0
2026	1 000	500	0	3 000	15.0
2027	1 000	500	0	3 000	15.0
2028	1 000	500	0	3 000	15.0
2029	1 000	0	0	3 000	15.0
2030	1 000	0	0	3 000	15.0

资料来源：美国国会预算办公室，2020。

（二） 减免公司所得税

一是降低公司所得税税率。C 型公司（股份有限公司）的联邦公司所得税税率由 15%—35% 的累进税率调整为 21% 的统一比例税率。对于独资公司、合伙公司和 S 公司（无限责任公司），允许符合条件的经营收入按 80% 计算经营所得。最高税率从 35% 调低到 21%。

二是资本性投资费用化。对于 2017 年 9 月 27 日—2023 年 1 月 1 日取得并投入使用的特定资产支出实行 100% 的费用化；2023 年 1 月 1 日—2027 年年底投入使用的资产，允许继续费用化，但费用化比例每年递减 20%，即逐步退出机制。为限制公司通过资本弱化方式避税，利息支出由税前全额列支改为按不高于扣除利息、税款、折旧和摊销前利润的 30% 列支，当年未扣除利息可向后无限结转。

三是修改亏损结转条款。净经营亏损结转期限由向前结转 2 年向后结转 20 年，改为亏损结转限额为应税所得的 80%，取消向前结转，可向后无限期结转。只能限额结转 80% 属于增税，但无限期结转又有减税的内容。对于不同公司来说，增减影响不能确定（杨志勇，2018）。[①]

四是提供折旧红利。TJCA 推行了新一轮的红利折旧政策，对于 2017 年 9 月 28 日之前购置的普通和特定厂房的合格资产、生产周期较长的资产，第一年允许提前计提 50% 的折旧，2018 年两类资产的折旧率分别为 40% 和 50%，该项措施于 2021 年到期。对于 2017 年 9 月 27 日之后购置的合格资产，购置当年直至 2022 年 12 月 31 日均可享有 100% 的折旧计提，后续折旧率逐步降低，直至 2028 年政策到期（如表 9-6 所示）。

表 9-6　　　　　　　　　　2017 年及以后年度红利折旧率

资产开始服务年度	红利折旧百分比（%）	
	普通或特定厂房的合格资产	生产周期较长的资产和某些飞机
2017 年 9 月 28 日之前购置的合格资产基础部分		
2017 年 9 月 28 日—2017 年 12 月 31 日	50	50
2018 年	40	50
2019 年	30	40
2020 年	无	30
2021 年及以后	无	无
2017 年 9 月 27 日之后购置的合格资产基础部分		
2017 年 9 月 28 日—2022 年 12 月 31 日	100	100
2023 年	80	100
2024 年	60	80

---

① 杨志勇："里根与特朗普税制改革的比较分析及对中国的启示"，《国际经济评论》2018 年第 3 期。

续表

资产开始服务年度	红利折旧百分比（%）	
	普通或特定厂房的合格资产	生产周期较长的资产和某些飞机
2025 年	40	60
2026 年	20	40
2027 年	无	20
2028 年及以后	无	无

资料来源：National Association of Tax Professionals，2017。

（三）减免遗产税

在保持遗产税税率不变的前提下，将免征额提高了一倍，独立申报的个人纳税人由 560 万美元提高到 1 120 万美元，联合申报的已婚夫妇从 1 120 万美元提高到 2 240 万美元。免征额同时根据通货膨胀作相应调整，该条款于 2025 年 12 月 31 日到期。

（四）减免州和地方税

将原有法案下允许州和地方税在联邦个人所得税前全部予以扣除，调整为仅仅允许扣除州和地方的财产税、所得税和消费税，且扣除限额设定为 10 000 美元。

（五）国际税收改革

一是实行属地征税，将境外已纳所得税的抵免改为美国公司取得来自其境外子公司的股息所得可享受 100% 的所得税豁免。二是对超额利润征税，依据受控外国公司规则对美国境外子公司超额利润征收 10.5% 的所得税，但可抵免 80% 境外已纳税款。

第二节 特朗普减税政策的效果评价

虽然减税是特朗普税改的总基调，TCJA 的具体内容和条款也以减税为主，但实际上法案中也包含一些增税条款，同克林顿减税类似，特朗普减税更大意义上是一次有减有增的结构性税制改革。

一、对经济增长的影响

"新平庸时代"仍在深刻影响着美国经济，虽然财政政策和货币政策都在想方设法促使经济回归中高速增长轨道，但结果并不乐观。尤其因应对 Covid - 19（新型冠状病毒）疫情的举措不力，当下的美国经济更是深陷衰退之中。

（一）对 GDP 增速的影响

受减税政策刺激，特朗普任期前三年增速分别为 2.2%、2.9% 和 2.3%，其中 2018 年受政策激励后经济表现最为亮眼，2019 年随着减税红利的逐渐消退加增速也有所回落。季度 GDP 增速平均为 2.51%，期间最高增速为 2017 年第四季度的 3.9%，最低增速为 2019 年第二季度的 1.5%。2020 年受疫情控制不力的影响，第一季度增速为 -5%，第二季度更是急剧跌至 -32.9%，创二战以来季度 GDP 增速最低值（如图 9-1 所示）。

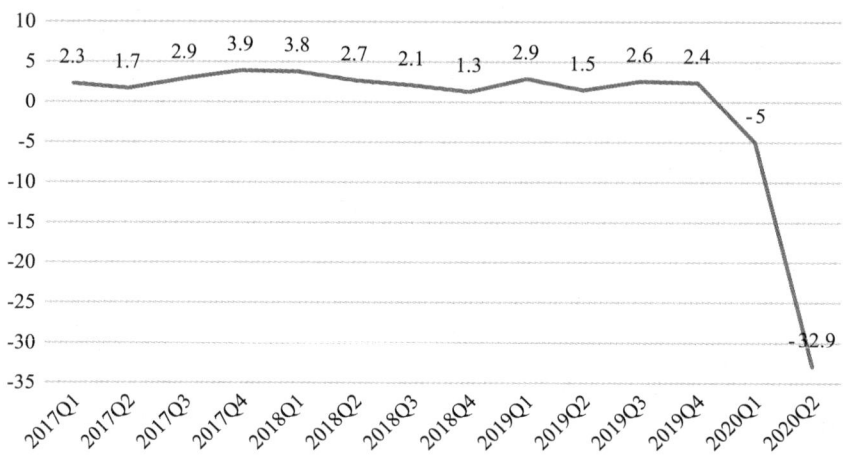

图 9-1　2017—2020 年美国 GDP 季度增速

资料来源：美国经济分析局，2020。

从需求要素的贡献来看，私人消费依然是经济增长的主要源泉，2017—2019 年的各季度贡献率均保持了正增长，其中最高增速为 2017 年第四季度的 2.82%，最低为 2019 年第四季度的 1.07%。私人投资是正贡献多于负贡献，2017—2019 年的 12 个季度中，出现四次负增长。商品和劳务净出口是正负贡献各半，政府消费和投资则是负贡献多于正贡献。2020 年第二季度，私人部门的需求侧贡献指标均呈现较大幅度的跌幅，私人消费为 -25.05%，私人投资为 -9.36%，商品和劳务净出口为 -3.98%。唯有政府消费和投资贡献率的季度变化呈正增长，第一季度为 0.90%，第二季度为 2.81%，这是因为政府出台了对冲疫情的财政刺激政策，对缓解经济衰退起到了一定的效果。但对比其他需求侧指标的极低负值，政策刺激效果显得相当有限。

截至 2020 年上半年，美国经济仍是一种"新平庸态势"。这与其经济中存在的深层次结构问题密切相关，或者说与美国经济的"金融化"趋势密切相关。阿锐基（Arrighi，2001）认为，"世界资本主义发展的历史证明，资本积累会经历物质扩张和金融扩张的交替"。[①] 金融扩张到一定程度会导致经济活动的重心从产业部门转向金融部门，金融因素在资本增值中也将占据主导和统治地位。从近十余年的美国金融扩张趋势来看，美国于 2007 年第三季度达到上一轮金融周期顶峰，2014 年第三季度落至低谷后进入新一轮金融周期的扩张通道，目前美国仍处于本轮金融周期的扩张期内。

---

① ［意］阿瑞基，姚乃强等译：《漫长的 20 世纪：金钱、权力与我们社会的根源》，江苏人民出版社 2001 年版，第 101—104 页。

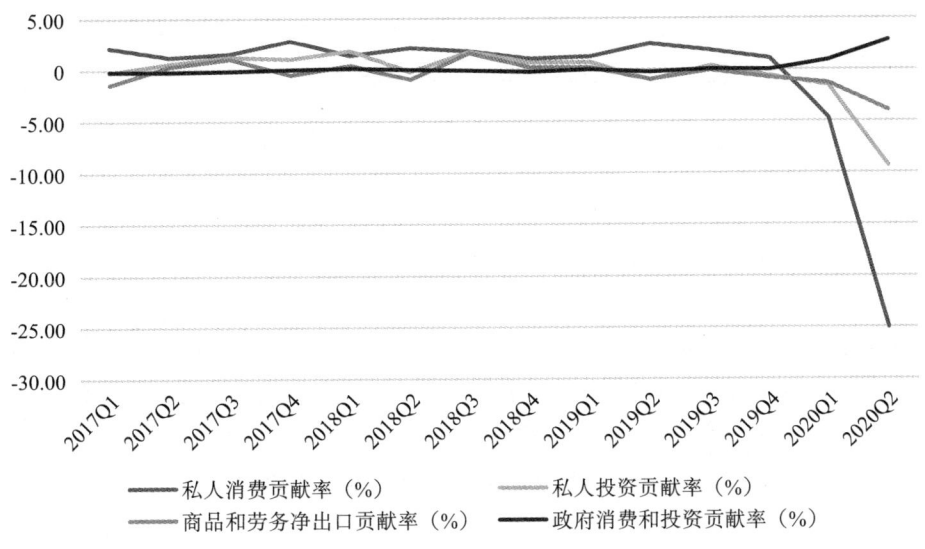

图 9-2　2017—2020 年美国各需求要素对 GDP 增速的贡献

资料来源：美国经济分析局，2020。

如图 9-3 所示，金融保险业增加值在美国 GDP 中的占比在 2008—2013 年呈"微波化"波动，均值为 19.6%；2014 年开始占比开始温和上升，2014—2019 年均值达到 20.8%，明显高出危机后的紧缩阶段。相较而言，制造业和农业增加值在 GDP 中的占比呈现小幅下降趋势，制造业占比从 2008 年的 12.2% 降至 2014 年的 11.7% 再降至 2019 年的 11%，农林牧渔业占比从 2008 年的 1% 升至 2014 年的 1.1% 再降至 2019 年的 0.8%。数据表明，正是由于金融资本相对独立和不断膨胀，美国经济增长的主要推动力量改变，经济结构中金融业和实体经济发生了相应调整（蔡焕成，2019），[①] 金融市场、金融参与者和金融机构在其国内经济运行中的地位不断提升，金融资本在时间和空间上，对资本的使用价值的生产实现了全面的、不间断的、有效的控制（李其庆，2003）。[②] 此外，美国是政客迎合金融行业利益最明显的国家之一，美国大银行在国会的广泛游说，金融家为政治活动"捐献"巨额资金，华尔街和华盛顿之间还有一道"旋转门"（闫勇，2018），[③] 这些都对经济增长产生深远的危害，最为明显的是大量人才和资金没有流向创新和研发活动，从而使经济丧失长远发展的真正动能。

（二）对个人收入和消费的影响

个人可支配收入因减税而直接增加。2017—2019 年，从收入的月度增速来看，除 6 个月外，其余全部为正。从收入额来看，2019 年 12 月达到 45 428 美元，为 2017 年 1 月 42 622 美元的 1.07 倍。2020 年 1 月和 2 月仍保持了正增长，3 月转正为负，4 月因政府的大幅财政刺激政策，个人可支配收入达到 52 222 美元，月度增速高达 15.22%（如图 9-4 所示）。

---

① 蔡焕成："经济金融化视角下的美国经济结构与中美经贸摩擦"，《教学与研究》2019 年第 11 期。
② 李其庆：《全球化与新自由主义》，广西师范大学出版社 2003 年版，第 98 页。
③ 闫勇："美国经济金融化加剧不平等"，《中国社会科学报》2018 年 6 月 27 日。

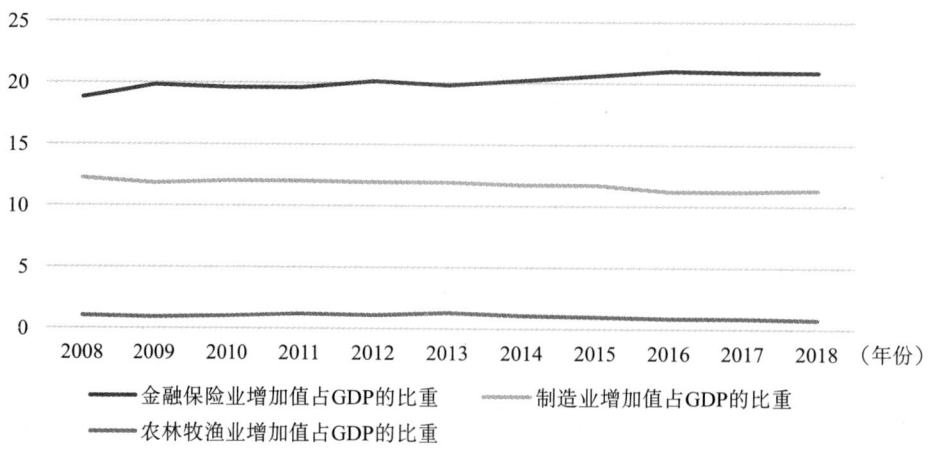

图 9-3　金融危机后美国部分行业增加值在 GDP 中的占比

资料来源：美国经济分析局，2020。

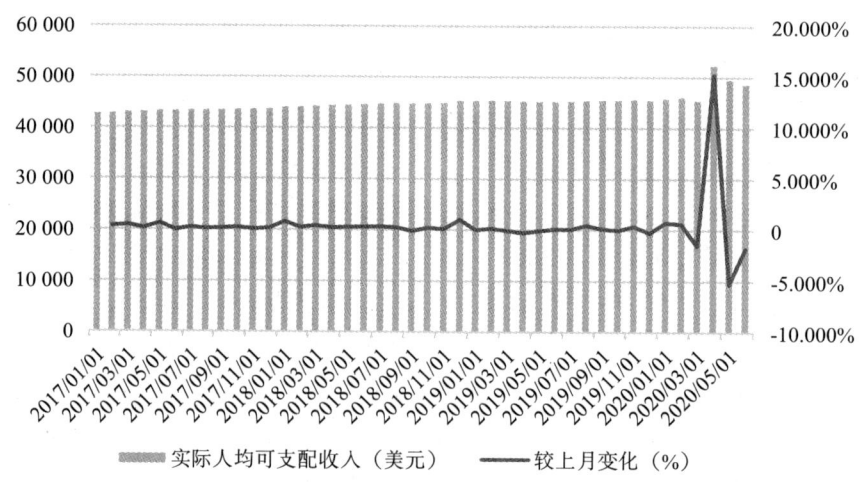

图 9-4　2017 年 1 月—2020 年 6 月美国实际人均可支配收入及变化

资料来源：美国圣路易斯联储，2020。

从减税法案的收入分配效应来看，各个收入群体均获得正增长，但不同群体之间差异较大。根据美国税收基金会的预测，税后所得的增长在减税后的头几年偏高，但随着时间推移和 TCJA 主要条款退出，增幅也将逐步降低。表 9-7 显示，TCJA 实施的第一年，所有收入组的税后收入平均增长了 2.3%，其中最低收入的 20% 群体其税后收入增加 0.8%，次低收入的 20% 群体增长了 1.5%，中间收入和次高收入的 20% 群体增长了 1.6%，最高收入的 20% 群体增长了 2.6%。再观察最高的 20% 收入群体，2018 年前 80%—90% 的收入群体税后收入增长 1.6%，前 90%—95% 的收入群体增长了 1.8%，前 95%—99% 的收入群体增长了 2.9%，前 99%—100% 的收入群体增长了 3.8%。或者说，2018 年税后收入增幅最大的是前 1% 的收入群体。

2022 年，减税规模开始下降，后四组的 20% 收入群体，增幅与 2018 年类似，在

0.9%—1.7%。收入最靠前的20%群体增幅较2018年降低了0.2%,2025年继续降低了0.6%。但相较于其他四组收入群体,前20%的收入群体的税后收入增速在2018年、2022年和2025年均为最高。2027年,在主要个人减免税条款到期后,所有收入群体的税后收入平均或将下降0.1%,这意味着纳税人将比TCJA之前缴纳更多的税款。具体而言,最低收入的20%群体将减少0.2%的税后收入,次低收入的20%群体将减少0.5%,中间收入的20%群体将减少0.1%,次高收入的20%群体将减少0.2%,最高收入的20%群体将减少0.1%。降幅最大的为次低收入群体,若按2018年美元计算,此类群体所缴纳的税款大约增加116美元。

表9-7　　　　　　　　　2018—2027年税收法案的收入分配效应

收入群体	2018年	2022年	2025年	2027年
0—20%	0.8%	0.9%	0.7%	-0.2%
20%—40%	1.5%	1.4%	1.0%	-0.5%
40%—60%	1.6%	1.6%	1.3%	-0.1%
60%—80%	1.6%	1.7%	1.4%	-0.2%
80%—100%	2.6%	2.4%	1.8%	-0.1%
80%—90%	1.6%	1.7%	1.4%	0.0%
90%—95%	1.8%	1.8%	1.4%	0.0%
95%—99%	2.9%	2.8%	2.2%	-0.3%
99%—100%	3.8%	2.9%	2.1%	-0.1%
全体	2.3%	2.1%	1.6%	-0.1%

资料来源:Tax Foundation Taxes and Growth Model, April 2018.

2020年新冠疫情爆发以来,美国个人可支配收入获得了快速增长(如图9-5所示)。这主要源于美国实施的财政刺激计划,其中针对家庭部门的转移支付包括以下几项:一是纾困支票,年收入低于7.5万美元的美国公民可获得1 200美元支票,年收入低于15万美元的夫妇可获得2 400美元的支票;二是失业救济金,每位失业者获得的救济金每周增加600美元。其中纾困支票于5月到期,失业救济金于7月30日到期。政府补贴带来了个人收入的快速增长,不过实际雇员的薪资报酬仍低于正常时期。财政补贴到期后,美国国会若无法及时推出新一轮财政刺激政策,个人可支配收入必然下滑。

从实际个人消费支出来看,2017—2019年基本呈现上升趋势,2019年12月实际个人消费支出为13 361美元,为2017年1月12 451美元的1.07倍。从月度增速来看,3年期间最高月度增速达到了0.71%,但有6个月为负增长。作为先行指标,2020年2月个人消费支出即为负增长,4月增速低至-12.4%。5月开始转负为正,增速达到了8.35%,主要源于经济重启后的消费反弹(如图9-5所示)。

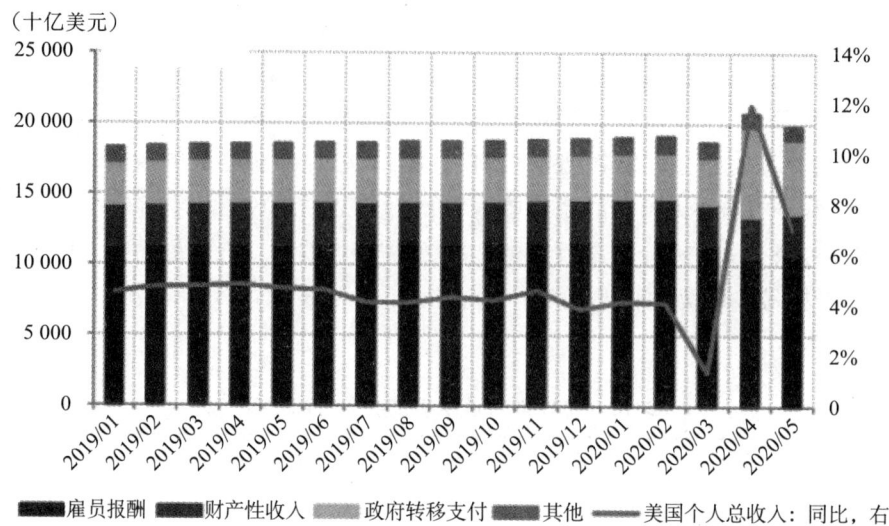

图 9-5　2019 年 1 月—2020 年 5 月美国居民收入构成

资料来源：WIND，华创证券，2020。

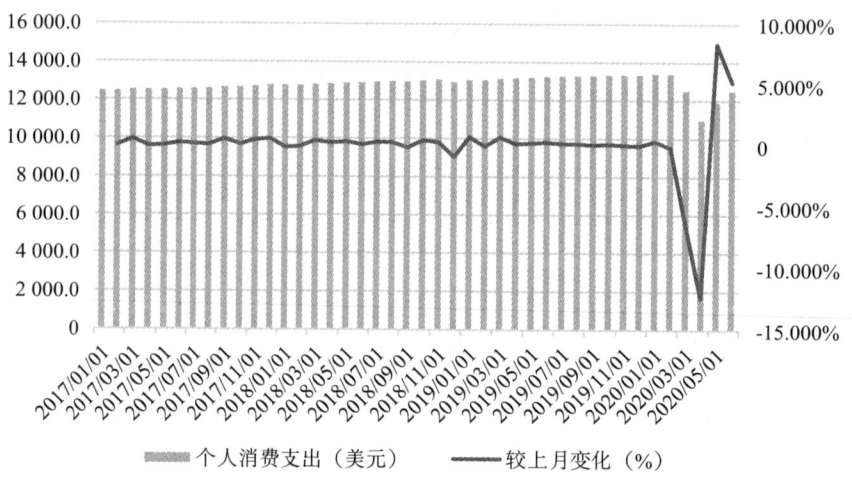

图 9-6　2017 年 1 月—2020 年 6 月美国实际个人消费支出及变化

资料来源：美国圣路易斯联储，2020。

对于减税是加剧还是减缓收入的不平等，经济学家们一直存在争议。供给经济学家林德赛（Lindsey，1990）认为："人们经常指责里根政府的减税政策极大地偏向富人，实际上，与过去的税法相比，该减税政策从富人以及中上层阶级的纳税人中获得了更多的税收收入，使中等收入纳税人的相对纳税额大幅度减少。"① 阿特金森（Atkinson，2016）对此反驳道："不公平的倾斜性税收减免不仅没有促进经济的更快增长，而且加剧了快速增长的收

---

① Lawrence B. Lindsey. The Growth Experiment. Basic Books, 1990, pp11.

入不平等,给予有钱人一笔可观的政府奖金,而这些人收入在过去25前早已猛增。"① 曼昆(Mankiw,2005)则认为:"评估税制负担的承担着更为困难,或者说,判断谁从减税中获益和受损十分不易。关于分配负担的大多数观点存在根本性的缺陷。"②

从历次减税的数据来看,高收入群体缴纳的税款的确并没有下降,但不容忽略的事实是,高收入群体的收入增长速度也最高,从减税中获益也最多。图9-7显示了20世纪80年代以来的90∶10比率,即最富有的10%的美国人与最贫穷的10%的美国人的平均收入比率。该比率从1980年的9.1逐步上升到2018年的12.6,表明过去40年间美国的收入不平等在加剧。而且加剧速度在2000年后开始加快,这从90∶10比率每10年的差额变化可以观察得出。1990年的90∶10比率较之1980年高出1,2000年较之1990年高出0.5,2010年较之2000年高出1.1,2018年较之2010年高出0.9,相同时间维度内比率的增长表明了该时段不平等的加剧程度也在提高。

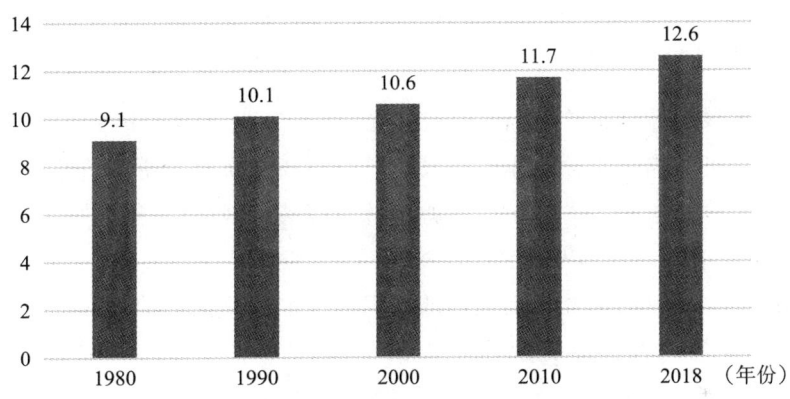

图9-7 美国的收入分配不平等日益上升

资料来源:Pew Research Center,2020。

基尼系数或将更为清晰地展示美国收入的不平等状况。美国人口普查局的数据显示,1967年美国的基尼系数为0.397,1977年为0.402,1997年为0.459,2007年为0.463,2017年为0.489。显然,基尼系数呈现了明显的上升趋势。图9-8显示了2002年以来美国的基尼系数和不同人群的基尼系数,趋势线显示白人的基尼系数一直低于全国水平,黑人的基尼系数却一直高于全国水平。这说明美国不仅存在不同收入群体之间的收入分配不平等,还存在不同种族之间的收入分配不平等,且这两种不平等都有加剧态势。

---

① [美]罗伯特·阿特金森,杨晓、魏宁译:《美国供给侧模式启示录——经济政策的破解之道》,中国人民大学出版社2016年版,第147页。

② Gregory N. Mankiw. Remarks at the Annual Meeting of the National Association of Business Economists. Atlanta, GA, 15 September. 2003. https://georgewbush-whitehouse.archives.gov/cea/mankiw_speech_nabe_20030915.html (accessed 28 February 2019).

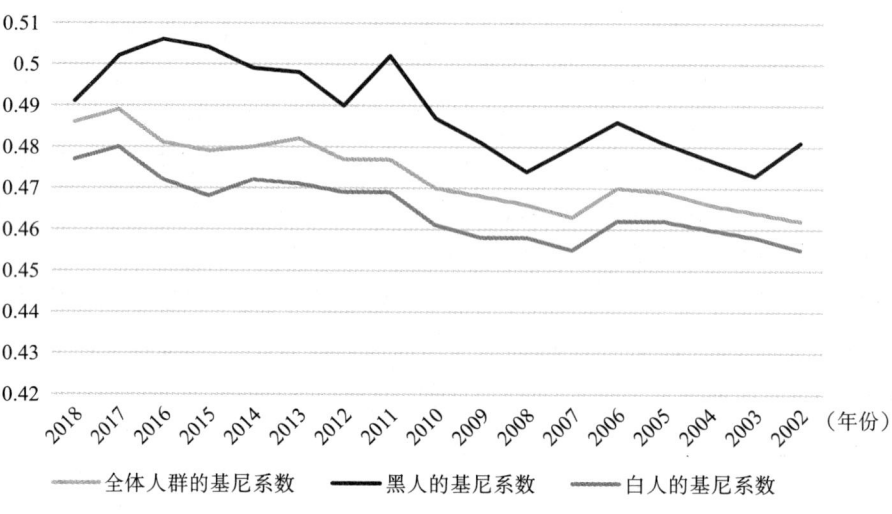

图 9-8 美国的收入分配不公平日益上升

资料来源：美国人口普查局，2020。

导致收入不平等的原因是多方面的，既有经济因素也有政治因素。在经济金融化时代，当企业宣布裁员和缩减实体资本时，其股票价格通常实现上涨。许多实体经济企业将来自资本市场的负担转移到工人身上，大幅削减工资甚至裁员，导致收入锐减或者失业率上升。皮凯蒂（Piketty，2019）[①] 则指出：不平等与其说是自然产物，还不如说是有意识的政治选择的结果，而政治选择是由发达的意识形态手段所支持的。通过所谓的"财产的神圣化"，每个不平等的社会都创造了一种意识形态，以使现行的资源分配合法化并为社会分裂和阶级（贵族、神职人员、工人阶级、资产阶级）所辩护。

对于收入不平等，最被推崇的药方就是税制改革。皮凯蒂就建议对亿万富翁增税，以使他们不再存在——通过征收高额财产税和高度累进的遗产税，并把新增税收用于公共物品、社会保险和穷人的基本收入。2020 年年初，美国民主党两位总统参选人沃伦（E. Warren）和桑德斯（B. Sanders）提出了财富税（wealth tax）计划。沃伦希望对超过 5 000 万美元的财富征税 2%，对超过 10 亿美元的财富征税 3%。桑德斯则明确表示"亿万富翁不应该存在"，并提出对极富阶层征收更高的税率，超过 100 亿美元的财富税率为 8%。而且如果美国富翁试图放弃美国国籍以逃避征税，将面临其净资产的 40% 和资产价值超过 10 亿美元的 60% 的出口税。美国富翁代表比尔·盖茨年初也曾明确表示："我支持建立一种税收制度，让富人缴纳更高比例的税收。"盖茨支持征收更高的资本利得税，因为任何富豪都不是通过工薪收入而致富，因此税收负担应该转移到资本身上而不是劳动力身上。经济学家、政治家和商业领袖近期齐齐表态，说明现有税制对解决收入不平等问题存在严重掣肘，一轮轮的减税政策虽然即时提高了低收入者的收入，但中长期来看对于收

[①] 转引自：中国社会科学院经济研究所："建立全球税收治理新框架的讨论（一）美国不平等的加剧与财富税的建议"，《经济走势跟踪》2020 年第 5 期。

入不平等束手无策甚至加剧了不平等。正如埃德尔曼（Edelman, 2019）所言：

"联邦个人所得税减免是一大政治上的成功，其原因之一是雇主们喜欢，因为它使雇主免于从自己腰包里拿出更多的钱支付工资。直言不讳地说，这不是那么伟大。它可能是提高最低工资的提议更难得到通过。……另一个补充收入的途径是儿童税收抵免。……但是，3 000美元①的退税门槛是是消除经济衰退的临时性措施。如果到2012年末其适用期没有得到延长的话，可享受退税资格的收入门槛将恢复到衰退前的13 000美元左右，其效果将缩减大约90%。"②

（三）对国内投资的影响

从私人固定资产投资来看，2017年第一季度获得了7.1%的高速增长，但随后两个季度下滑到1.5%附近，直至第四季度跃升至9.5%。2017年年底减税法案通过，并没有对私人固定资产投资起到明显的拉动作用。除2018年第一季度收获8.5%，第二季度维持4.4%的增速之外，后续季度增速均在3%以下，甚至出现负增长。尤其新冠疫情爆发之后，2020年第二季度增速下探至了-29.9%（如图9-9所示）。

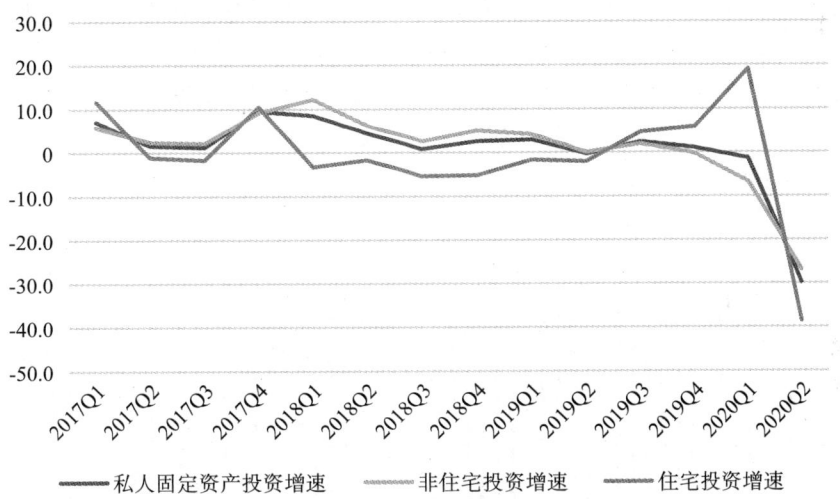

图9-9　2017年1月—2020年6月美国私人固定资产投资及变化

资料来源：美国圣路易斯联储，2020。

更能体现投资状况的是非住宅固定资产投资净额，也就是说不仅仅是更换过时的设备和建筑物。投资净额占GDP的比重在2016年第一季度达到2.8%的低点后缓慢增长，直到2017年年底减税法案通过，最终在2018年年中趋于平稳而非加速。实际上，非住宅固定资产投资净额占GDP的比重明显低于2014年的水平，这表明本轮减税并没有实现加速

---

① 一个家庭需要有3 000美元的收入才能得到退税款，对于有孩子的家庭，其收入超过3 000美元后的每一美元，可以得到15美分的儿童税收抵免。例如，收入为13 000美元、有2个孩子的母亲可以得到1 500美元的退税款，即10 000美元的15%。

② [美]彼得·埃德尔曼，苏丽文译：《贫困之惑——美国如何才能消除贫困》，生活·读书·新知三联书店2019年版，第92—94页。

投资的目标。

对于"新平庸时代"的低增长,刺激投资尤其是大规模的基础设施投资被认为是有效举措之一。萨默斯(Summers,2013)就曾建议,美国10年内通过债务融资筹集的基础设施支出将增加百分之一的GDP,约2.2万亿美元;如果实际利率保持在低水平,经济增长和更大税基带来的回报将高于借贷成本。《2009年美国复苏与再投资法案》(ARRA)作为基础设施刺激的重要案例,虽然的确成功地阻止了当时经济的螺旋式下滑,但后续美国的经济增长表明,"基础设施投资所带来的长期生产率提高和对应的经济增长虽然很重要,但可能相当小"(Bonvillian和Singer,2019)。①

一如前述,美国经济存在着深层次的结构问题,或者说同时面临需求侧和供给侧两端的问题,诸如低生产率和低增长率问题,相应的收入不平等和创造高质量就业的问题,以及就业的年龄分布问题等。而这些"无法通过只能产生有限生产率收益,以促进短期就业和投资为重点的刺激方案来解决"(Singer,2017)。②

(四) 对就业和失业率的影响

非农就业人数在2017年1月—2020年2月均保持正增长,最高月度增速为2018年2月的0.27%。2020年2月非农就业人数达到1.52人,为2017年1月的1.05倍。这表明,减税政策对就业起到一定的正向激励作用,受新冠疫情影响,2020年3月非农就业增速转正为负,4月增速急剧下跌至-13.76%。5月开始转负为正,月度增速均在1%以上,6月增速达到了3.60%(如图9-10所示)。

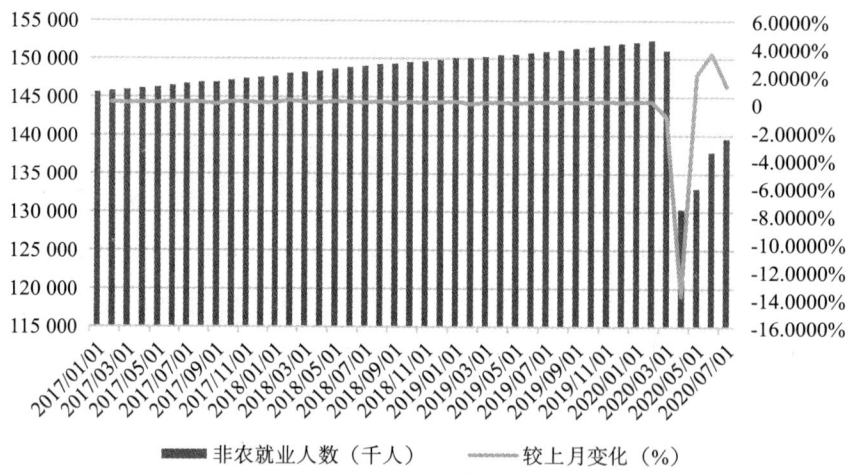

图9-10 2017年1月—2020年7月美国非农就业人数及变化

资料来源:美国圣路易斯联储,2020。

---

① [美]威廉姆·邦得利安,彼得·辛格,沈开艳等译:《先进制造:美国的新创新政策》,上海社会科学院出版社2019年版,第387页。

② Peter L. Singer. Investing in "Innovation Infrastructure" to Restore U. S. Growth. https://dc.mit.edu/sites/default/files/pdf/2017-innovation-infrastructure.pdf (accessed 28 August 2020).

特朗普就任时失业率为 4.7%，采取减税刺激政策之后，失业率持续走低，至 2017 年 12 月降到了 4.1%，2018 年 5 月探到 3.8%，2019 年 4 月下降到 3.6%，2019 年 9 月继续下滑至 3.5%，低失业率一直维持到 2020 年 2 月。受 COVID-19 疫情影响，2020 年 4 月失业率骤升至 14.7%，直至 7 月一直在 10% 以上高位徘徊（如图 9-11 所示）。

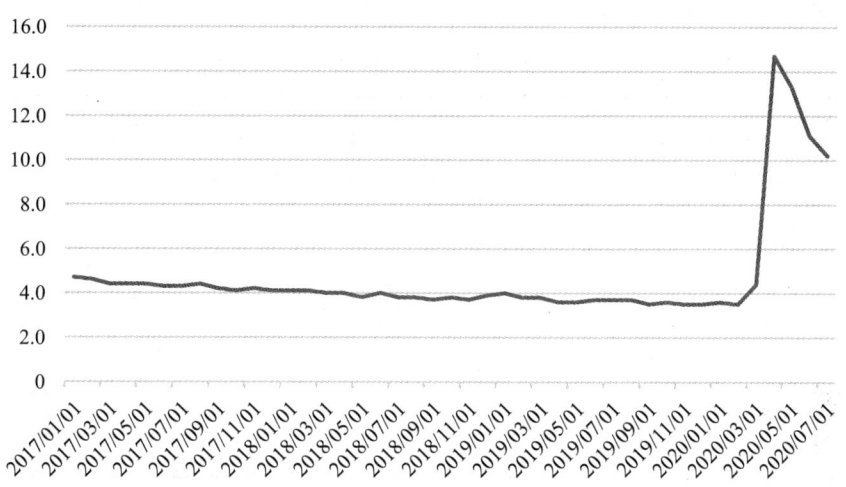

图 9-11　2017 年 1 月—2020 年 7 月美国失业率

资料来源：美国圣路易斯联储，2020。

尽管自 2020 年 4 月中旬以来，美国就业状况开始改善，但不同收入阶层之间却存在着显著差异。据美国经济追踪数据显示，高收入群体受损最轻，截至 6 月 27 日，该群体就业水平已经基本恢复至疫情前水平；而低收入群体受损最为严重，截至 6 月 27 日，该群体就业水平仍较疫情前下降 15.7%（如图 9-12 所示）。

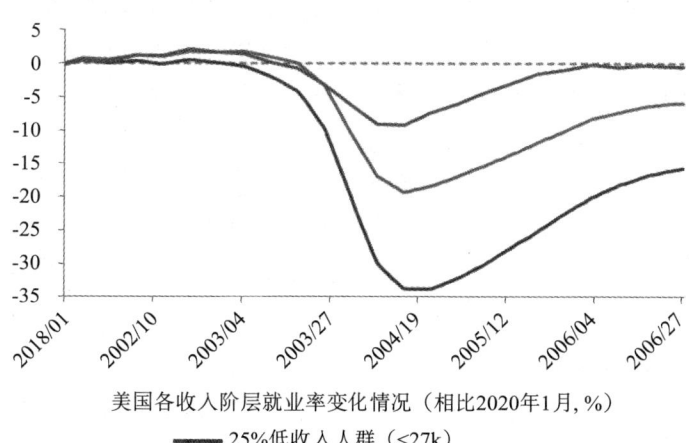

图 9-12　2018 年 1 月—2020 年 6 月美国各收入群体的就业率

资料来源：Paychex，Earnin and Intuit，中泰证券研究所，2020。

(五) 对劳动生产率的影响

特朗普任期的劳动生产率年度增速并不亮眼,或受减税利好带动,2018年高于2017年0.3%,但仍低于1987—2018年的平均增速2.0%。1995—2000年,美国劳动生产率年均增速达到了3.0%,随后是2000—2007时段的2.8%。金融危机后的10余年劳动生产率年均增速仅为1.3%(如表9-8所示)。

表9-8　　　　　　　　美国不同时段的劳动生产率指数及增速

年份	劳动生产率指数	劳动生产率增速(%)
2017	104.061	1.1
2018	105.471	1.4
1987—2018		2.0
1987—1990		1.6
1990—1995		1.6
1995—2000		3.0
2000—2007		2.8
2007—2018		1.3

资料来源:美国劳工统计局,2019。

理论上来看,劳动生产率的变化可以分解为三个要素,即劳动力技能、资本深化和多要素生产率,其中多要素生产率是美国二战以来劳动生产率变化的主导因素。根据美国劳工统计局对劳动生产率按以上三项因素拆分的结果显示,三者对劳动生产率的提升在不同时期存在差异。多要素生产率是造成美国二战以后劳动生产率周期变化的主导因素,劳动技能和资本深化对美国整体劳动生产率的拉动作用基本稳定。这说明长周期上多要素生产率是影响劳动生产率变化的核心因素,是决定生产率趋势性变化的关键,而劳动技能和资本深化虽然也存在周期性变化的特质,但长周期上对生产率的影响基本稳定。

上述规律在2010年之后出现显著变化,即资本深化超过多要素生产率成为美国劳动生产率下降的主因。究其根本,在于新科技进步对多要素生产率的提升尚未充分体现,危机后的低利率环境也降低了资本长期回报的吸引力。企业将资金用于未来资本支出的门槛较高,更愿意通过股票回购等方式来增加当期盈利。因此,近年来美国劳动生产率增速的下降归因于资本支出不足以及多要素生产率的下降,其中前者对生产率的拖累远大于后者。

(六) 对通货膨胀的影响

特朗普任期前三年的年通胀率分别为2.1%、2.4%和1.8%,2017年和2018年基本在美联储可接受的、合意的通胀水平区间内。2019年通胀跌至2%以下,原本预期的美联储加息计划也变成了降息。从月度数据来看,前三年最高月通胀率为2018年6月的2.9%,最低为2019年2月的1.5%。2020年1月,通胀在2019年12月1.8%的基数上反弹至2.5%,但受新冠疫情影响迅速紧缩,4月跌至0.3%,5月更是跌至0.1%,7月大幅上升转至 1%（如图 9-13 所示）。上升原因主要是伴随着疫情后消费者需求的强劲反弹，尤其是汽车销量的大幅反弹。总体来看，因疫情经济衰退造成的短期去通胀压力在 2020 年下半年开始缓解。

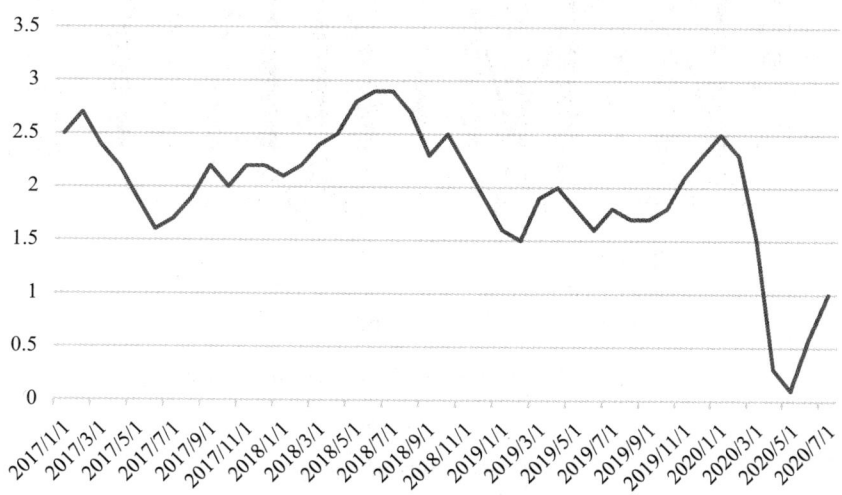

图 9-13 2017 年 1 月—2020 年 7 月美国月度通胀率

资料来源：US Inflation Calculator，2020。

二、对政府收支的影响

从奥巴马手中接任时，特朗普也接手了 19.5 万亿美元的政府债务和 9 379 亿美元的财政赤字。以减税为主线的特朗普税制改革或将更加恶化美国政府的财政状况，财政风险仍将处于上升通道。

（一）对税收收入的影响

从年度数据来看，各级政府的税收收入总额均呈正增长，并没有出现因大幅减税而导致巨额减收的情况。从季度数据来看，减税法案出台后的 2018 年第一季度税收收入总额增速为 -1.28%，联邦政府税收收入增速为 -3.50%；州和地方政府稍有迟滞，于 2018 年第二季度出现负增长。2019 年第三季度，全国层面、联邦政府、州和地方政府同时出现负增长，但减收幅度控制在 1.1% 以内。第四季度，各级政府的税收收入增速转负为正，其中联邦政府税收收入增速达到了 2.81%，为考察时段的最高值（如图 9-14 所示）。

（二）对税收收入结构的影响

从联邦政府税收收入结构来看，个人所得税在 2017 年和 2019 年的增速均较为可观，2018 年虽然受到了降低税率、提高抵免额、增加扣除额等系列减税措施的影响，仍然实现了 0.18% 的正增长。公司所得税则由于税率的大幅度调低连续两年出现负增长，2017 年联邦政府的公司所得税税收收入大约减少了 1/4。但减税也涵养了税源，2019 年公司所得税实现了 3.21% 的正增长。产品和进口税连续三年实现正增长，2018 年的增速更是高达 24.3%（如表 9-9 所示）。

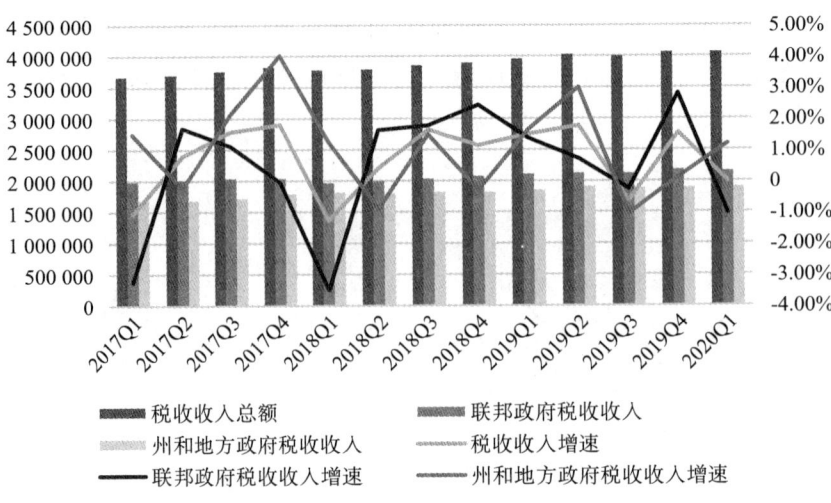

图 9-14　2017—2020 年第一季度的美国政府税收收入

资料来源：美国经济分析局，2020。

表 9-9　　　　　　　　　　　　　　联邦政府税收收入结构　　　　　　　　　　　单位：10 亿美元

年度	个人所得税	个人所得税增速	公司所得税	公司所得税增速	产品和进口税	产品和进口税增速
2017	1 614 647	4.31%	245 405	−21.31%	130 929	4.04%
2018	1 617 504	0.18%	210 554	−14.20%	162 750	24.30%
2019	1 713 020	5.91%	217 307	3.21%	173 679	6.72%

资料来源：美国经济分析局，2020。

从州和地方政府税收收入结构来看，财产税、个人所得税和消费税均是连续三年实现正增长。其中财产税增幅在 2.7%—4.7%，个人所得税增幅在 4.9%—8.5%，消费税增幅在 1.6%—5.0%（如表 9-10 所示）。

表 9-10　　　　　　　　　　　　州和地方政府税收收入结构

年度	财产税	财产税增速	个人所得税	个人所得税增速	消费税	消费税增速
2017	536 055	4.70%	396 303	5.51%	196 627	5.03%
2018	549 156	2.44%	429 891	8.48%	205 131	4.32%
2019	564 026	2.71%	450 993	4.91%	208 449	1.62%

资料来源：美国经济分析局，2020。

根据美国国会预算办公室 2020 年 3 月的预测，2020—2030 年美国的财政收入情况如表 9-11 所示。从预测数据来看，各税种的收入继续保持增长趋势，年度增速基本高于同年 GDP 增速。到 2030 年的个人所得税和公司所得税的收入总额约为 2020 年的 1.7 倍，工薪税收入总额增长约 1.4 倍。对比于未来财政支出和财政赤字的增长势头，美国未来的财政收入或将持续承压。若仍将推出大规模减税政策，财政赤字将更为巨大。

表 9-11　　　　　　　　　　2020—2030 年美国财政收入预测　　　　　　　　单位：10 亿美元

年度	个人所得税	工薪税	公司所得税	其他	总计	预算内	预算外
2020	1 791	1 302	234	305	3 632	2 672	960
2021	1 904	1 356	257	298	3 815	2 814	1 001
2022	1 996	1 409	292	304	4 000	2 960	1 040
2023	2 096	1 464	334	312	4 205	3 126	1 079
2024	2 178	1 523	362	317	4 381	3 263	1 119
2025	2 266	1 584	386	326	4 562	3 403	1 159
2026	2 484	1 642	385	340	4 851	3 650	1 201
2027	2 709	1 703	382	359	5 153	3 908	1 245
2028	2 809	1 768	390	375	5 341	4 050	1 291
2029	2 927	1 832	398	387	5 544	4 206	1 338
2030	3 046	1 896	406	395	5 743	4 357	1 386
2021—2025	10 441	7 335	1 631	1 557	20 964	15 567	5 397
2021—2030	24 415	16 177	3 592	3 414	47 597	35 738	11 859

资料来源：美国国会预算办公室，2020。

（三）对税收负担的影响

劳动所得的实际边际税率在 2020 年为 27.2%，其中个人所得税税率为 18.5%，工薪税税率为 8.7%。2021—2025 年实际边际税率呈微波化上升趋势，至 2025 年为 27.7%，平均每年增长 0.1%。鉴于特朗普减税的大部分措施在 2025 年到期或退出，2026 年开始劳动所得的实际边际税率提高到了 30.0%，较之 2025 提高了 2.2%。此后也是微波化的增长趋势，直至 2030 年的 30.4%。劳动所得整体边际税率的上升来自个人所得税的贡献，工薪税税率在未来 10 年基本保持了不变（如表 9-12 所示）。

表 9-12　　　　　　　　2020—2030 年劳动所得的实际边际税率

年度	个人所得税	工薪税	合计
2020	18.5	8.7	27.2
2021	18.7	8.7	27.4
2022	18.9	8.7	27.5
2023	18.9	8.7	27.6
2024	19.0	8.7	27.7
2025	19.1	8.7	27.8
2026	21.3	8.7	30.0
2027	21.3	8.7	30.1
2028	21.4	8.7	30.2
2029	21.5	8.7	30.3
2030	21.6	8.8	30.4

资料来源：美国国会预算办公室，2020。

从资本性收入的实际边际税率来看，不同纳税对象以及不同的融资方式导致税率变化有所不同。C 公司若采取股权融资方式，实际边际税率将从 2020 年的 22.6% 提高到 2030 年的 25.3%，增幅为 27BP；债务融资的实际边际税率增幅更大，为 30BP。纳税中间实体若采用股权融资方式，实际边际税率将从 2020 年 23.4% 提高到 2030 年的 31.7%，增幅达到 83BP；而债务融资的实际边际税率大幅度下降，降幅为 91BP。自有住房无论采用哪种购置方式，其实际边际税率均将下降，其中债务融资方式降幅高达 288BP（如表 9 – 13 所示）。

表 9 – 13   2020—2030 年美国资本性收入的实际边际税率

纳税年度	C 公司		纳税中间实体		自有住房	
	股权融资	债务融资	股权融资	债务融资	股权融资	债务融资
2020	22.6	13.6	23.4	7.1	-0.3	26.4
2021	22.7	12.5	23.8	5.9	-0.3	26.4
2022	23.2	16.7	24.6	8.3	-0.3	25.7
2023	23.6	15.5	25.1	7.4	-0.3	25.3
2024	23.6	15.0	25.9	6.4	-0.3	24.4
2025	24.0	15.8	26.3	7.7	-0.3	24.0
2026	24.8	16.5	30.9	-1.6	-3.2	-1.5
2027	25.1	17.1	31.6	-0.9	-3.2	-1.3
2028	25.2	17.0	31.5	-0.9	-3.2	-1.8
2029	25.2	16.7	31.7	-2.0	-3.2	-2.4
2030	25.3	16.6	31.7	-1.8	-3.2	-2.5

资料来源：美国国会预算办公室，2020。

（四）对政府支出的影响

特朗普任期前三年的联邦政府支出全部正增长，这种情形与小布什任期有异曲同工之处，即减税的同时没有控制政府支出。无论是国防支出还是非国防支出，投资类支出的增速普遍高于消费类支出的增速，从中或表明特朗普政府对政府投资的青睐。

表 9 – 14   联邦政府支出结构   单位：百万美元

年份	国防支出				非国防支出			
	消费支出	增速(%)	投资支出	增速(%)	消费支出	增速(%)	投资支出	增速(%)
2017	602 193	2.08	145 021	4.52	382 955	1.66	133 689	3.39
2018	636 346	5.67	158 000	8.95	407 156	6.32	137 948	3.19
2019	676 530	6.31	175 875	11.31	420 762	3.34	145 984	5.83

资料来源：美国经济分析局，2020。

从州和地方政府支出结构来看，消费支出和投资支出总额年年递增。其中消费支出增速最高为 2018 年的 5.13%，投资增速最高也在 2018 年，为 5.79%。经济扩张周期下的州和地方政府行为扩张似乎成为周期性惯例。

表 9-15　　　　　　　2001—2008 年美国州和地方政府的支出结构　　　　　单位：百万美元

年份	消费支出总额	消费支出增速	投资支出总额	投资支出增速
2017	1 757 556	3.74%	385 601	4.11%
2018	1 847 788	5.13%	407 924	5.79%
2019	1 897 764	2.70%	430 960	5.65%

资料来源：美国经济分析局，2020。

根据美国国会预算办公室 2020 年 3 月的预测，未来 10 年财政支出仍将呈现较快速度增长。到 2020 年，强制性支出将达到 48 750 亿美元，较 2020 年增长 1.68 倍；自主支配支出将达到 18 000 亿美元，较 2020 年增长 1.27 倍；净利息支出将达到 8 280 亿美元，较 2020 年增长 2.16 倍。不仅如此，利息支出占财政支出总额的比重从 2020 年的 8.14% 提高到 2030 年的 11.04%，利息支出的快速增长从一定程度反映了美国政府债务规模的扩大，为支付利息支出所占用的财政资金也越来越多。

表 9-16　　　　　　　　2020—2030 年美国财政支出预测　　　　　　　单位：10 亿美元

年度	强制性支出	自主性支出	净利息	总计	预算内	预算外
2020	2 910	1 413	383	4 706	3 748	958
2021	2 968	1 453	395	4 817	3 795	1 022
2022	3 191	1 502	425	5 118	4 025	1 093
2023	3 319	1 528	472	5 319	4 150	1 170
2024	3 445	1 560	518	5 523	4 274	1 249
2025	3 700	1 604	564	5 868	4 537	1 331
2026	3 922	1 641	613	6 176	4 767	1 409
2027	4 121	1 680	663	6 464	4 967	1 497
2028	4 444	1 724	717	6 884	5 296	1 589
2029	4 495	1 752	768	7 016	5 329	1 686
2030	4 875	1 800	828	7 503	5 713	1 790
2021—2025	16 623	7 648	2 374	26 645	20 780	5 865
2021—2030	38 479	16 245	5 963	60 688	46 853	13 835

资料来源：美国国会预算办公室，2020。

（五）对预算盈余的影响

美国政府赤字自 2017 年以来持续扩大，2019 年已达到 13 404 亿美元，GDP 占比为 6.3%。联邦政府赤字从 2017 年的 6 654 亿美元增长到 2019 年的 9 842 亿美元，增长 1.48 倍；GDP 占比从 3.5% 提高到了 4.6%。州和地方政府赤字规模相对缩减，2019 年较 2017 年减少了 212 亿美元，GDP 占比也下降了 0.3%（如表 9-17 所示）。

表 9-17　　2017—2019 年的美国政府盈余/赤字余额及 GDP 占比　　单位：10 亿美元

财年	10 亿美元（按现价计算）				GDP 占比（%）		
	各级政府	联邦政府			各级政府	联邦政府	州和地方政府
		总额	预算内	预算外	州和地方政府		
2017	-1 042.9	-665.4	-714.9	49.4	-377.5	-5.4	-3.5	-2.0
2018	-1 130.3	-779.1	-785.3	6.2	-351.2	-5.6	-3.8	-1.7
2019	-1 340.4	-984.2	-991.8	7.7	-356.3	-6.3	-4.6	-1.7

资料来源：美国行政管理和预算局，2019。

根据美国国会预算办公室 2020 年 3 月的预测，政府赤字规模在后续 10 年先降后升。2021 年降至 10 020 亿美元后，逐年小幅上升，至 2030 年达到 17 600 亿美元，为 2020 年的 1.64 倍，具体见表 9-18。

表 9-18　　2020—2030 年美国政府预算赤字或盈余

年度	赤字或盈余	预算内	预算外
2020	-1 073	-1 075	2
2021	-1 002	-980	-21
2022	-1 118	-1 064	-53
2023	-1 114	-1 023	-91
2024	-1 141	-1 011	-130
2025	-1 306	-1 134	-172
2026	-1 325	-1 117	-208
2027	-1 211	-1 059	-252
2028	-1 543	-1 246	-297
2029	-1 472	-1 124	-348
2030	-1 760	-1 356	-404
2021—2025	-5 681	-5 213	-467
2021—2030	-13 091	-11 115	-1 976

资料来源：美国国会预算办公室，2020 年。

（六）对政府债务的影响

2017 年 9 月 8 日，特朗普签署了一项提高债务上限的法案，致使美国政府债务有史以来首次超过 20 万亿美元。2018 年 2 月 9 日，特朗普又签署了一项法案，将债务上限推迟到 2019 年 3 月 1 日。表 9-19 显示了美国联邦政府近三年的实际债务情况。2019 年，美国债务总额超过了 22 万亿美元的上限，占 GDP 的比重达到了 106.9%，其中公众持有债务从 2017 年的 63.3% 增长到 2019 年的 69.2%。短短三年内，特朗普见证了美国债务增长最快的时期。

表 9－19　　　　　2017—2019 年的美国联邦政府债务及 GDP 占比

财年末	百万美元				GDP 占比（%）			
	债务总额	减：联邦政府账户持有债务	等于：公众持有债务		债务总额	减：联邦政府账户持有债务	等于：公众持有债务	
			总额	联邦储备系统	其他			总额	联邦储备系统	其他
2017	20 205 704	5 540 265	14 665 439	2 465 418	12 200 021	104.8	28.7	76.0	12.8	63.3
2018	21 462 277	5 712 710	15 749 567	2 313 209	13 436 358	105.5	28.1	77.4	11.4	66.1
2019	22 669 466	5 868 720	16 800 746	2 113 329	14 687 417	106.9	27.7	79.2	10.0	69.2

资料来源：美国行政管理和预算局，2019。

从前述分析可以看出，从肯尼迪到特朗普，其中除了克林顿执政时期之外，美国的经济扩张都毫无例外地伴随着赤字和债务规模的扩张。经过二战后 70 余年的发展，周期性赤字已经发展成结构性赤字，成为美国政府面临的巨大难题。若想控制，甚至削减赤字缩减债务规模，则势必要在增税或缩减联邦政府支出两者之间先其一，但是无论选择哪一项，对时任总统来说都是痛苦的（钱思韵、朱启兵，2019）。[①]

表 9－20　　　　2020—2030 年美国公众持有债务预测　　　　单位：10 亿美元

年度	年初公众持有债务	公众持有债务变化情况			年底公众持有债务	
		赤字	其他融资渠道	总计	总额	GDP 占比（%）
2020	16 801	1 073	−39	1 034	17 835	80.7
2021	17 835	1 002	−21	981	18 816	81.7
2022	18 816	1 118	63	1 180	19 996	83.6
2023	19 996	1 114	34	1 148	21 144	85.2
2024	21 144	1 141	53	1 195	22 338	86.8
2025	22 338	1 306	49	1 355	23 694	88.9
2026	23 694	1 325	34	1 359	25 053	90.7
2027	25 053	1 311	34	1, 345	26 398	92.1
2028	26 398	1 543	30	1 573	27 970	94.1
2029	27 970	1 472	37	1 508	29 497	95.6
2030	29 497	1 760	54	1 813	31 292	97.8

资料来源：美国行政管理和预算局，2020。

三、对资本市场的影响

受特朗普就职带动，2017 年 1 月 25 日道琼斯指数突破 20 000 点，达到 20 068.51 点。2017 年 4 月底，特朗普宣布减税计划，推动市场情绪持续上涨。5 月 24 日，道指攀上 21 000 点，8 月 2 日破 22 000 点，10 月 18 日破 23 000 点，11 月 30 日破 24 000 点，2018

[①] 钱思韵、朱启兵："美国税收、支出、债务的财政三角困局"，《国际金融》2019 年第 3 期，第 30—49 页。

年 1 月 4 日，再破 25 000 点。

2018 年，随着美国企业受减税刺激大幅汇回海外留存利润，美股回购的规模创下历史新高。具体来看，美国海外利润规模最高的前十大上市公司，拥有的海外利润占总海外利润比例接近 70%，且主要集中在信息技术和医疗保健等行业。2019 年，随着上述公司不断将汇回的海外利润回购股票（信息技术和医疗保健行业的股票回购占总回购比例达 47%），美股上半年的回购规模高达 3 840 亿美元，创下历史新高，而大幅回购推升了 EPS（Earnings Per Share，即每股盈余），进而拉动股价持续上涨（如图 9-15 所示）。

图 9-15　2017 年 1 月—2020 年 6 月 30 日美国股指

资料来源：WIND。

第三节　简要的小结

特朗普减税被视为新自由主义思潮在经济领域的再实践。不同于其他总统于经济危机或衰退时推出减税政策，特朗普就任时美国经济既处于商业周期的扩张期，又处于金融周期的扩张期，双重扩张可保证美国经济仍处于"新平庸"时代的低增长通道中。但特朗普出于兑现竞选承诺的考量，依然推出了大规模的减税政策。目前来看，实施效果不及预期。

新冠疫情结束了第二次世界大战以来美国最长周期的经济扩张，并引发了最深的产出和就业下降，衰退程度甚于金融危机之后。美联储 2020 年 8 月的会议纪要阐明，疫情对美国经济造成了较大压力，虽然强制重启经济，但经济复苏或不及预期，并对金融体系构成一定程度的威胁。美国国会预算办公室的最新预测显示，在 2020 年下半年的快速复苏之后，美国经济或将继续扩张，但增长速度与过去 10 年的增长速度极其相似：2028 年开始美国实际 GDP 将与潜在 GDP 以相同速度增长，失业率在预测期结束时仍高于预测前的水平，联邦借款利率在预测期内仍远低于近几十年的平均利率水平（如表 9-21 所示）。当然，这些预测受到诸多不确定性的影响，如财政政策和货币政策的有效性，政府应对巨额赤字和债务的政策举措等。① 但可以确定的是，美国的"新平庸时代"尚未结束，这一过程仍将持续相当长的一段时间，并将深刻影响着美国财税政策的选择。

表 9-21　　　　　　　　美国国会预算办公室最新经济预测

年份	2019（实际）	2020	2021	2022	年均增速	
					2023—2024	2025—2030
从第四季度到第四季度的变化						
GDP 增速						
实际	2.3	-5.9	4.8	2.2	2.2	2.1
名义	4.0	-5.7	6.2	4.1	4.2	4.2
通货膨胀						
PCE 价格指数	1.4	0.4	1.3	1.7	1.9	1.9
核心 PCE①	1.6	0.6	1.3	1.7	1.8	1.9
CPI	2.0	0.4	1.6	2.0	2.2	2.2
核心 CPI①	2.3	1.0	1.5	1.9	2.2	2.2
GDP 价格指数	1.6	0.2	1.3	1.8	2.0	2.0
就业成本指数②	3.0	1.7	2.6	2.3	2.6	3.0
第四季度水平						
失业率	3.5	10.5	7.6	6.9	5.9	4.4
从年度到年度的变化						
GDP 增速						
实际	2.3	-5.8	4.0	2.9	2.2	2.1
名义	4.1	-5.1	4.8	4.6	4.2	4.2
通货膨胀						
PCE 价格指数	1.4	0.8	1.0	1.6	1.9	1.9
核心 PCE①	1.6	1.0	0.9	1.5	1.8	1.9
CPI	1.8	0.9	1.2	1.9	2.2	2.2
核心 CPI①	2.2	1.5	1.2	1.7	2.1	2.2
GDP 价格指数	1.8	0.7	0.8	1.7	2.0	2.0
就业成本指数②	3.0	2.4	2.1	2.4	2.5	3.0

---

① Congressional Budget Office. *An Update to the Economic Outlook: 2020 to 2030* (July 2020), https://www.cbo.gov/system/files/2020-07/56442-CBO-update-economic-outlook.pdf. (accessed 31 March 2020)

续表

年份	2019（实际）	2020	2021	2022	年均增速	
					2023—2024	2025—2030
年度平均						
失业率	3.7	10.6	8.4	7.1	6.3	4.8
就业人口③（月度变化，千人）	174	-1 094	490	177	158	107
利率						
3个月国库券	2.1	0.4	0.2	0.2	0.2	1.0
10年期国库券	2.1	0.9	0.9	1.1	1.5	2.6
税基（GDP占比）						
工资薪金	43.4	44.3	43.8	43.7	43.7	43.7
国内公司利润④	7.2	7.5	7.4	7.7	8.0	8.2

注：①不包括食品和能源的价格；②私人营业部门的工人工资和薪金的雇佣成本指数；③平均月度变化，即上一年度第四季度到本年度第四季度的就业人口变化除以12；④移除由于税收规则引致的折旧抵免扭曲并排除价格变动对存货影响后的调整利润。

资料来源：美国国会预算办公室，2020。

主要参考文献

[1] 陈雨露:"重建宏观经济学的'金融支柱'",《国际金融研究》2015年第6期。

[2] 方福前:"寻找供给侧结构性改革的理论源头",《中国社会科学》2017年第7期。

[3] 郭庆旺、刘晓路:"'布什减税'的作用机理及启示",《涉外税务》2004年第3期。

[4] 黄雄:"美国金融危机的政府因素——奥地利学派商业周期理论的视角",《财经科学》2009年第1期。

[5] 贾康、苏京春:"'供给侧'学派溯源与规律认识",《全球化》2016年第8期。

[6] 金鑫:"对萨伊定律的解读",《中央财经大学学报》2016年第5期。

[7] 田晓林:"金融周期及其相关理论",《中国经济报告》2019年第5期。

[8] 吴剑敏:"费尔德斯坦曲线简介",《世界经济》1984年第1期。

[9] 夏璋煦、刘渝琳:"'赐福'还是'诅咒':金融与实体经济的非线性发展",《财经科学》2019年第6期。

[10] 杨志勇:"里根与特朗普税制改革的比较分析及对中国的启示",《国际经济评论》2018年第3期。

[11] 叶德磊:"萨伊:颇有理论建树的经济学家",《财贸研究》1991年第2期。

[12] 张五常:"商业周期与货币调控".《中国流通经济》2013年第9期。

[13] 郑联盛:"从凯恩斯主义到供给学派",《金融博览》2016年第1期。

[14] 钟祥财:"供给学派的思想价值和现实意义",《上海经济研究》2011年第1期。

[15] 周岳峰:"斯蒂格利茨批评布什的减税计划",《国外理论动态》2003年第8期。

[16] 陈宝森:《美国经济与政府政策——从罗斯福到里根》,社会科学文献出版社2014年版。

[17] 梁小民:《话经济学人》,中国社会科学出版社2019年版。

[18] 马建堂:《周期波动与结构变动》,商务印书馆2017年版。

[19]《马克思恩格斯全集》第44卷,人民出版社2001年版。

[20] 王勇、白云真、王洋、刘玮:《奥巴马政治经济学》,中国人民大学出版社2015年版。

[21] 尹伯成主编：《西方经济学说史——从市场经济视角的考察》，复旦大学出版社 2005 年版。

[22] ［英］阿尔弗雷德·马歇尔，彭译林等译：《经济学原理》，人民日报出版社 2009 年版。

[23] ［美］艾伦·格林斯潘、阿德里安·伍尔德里奇，束宇译：《繁荣与衰退：一部美国经济发展史》，中信出版集团 2019 年版。

[24] ［美］保罗·A. 萨缪尔森，威廉·D. 诺德豪斯：《经济学》，中国发展出版社 1992 年版。

[25] ［英］彼罗·斯拉法主编，M. H. 多布副主编，蔡受百译：《大卫·李嘉图全集》（第 2 卷），商务印书馆 2013 年版。

[26] ［美］布鲁斯·巴特利特，钟晓玲等译：《新美国经济——里根经济学的失败与未来之路》，中国金融出版社 2011 年版。

[27] ［英］大卫·李嘉图，郭大力、王亚南译：《政治经济学及赋税原理》，上海三联书店 2014 年版。

[28] ［美］蒂莫西·P. 卡里，杨莉等译：《奥巴马经济学》，深圳出版发行集团 2011 年版。

[29] ［美］恩格尔曼和高尔曼，蔡挺等译：《剑桥美国经济史》（第三卷），中国人民大学出版社 2008 年版。

[30] ［法］弗朗索瓦·魁奈，晏智杰译：《经济表》，华夏出版社 2006 年版。

[31] ［英］弗里德里希·冯·哈耶克，姚中秋译：《货币的非国家化——对多元货币理论与实践的分析》，海南出版社 2019 年版。

[32] ［美］海曼·P. 明斯基，石宝峰、张慧卉译：《稳定不稳定的经济——一种金融不稳定视角》，清华大学出版社 2019 年版。

[33] ［美］霍华德·谢尔曼，胡永红译：《商业周期——资本主义下的增长和危机》，中国社会科学出版社 2016 年版。

[34] ［美］H. W. 布兰兹，杨清波、向平译：《里根传》，中信出版集团 2017 年版。

[35] ［英］凯恩斯，徐毓枬译：《就业、利息与货币通论》，商务印书馆 1987 年版。

[36] ［美］克里斯托夫·帕斯，布赖恩·洛斯，莱斯利·戴维斯，罗汉等译：《科林斯经济学词典》，上海财经大学出版社 2008 年版。

[37] ［美］理查德·H. 芬克，沈国华译：《供给经济学经典评读》，上海财经大学出版社 2018 年版。

[38] ［奥］路德维希·冯·米塞斯，樊林洲译：《货币和信用理论》，商务印书馆 2018 年版。

[39] ［美］罗伯特·阿特金森，杨晓、魏宁译：《美国供给侧模式启示录——经济政策的破解之道》，中国人民大学出版社 2016 年版。

[40][美]罗伯特·戈登,张林山等译:《美国增长的起落》,中信出版集团出版社2019年版。

[41][美]罗伯特·达莱克,贾建海译:《肯尼迪传》,中信出版社2016年版。

[42][美]马丁·费尔德斯坦,马静译:《转变中的美国经济》,商务印书馆2018年版。

[43][英]马尔萨斯,郭大力译:《政治经济学原理》,商务印书馆1962年版。

[44][英]马尔萨斯,郭大力译:《人口论》,北京大学出版社2017年版。

[45][美]蒙代尔:《蒙代尔经济学文集第六卷——国际货币:过去、现在和未来》,中国金融出版社2003年版。

[46][美]米尔顿·弗里德曼、詹姆斯·M.布坎南、托马斯·J.萨金特等,武良坤译:《欧美经济学家论供给侧》,上海财经大学出版社2018年版,第63页。

[47][美]乔治·吉尔德,蒋宗强译:《财富与贫困》,中信出版社2019年版。

[48][美]乔治·沃克·布什,东西网译:《抉择时刻》,中信出版社2008年版。

[49][法]让·巴蒂斯特·萨伊,黄文钰、沈潇笑译:《政治经济学概论》,浙江人民出版社2017年版。

[50][瑞士]西斯蒙第,何钦译:《政治经济学新原理》,商务印书馆2007年版。

[51][英]亚当·斯密,唐日松等译:《国富论》,华夏出版社2009年版。

[52][英]约翰·穆勒,张涵译:论政治经济学的若干未定问题,商务印书馆。

[53][美]约瑟夫·熊彼特,王永胜译:《经济发展理论》,立信会计出版2019年版。

[54][美]约瑟夫·熊彼特,何畏、易家详等译:《经济发展理论——对于利润、资本、信贷、利息和经济周期的考察》,商务印书馆2019年版。

[55] A. B. Laffer. The Laffer Curve: Past, Present, and Future. B*ackgrounder.* Published by The Heritage Foundation. No. 1765. June 1, 2004. pp1–16.

[56] A. Filardo, M. Lombardi & M. Raczko. Measuring Financial Cycle Time. *BIS Working Paper No. 755.* November, pp1–27.

[57] A. J. Field. 2007. The Origins of U. S. Total Factor Productivity Growth in the Golden Age. *Journal of Historical Economics and Econometric History*, 1(1): 63–90.

[58] B. S. Bernanke, M. Gertler & S. Gilchrist. 1994. The Financial Accelerator and the Flight to Quality. *NBER Working Paper No.* 4789. July, 1–54.

[59] C. Borio. 2012. The Financial Cycle and Macroeconomics: What have We Learnt? *BIS Working Papers* No. 395. December 2012: 1–32.

[60] C. Borio. 2014. The Financial Cycle and Macroeconomics: What have We Learnt? *Journal of Banking & Finance.* Vol45, pp182–198.

[61] D. W. Jorgenson, Z. Grillches. 1967. The Explanation of Productivity Change.

Review of Economic Studies. 34 (3): 249 – 280.

［62］F. Allen & A. M. Santomero. 1997. The Theory of Financial Intermediation. *Journal of Banking and Finance.* 21: 1461 – 1485.

［63］F. M. Taylor. 2015. Methods of Teaching Elementary Economics at the University of Michigan. Journal of Political Economy. 17 (10): 688 – 703.

［64］G. Becker & W. J. Baumol. 1952. The Classical Economic Theory: The Outcome of the Discussion. *Economica*, N. S. November, 19: 355 – 376.

［65］H. P. Minsky. 1977. The Financial Instability Hypothesis: An Interpretation of Keynes and an Alternative to Standard Theory. *Journal of Challenge.* 20 (1): 20 – 27.

［66］H. P. Minsky. 1976. A Theory of Systemic Fragility. E. D Altman and A. W. Sametz. Eds. *Financial Crises: Institutions and Markets in a Fragile Environment.* New York, NY: John Wiley and Sons. pp. 138 – 152.

［67］Irving Fisher. 1930. The Debt – Deflation Theory of Great Depressions. Econometric: *Journal of the Econometric Society.* 1 (4): 337 – 357.

［68］J. A. Schumpeter. 1954. History of Economic Analysis. London: Allen & Unwin. pp1123.

［69］C. Juglar. 1862. Des crises commerciales et de leur retour periodique en France. En Angleterre et aux Etats – Unis, Paris: Guillaumin et Cie, second edition 1889. pp13.

［70］J. G. Gurley & E. S. Shaw. 1955. Financial Aspects of Economic Development. *The American Economic Review*, 45 (4): 515 – 538.

［71］J. W. Kendrick. *National Productivity and Its Long – term Projection.* NBER Books, 1954; *Productivity Trends: Capital and Labor.* NBER Books, 1956; *Productivity Trends in the United States.* Princeton: Princeton University Press for NBER, 1961.

［72］J. Wanniski. It's Time to Cut Taxes. The Wall Street Journal. 1974 – 12 – 11.

［73］J. Wanniski. 1975. The Mundell – Laffer Hypothesis – A New View of the World Economy. *The Public Interest.* Spring. pp49 – 50.

［74］J. Tempalski. 2016. Revenue Effects of Major Tax Bills. *OTA Working Paper 81.* Department of the Treasury, pp1 – 20.

［75］J. Timbergen. 1942. Critical Remarks on Some Business Cycle Theories. *Econometrica.* 10: 129 – 146.

［76］Lawrence B. Lindsey. 1987. Individual Taxpayer Response to Tax Cuts: 1982 – 1984. *Journal of Public Economics.* 33 (2): 173 – 206.

［77］Martin Feldstein & Joel Slemrod. 1979. Inflation and Excess Taxation of Capital Gains on Corporate Stock. *National Tax Journal.* 31 (June): 107 – 118.

［78］M. Drehmann, C. Borio & K. Tsatsaronis. 2012. Characterizing the Financial Cycle:

Don't Lose Sight of the Medium Term. *BIS Working Papers No. 380*. June, pp1 – 37.

［79］M. D. Legrand & H. Hagemann. Business Cycles in Jugal and Schumpeter. *The History of Economic Thought*. 49（1）: 1 – 18.

［80］R. A. Mundell. 1962. The Appropriate Use of Monetary and Fiscal Policy for Internal and External Stability. *IMF Staff Papers*. 9（1）: 70 – 79.

［81］Robert E. Lucas. 1990. Supply – side Economics: An Analytical Review. *Oxford Economic Papers*. 42（2）: 293 – 316.

［82］R. J. Gordon. 2013. U. S. Productivity Growth: The Slowdown has Returned after a Temporary Revival. *International Productivity Monitor*, 25（2）: 13 – 19.

［83］S. Kates. 1998. *Say's Law and the Keynesian Revolution: How Macroeconomic Theory Lost is its Way*. Edward Elgar.

［84］W. Baumol. 1999. Retrospectives Say's Laws. *Journal of Economic Perspectives*. 13（1）: 195 – 204.